新编21世纪公共管理系列教材

•学科基础课与方法课系列•

公共管理学

第二版

Public Management

张康之　郑家昊　主编

中国人民大学出版社

·北京·

作者简介

张康之 中国人民大学公共管理学院教授、博士生导师，教育部“长江学者”特聘教授，国务院政府特殊津贴获得者；长期从事管理学、公共管理学相关领域的教学和研究工作，研究专长为行政伦理学和组织理论。撰写《寻找公共行政的伦理视角》《任务型组织研究》《一般管理学原理》《公共管理学》《行政伦理学教程》等学术专著和教材20多部，在《中国社会科学》《中国人民大学学报》《学术研究》等学术期刊上发表论文近600篇。获“全国百篇优秀博士论文”奖（1999年）、高等学校科学研究优秀成果奖（人文社会科学）（2013年）、北京市哲学社会科学优秀成果奖一等奖（2004年、2010年、2014年）、中国大学出版社图书奖（优秀学术著作奖一等奖）（2011年）、教育部人文社会科学优秀成果奖一等奖（2013年）和二等奖（2015年）、吴玉章优秀科研奖（2017年）等多项学术奖励。

郑家昊 陕西师范大学哲学与政府管理学院副教授、硕士生导师，主要从事公共管理领域的教学和研究工作。主持国家级、省部级项目5项，著有《引导型政府职能模式的兴起》，在《中国行政管理》《中国人民大学学报》《探索》等期刊上发表学术论文30余篇。

内容简介

由张康之教授主编的《公共管理学（第二版）》是一部基于社会治理现实、反映社会治理要求的公共管理学教材，旨在为读者描绘出一幅展现社会治理及其科学研究演进脉络的知识图谱。

本书将公共管理视为一种新型社会治理模式，对公共管理的概念及其产生的历史背景进行考察，并认为治理变革孕育了公共管理，公共管理学是关于社会治理的前沿性科学。在此基础上，本书从政府与非政府组织、官僚组织与任务型组织、合作网络、公共管理者等角度论述了公共管理的主体，从服务型政府及引导型政府职能模式的角度论述了公共管理中的政府，从全球化、后工业化进程，社会复杂性增长的脉络，社会的网络化三个方面论述了公共管理的生态。接下来，对公共部门的资源管理、虚拟空间管理、公共服务及其供给、公共政策及其运行、公共部门的绩效管理、公共危机管理等公共管理的主要内容进行了重点的分析和阐述，并从法律和伦理的角度对公共管理的规范进行了较为深入的研究，从公共部门战略管理与公共管理工具的角度对公共管理的实现途径进行了探讨，提出了管理途径、政治途径、政策途径三种公共管理的实现途径。

出版说明

现代意义上的公共行政与公共管理研究和教育始于20世纪初的西方。时至今日，随着公共管理职业化的发展，公共行政与公共管理的研究和教育事业在西方发达国家方兴未艾。自20世纪80年代起，为了适应政府改革与公共管理人才培养的需要，我国的公共行政与公共管理研究和教育在经历了发展的挫折之后，开始了恢复和重建的工作。经过多年的发展，特别是公共管理一级学科的设置和我国公共管理硕士（MPA）教育的启动以及高校公共管理类本科专业的大量开设，公共管理已成为当代中国社会科学和管理科学领域的一个充满生机活力、具有远大发展前景的学科。

为了满足广大高校公共管理类专业的教学需要，在历届教育部高等学校公共管理类学科专业教学指导委员会的指导和支持下，中国人民大学出版社自1999年起，陆续出版了“21世纪公共行政系列教材”“21世纪公共管理系列教材”“21世纪公共事业管理系列教材”“公共管理系列教材”“公共管理核心课程系列教材”“21世纪劳动与社会保障系列教材”“21世纪土地资源管理系列教材”“21世纪城市规划与管理系列教材”等多个本科系列教材。这些教材被国内高校公共管理类专业广泛选用，并得到了公共管理学界的支持和认可，数十种教材被评为“十五”“十一五”“十二五”国家级规划教材，普通高等教育精品教材，以及各省市精品教材，为我国公共管理学科发展和人才培养做出了积极的贡献。

我国高等教育改革的进一步深化，以及新技术和新媒体的不断发展，对高校教材提出了更高的要求。为了回应这种要求，我们在广泛调研的基础上，拟对上述系列教材进行整合和提升，推出“新编21世纪公共管理系列教材”，以满足国内高校公共管理一级学科下设的行政管理、公共事业管理、劳动与社会保障、土地资源管理、城市管理、海关管理、交通管理、海事管理、公共关系学等本科专业的教学需要。

“新编21世纪公共管理系列教材”将秉承中国人民大学出版社“出教材学术精品，育人文社科英才”的宗旨，从本科教育的特点出发，从公共管理教育的特点出发，为广大高校公共管理类专业师生提供一套高质量的本科教材。在教材编写和内容安排上，“新编 21 世纪公共管理系列教材”强调基础知识、基本理论和基本技能，同时，也尽可能地体现创新性和前沿性，反映相关领域理论与实践的最新发展情况。

“新编 21 世纪公共管理系列教材”由中国人民大学、中山大学、北京大学、清华大学、复旦大学、厦门大学、武汉大学、浙江大学、吉林大学、东北大学、北京师范大学、山东大学、四川大学、西北大学等数十所国内著名大学的知名学者领衔著述，我们期望通过这种强强联合、优势互补、资源共享的方式，为国内公共管理学界奉上一套体现系统性、权威性、通用性，并兼具创新性、前沿性、启发性的精品教材。

公共管理的实践是不断发展和变化的。随着公共管理实践的不断发展，公共管理学科研究的范围、主题和内容也在不断地发展和变化。我们将紧跟公共管理学科的发展，与所有作者一起，不断对本套教材进行修订和完善。望广大读者给我们反馈信息，对本套教材提出批评和建议，以使我们能够在所有读者和作者的帮助下，与中国公共管理学科共同成长。

中国人民大学出版社

前　言

20 世纪后期以来，社会治理中出现了很多新的现象，这在很大程度上是因为人类社会正在经历全球化、后工业化的历史性转型。在我们所处的社会中，非政府组织的勃兴、社会结构的网络化、虚拟空间的出现、社会风险的增加以及危机事件的频发等，都对社会治理变革提出了非常迫切的要求。

近代以来，人类社会在治理方面的最大成就可以表述为两个方面，其一是民主政治，其二是公共行政。这两个方面构成了完整的社会治理体系，并显露为法治。就社会治理体系而言，它既是一个整体，其中又包含着一些原则性规定：第一，政治与行政被要求分开，虽然在实践中从未得到充分落实，但作为一个原则，进入 20 世纪后，一直得到遵奉。第二，无论是政治还是行政，都要依规则而行，而规则应当是相对稳定的，只有它是相对稳定的，才能发挥规范力。第三，由政治与行政构成的社会治理体系是与社会分立的，既要作用于社会，又要给予社会独立性。当然，还存在着许多具有原则性价值的规定，而这三个方面是最为基本的。我们认为，近代以来，政治学、公共行政学等与社会治理直接相关的学科，都是面对这个社会治理体系建立起来的，都把这三项原则贯彻到了学科体系的建构之中了。然而，20 世纪后期以来，社会处在急剧的转型过程中，而这些学科并未呈现出相应的变化，往往是把新的社会现象纳入旧的解释框架，以至于社会治理的诸多现实要求无法得到回应。在这种情况下，就需要有一门新的学科去回应既有学科无法回应或不愿意回应的社会治理现实要求，因而，公共管理学作为一门学科应运而生。

在某种意义上，我不认为西方有了公共管理学这门学科，虽然西方国家存在着公共管理的问题，而且也有许多学者对公共管理问题做出了很深入的研究，但是，作为一门学科，它并未建立起来。在西方国家，许多学者在研究公共管理问题时，是在公共行政的框架下进行的，受到了我们上述所说的几个原则的羁绊。也就是说，我倾向于把公共管理学这门学科视为在中国本土产生的。

第一个方面，改革开放后，为了解决计划经济时期“以党代政”的问题，我们提出了“党政分开”的原则。这在某种意义上，可以看作关于政治-行政二分的中国式表述，但是，自党的十四大以来，这项原则很少在重要文献中出现。这说明，我们引进公共行政学是缺乏实践支持的。第二个方面，在西方的政治学和公共行政学的文献中，关于政府职能的专门讨论是很少的，而中国在行政改革的过程中，反映现实要求的文献很多集中在政府职能问题的探讨上。第三个方面，非政府组织（中国人更愿意将其称作“新社会组织”）以及其他的社会自治因素虽然不像西方国家那么发达，但也已经是一个重要的社会现象，而且发挥了社会治理的功能。对此，也需要在科学研究中加以体现。这三个方面决定了中国因为社会治理实践的要求而无法完整地引进西方的公共行政学，而是需要根据中国现实的要求进行改装。正是这样，中国学者在可以认为是不自觉的情况下建构起了公共管理学这门学科。

上述看法是我编写《公共管理学》教材的基本动因。但是，这本书是教材而不是专著，我又必须考虑与其他相关教材之间的协调问题，必须考虑教师以及学生的接受程度。所以，我以及参加编写的作者们尽可能基于现实和反映社会治理的要求去编写这本教材，尽可能保守一些。我的计划是循序渐进，通过多次修订，最终形成一本真正可以称得上“公共管理学”的教材。在此过程中，我希望使用这本教材的老师和同学能够不断地提出宝贵建议，也希望学术界在公共管理学的研究中有更多的学术自觉，以求共进。

《公共管理学》第一版在2010年由中国人民大学出版社出版，修订工作从2014年8月开始筹划，从拟定修改大纲、遴选作者到章节内容撰写、修改和调整，再到最后统稿以及定稿完成，历时3年多的时间。其中，参与修订工作的作者全心投入，努力契合反映社会治理的新的要求，同时，也充分考虑社会治理知识的传承。参加此次修订的作者主要有：第1、3、9章，郑家昊（陕西师范大学）；第2、11章，陈芳（南京邮电大学）、张乾友（南京大学）；第4、6章，周军（南京农业大学）；第5章，李东（西安科技大学）；第7章，李丰（南京大学）；第8章，向玉琼（南京农业大学）；第10章，张丽珍（西安电子科技大学）；第12章第1、3节，马全中（韶关学院）；第12章第2节，李庚（陕西师范大学）。

呈现在大家面前的这本《公共管理学（第二版）》教材，继承了第一版教材中关于社会治理变革以及将公共管理作为一种新型社会治理模式进行建构的基本精神，但对第一版教材的叙述框架和知识体系进行了全方位的调整，增添了公共管理学的建构、公共管理的生态、虚拟空间管理、公共服务、公共政策、公共管理的规范等内容。本教材始终遵循“知识系统性”“语言规范性”“理论前沿性”等基本要求，希望描绘出一幅展现社会治理及其科学研究演进脉络的知识图谱。具体而言，《公共管理学（第二版）》的“新贡献”体现在以下几个方面：

第一，“导论”部分，对公共管理的概念、兴起进行了学术考证，吸收了最新的相关研究成果。同时，重新对公共管理学的学科定位、特征、研究内容进行了梳理，增添了公共管理学的建构原则。

第二，“公共管理主体”部分，增加了“合作网络”的内容，同时对政府组织与非政府组织、官僚制组织与任务型组织、公共管理者等内容进行了重新编写。

第三，“公共管理中的政府”为新增章节。服务型政府是公共管理中政府组织的基本类型。此部分着重对服务型政府的兴起、概念、政府职能、理论与实践进行了介绍，在政府职能及其模式方面，着重描述了引导型政府职能模式的概念、历史定位、全球价值、独特优势等。

第四，“公共管理的生态”为新增章节。公共管理活动的开展必须熟悉其所面临的基本社会治理生态。公共管理所面临的社会治理生态可以归结为三个层面：一是全球化、后工业化进程，二是社会的高度复杂性和高度不确定性，三是社会网络结构的生成。

第五，“公共部门的资源管理”对第一版教材中人力资源管理、财政管理以及电子政务的内容进行了整合，并对相关的概念、理论和原则进行了补充和完善。

第六，“虚拟空间管理”为新增章节。虚拟空间是新近出现的与实体空间并立的领域。公共管理既要关注实体领域的社会治理，又要关注虚拟空间的管理。此部分对虚拟空间的形成、虚拟空间的特征以及虚拟空间的管理构想进行了开拓性的介绍。

第七，“公共服务及其供给”为新增章节。公共服务是公共管理主体开展社会治理实践活动的载体和目标。随着技术的进步，公共服务出现了虚拟化的现象，虚拟公共服务的供给问题可以说是公共管理面临的崭新课题。此部分在梳理实体公共服务供给的同时，也对虚拟公共服务的供给做出了积极探索。

第八，“公共政策及其运行”为新增章节。公共政策是社会治理的基本工具。公共管理视阈下的公共政策将会凸显出道德和伦理特性。此部分系统地阐释了公共政策的含义和理论发展以及公共政策的基本内容和运行过程。

第九，“公共部门的绩效管理”部分，在吸收和借鉴第一版相关内容的基础上，对公共部门绩效管理的概念做出了重新界定，并且对公共部门绩效管理的内容和过程，尤其是对国内外各国的政府绩效管理的理论和实践进行了梳理。

第十，“公共危机管理”部分，在第一版基础上重新拟定了章节内容，着重对公共危机管理的理论、公共危机管理的回应性机制以及公共危机管理的合作机制进行了介绍，指出公共危机管理的合作机制是一种面向未来的管理机制。

第十一，“公共管理的规范”为新增章节。在社会治理演进中，探寻规范变革的轨迹，对“公共管理中的法律”和“公共管理中的伦理”进行了系统化的阐述，描绘出公共管理的规范的演进趋势。

第十二，“公共管理的实现”部分在第一版基础上进行扩展性修订，增加了公共管理的战略、公共管理的工具箱等内容，而且对公共管理实现的管理途径进行了重新编写。

张康之

目 录

第1章

导　论

作为一种新型的社会治理模式，公共管理产生于20世纪后期。全球化、后工业化运动是它得以产生的总根源。公共管理从公共行政转化而来，并将实现对公共行政的替代。在某种意义上，可以认为，公共管理的出现意味着作为工业社会治理模式典型代表的公共行政的终结。但是，这仅仅是指作为模式的公共行政的终结，而大量的公共行政问题仍然会被公共管理所继承，而行政的性质将会实现根本性的转变。比如，公共行政将会以服务行政和合作行政的面目内含于公共管理中。公共管理所要承担的是高度复杂性和高度不确定性条件下的社会治理。随着公共管理的兴起，必然需要一门科学对它做出专门研究。公共管理学就是一门综合运用各种社会治理知识来对公共管理展开系统化研究的科学，因而，它是一个全新的、综合性的学科，是一门关于社会治理的最新形态的科学，是社会科学中的前沿学科。公共管理学所要研究的是多元社会治理主体并存条件下的主体间关系、合作治理的体系及其运行机制。作为一门着眼于解决公共领域中实际问题的应用型学科，公共管理学的学科建构将会坚持开放性的原则，以锻造宽广的研究视角为起点，摒弃传统学科以筑造学科堡垒为旨归的体系化建构方式。

重点问题

- 公共管理的概念
- 公共管理产生的历史前提
- 公共管理的兴起
- 公共管理学与公共行政学的区别
- 公共管理学的研究内容
- 公共管理学的学科特征

1.1 公共管理：新型社会治理模式

1.1.1 公共管理的概念

“公共管理”（public management）一词产生于20世纪20年代，最早的文献资料可以追溯到1926年“国际市政经理协会”的会刊《市政管理杂志》更名为《公共管理》。该杂志在1926年第10期刊发了《新的声明与通告》：国际市政经理协会召开第十三次大会，批准了改变杂志名称的提议，将“*City Manager Magazine*”变更为“*Public Management*”。刊物名称的最终变更发生在1926年12月，这次变更对于“公共管理”概念的推广发挥了积极影响①。20世纪40年代，“公共管理”的概念在美国公共行政学界得以流行。但在之后将近30年的时间内，又几乎被学者们所抛弃。到了20世纪70年代以后，在美国的一些公共政策学院的推动下，这一概念再度得以使用②。

“公共管理”成为一个可以与“公共行政”并列的概念，得益于一场发轫于英国、澳大利亚、新西兰等英联邦国家的“新公共管理运动”。新公共管理运动起源于20世纪70年代后期“撒切尔政府”的私有化改革，而“新公共管理”提法出现得比较晚。1991年，克里斯托弗·胡德（Christopher Hood）在英国《公共行政》杂志第1期发表了《一种普适性的公共管理?》一文，将20世纪70年代以来的市场化改革正式命名为“新公共管理”（new public management，NPM），并对它做出了第一次系统化的理论总结，也将英国式的公共管理研究推向了整个世界。

在此之前，跟美国一样，公共管理的概念已经在英国公共行政学界流行。不同的是，英国的公共管理概念更多地受撒切尔改革的影响，因而与诞生在政策学院或管理学院中的美国的公共管理概念有着内涵上的不同。在某种意义上，正是由于看到了撒切尔改革与传统公共行政实践决裂的决心，英国学者才在“公共管理”一词前面加上了一个“新”字，并使得这一新的公共管理概念取代了传统公共行政的概念，成为理解20世纪90年代以来人类社会治理发展的新视角。显而易见，“新公共管理运动”和胡德的“新公共管理”提法对于“公共管理”概念的流行和传播起到了非常重要的作用。但是，并不能因此就将“新公共管理运动”理解为“公共管理”，更不能泛泛地将“新公共管理运动”与“公共管理学”的研究内容等同起来。

现今，当谈起“公共管理”和“公共管理学”的时候，一些学者会很自然地联想到“新公共管理运动”，甚至将“新公共管理运动”当作公共管理学的基本内容来介绍。这种做法是不正确的。因为，就治理变革而言，公共管理是一种全新的社会治理模式，是对公共行政的扬弃；就学科属性而言，公共管理学是一门关于社会治理的全新科学，它在20世纪后期兴起本身就意味着对公共行政学的超越和替代。而“新公共管理运动”的

① 张康之，张乾友．学术史中的公共行政学概念澄明：三个基本概念的经典用法辨析．中国社会科学，2013(2).

② 张康之，张乾友．论公共管理概念的生成及其基本内涵．行政科学论坛，2014(1).

基本路线仍然是在公共行政的基本框架下开展行动的，也只是公共行政学研究内容的扩展版。

从历史进程看，在世纪之交，正当公共管理学作为一门科学而得以建构的时候，新公共管理运动已经趋于终结。一方面，新公共管理运动在 1995 年前后就已经画上了句号。尽管新公共管理运动中的具体做法现在依然在政府部门中有所应用，但其应用前景是不容乐观的。尤其是 21 世纪以来，一些国家继续沿用新公共管理运动开出的药方来推进政府改革，这些改革并没有使政府变得越来越好，反而使“政府失灵”常态化。另一方面，新公共管理运动所使用的各种理论（如公共选择理论、交易成本理论等）受到了来自再度兴起的“新公共行政”和后现代公共行政等思潮的致命抨击，在关于社会治理理论的发展中，并未留下明显的痕迹。公共管理学意味着社会治理理论及其科学的一种新范式的出现，被寄予替代公共行政学代表的旧范式的期望。

“公共管理”的概念具有三重含义：其一，是公共部门中的管理；其二，是服务于公共事务的管理；其三，是具有公共性质的组织及其成员对社会的管理。一般认为，公共管理是指政府等多元社会治理力量通过整合社会资源和战略性地运用治理手段而对与公共利益实现相关的广泛的社会事务的管理，其目标是促进社会发展和实现社会公平，保障全体社会成员共享社会发展的成就。历史地看，公共管理是人类社会治理发展到 20 世纪后期才出现的一种新型社会治理方式，是政治、法律和管理进步的最新成就，代表了社会治理的制度、方式和行为模式的最新文明典范。对公共管理的概念进行分析，可以看到：

第一，公共管理主体是一切从事和参与社会治理活动的组织和个人的总和，或者说，一切不以营利为目的而围绕着社会事务开展活动的组织及其成员都属于公共管理主体的范畴。现代社会的治理活动都是以组织为载体或基本单位展开的，因此，从组织的意义上来审视公共管理活动，政府已经不再是唯一的社会治理主体，而是需要与多元化的社会治理力量一起开展合作治理的组织。所以，公共管理主体是多元化和多样化的，公共管理是包括政府与非政府组织以及其他社会治理力量多元治理主体的合作治理。

第二，公共管理的目标是一个具有多层次结构的目标体系，表现为提高社会治理活动的效率、促进社会发展和保证全体社会成员共享社会发展的成就。为了实现这些目标，一切公共管理主体都需要在注重社会公平的前提下提高效率，不断地改善提供公共服务的能力，注重绩效和服务品质。对政府而言，要把重心放在基本公共服务均等化供给上；对非政府组织以及其他社会自治力量来说，应当在其所活动的区域（或领域）内积极开展治理活动，及时地把存在于社会中的各种利益诉求传递给政府。无论是政府还是非政府组织以及其他社会治理力量，在公共管理过程中，都需要以积极的态度自觉地完善公共服务的合作关系。

第三，公共管理的途径是多样的，概括地说，主要由政治途径、法律政策和管理途径构成。近代以来的社会治理过程由于追求专业化，往往把三种途径隔离开来，由不同的部门或机构着重运用其中的一种。20 世纪后期以来，社会的复杂性和不确定性迅速增长，几乎所有具有新的历史特征的公共事务都需要战略性地、前瞻性地和综合性地运用这三种途径来加以处理。所以，“科学管理”、“合作治理”和“依法行政”将成为公共管理途径的最为基本的三个方面。当然，在具体的公共管理过程中，公共管理的途径会呈现出多样化的特征，也要求公共管理者自觉地进行方式、方法上的创新。

第四，公共管理系统是一个由多元社会治理力量构成的以合作关系为纽带的和以提供公共服务为目标的统一体。近代以来，虽然政治民主作为政府开展社会治理的基本环境已经被建构起来，但公民权利的行使主要被限制在政治途径之中，具体的社会治理过程依然呈现出政府垄断的特征。公共管理产生于20世纪后期，非政府组织以及各种各样的社会自治力量迅速成长，冲击了政府垄断社会治理的格局，促使政府类型正在悄然地从“管理”转变为“服务”。所以，公共管理系统体现为服务型政府与非政府组织等社会治理力量共同构成的网络结构体系。在相当长的一个历史阶段中，服务型政府将会处在体系的中心位置，但多元治理力量之间的互动也会不断地增强。

与“公共”一词相对应的是“私人”的概念，因而，当人们使用“公共管理”的时候，实际上是对应于“私人管理”而言的。一般说来，营利性组织中的管理都可以被看作私人管理。这类管理主要集中在组织内部，它虽然也有对组织外的人和事的管理要求，但那是属于环境管理的范畴，在根本上，是从属于组织自身管理的需要，即通过组织自身的管理而实现利益的最大化。公共管理则不同：首先，公共管理不以营利为目的。当然，日常生活领域中也会存在一定程度上的管理问题，比如，有人在管理的意义上处理家庭事务，而且这种管理也是非营利性的，但它是不具有公共管理中的公共理性内容的。其次，公共管理由公共管理组织内部的行政管理和外向的社会管理两个部分构成。公共管理要求把社会管理放在中心位置上，让组织自身的管理从属于社会管理的要求。最后，公共管理担负着健全社会的责任。这是公共管理与私人管理以及日常生活管理的最根本的区别，也是它与以往任何一种社会治理方式的不同之处。私人组织的管理（如企业管理等）只求组织自身的完善，即通过组织自身的完善去提高竞争力；日常生活的管理（如家庭管理等）也不在直接意义上关注社会的运行状况。

从历史上看，农业社会的社会治理也希望造就所谓“盛世”，但主要是服务于巩固统治的目的。近代资产阶级政府的社会治理则是服务于占支配地位的阶级和利益集团利益实现的要求。与它们不同，公共管理致力于在促进社会发展的过程中去化解一切社会矛盾和解决一切问题，通过公共服务的供给去促进社会和谐，通过依法治理去营造安定祥和的社会生活环境，通过广泛的公众参与去了解和实现各个方面的利益诉求，通过落实基本公共服务的均等化去保证社会公平与社会发展得到同步实现。

公共管理是社会治理的一种新的类型。历史地看，在农业社会的历史阶段中，社会治理是建立在等级身份差序的基础上的，是依靠权力而进行的治理，服务于等级统治的要求，因而可以被称作“统治型社会治理”。经历了工业革命和启蒙运动，欧洲进入了工业社会，社会治理开始建立在法律的基础上，特别是政治与管理的分化，使社会治理的具体行动中更多地具有管理的特征，而且，管理也是社会治理的中心内容。因而，工业社会历史阶段中的社会治理可以被看作是“管理型社会治理”。20世纪后期，随着全球化、后工业化进程的启动，工业社会所形成的治理模式开始逐渐地显示出与社会发展不相适应的状况，公共管理就是在这种条件下产生的。在性质上，公共管理属于服务型社会治理；在治理方式上，公共管理是由多元社会治理力量在服务精神引导下的合作治理。

当然，公共管理作为一种新型社会治理模式才刚刚登上人类社会治理的历史舞台，它所应有的许多特征尚未充分地显现出来。所以，关于公共管理的认识还存在着很大的分歧。考虑到公共管理产生于人类从工业社会向后工业社会转型的运动中，它的过渡性色彩是难以避免的，它会带有工业社会治理模式的诸多特征。正是由于这个原因，人们往往在工业社会治理的理论框架下去认识它，对它进行解释，按照既有的方式去建构它和应用它。但是，随着时间的推移，公共管理将会逐渐褪去工业社会治理模式的色彩。而且，这一“褪色”的过程实际上也是公共管理逐渐成熟的过程。在此过程中，公共管理不仅会继承工业社会治理模式中的一切积极成就，而且会重新检视已经被工业社会治理模式所否定了的那些农业社会治理模式中的积极成就，对它们进行重新改造并加以消化和吸收。

1.1.2 公共管理产生的历史背景

公共管理作为一种社会治理模式大致产生于20世纪80年代。现在看来，已经可以断定，20世纪80年代是人类历史上的又一个转折点。尤其是在西方国家，工业社会已经走到了自己的顶峰，开始了向后工业社会的转型。在这场历史性的社会转型运动中，风险社会以及危机事件频发，预示着社会治理失灵的常态化，说明在工业社会形成的社会治理模式已经无法适应解决当今社会问题的需要。公共管理正是在这种条件下形成的，具体地说，全球化、后工业化是公共管理这一新型社会治理模式得以产生的总的历史背景。

“后工业社会”是一个尚未获得独立内涵的概念，所指的是人类历史发展中工业社会之后的阶段。这一概念是由美国社会学家丹尼尔·贝尔首先提出的，他在1973年出版的《后工业社会的到来——社会预测尝试》一书中论述了对“后工业社会”的认识，并认为这一社会具有五大特征：（1）经济上从制造业为主转向服务业为主；（2）经济的变化使白领工人数量大增，从而使社会的领导阶层由企业家变为科学研究人员；（3）理论知识居社会的核心地位，成为社会革新和决策的根据；（4）未来技术方向应是有计划、有节制的，技术评价应占有重要地位；（5）制定各项政策都要通过智能技术，“理论知识的积累与分配”已成为革新与变革的直接力量。

自贝尔提出“后工业社会”这一概念后，一场探讨后工业社会并寻求建构方案的运动就展开了。随着探讨的深入，关于后工业社会的认识也不断地具体化，有了更多关于后工业社会的描述，甚至使得贝尔关于后工业社会的描述因为仍然带有工业社会的色彩而被抛弃。从社会发展的实际进程来看，大致从20世纪80年代开始，人类确实进入了一个全球化、后工业化进程，人们的社会生活的一切领域，每时每刻都有着新的变化，工业社会中所形成的一切事物都正在经受着考验。比如，全球化打破了一切地域界线，整个世界变成了一个“地球村”，每一个国家、每一个民族甚至每一个人，都需要在面向世界的开放中去发现自身的价值，去寻求生存、发展的机会。

后工业化不仅是一个历史概念，那些已经被长期封存起来的在历史上曾经出现过的事物，在今天可能又会获得复活的机遇；同样，全球化也不仅是一个空间概念，它意味着工业社会的领域分化进程的中断，那些分化成不同领域的部分又开始重新融合起来，国家与社会的关系、政治与经济的关系等所有原先边界清晰的地方都开始变得模糊起来，甚至国家间的边界也模糊了起来，那些原先被视作国家主权而不容他国觊觎的事务，也开始越来越多地通过谋求国际合作的途径来加以处理。全球化、后工业化为人类带来的是社会的复杂性与不确定性的迅速增长。在社会的高度复杂性和高度不确定性条件下，既有的治理模式显露出了治理能力不足的问题，以至许多问题以危机事件的形式表现出来。公共管理直接面对高度复杂性和高度不确定性的社会现实，旨在解决现有的社会治理体系的治理能力不足的问题，进而扬弃人类在工业社会这个历史阶段中建构起来的社会治理模式。

从人类历史的总的进程来看，农业社会是一个相对简单的社会，这个社会中的一切事物也都表现出确定性的特征，依靠权力就能够基本满足这个社会的治理要求。比较而言，工业社会具有复杂性与不确定性，单纯依靠权力已经不能实现对这个社会的有效治理，所以，人们依据法的精神和科学原则而建构起了一个管理型社会治理体系。但是，管理型的社会治理体系在治理方式上属于一种“以不变应万变”的治理——基于普遍性的原则，设计出普适性的治理手段去应对复杂的和不确定的社会事务。这在工业社会这一低度复杂性和低度不确定性的条件下基本能够满足社会治理的要求，而当人类社会呈现出高度复杂性和高度不确定性的特征时，工业社会的治理体系在一切方面也就陷入了困境，这主要是因为：

其一，高度复杂性和高度不确定性的社会现实使得政府垄断社会治理的状态难以为继。随着复杂性和不确定性的增长，政府在公共产品供给上的垄断已经无法维持下去，因而要求政府必须去与非政府组织等社会治理力量开展广泛的合作，以便形成多元的、灵活的公共产品供给机制，有效地去解决复杂的社会问题和尽可能地满足日益复杂化、多样化的社会需求。

其二，高度复杂性和高度不确定性的社会现实提出了社会治理格局重构的要求。当社会治理的职能由政府这一单一主体来承担的时候，政府是按照官僚制的组织方式来加以建构的，而官僚制组织又体现了近代以来的决定论哲学思维。在高度复杂性和高度不确定性的条件下，官僚制组织的控制导向经常性地陷入力所不逮的境地，程序化的决策回应机制在不确定的因果链中总是游离于所要解决的问题之外，使组织显得非常笨拙，面对复杂的和不确定的社会事务而显得无能为力，以至于各种各样的问题和矛盾积累到一定程度的时候，就以危机事件的形式爆发了。这就迫使政府不得不去变革其自身的官僚制组织方式，同时，政府也不得不与社会“分权”，让非政府组织以及其他社会力量加入社会治理的过程。

其三，社会治理主体的多元化以及公共产品供给途径的多样化使得公共产品的性质发生了变化。非政府组织以及其他社会力量加入公共产品供给者的行列，展示出了这样一种前景，那就是，工业社会中，公共产品与私人物品分化、分离和分立的历史正在走向终结，公共产品与私人物品正在趋同，即合并为一种物品——“社会物品”。这个时候，政府就可以从具体的公共产品供给者的角色中脱身出来，专心致力于引导型职能的实现。引导型职能也不再能够被看作一项政府所专有的公共职能，而是政府在合作治理体系中的一种角色扮演和履职方式，是政府成为服务型政府的一个重要标志。当然，这种变化需要对公共管理这种新型社会治理方式进行较长时间的自觉建构才能取得实质性的进展。

总的说来，公共管理是人类社会治理发展的必然结果，产生于工业社会的治理危机之中，所要承担的是社会高度复杂性和高度不确定性条件下的治理。尽管人们在社会治理过程中所直接面对的都是一些具体的事务，都在努力解决一些具体的问题，但在总体上它们却汇成了推动人类社会治理不断进步的河流，奔腾不息，流向历史的未来。人类社会的发展是具有阶段性的，会从一个历史阶段过渡到另一个历史阶段。现在，人类正在从工业社会向后工业社会转变。在这个过渡时期中，新的社会问题不断地涌现出来，以往的已经程式化的社会治理方式无法应对新的问题，因而，人们必须寻求新的方式去解决新的问题。正是这些为了满足解决新的问题的需要而开展的具体活动，构成了公共管理这一新兴的社会治理模式。尽管公共管理才刚刚登上人类社会治理的历史舞台，但它已经显现出社会治理模式结构性变革的迹象，代表了人类社会治理的未来，是需要我们这一代人加以开拓和建构的新型社会治理模式。

1.1.3 公共管理对公共行政的替代

作为工业社会治理模式的代表，公共行政是在20世纪成长起来并逐渐发展为一种典型模式的。或者说，在工业社会中，公共行政是基本的社会治理方式，是社会治理得以进行的日常形态，也是社会治理得以实现的主要方式。公共管理是从公共行政发展而来的，但公共管理将会实现对公共行政的扬弃和全面替代。

行政有着悠久的历史，在人类有了社会治理时，就有了行政，但公共行政是在20世纪成长起来的。在近代早期，随着工业化、城市化进程的启动，行政的发展也进入了统治职能和管理职能此消彼长的阶段。近代社会早期，西方各国大多通过资产阶级革命建立起了民族国家，从而出现了现代意义的政府。这些政府与此前由“国王”及其“王朝”构成的治理主体有着根本性的不同。但是，在资本主义制度确立起来之后，政府的边界是受到严格的限定的，所以，近代早期的政府往往被界定为“消极政府”或“有限政府”，扮演着“守夜人”的角色，政府职能主要体现在保护个人财产、维护社会秩序和国防安全等方面。在某种意义上，还是在统治惯性中去确定政府职能的，至少在形式上是这样。

19世纪中后期，资本主义的自由竞争开始逐渐被垄断所取代，周期性的经济危机对社会生活造成了极大影响。因而，需要政府积极干预以解决垄断诱致的社会问题。正是在这一情形下，政府职能迅速地扩张，政府规模也迅速地膨胀。到了19世纪末，基本上形成了“行政国家”的局面。在1929年的大萧条之后，以凯恩斯主义为内核的国家干预主义逐渐成为政府干预经济与社会发展的理论基础，政府角色从“守夜人”变成“干预者”。到了20世纪中期，政府干预几乎涉及国家与社会生活的方方面面，并且发挥着不可替代的治理功用。到了20世纪60年代，由政府所承载的公共行政也发展到了其顶峰。

公共行政是具有历史性的。在农业社会的王朝治理中，行政管理问题也是客观存在的，但那时的行政是一种统治行政，是从属于统治需要和服务于统治阶级利益的。而且，这种行政在治理体系的自我管理和对社会的管理方面是没有分化的，治理体系自身的管理是权力发挥作用的过程，而对社会的管理也同样是权力发挥作用的过程。到了近代，资产阶级革命取得成功，资本主义国家纷纷建立起了现代政府，并根据启蒙思想家们的制度设计方案，对国家机构进行了“分权制衡”的规划，结果，所建立起来的政府只是国家的行政机构，是专司行政管理职能的部门。这说明，现代政府的行政是国家各项职能分化的结果，行政职能是与国家的立法职能和司法职能相并列的三大职能之一。

然而，在几个世纪的时间里，现代意义上的公共行政都未出现。因为，虽然通过资产阶级革命建立起了现代政府，资本主义国家却一直处于政府的统治职能与管理职能此消彼长的过程中。而且，政治与行政之间的边界并未得到清晰的界定，以至于不可能将行政作为一个专门的管理技术领域来对待。即便是在美国这样的宪政国家中，在一个很长时期内，也由于“政党分肥制”而使行政成为某个政党的工具，更不用说背负着农业社会传统包袱的欧洲国家了。公共行政产生的标志性事件是 1883 年美国国会通过了《彭德尔顿法案》。该法案彻底终结了“政党分肥制”，使得文官体系在美国确立，文官的“永业制”保证了行政体系不再归附于某个政党或利益集团。几乎在同一个时期，英国用公务员制度终止和取代了“官职恩赐制”。可见，公共行政的产生和系统化建构是以公务员制度的建立为起点的。

对社会治理的进步来说，20 世纪可以看作公共行政得到迅速发展的时期，关于行政改革的每一项举措，都是公共行政体系及其过程发展的积极步骤。在某种意义上，公共行政的实践形态是由无数个关于行政的法案和无数项行政改革措施建构起来的，而最能够准确描述公共行政发展轨迹的则是它的理论形态，当然这些理论形态具体映射在 20 世纪以来发生的多场公共行政运动之中。但是，促使公共行政向公共管理转型的运动应当指认为“新公共管理运动”。虽然“新公共管理运动”本身仍然是发生在公共行政框架之中的，但这场运动的一些做法却在一定程度上打破了政府与社会的边界，促使某些社会因素加入了社会治理过程中来。而且，这场运动适逢全球化、后工业化的历史性社会转型，从而汇聚起了造就公共管理这一新型社会治理模式的各种动因。

从历史背景看，“新公共管理运动”发生在凯恩斯主义终结和新自由主义兴起的过程中，它认为政府不应管理得太多，要求政府回归到“有限政府”的边界内。为了使政府管得少而又不影响公共服务供给的质量，它提出了“以私补公”的措施，即通过建立一个介于政府和私人部门之间的“第三部门”去提供公共产品。同时，也尽可能地通过公共服务合同的发包去鼓励私人组织提供公共产品。至于政府自身的管理问题，则主张引入竞争机制去促进政府效率的全面提升。所有这些，被概括为“运用企业家精神改造政府”。

“新公共管理运动”的主张以及它在行政改革过程中的做法都表明，它是一场具有过渡性的改革运动，它在性质上属于公共行政的范畴，同时又表现出对公共行政传统路线的背离。首先，它对公共行政的基本框架构成了实质性的挑战，不是让公共行政通过恢复政治价值去结束“价值中立”，而是要用“企业家精神”来对传统公共行政做出否定；其次，在它的“以私补公”“民营化”策略中，包含着促进非政府组织等社会治理主体生成的动力；最后，它关于在政府中引进竞争机制的做法否定了官僚制组织的分工-协作关系。在此意义上，“新公共管理运动”发挥了终结公共行政的作用。换言之，在公共管理兴起的过程中，“新公共管理运动”发挥了重要的催化作用。但是，这种催化作用不能被过度地解读，更不能将“新公共管理运动”简单地等同于公共管理。公共管理是一种新型的社会治理模式，对它的建构需要在一种客观的、开放的视野中进行，决不能因为对属于“公共行政”治理范式的“新公共管理运动”的过度解读，而为公共管理的成长以及公共管理学的学科建构平添诸多限制。也就是说，无论是公共管理实践还是公共管理学建构，都不能囿于“新公共管理运动”的既有边界。

在社会治理模式的意义上，公共管理应当被理解成对公共行政的扬弃和替代，但这种扬弃和替代的原因应直接归为社会治理生态的变化。20 世纪末，在发达的市场体系和先进的私人部门管理理念的共同映衬下，处于社会治理体系核心地带的政府却存在着效率低下、机构臃肿和缺乏活力等问题，并由此引发了财政危机、管理危机和信任危机，这些都迫使人们重新审视公共行政的管理理念和方法。与此同时，社会自我治理的要求也变得越来越强烈，非政府组织等社会治理力量的迅速成长，也使政府垄断社会治理的格局发生了根本性变化。这些新的变化，对公共行政所代表的社会治理模式形成了冲击，使新型社会治理模式得以产生，这种新型社会治理模式就是公共管理。

公共管理的出现意味着作为工业社会治理模式典型形态的公共行政的终结，却不意味着公共行政问题的完全消失。

其一，公共管理是多元治理主体以合作的方式开展社会治理的，使得原先的行政管理与社会管理的分化和分离进程发生逆转，开始走向融合和统一。公共管理主体在建构和融入公共管理合作体系时都必然面临合作体系内部的行政管理问题，而且，就它们作为公共管理主体而言，其行政都应当是“公共行政”，都具有公共性，无一例外。但是，这种公共行政不再专属于政府，而是属于所有公共管理主体；这种公共行政是一种具有实质公共性的行政，是一切公共管理主体根据公共服务以及合作治理的需要而建立起来的公共行政，是公共服务以及合作治理的实现途径。

其二，公共管理范畴中的公共行政从属于合作治理的需要，以合作行政的形式出现。官僚制组织中的以及由官僚制组织所承担的公共行政是以分工-协作的形式出现的，在价值中立的前提下，它主要从属于科学的规定，不断通过技术创新去提高行政效率，发挥行政功能。公共管理中的公共行政不仅继承了这种追求科学化、技术化的传统，而且更加注重合作中所需要的价值支持因素，特别是要求合作者之间确立起信任关系以及合作者的自我道德建构，以此去不断地提升和促进合作体系和行政结构的优化。

其三，公共管理中的公共行政在形式上是合作行政而在实质上则是服务行政。在 20 世纪得到充分发展的公共行政是一种管理行政，是与管理型社会治理模式有着相同性质的，而公共管理则属于服务型社会治理模式，它的公共行政也是一种服务行政。这不仅是因为一切公共管理主体都以提供公共服务为其基本目标，而且，更为根本的是，它们都定位于引导者与服务者的角色上，它们的管理行为是从属于服务的，具有服务的性质。所以，合作与服务是公共管理不同于传统公共行政的两个最基本的特征。

1.2 公共管理的兴起

1.2.1 应对变革时代中的治理难题

20 世纪 80 年代以来，人类进入一个急剧变革的时代，在全球化和后工业化浪潮席卷人类社会的时候，各种“失灵”在社会治理中呈现出蔓延之势，几乎侵入了人类社会的公共、私人和日常生活等领域，而且“失灵”已经超越了特殊和具体的领域，表现为一种可称为“治理失灵”的总体性存在。那么，如何才能找到有效的路径去补救“治理失灵”呢？世界各国政府相继开展了行政改革运动。这场行政改革运动无论在地理空间上还是在改革程度上，都体现了全球性的特点，因此这场运动又被视为“全球性行政改革运动”。从各国具有共性的背景因素来看，这场运动之所以爆发，主要是因为以下几个方面：

第一，各国政府均面临着不同程度的“财政压力”。一般而言，官僚机构具有追求自身预算规模最大化的内在动机，这种动机通常是不以政治家或政府领导人的意志为转移的。即使在政府财政收入高涨，国民经济高速增长的时期，无论理论上提出多少应该削减政府支出、减少总体税收规模的理由，只要政府现实运转状况良好的话，政府都不会主动采纳理论研究者的政策建议。只有当国民经济运行陷入停滞或衰退，政府财政收支严重失衡，原有的政府公共治理结构难以为继的时候，政府部门才有可能根据理论工具与现实条件所提供的可能空间去实施政府改革。20 世纪 80 年代，全球性行政改革的经济背景就是各国都面临着不同程度的财政危机以及由此所导致的日益严重的财政压力。所以，几乎所有国家的政府改革都首先表现为通过改革政府治理方式来控制财政赤字，缓解日益尖锐的社会经济矛盾。

第二，“政府失灵”问题逐渐显现出来，政府与市场的关系发生了根本性转变。自第二次世界大战后，受国家干预和福利国家政策的影响，政府职能急剧膨胀，政府被赋予了更多的干预经济生活的功能。相应地，人们对政府的期望也越来越高。的确，在干预模式中，政府完成了许多市场无法实现的使命，诸如稳定国民经济、熨平经济波动等。然而，随着治理生态和治理问题的复杂化以及政府规模的膨胀，政府不仅未能补救市场失灵，反而降低了社会效益。这种现象被称为“政府失灵”。最先提出“政府失灵”这一概念的是美国学者查尔斯·沃尔夫教授，他从 1978 年开始对“非市场失灵”进行系统化研究①，“政府失灵”是在“非市场失灵”的语境下逐渐离析出来并获得特定的含义的②。以布坎南为代表的公共选择学派通过对民主社会的政治结构做出全面分析，揭示了政府失灵的原因③。政府失灵主要体现为公共政策失效、官僚机构提供公共产品的低效与浪费、寻租及腐败等问题。此时，人们开始意识到，如同市场不是万能的一样，政府也不是无所不能的。在这种背景下，开始了旨在调整政府与市场关系的改革，在改革过程中，“小政府”与“企业型政府”的建议得到了广泛采纳。

第三，全球化与信息革命成为政府改革的重要推动力量。人类历史发展在 20 世纪的一个显著特征就是全球化，以国际经济自由化为特征的经济全球化趋势造成了竞争压力的日益加剧。其实，全球化时代的国家竞争本质上不是企业与企业之间的竞争，而是政府之间的竞争。为了在国际竞争中能够处于有利地位，各国政府对国家整体竞争力问题日渐重

---

① WOLF C. A Theory of “Non-Market Failure”：Framework for Implementation Analysis. California：The Rand Corporation，1978：1-56.

② WOLF C. Markets or Governments：Choosing between Imperfect Alternatives. California：The Rand Corporation，1986.

③ BUCHANAN J M，TULLOCK G. The Calculus of Consent：Logical Foundations of Constitutional Democracy. Ann Arbor：University of Michigan Press，1962.

视，认为政府能力是一国综合国力和竞争力的一种主导因素，政府如何引导和调控国民经济运行，促进经济社会可持续发展，自然成为社会各界所关注的核心问题。全球化除了在国际竞争力方面影响了政府管理之外，还在权力和影响力溢出民族国家主权范围方面向当代政府治理提出了新的要求。与全球化同样影响广泛的历史事件当属“信息革命”。信息革命从三个角度影响着政府改革。首先，信息革命进一步推动了全球化的扩散，进而间接加快了各国政府治理模式转型的步伐。其次，信息技术的迅猛发展与信息量的高速膨胀，导致了虚拟社会的产生和社会以及公共事务的复杂化，而信息量的膨胀则使得政府部门传统的接收、加工、处理信息的官僚制模式趋于瘫痪，政府工作人员即使长年累月地加班加点也无济于事。这样，政府改革就成为对信息革命做出的回应性行为。最后，在积极的意义上，信息革命所涌现出的众多新的技术和手段也为政府提供了新的操作平台。

第四，后工业化的压力变成政府改革的动力。自 20 世纪 70 年代中期开始，人们逐渐发现，规模庞大和职能日益扩张的政府在效率上并没有得到提升，反而是效率日渐低下。纳税人支付了高额税负，换来的只是劣质的公共服务，政府规模所导致的税收负担以及税收总额的损失，却要由整个社会来承担。这种政府管理无效率的状态损害了政府的形象，导致广大民众对政府产生不满。随着不满情绪的不断增加，最终形成了推动政府改革的政治压力。如果追根溯源的话，政府失灵以及公众的不满都是由后工业化带来的。中国，有后工业化的压力，处于从计划经济向市场经济转轨的过程中。由于中国社会主义市场经济建设要求政府去运用市场手段管理公共事务，提高公共产品供给质量，也由于中国政府有着领导全社会补工业化的“课”——推进国家现代化的任务，中国政府必须在结合中国实际的条件下引进西方国家的公共行政理论和经验。但是，全球化、后工业化也是中国政府必须面对的时代课题，这就决定了中国政府的改革并不是要建立起一个适应工业社会要求的政府，而是要根据后工业化的要求去建构公共管理体系。

总之，人类正处在一个变革的时代。20 世纪后期以来，社会变革在量上的变化已经达到了质变的临界点。相应地，社会治理也正在发生变革，全球性行政改革就是这场变革的一个组成部分。尽管各国政府在这场运动中依然是在公共行政模式下去实施行政改革，并没有自觉地意识到建立一种新型的社会治理模式的必要性。但是，作为社会治理中的新问题，行政改革引起了人们的广泛关注，并得到了有价值的研究。特别是对中国学者来说，行政改革以及政府领导中国改革开放和社会建设的实践，都提出了与西方国家现代化过程相同的要求，迫使中国学者必须根据中国现实去思考社会治理的问题，而不是简单地引进西方国家成熟的理论和经验。正是在此过程中，中国学者也在不自觉的状态下建构起了公共管理学这样一门新的学科，并在这一学科所指示的路径中开展科学研究和理论创新。

1.2.2 治理变革孕育了公共管理

为了应对社会复杂性和不确定性陡增带来的治理压力，更好地实现政府的效率，在 20 世纪后期，世界各国先后开启行政改革的试验，其中西方国家的行政改革具有一个共同的特性，那就是私有化或市场化。点燃这场私有化或市场化运动的导火索，是英国的私有化改革。1979 年保守党上台执政开始，英国实施了以私有化为特征的政府改革。具体做法是：把国有企业转为私有，对保留下来的国有企业也实行改革，让其按照市场规则经营，将营利作为其经营管理的首要目标，并鼓励国有企业与私人企业展开竞争。与此同时，政府的许多机构被精简或转为政府之外的服务机构，这些机构被称作“第三部门”。本来，从改革的逻辑看，第三部门只是一种过渡形式，这些机构由于政府精简而被推到政府之外，可能是为了照顾工作人员的心理适应问题，才暂时以第三部门的形式存在，其最终的归宿显然是要经历一段时间后转变为私人组织，或者被撤销。但是，出乎意料的是，这些第三部门在提供服务的过程中获得了强大的生命力，并造就了一个新兴的领域。由于第三部门的示范效应，非政府组织及其他社会治理力量迅速成长了起来，为公共管理这一新型社会治理模式的出现提供了组织基础。

就治理手段而言，西方各国在 20 世纪后期的政府改革中广泛引入私人部门的管理技术。例如，政府在社会管理中广泛采用私人部门的科学管理方法，如成本-效益分析、全面质量管理、目标管理等。尽管当时世界各国在推进政府改革时面临的问题不尽相同，但共同的做法则是把以“合同制”为典型特征的市场规则广泛引入政府部门管理中。传统观念认为，微观经济领域应该由私人企业承担，而公共服务领域则应由政府部门垄断。“私有化运动”从根本上转变了这一观念，各国政府都比较注重对过于单一的垄断性公营部门进行改革，努力引入竞争机制。这也就是通过合同、承包等多种形式，在公营部门内部重组市场，把以市场为导向、注重公民自由选择的思想应用到政府管理中来，以提高其绩效。戴维·奥斯本和特德·盖布勒在《重塑政府》一书中就对市场导向的改革给予了肯定：政府应实行一种把政策制定（掌舵）与服务社会（划桨）分开的体制；政府不应控制公共服务，而应授权社区实施公共服务；政府应是竞争型的政府，政府必须具有创造性和使命感；政府活动的目的是满足民众的需要，而不是官僚政治的需要；政府的组织形式应从集权走向分权；政府要以市场为导向，引进市场机制，改善政府及其公共服务。事实上，在私有化改革中，出现了不同领域的管理手段和工具得到协同运用的情形，这在一定程度上为公共管理这一新型社会治理模式的出现提供了技术上的准备。

20 世纪后期的这场政府改革运动，客观上造成了推进社会治理变革的效果，其中，最为重要的就是使得政府社会管理职能分散化，削减了中央政府职能，或者说，把中央政府的职能转移到了地方政府以及非政府组织中去。人们也将此称为分权化改革。从实践来看，这种分权化改革的确带来了诸多转变，不仅提高了政府工作效率，增强了官员直接接触民众或主动获取信息的意识，也提升了政府工作人员完成绩效目标的使命感。分权化的政府放弃了传统的官僚制集权模式，采取了扁平化的政府组织结构，在实现“上情下达”与“下情上达”方面也有着较好的表现。在西方政府的机构改革中，在调整中央与地方关系的同时，还调整了中央政府部门内部上下级之间的层级关系，许多政府经济部门被改造为所谓的“第三部门”。这种改革实现了决策权从地方向中央集中和管理权从中央向地方下放的有机结合。总之，这场改革运动对公共行政模式造成了巨大冲击，为各种各样的社会因素参与到社会治理过程中来打开了通道，从而为公共管理这一新型社会治理模式的出场扫除了障碍。

1.2.3 公共管理的成长

在20世纪后期以来的政府改革浪潮中，政府机构的精简、中央政府对地方政府的分权、政府对社会的放权、非政府组织以及其他社会自治力量的出现等，造就了多元社会治理主体合作共治的局面。这是人类社会治理历史上的又一次根本性的转变，它意味着工业社会所拥有的那种政府管理自身和管理社会的局面的终结，取而代之的是政府与非政府组织等社会治理力量一道开展社会管理和相互管理，意味着社会治理模式从公共行政转向公共管理。虽然目前公共管理作为一种社会治理模式正在成长，仍然具有管理的特征，然而，它在取代管理型社会治理模式的过程中，也体现出了一定的服务性质，有望逐渐成长成为一种服务型社会治理模式。从20世纪后期的政府改革中，可以清楚地看到这一点。

首先，服务行政成为公共行政发展的新阶段。农业社会的行政属于统治行政，工业社会的行政属于管理行政，在管理行政发展到其高级阶段的时候，出现了公共行政这一典型形式。但是，管理行政中的公共行政是价值中立的意义上的公共行政，还不具有实质上的公共性。公共行政发展的最高形态是不仅在形式上具有公共性，而且在实质上也具有公共性，是形式公共性与实质公共性的统一。这种公共行政是以服务行政的形式出现的，是随着公共管理这一新型社会治理模式的出现而出现的。

在各国的政府改革中，可以明显地感觉到："控制关系日渐式微，代之而起的是一种日益生成的服务关系，管理主体是服务者，而管理客体是服务的接受者。所以，这是一种完全新型的管理关系。在这种管理关系的基础上，必然造就出一种新型的社会治理模式，是一种服务型的社会治理模式。"① 而且，服务行政意味着公共行政范围的扩大。原先，公共行政是与私人行政相对应的，政府中的以及由政府所实施的行政管理活动是公共行政，而私人部门中的管理活动则被称为私人行政。现在，公共行政不再仅指政府中的和政府所实施的行政管理活动，而是指包括政府在内的一切具有公共性的组织的行政管理活动。

服务行政与管理行政的根本区别就在于：其一，服务行政是服务导向的而非控制导向的。一切社会治理主体都是以服务者的面目出现的，它们的社会治理活动无非是相互提供服务，在治理者与被治理者的关系上，也无非是服务的提供与接受。其二，服务行政是公正导向的而非效率导向的。管理行政在政治-行政二分的前提下是把社会公正的问题交由政治部门去解决的，而行政自身所突出的是"效率中心主义"的理念，以效率为衡量行政决策和行政执行效果的唯一标尺。服务行政则把社会公正问题的解决放在第一位，它的效率追求是从属于公正需求的实现的。其三，服务行政是客体本位的而非主体本位的。在管理行政中，政府是唯一的治理主体，政府处于治理体系的中心，一切治理活动都以政府的方便和政府权威得到维护为出发点。服务行政作为多元治理主体所承载和开展的行政活动，是把服务的接受者即行政客体放在中心位置上的，而服务的提供者作为行政主体则是在提供服务中去实现自身的价值和证明自身存在的必要性的。其四，服务行政是开放式的行政而非封闭式的行政。管理行政的科学化、技术化追求以及它的专业化使它具有封闭性

---

① 张康之. 公共管理伦理学. 北京：中国人民大学出版社，2003：7.

的特征，也就是说，行政活动因为成了一门专门性的技术而无法向公众开放，所以，政府行动的过程总是显得非常神秘。服务行政则不同，因为多元治理主体间存在着相互监督的关系，每一个治理主体的行政活动都必须是开放的、透明的，只有这样，它们之间才能确立起合作关系。

其次，参与治理成为从政府管理向公共管理转变过程中的过渡形态。民主在本质上是一种权力的分配与运行方式，属于政治生活的范畴。20 世纪 70 年代，“新公共行政运动”提出了“民主行政”的理念，到了世纪之交，这一理念被引入公共行政中来，并以参与治理的方式而付诸实施。在 20 世纪的公共行政发展中，由于职业化、专业化以及公共行政的保密性、公共行政机构相对独立的地位，公民与公共行政机构之间出现了巨大的距离，公共行政成了民主政治条件下的一个集权体系，因而加大了政府与公众之间的隔阂，使公民与政府处于一种紧张、陌生甚至误解的状态。这既损害了公民的利益，也降低了政府工作的权威与效率。所以，如何增强公共行政中的民主内涵也成了一个重要的课题。参与治理方式的提出，正是适应了这一改革要求。

参与治理就是让公众参与到公共事务和管理等公共产品的供给中来，具体地说，就是参与政府的决策和执行过程。这对于改变政府在治理上的垄断地位具有积极意义。以公众参与决策为例，其一，公众参与决策能够保证社会问题及时转化为政策问题。行政决策实际上就是要把一些社会问题转化为政策问题并提出解决方案的过程，公众通过制度化的渠道将自身关注的或与自身利益相关的问题以提案、建议等方式向决策层反映，有利于社会问题向政策问题的转化，能够使一些社会问题及时地引起决策层的注意，不至于让一些社会问题被长期搁置而引发危机事件。其二，公众参与决策能够保证公众的意愿得到表达，并在决策过程中得到一定程度的采纳。公众参与决策主要体现为政府在决策过程中，采用咨询、协商、公示、听证等方式倾听公众意见，听取他们对决策问题的看法，从而获取大量的决策信息，均衡各方利益，寻找决策依据，并制定出真正反映大多数公众利益的决策方案。在这一过程中，公众的意见表达能够保证政策更符合实际、反映出各方面的利益诉求，做到公正。20 世纪后期，随着信息技术的普及应用，也随着人们参与意识的增强，参与治理已经成为民主行政的一种基本途径。但是，也需要指出，参与治理还不能看作是民主行政的目标，与政府垄断治理相比，它是一种进步，但与民主行政的要求之间还存在着很大的距离。这是因为，参与治理无非是要公众参与到政府过程中来，它并没有改变政府在社会治理体系中的中心地位，并不合乎多元治理主体平等地开展合作治理的要求。所以，它可以被看作是从传统的公共行政向公共管理这一新型社会治理模式转变过程中的一种过渡形态。

最后，合作治理是公共管理的理想形式，也是民主行政的真正实现。既然 20 世纪后期的政府改革造就了非政府组织等各种各样的社会治理主体，这就确定无疑地展示了政府与这些社会治理力量间合作治理的前景。从实践来看，政府改革所取得的进展使得自 20 世纪 90 年代以来，各国都努力在政府和非政府组织间建立起一种合作对话机制，各种非政府的组织也都学会了以各种方式同政府部门进行协商、对话与合作。政府在制定有关政策时也已经开始自觉地与各种社会力量进行协商，并以协商的结果为公共政策的依据。所有这些，都包含着走向造就合作治理局面的积极行动。伴随着成熟的合作治理方式成为社会治理的现实，公共管理这一新型社会治理模式也将成熟起来。

合作治理从根本上排除了政府中心主义的取向，必将实现政府与非政府组织以及其他社会自治力量之间的去中心化，使得原先政府与社会的"中心-边缘"结构被彻底打破，代之以政府与非政府组织以及其他社会自治力量在治理过程中的平等和在平等基础上的互动。所谓合作治理，实际上就是政府与非政府组织以及其他社会自治力量在社会治理过程中以服务为宗旨和以信任为纽带而开展的互动过程。在具体的公共产品供给过程中，它们之间会展开竞争；而在公共利益实现的问题上，它们之间则是合作关系。在合作治理中，专业化的特征将会加强，政府统揽全局的地位没有改变，但它不再凌驾于非政府组织以及其他社会组织之上，而只是合作体系中的一个构成要素。政府对非政府组织以及其他社会组织的活动提供引导，发挥引导型职能。但是，在这种引导型职能实现的过程中，政府所扮演的是类似于"教练"和"导师"的角色，正如体育比赛中的教练与运动员之间无分主次一样，政府与非政府组织和其他社会组织之间也没有主次之分，政府在社会治理中的中心地位将完全成为历史。

1.3 公共管理学是关于社会治理的前沿性科学

1.3.1 公共管理学的学科定位

随着公共管理的兴起，必然需要一门科学去研究它。公共管理学就是一门诞生于世纪之交，综合运用社会治理知识来对公共管理进行系统化研究的科学。公共管理学是一门全新的、综合性的学科，是一门关于社会治理的科学，是社会科学中的前沿性科学。

在科学发展的意义上，公共管理学将会对政治学、社会学、经济学以及管理学等学科已经取得的成就加以继承，将它们整合进这一全新的学科中，并抛弃了这些学科的原有形式。在研究对象或研究内容方面，公共管理学不再像公共行政学那样限定于对政府的专门研究，而是要把一切参与社会治理行动中的因素都纳入自己的视野，对从工业社会向后工业社会转型过程中的一切新生的、对社会治理有影响的因素，都加以认识和分析。在研究目标上，公共管理学是服务于新型社会治理模式建构的需要的，不仅要实现全面的理论创新，而且要积极探讨创新社会治理实践方案的途径，即在社会治理的每一件具体事务上进行开放性的创新性探索。

在中世纪后期，即在从农业社会向工业社会转型的过渡时期，科学萌动的第一次热潮是以罗马法注释的形式出现的，由此引发了18世纪的启蒙运动。在人文社会科学已经取得了巨大进展的今天，公共管理学的研究要通过对既有的科学文献的系统化阅读，来获得走向未来的启示。但是，公共管理学更具有直接关注现实的特征，从产生的那一天起就是一门实践性很强的科学。因而，公共管理学把"实事求是"和"一切从实际出发"作为最基本的研究准则。

前瞻性创新是公共管理学的方法论原则，它反对任何把新生的社会因素纳入既有科学解释框架中去的懒惰做法，反对在工业社会科学范式的意义上来认识公共管理的思想和态度。历史必然是不断进步的，尽管已有的科学对人类知识积累有着积极的价值，但对于解决社会发展中新出现的问题，既有的科学及其理论是绝不可能在不做改变的情况下被加以简单套用的。公共管理作为一种新型的社会治理模式，面对的是空前复杂的和不确定的现实，这是以往一切科学都没有遇到也没有想到的问题，满足于用以往的科学及其理论去解决新的问题，显然是不行的。所以，对公共管理学而言，唯一科学的方法就是面向实际和面向未来进行创新。

从学科渊源上看，公共管理学是直接从公共行政学中脱胎而出的，必然会直接地继承和发展公共行政学已有的成就，即把公共行政学发展中的一切积极成就吸纳到公共管理学之中来。行政管理是人类社会存在了很久的治理现象。在农业社会，行政管理主要是依靠权力开展治理活动，它没有实现内部治理与外部治理的分化。在工业社会，社会治理活动以公共行政的形式出现时，促使政府内部的行政管理与政府对外部的社会管理分化，使政府的内部治理与外向治理在方法、目标和途径上都有所区别。公共管理则是这种分化的再融合，多元社会治理主体的合作治理已经使社会治理体系的内部与外部的区别失去了合理性。但是，由公共行政学发展起来的行政管理方法和技术以及社会管理的途径，都可以被公共管理学有选择性地继承。

当人们从行政管理这个概念出发去思考社会治理的问题时，应当关注的是社会治理技术层面的问题，所追求的应当是行政行为的效率。当政治与行政二分原则最初被提出时，行政更多地是指“行政管理”，而不是“公共行政”。当然，20 世纪的行政管理由于专业化、技术化和价值中立造就了公共行政这一社会治理形式也是一个事实。但是，沿着这一路径发展起来的公共行政显然不具有实质意义上的公共性，它的价值中立前提决定了它仅仅具有形式上的公共性，也可以称为消极的公共性。需要指出的是，行政管理的专业化、技术化追求是没有错的，在公共管理学探讨新型社会治理模式建构的过程中，依然会维护这一路线。

如果说行政管理这个概念所指称的是一种活动、行动的话，那么公共行政的概念则是指一种模式，或者说，公共行政所代表的是一种治理模式。公共行政把农业社会统治者用来治理自身和治理社会的行政管理改造成只适用于政府自身管理的技巧，并赋予行政管理科学性、专业化、技术化的特征。在政府的外部功能实现方面，公共行政则通过法律、公共政策等途径去开展活动，实现对社会的管理。这个时候，公共行政的公共性就必须被凸显出来，就像古德诺所说的那样成为严格的国家意志执行者，要避免成为某个利益集团的工具。也就是说，在法律和公共政策的执行过程中，只注重执行的效率，要在不同的社会利益诉求之间做到不偏不倚，防止受到某一（些）社会力量的利用。至于社会中的不同利益诉求的回应问题，那是一个政治过程，可以通过政治途径表达，并在代表性机构中去形成公共政策。一旦以公共政策或法案的形式出现，到了政府这里，就只是一个执行的问题了。

事实上，法律以及公共政策的普遍性与政府执行过程中的具体性之间总是存在着很大的落差的，甚至存在着许多与法律和公共政策相冲突却又是合情合理的诉求。由于各种各样的原因，这些诉求又无法通过政治途径得到有效表达，更不用说被吸纳到法律和公共政策的内容中去了。在这种情况下，政府放弃对具体问题的观照去维护行政的公共性，显然是一种极其虚假的公共性，无法在对社会的管理过程中去关注具体的公平和正义的问题。公共管理抛弃了政府对社会治理的垄断，用合作治理来取代它，也就从根本上克服了公共行政“形式公共性”的问题，并赋予了公共性实质性的内涵。

总的说来，公共行政学与公共管理学是关于两种社会治理模式的两门不同的科学，在历史的维度中，它们有着继承关系。而在实质上，就公共管理学是关于公共管理这一新兴的社会治理模式的科学而言，是对公共行政学的扬弃。也就是说，一方面，公共管理学要继承公共行政学研究的科学成就；另一方面，它又实现了对公共行政学的超越，是对公共行政学学科的否定。当公共行政学的科学成就被吸收到公共管理学之中的时候，实际上，公共行政学所研究的内容也就被纳入公共管理学了。或者说，公共行政学被统合到公共管理学之中了，成为公共管理学中的一个具体的“问题域”。也就是说，在公共管理学出现之后，公共行政学所研究的许多问题还会继续存在，还需要做出专门的研究，但已经是在公共管理的总体框架下对这些问题所进行的研究了。

比较公共行政学与公共管理学的区别，可以看到，公共行政学的研究对象主要是国家的行政系统——政府，而且主要是研究政府自身的管理问题，希望通过政府自身管理问题的解决去为政府外部职能实现提供保障。公共管理也同样重视研究参与社会治理过程中的一切组织的内部管理问题，在这方面会更多地继承公共行政学的研究内容、方法以及已经取得的成果。但是，公共管理学的侧重点将放在公共服务的供给和运营问题上，着重研究多元治理主体之间在公共服务供给问题上的合作行动。这也说明，对公共行政学来说，效率追求是第一位的；对于公共管理学而言，提高公共服务质量才是第一位的。由于存在着这样的区别，公共行政学与公共管理学在社会治理体制、运行机制、组织建构以及可供使用的方法和技术等各个方面，都会存在着不同的理论和观点，为社会治理所提供的方案也会有着很大的不同。

当然，公共管理学是一门新学科，鉴于公共行政学在20世纪取得了巨大成功，可以理解，在未来相当长的时期内，一些不愿意接受新事物的人还会持有公共行政学的观念和知识框架。但这样对公共管理学的发展、对社会治理的实践，都是有害的。所以，在今天学习和探讨公共管理学，需要拥有创新意识，特别需要从公共行政学的知识和观念系统中解放出来，去努力发现它与公共行政学的不同。这样就可以自觉地去积累公共管理学的知识，自觉地去确立公共管理学的观念，自觉地去建构公共管理学的学科体系。

1.3.2 公共管理学的研究内容

公共管理是一种客观的社会治理活动及过程，它构成了公共管理学的研究对象。公共管理学所要研究的是公共管理主体间的关系、合作治理体系及其实现机制。公共管理学所研究的社会治理主体已经不再仅仅是指政府，当然也不能穷尽所有的社会治理力量，而是把研究重心放在治理主体间的合作关系以及治理主体的服务性质上，特别是关注治理主体的价值目标及其实现保证。公共管理活动表现为多元治理主体之间的互动过程，公共管理学需要探讨公共管理过程中的机制，进而，探讨每一类治理主体如何在自身的建设中去促进治理主体间的互动朝着良性发展的方向前进。

在公共管理学的历史视野中，存在着三种社会治理模式，农业社会的统治型社会治理模式、工业社会的管理型社会治理模式以及正在建构的服务型社会治理模式。正如公共行政是管理型社会治理模式中的前沿地带，公共管理也是服务型社会治理模式的前沿地带，可以被作为服务型社会治理模式的具体体现和代表形态。公共管理在形式上还会保留管理的特征，但这种管理与工业社会中的社会治理过程中的管理不同，是一种从属于服务需要的管理。当然，工业社会的管理中也包含着服务，比如，政府就是提供公共服务的垄断性机构。但管理导向下的服务是从属于管理的，是为了更好地达成管理的目标。公共管理不同，它所包含的管理是服务导向下的管理，是为了更好地达成服务的目标。服务是公共管理的基本宗旨，因而，公共管理学应集中探讨多元社会治理主体如何更好地扮演好服务者的角色和履行好引导型职能，如何有效地供给公共服务或公共产品。

具体地说，公共管理学的研究内容主要包括以下几个方面：

第一，研究和诠释公共管理。公共管理学应当努力去把握公共管理所具有的一切新的特征，努力在公共管理产生的时代背景中去理解公共管理的出现在社会治理革命性变革中的意义，以科学求实的态度厘定公共管理的范围和内容，以启蒙后工业社会的精神寻求公共管理制度创新的方案，以服务为原则构想公共管理的体系结构和行为模式。通过这些工作，公共管理学将为一切从事公共管理活动的人确立起全新的服务观念，让他们在新的历史背景下，将自己的创造性行为投入社会治理的过程，为社会提供公共产品。

第二，对公共管理系统进行科学规划。在应对现实中所出现的新的治理问题时，需要开展治理创新，而现有的理论研究大多是在旧的公共行政学的框架中来认识和理解公共管理问题的，即便是在个别问题上提出了新见解和设计出了新的解决方案，也往往将它们纳入旧的解释框架，这在很大程度上制约了公共管理作为一种新型社会治理模式的建构。公共管理学的研究立足于全球化、后工业化的现实，在新型社会治理模式的意义上来认识公共管理，对它做出系统化的理论探讨，并在理论探讨的基础上对公共管理体系的结构、制度、运行机制、治理方式以及行为模式等各个方面进行系统而全面的规划。

第三，研究和解决全球化、后工业化进程中新的社会治理问题。20 世纪后期以来，人类社会进入一个复杂性与不确定性迅速增长的时期，每日每时都有新的社会现象和新问题出现，对既有的社会治理方式造成极大的挑战，其中许多问题因为治理方式的不适应而演化为危机事件。在这种情况下，公共管理学需要承担认识这些新的社会现象和问题的任务，需要通过对这些新的社会现象和问题的认识去思考应对方案，进而，发现在新的历史条件下开展社会治理的一般规律，提炼出公共管理的一般原则和方法。

第四，关注科学技术新成果在公共管理中的运用。公共管理学是一门科学，在学科交叉、相互借鉴已经成为科学发展的基本趋势的情况下，公共管理学需要借鉴其他学科的新的成果和研究方法。不仅如此，公共管理作为一种新型的社会治理模式，也需要得到新的科学和技术成果的支持，需要随时汲取和应用新的科学技术手段。事实上，20 世纪后期以来，在社会治理方面已经大量吸收借鉴了科学技术成果。在某种意义上，如果没有新的科学技术成果的支撑，以公共行政为代表的社会治理体系早已坍塌了，正是源源不断的新的科学技术成就使公共行政体系在高度复杂性和高度不确定性的条件下还能够维持社会治理的局面。所以，公共管理应当更加重视对新的科学技术成果的应用。

第五，对人类社会治理历史的重新梳理和解读。人类的社会治理文明是一个连续的过程，在历史上，有着许多宝贵的治理经验，同时也有着丰富的治理思想。人们在不同的历史阶段，从不同的视角出发，所看到的是不同的东西。随着公共管理的出现，公共管理学可以以一种全新的视角对人类的治理文明做出重新解读，可以在历史上发现那些长期被湮没了的治理经验和思想。公共管理学的任务是要把历史上的那些有价值的治理经验和思想转化成知识，使之服务于公共管理活动。

当然，公共管理学作为一门实践性很强的科学，需要更多地从现实出发，以公共管理为研究对象，以公共管理过程中所遇到的问题为研究重心，要能够通过理论研究去解决公共管理实践所遇到的问题，特别是在开发公共管理前瞻性预测技术和解决问题的能力方面发挥作用。总而言之，公共管理学是一门新兴的关于社会治理的科学，从事的是创新性的研究。善于发现社会治理中的新问题并提出解决方案，是这一学科的基本任务，也是这一学科发展的动力。

1.3.3 公共管理学的学科特征

公共管理学将基于综合管理学、政治学、经济学和社会学等学科的基础性知识和分析视角去解决公共管理中的实际问题，并且从多学科相结合的角度来研究能够直接作用于实践的综合性的治理手段。

第一，公共管理学是一门新兴的交叉学科。公共管理学的研究对象是公共管理，对公共管理进行研究和规划需要打破学科界限，注重综合运用多学科的知识。一方面，公共管理学是在当代政治学、经济学、管理学、社会学、政策科学等学科基础上，融合各种理论逐步发展起来的；另一方面，公共管理学在吸收其他学科的理论和方法的基础上，正在逐渐形成本学科的“研究范式”或“研究纲领”，以一种“社会治理学”的面貌出现，成为社会科学中的一门前沿性学科。

第二，公共管理学是以应用为取向的科学，是一门理论见诸实践的科学。公共管理学通过对不同时期不同国家的社会治理系统及过程进行研究，加深了人类对这一领域的了解，积累了感性知识，并正在将这些知识上升到理性的高度，去创建概念、方法、原则和定理等系统化的理论体系。同时，公共管理的理论又是直接来自实践并为了指导实践而建立起来的。所以，公共管理学能够体现出学术性与应用性的统一。

第三，公共管理学体现了实证性与规范性的统一。所谓实证性，是指公共管理学追求经验科学的证实、预见和客观性等传统，要求对公共管理的现象、事实或经验加以归纳与分析，得出一般的假设或可检验的命题和理论，并由经验、事实来检验这种假设、命题或理论的正确性。通过实证性的研究，公共管理还要能够解释相关的现象或过程，并做出对未来的预测。所谓规范性，是指公共管理学还要把价值分析作为科学研究的重要内容，力求提出规范性的建议，特别是要对公共管理合作体系的规范做出创新性的建构。

第四，公共管理学体现了公共性与科学性的统一。这个特征就是通常人们所说的“政治性”与社会性、可操作性的统一。公共管理主体所涉及的是政府及其他公共组织，是以提供公共服务和公共产品为宗旨的。与私人管理不同，公共管理过程大多发生在公共领域，属于对公共生活的管理，因而具有公共性。另外，公共管理也具有管理的形式，遵循管理的科学规定，也具有一般管理的特征，同样包含决策、计划、沟通、协调、监控等基本环节，并采用某些普遍适用的管理方法和技术。所以，公共管理学既具有传统的公共行政学、政治学的特征，又具有管理学的特征。传统的多学科特征都会在公共管理学中得到融合并同时体现出来。

第五，公共管理学的研究需要科学的和有效的方法。公共管理学的方法体系有一个显著的特征，即研究方法的跨学科性、交叉性和多样性。其他社会科学的分析方法，特别是管理学、经济学、社会学等学科的方法对于公共管理学是适用的，而且公共管理学的优势就在于它的跨学科交叉融合。公共管理学常用的典型分析方法有：规范分析、比较分析、系统分析、案例分析、社会调查以及统计分析等。在公共管理学的研究中，还有两个方法论上的问题需要引起高度重视：一是要注重运用辩证唯物主义和历史唯物主义，探讨、揭示公共管理活动的发展规律；二是要注重运用理论联系实际的方法，探讨公共行政与公共管理活动中的理论与制度创新。

1.3.4 公共管理学的建构原则

当前，公共管理学的建构和发展才刚刚起步，却遭遇了“合法性”危机——学术界开始质疑公共管理学是否真实存在。因为，很多人发现，公共管理学所涉及的社会治理问题，似乎政治学、社会学等任何一门社会科学也能够做出合理的解释，并据此判定公共管理学没有存在的必要，而且认为公共管理学并不具备作为一门学科所应拥有的基本概念体系，更没有能够支撑起该学科的学术话语。那么，这样一种判断是否科学和正确呢？这种判断在某种程度上反映了公共管理学所涉及的研究领域的“混乱”，然而这种对于公共管理学的认知是偏颇的，这是一种运用传统学科的体系化建构标准来审视公共管理学这一新的社会治理科学而得出的结论。其实，公共管理学所涉及的社会治理问题能够被其他学科做出一定的解读，恰恰说明了公共管理学在学科建构方面天然地具有异于传统学科的“开放性”特征。

就传统学科的建构而言，在建构之初往往会从其他学科汲取养分，表现出交叉学科和边缘学科的特性。然而，一旦该学科成熟起来，就会给自身划定一个边界，确定一个壁垒。这种边界和壁垒保证了该学科是一个拥有一些基本概念的封闭的知识体系，保证了该学科的知识增进仅仅在该学科领地内进行。19 世纪以来，社会科学的各个学科纷纷出现，这些学科在成熟之后，都是将自己作为一个相对封闭的体系来经营的，以至于关于社会治理的学问被分散到不同的学科之中。例如：社会学在认识社会治理时，所关注的是社会的构成、社会的运行机制等，旨在找寻社会发展的规律，更好地治理这个社会；政治学研究社会治理问题时，聚焦于政治运行、政治制度的状况以及人在政治体系中的地位等，力求在政治学维度建构一个社会治理的框架；经济学研究社会治理时，侧重于关注经济的运行，不管是宏观经济学还是微观经济学，都希望通过研究经济运行的规律来实现良好的社会治理效率。

不过，传统学科的体系化构建导向在当下遭遇了前所未有的挑战，或者说，传统学科的这种在学科之间筑起篱笆的做法已经过时了，生成于我们这个时代的新的学科不能再像传统学科一样保持自己的相对封闭性。因为，在高度复杂和高度不确定的变革时代，任何一项社会问题都不可能仅仅依赖于某一传统学科的知识而得到科学合理的解读，而是需要通过一个包容了多门传统学科知识的综合性知识体系来加以认识，公共管理学就是这样一个知识体系。

比如，从 20 世纪 80 年代起，社会治理中的危机频发以及治理失灵等现象呈现出了常态化和多发性，单一的传统学科很难对这些问题做出全面科学的把握。此外，不同学科基于自身的知识对同一问题做出分析时，得出的见解也往往表现出了不统一性甚至相互冲突，从而让实践者在推进社会治理的过程中无所适从。这些都是传统学科难以克服的问题。可以说，学科分化以及学科的体系化建构导致了社会治理理论与社会治理实践之间的脱节，很多理论在实践中失效，甚至引发了误导实践的后果。在这种情况下，迫切需要一门关于社会治理的综合性知识体系，以实现对传统的社会学、政治学、经济学等学科的超越，而且这种超越是通过综合各门学科的知识来实现的。公共管理学就是这样的一门学科。公共管理学的建构将秉持开放性的原则，以宽广的研究视角去观察社会治理现实的总体性，进而摒弃以筑造学科堡垒为旨归的体系化建构方式。

在对社会治理问题进行考察时，不同学科基于自己的知识体系框架会对社会治理做出不同的解读。然而，由于这种视角是基于学科的封闭体系建构而形成的，所以在本质上也具有天然的“封闭性”。与之不同，公共管理学在建构之初就遵循开放性原则，力求拥有一种完全开放的视角，即综合运用各种社会治理知识去审视和分析社会治理问题，以一种开放的精神，对公共管理做出科学解读。毫无疑问，这种开放的视角将有助于公共管理学吸纳和整合多种传统学科分立的视角，使得公共管理学成为一门名副其实的关于社会治理的综合性学科。

总而言之，公共管理学的学科建构是以打造一种完全开放的视角为起点的，以开放的视角为建构起点的公共管理学将具有超出了任何一门传统学科的强大的解释力和包容性。公共管理学在对公共管理做出认识和规划时，将会既重视常态化管理，又特别注重危机治理的方面；既重视实体社会领域的治理议题，又重视对虚拟空间的引导和管理；既重视政府转型和履职方式，又将在合作的意义上探讨非政府组织以及各种各样的社会治理力量的成长和更好地发挥治理功能；既重视对既有社会治理规范的遵循，又重视呼唤伦理精神的复归和德治的实现。

本章小结

公共管理是指包括政府在内的多元社会治理力量通过整合社会资源和战略性地运用治理手段而对与公共利益实现相关的广泛的社会事务的管理，其目标是促进社会发展和实现社会公平，保障全体社会成员共享社会发展的成就。历史地看，公共管理是人类社会治理发展到 20 世纪后期出现的一种新型社会治理方式，是政治、法律和管理等社会治理途径发展的最新成就，代表了社会治理的制度、方式和行为模式的最新文明典范。

全球化、后工业化是公共管理得以产生的总的历史前提。“新公共管理运动”和“新公共管理”的提法对于“公共管理”概念的流行和传播起到了非常重要的作用。但是，并不能将“新公共管理运动”与公共管理（学）等同起来，更不能将“公共管理”理解为“新公共管理运动”。公共管理的创新性体现在公共管理对公共行政的扬弃与替代，因而，公共管理的出现意味着作为工业社会治理模式典型代表的公共行政的终结。但是，这不意味着公共行政问题的完全消失，公共行政的问题将会被统合到公共管理之中，成为公共管理学中的一个具体的“问题域”。

20世纪后期以来的政府改革浪潮造就了多元治理主体合作共治的局面，这是人类社会治理历史上的又一次根本性的转变。它意味着工业社会所拥有的那种政府管理自身和管理社会的模式转变为政府与非政府组织等社会治理力量一道开展社会管理和相互管理的新模式，即意味着社会治理模式从公共行政转向公共管理。目前，公共管理正在成长，仍然具有管理的特征。但是，在以公共行政为标志的管理型社会治理模式得到超越和扬弃的时候，出现了以公共管理为代表的服务型社会治理模式，服务因而成为公共管理的实质。

公共行政学与公共管理学是两门不同的科学，在历史的维度中，它们有着前后相继的关系。但是，公共管理学对公共行政学的超越本身也吸纳了公共行政学的科学成就，统合了公共行政学所研究的内容。公共行政学主要以国家的行政系统——政府为研究对象，而且主要是研究政府自身的管理问题，希望通过政府自身管理问题的解决去为政府外部职能的实现提供保障。公共管理学则着重研究多元治理主体之间在公共服务的供给问题上的合作行动。具体地说，公共管理学是一门诞生于世纪之交，综合运用各门传统学科的社会治理知识来对公共管理展开系统化研究的科学。公共管理学所要研究的是作为社会治理主体的关系、合作治理体系及其实现机制。在公共管理学的成熟形态中，一切以组织形式出现的公共管理主体自身的内部的行政管理问题，都会交由公共行政学去进行专门研究。作为一门全新的、综合性的关于社会治理的科学，公共管理学是社会科学中的前沿性的学科，它的建构将会秉持开放性的原则，形成宽广的研究视角，从而彻底终结传统学科的相对封闭的、独立自为的体系化建构。

关键术语

公共管理　社会治理　公共行政　统治行政　管理行政　服务行政　官僚制　非政府组织　政治与行政二分原则　行为主义运动　新公共管理运动　政府再造　参与治理　合作治理

复习思考题

1. 简述公共管理的概念。
2. 简述公共管理产生的历史前提。
3. 为什么说公共管理的出现意味着公共行政的终结？
4. 为什么说“新公共管理运动”不能等同于“公共管理”？
5. 怎样理解治理变革孕育了公共管理？

6. 怎样理解服务行政是公共行政发展的新阶段？
7. 合作治理是公共管理的理想形式吗？为什么？
8. 简述公共管理学与公共行政学的联系与区别。
9. 简述公共管理学的学科定位。
10. 简述公共管理学的研究内容。
11. 简述公共管理学的学科特征。
12. 简述公共管理学的建构原则。

阅读文献

1. 张康之. 公共管理学. 北京：中国人民大学出版社，2010.
2. 张康之. 合作的社会及其治理. 南京：江苏人民出版社，2014.
3. 张康之，张乾友. 公共行政的概念. 北京：中国社会科学出版社，2013.
4. 彼得斯. 政府未来的治理模式. 北京：中国人民大学出版社，2001.
5. 奥斯特罗姆. 美国公共行政的思想危机. 上海：上海三联书店，1999.
6. 贝尔. 后工业社会的来临. 北京：新华出版社，1997.
7. 亨利. 公共行政与公共事务. 北京：中国人民大学出版社，2002.
8. 登哈特 J V，登哈特 R B. 新公共服务：服务，而不是掌舵. 北京：中国人民大学出版社，2004.

第 2 章

公共管理主体

公共管理主体是一切从事和参与社会治理活动的组织和个人的总和。公共管理打破了政府垄断社会治理的局面，呈现出多元化的社会治理力量合作治理的状况。因而，公共管理主体是多元化和多样化的，是由政府与非政府组织以及其他社会治理力量所构成的合作治理体系。在 20 世纪，政府在组织形式上是以官僚制组织体系的形式出现的。非政府组织是一支新近成长起来的力量，它在社会治理中的角色扮演才刚刚开始，所以，它应有的基本特征尚未完全显现出来。任务型组织的存在有着较长的历史，但其功能却是在近年来随着社会复杂性与不确定性程度的不断提高而得到凸显的。如果说官僚制组织代表了一种“以不变应万变”的治理思路的话，任务型组织则代表了一种“以变应变”的治理思路，而这正是高度复杂性与高度不确定性条件下的社会治理所需要的。公共管理体系是由多元治理主体间的关系构成的，这种关系在当前主要表现为组织间网络与政策网络。未来，组织间网络与政策网络都将发展为合作网络，成为合作网络的不同表现形式，并构成了合作治理的基础。公共管理主体也包括在公共组织中从事公共管理活动的个人，作为公共管理者，其具有与以往的官僚不同的特征。

重点问题

- 非政府组织的社会治理功能
- 马克斯·韦伯的官僚制理论
- 官僚制组织在 20 世纪的发展及表现
- 任务型组织及其管理
- 合作网络的基本内容
- 公共管理者的基本素质要求

2.1　政府与非政府组织

2.1.1　组织学视阈下的政府

一直以来，政府都是最重要的社会治理主体，在公共管理这种新型社会治理模式产生之前，政府还是唯一的社会治理主体。作为唯一的社会治理主体，政府与国家在很大程度上是重合的，在日常用语中，通常并不对政府与国家做严格的区分。直到 19 世纪后期，政府与国家两个概念都是混用的，人们并不对这两个概念进行严格的区分。只是进入 20 世纪后，人们才把政府作为国家的一个机构来看待，并在政府和国家两个概念之间做出区分。不过，政府作为一种国家机器而发挥功能时，就是一个政治实体而不是组织实体，代表了国家。在近代历史上，在 20 世纪初期美国的“市政改革运动”中，在政治-行政二分原则的指导下，人们才把作为组织实体的政府与作为政治实体的政府区别开来，使政府组织成为一个独立的科学研究对象。

在现代社会中，政府组织是最为发达的组织形式。一方面，它是存在于公共领域中的担负着日常治理任务的组织；另一方面，它又具有一般社会组织共有的特征。总的说来，政府组织在性质上属于公共组织，是公共领域中的行动者。因而，政府组织具有诸多不同于一般经济组织和社会组织的特性：

（1）公共性。政府组织是公共组织。在近代以来这样一个组织化的社会中，需要在组织所在领域中去认识它。一般说来，存在于公共领域中的组织可以被视为公共组织，存在于私人领域中的组织则可以笼统地称为私人组织。因其功能不同，又可以分为政治组织、经济组织和社会组织等。组织的目标、职能等都是由其所在的领域所决定的。政府组织是存在于公共领域中的公共组织，它与私人领域中的那些以营利为目的的组织有着根本性的不同，是服务于公共利益的，具体表现为提供公共产品，因而具有公共性。也就是说，政府组织的目的在于实现公共利益，政府组织中的人员是公职人员，政府组织的职能体现在对国家以及社会公共事务的管理中。

（2）政治性。虽然现代行政学已经把作为组织实体的政府从作为政治实体的政府中区分出来，但政治性仍然是政府的一个基本属性。在农业社会，政治与管理尚未分化，政府组织本身既是政治主体也是管理主体。近代以来，随着政治与管理的分化，政府组织的管理职能不断增强。但是，政府组织依然担负着国家政治生活的职能，是国家机构的重要组成部分，它通过管理的方式服务于国家政治，并把国家的政治意志落实到管理行动中来。虽然政府组织的行动具有更多的管理色彩，但其内容和目标都具有强烈的政治性，是不可能把政府组织与国家的政治生活分开来加以认识的。国家政治是政府组织的政治生态，同时，政府组织也是国家政治生态链上的一环。

（3）执行性。在近代以来的政治发展过程中，特别是在两党制和多党制国家中，政党政治对政府组织的日常活动有着极大的影响。为了适应近代社会发展中分工-协作模式的需要，增强政府组织的管理功能，在 19 世纪后期，开始了行政管理专业化的进程，建立起了专业化的文官体制，以确保行政执行从属于效率目标。同时，在理论上也提出了政治-行政二分原则，因而，政府组织被定位在执行者的角色上，即执行国家政治部门所做出的决策，以便政府组织的行政管理活动更少地受到政党政治的干扰。或者说，把政党政治限制在纯粹政治的领域，在政治的领域中形成决策后再交由政府组织去执行。

（4）权威性。作为国家机构的重要组成部分，政府组织享有权威性。实际上，在国家作用于社会的过程中，日常性的管理乃至统治活动都是由政府执行的，国家在使政府承担这些职能时，赋予其相应的权威，政府是依据国家权威去开展活动的。在近代以来的社会，随着法制建设取得了积极进步，政府组织的权威是由法律确认和规定的。另外，政府组织的权威还具有垄断性和唯一性，政府是唯一代表国家承担对社会的日常管理职能的组织，凡属于政府职能范畴的因素，都必须由政府承担，其他社会组织即使代理政府去承担一些公共服务的职能，也必须经过政府授权，并接受政府的监督和管理。

（5）法治性。政府组织所掌握和行使的都是公共权力，这种权力在根本上是服务于公共利益的。政府组织的存在和运行只有一个公共目标，任何私人目标的介入都会对政府组织的性质造成冲击，从而使公共利益受到伤害。但是，在权力的行使过程中，显然包含着行政权力侵犯公民、法人和其他社会组织的合法权益的可能性。有的时候，甚至是在公共利益的名义下对公民、法人以及其他社会组织的合法权益造成侵犯。因而，权力的行使需要有统一的标准和依据，这种标准和依据就是法律。政府组织必须服从法律的严格管制，依法行政，依法设立政府组织机构和严格按照法律办事并承担法律责任。

作为政治实体，政府主要承担着统治的功能；作为组织实体，政府则主要承担着管理的功能。在现代社会中，政府的管理功能主要包括①：（1）保障经济运行。政府为现代市场经济体系的正常运转提供必要的制度、规则和安排，包括对财产权的确认和保护，对契约的保障，为货币、度量衡、公司章程、破产、专利、版权提供标准，以及维护法律、秩序和关税体制等。（2）提供公共产品和服务。在现代社会，包括国防、道路、桥梁、航行救援、防洪、清理下水道、交通管理系统等在内的许多产品和服务属于公共产品与公共服务，对它们的供给是政府的基本职责。当然，这些产品与服务也可以由社会组织与经济组织直接供给，但只有政府才需承担保障它们之供给的责任。（3）协调社会与解决冲突。政府得以存在的一个基本原因在于社会需要它来缓和与解决社会中的冲突，维护正义、秩序和稳定。包括在经济上保护弱者，抑制强者。（4）维护竞争秩序。市场经济是以竞争为核心的，但不受限制的竞争经常导致竞争的失效，因此，需要政府干预以维护竞争秩序。（5）保护自然资源。市场活动往往对环境造成破坏，因而需要政府的介入。（6）为个人提供获得产品和服务的最低条件。市场竞争难免导致贫困、失业等社会问题，因而需要政府承担起减少贫困、促进就业等职能，尽可能地建立起健全的福利保障机制。（7）保持经济稳定。面对市场经济的周期性上下波动，政府需要通过制定财政、货币等政策以及采取对工资和物价的调控等措施来保持经济稳定。

---

① 休斯．公共管理导论．北京：中国人民大学出版社，2001：118-121.

2.1.2　政府组织在公共管理中的角色

在公共行政中，政府是唯一的社会治理主体，在公共管理中，政府则成了多元治理主体中的一元，这是政府组织的角色的根本性变化。作为唯一的公共行政主体，政府承担的是无限责任，需要对一切社会治理事务负责，而这种责任的无限性又造成了政府权能的无限性，使管理型政府一步步扩张为“行政国家”，事无巨细地管理着社会生活的每一个方面。作为公共管理多元治理主体中的一元，政府承担的是一种有限责任，它只能管好自己责任范围内的事情，而不能越俎代庖地管理应由其他公共管理主体负责的事务。所以，与公共行政模式中的情况不同，在公共管理这种新型治理模式中，政府组织扮演着一系列新的角色。

1. 引导者的角色

在政治学的视野中，现代社会治理经历了一个从“前国家主义”到“国家主义”的发展过程。在前国家主义时期，国家及其政府尚未成型，无法通过自身的活动使社会得到良好的管理。相应地，社会则以政治社会的形式出现，并通过对某些政治功能的承担来助益于社会秩序的获得与社会的良好运行。比如，在黑格尔与马克思笔下都曾得到过详细探讨的“行会”在当时就是拥有政治功能的社会因素。随着官僚制的不断扩张与精细化，包括行会在内的所有社会因素都被逐渐地纳入由政府主导的社会治理体系之中，结果，社会被剥离了政治功能，它的存在形式也不再是可以与国家及其政府竞争的政治社会，而成了与国家及其政府相对的并受前者管理的市民社会了①。由此，国家主义在社会治理中确立了起来。在这一模式下，国家及其政府垄断了社会治理的权力和职能，社会及其之中的各种组织则沦为了社会治理的客体和对象。

国家主义的社会治理模式体现了民主的观念。民主并不意味着公民及其组织事必躬亲地管理每一项社会事务，而是意味着公民及其组织有权利要求和监督政府尽职尽责地管理每一项社会事务，同时有能力追求权力、财富等个性化的价值。就此而言，国家主义看似削弱了公民及其组织直接管理社会事务的能力，实际上则确认了公民及其组织对于国家的主权地位。另外，当政府通过社会治理垄断来重新定义国家主义时，又使得国家主义成为民主的一种障碍。这是因为，面对作为垄断者的政府，公民及其组织是无法行使其具有天赋正当性之权利的。所以，作为管理对象，公民及其组织的很多诉求经常无法得到满足，而这就促使他们提出了调整社会治理体系的主张，要求重新确认其作为社会治理主体的合法地位。直到20世纪后期，这种要求才有了可能实现的迹象。随着政府垄断社会治理的局面被打破，随着多元主体共同开展社会治理格局的形成，一个后国家主义的时代到来了。

在后国家主义时代，以公共管理形式出现的新型社会治理模式要求政府扮演引导者的角色。一方面，政府与非政府组织以及各种各样的社会治理力量构成了合作治理体系，它们都实现了服务定位，通过服务，开展合作治理；另一方面，政府在合作治理体系中扮演引导者的角色，通过引导的方式参与到合作治理中来，同时在合作治理中利用其自身的优势而对其他社会治理的行动进行引导。

---

① 张康之，张乾友．公共生活的发生．北京：高等教育出版社，2010：75-77．

2. 服务者的角色

树立政府在面对多元治理主体时的引导导向只是公共管理这种新型社会治理模式的基础性要求，更为重要的是要树立起政府在与其他主体一道开展社会治理行动时的服务者角色，即通过服务的方式来参与社会治理。

从职能导向来看，服务意味着政府需要放弃其传统的社会治理思路，不再试图通过控制的方式来把社会管好，而是在服务中促进社会的和谐有序。控制是用一种既定的框架来限定社会因素的行为。政府进行控制的目的也许是限制不好行为的发生，但其结果却往往是抹杀了好的行为的产生空间。所以，控制可以带来秩序，但这种秩序中的生活往往是以诸多社会因素丧失自主性为代价的。与控制相反，服务则向人们提供了一个开放的行动空间。当然，服务型政府也会提供一些规则框架，但这种框架不是用来决定服务对象的行为，而是为后者的行动提供支持和保障。为此，服务型政府不应是被动地回应其他治理主体或社会公众对于拓宽行动空间的要求，而是充分利用所掌握的资源和信息来为后者先行探索行动的方向，最大限度地降低后者的行为风险，并利用相应的规则框架来引导后者的行动，避免后者的投机行为导致整个行动体系的失控。

从行为取向来看，服务意味着行政官员需要把他人的需求作为自己行为的指导和动因。这要求行政官员必须超越自我，通过主动承担对于他人的道德责任和义务来促进整个社会的道德化。在服务型政府中，行政官员的存在仍然具有其“经济人”的方面，但服务型政府不会把满足官员的“经济人”需求作为组织激励的手段。因为，通过这种激励而产生的服务动机是不稳定的和不可自我再生的。

在工业社会中，当一个人在政府部门中工作时，其所获得的经济回报远远比不上在企业中工作，根据“经济人”假设，优秀人才是不会选择到政府中工作的。但从现实来看，虽然现代政府中的一些缺乏技术含量的低级职位可能的确是由那些在市场上缺乏竞争力的低端劳动者填补的，而那些技术含量较高或承担着政策职能的高级职位的任职者，往往是各个领域的优秀甚至尖端人才。这些人才通常有私人企业的任职经历，对两种工作的经济前景有着非常清醒的认识，但他们仍然选择到政府部门中工作。这表明，他们是拥有经济动机之外的其他动机的，是能够通过在政府部门中工作来获得自我实现的满足的。所以，把政府工作人员看作经济人，对他们采取物质激励，是简单化的做法。服务型政府承认行政官员的经济动机与政治动机，但不把这两种动机作为组织管理的依据。服务型政府所需的是出于道德目的而选择政府工作的行政官员，因此，服务型政府应当创造和发展能够满足官员道德追求的管理方式，使每一位官员都能在服务行政的过程中获得道德上的成就感与满足感。当然，经济激励与政治激励也是必要的，但它们不构成服务型政府激励制度的基础，而只是道德激励的辅助手段。

3. 建构合作平台的角色

在 20 世纪的大部分时间里，“我们传统的观念模型是：政府从事公共工作，企业从事私人部门的工作，慈善的非营利机构则填充二者间的空白，各人自扫门前雪”①。但到了

① DONAHUE J D，ZECKHAUSER R J. Collaborative Governance：Private Roles for Public Goals in Turbulent Times. Princeton：Princeton University Press，2011：8.

20世纪后期，随着社会内部以及不同社会之间流动性的增强与流动速度的加快，各种社会问题，尤其是公共问题，牵涉的方面越来越多，所覆盖的领域也越来越广，有的甚至可能超越了主权国家的地域边界与法律边界。要解决这些问题，单纯依靠政府是不可能的，事实上，政府也经常性地表现了力有不逮的情况。另外，作为20世纪后期兴起的各种社会运动的一个结果，企业、非政府组织等社会主体的参与诉求和参与能力都得到了极大提高，客观上为公共问题的解决提供了不同的选择。在这两大因素的共同作用下，合作成为一种新的社会治理选择，成为政府与企业、非政府组织联合应对复杂问题的一种新方案。合作治理的提法也应运而生，并很快地成为一个重要的话题。自20世纪90年代以来，以合作治理（collaborative governance）、合作式公共管理（collaborative public management）等相关概念为题的文献大量涌现，构成了当前社会治理研究中最引人注目的一股思潮。

合作关系不由价格与权力决定，出价高或权力大的人和组织并不一定能够主导合作的进程。从目前来看，宏观层面的合作主要是在政府、企业与非政府组织之间展开的，地方层面的合作则需要加上社区等地域性的力量。在政府、企业与非政府组织三者中，政府掌握着巨大的权力，企业则拥有巨额的资产。如果三者间的关系由权力决定，那么非政府组织肯定不会拥有话语权，企业虽然可以通过资本运作等方式发出自己的声音，但这种声音是微弱的，它无法改变社会治理作为一种等级式控制模式的性质。如果三者间的关系由价格决定，那么企业将成为社会治理过程的主导力量，政府很可能被企业收买，至于非政府组织，要么与政府一样被收买，要么就沦落到没有任何话语权的地位。在社会治理领域实行市场原则的结果必然是日益严重的两极分化。总之，在这两种情况下，政府、企业与非政府组织间的关系都不属于合作关系，以这种关系为基础的社会治理过程所产出的政策也必然是偏狭的，它们只会造成社会的分裂，而不会带来社会的和谐。

合作是不同主体在平等的前提下开展自由的交往与对话活动，是在交往和对话的基础上所开展的共同行动，目的是解决共同面对的问题。合作过程是理性的，但合作的理性不同于科学理性。合作理性接近于哈贝马斯所说的“交往理性”，它吸收了人际交往中所蕴含的伦理内容，排除了科学理性中的“去道德化”问题。就社会治理来说，合作意味着裁量权也就是决策权的共享。20世纪后期以来，通过服务外包等方式，公私部门间建立起了广泛的联系，这种联系通常被学者们称为“伙伴关系”（partnership）。但是，在这种关系中，私人机构由于没有分享到裁量权，因而不能参与到公共机构决策过程中来，甚至不能对公共机构的决策产生实质性的影响。所以，这种伙伴关系实际上只是一种契约关系，而非合作关系。

合作是对竞争的超越。在社会治理安排中，竞争是通过击败其他主体来实现对社会治理资源的排他性占有和使用的，合作则是通过与其他主体的优势互补来实现提高资源使用率与提供差异化的优质服务的目的。竞争本身是在差异化的前提下展开的，但由于竞争的目的是取代对手，其结果总是走向同质化的产出，因为取代对手最简单的办法就是用更低的价格提供对手能够提供的一切产品和服务。多元治理主体的出现本身就是公共需求差异化的产物，正是因为公众需要差异化的公共产品和服务，才要求将能够提供这样的公共产品和服务的组织纳入社会治理体系。但是，由于受到了竞争文化的支配和人们对竞争有效性的迷信，不同社会治理主体的活动表现出了很强的同质性，导致了大量的重复劳动，既浪费了社会治理资源，又没能满足公众的需求。

当前公共服务领域面临来自两方面的挑战：一是服务提供的有效性，二是服务内容的差异性。就提高服务的有效性而言，竞争是一个有用的工具，这在许多领域已得到了证明。但竞争必然会造成竞争主体的彼此不信任与相互封闭。在私人领域，由于市场及其资源本身是开放的，这种不信任与封闭并不会妨碍竞争主体各取所需，进而开展平等的竞争，而在公共领域，由于客观上并不存在一个治理市场，竞争则必然造成治理资源的竞争性垄断。在竞争不充分的条件下，竞争究竟能在多大程度上提高服务供给的有效性，是一个非常值得怀疑的问题。竞争也可以促进服务内容的差异化，但这是建立在拥有价格机制的前提下的，即竞争可以帮助拥有较高购买能力的人们享受到差异化的服务，却对购买力不足的人们的差异化服务诉求无动于衷。在公共领域中，并不存在价格机制，因而，竞争同样无法满足整个社会对差异化公共服务的需求。要改变这样的状况，作为合作治理中的领导者，政府就需要营造与其他治理主体间的合作关系，通过合作的方式提供公共服务。

具体来说，政府应当承担的任务就是建立开放性的社会治理平台，通过开放，一方面迫使所有社会治理主体进行创新，另一方面让不同主体找到适于自身的服务领域和治理资源，打破公共领域中的“封建割据”。既通过对治理资源的共同使用来提高服务供给的效率，又通过对治理资源的合作性安排来增强服务内容的差异性。由此，不同主体之间才可以在差异的基础上开展全方面、多层次的合作，高效地为公众提供丰富多样的公共产品和服务。

2.1.3 非政府组织的兴起

非政府组织（non-governmental organization，NGO）一词，一般认为，最初是在1945年6月签订的联合国宪章第71款中正式使用的。该条款授权联合国经社理事会“为同那些与该理事会所管理的事务有关的非政府组织进行磋商做出适当安排”。1952年，联合国经社理事会在其决议中将“非政府组织”定义为“凡不是根据政府间协议建立的国际组织都可被看作非政府组织”。1946年创建的非政府组织委员会（Committee on Non-Governmental Organizations）属于联合国经社理事会的常设委员会，负责审核批准接纳非政府组织，认可它们在联合国的咨询地位和观察员身份。1968年，联合国经社理事会通过的第1296号决议，规定了联合国同非政府组织关系的法律框架，界定了非政府组织，同时允许非政府组织在联合国经社理事会以及联合国体系中的其他机构中获得咨询地位。联合国第1296号决议规定，非政府组织如要在经社理事会中获得咨询地位，首先应致力于联合国经社理事会及其附属机构所关注的问题，如国际经济、社会、环境、文化、教育、卫生保健、科学、技术、人道主义和人权，以及其他一些相关的问题。非政府组织的宗旨与使命，不得同联合国宪章的精神、宗旨以及原则相抵触。1996年，联合国经社理事会通过的第31号决议进一步承认了在各国和各地区活动的非政府组织，允许各国和各地区的非政府组织以自己的名义独立地在经社理事会发表意见。

20世纪70年代以来，在全球性的“社团革命”中，一种游离于市场和国家之外的非政府组织得到了空前发展，并作为社会治理过程中的一支重要力量而发挥着举足轻重的作用。1997 年，联合国秘书长安南在向第 52 届联合国大会提交的工作报告中把非政府组织列为影响全球发展的八大因素中的第五因素，前四大因素是：冷战后全球政治经济格局的重组，世界经济的全球化，信息技术革命，生态环境的保护。总的说来，非政府组织主要是指以增进社会公共利益为目标、不以营利为目的与政府相对应的一种公共组织。关于非政府组织，由于观察的角度与强调的重点不同，对其有着不同的称谓，如“非营利组织”（non-profit organization）、“第三部门”（the third sector）、“独立部门”（independent sector）、“慈善组织”（charitable sector）、“志愿者组织”（volunteer organization）、“免税组织”（tax-exempt sector）、“社会经济”（social economy）等。

非政府组织是在 20 世纪中后期出现的一种新的社会构成因素，与近代早期的行会组织是不能混同的。行会组织产生于封建社会，是城市手工业者为了阻止外来手工业者的竞争和限制本地同行业的手工业者之间的竞争而建立的一种组织。行会既是生产组织，又是互助组织，带有一定的自律性。总体而言，行会的组织目的和职能部分是互助性的，部分是社会性的。像祭祀祖师和兴办公益善事这类行为，只是作为团结成员的一种手段而加以使用的。行会内部存在着一种等级结构，不具有成员资格就不能享受行会福利，因而行会具有较强的封闭性。非政府组织则是开放的，它的开放性集中体现为人员的流动性，所以非政府组织的成员资格并不具有实质上的约束力。在非政府组织中，成员资格只是实现组织目标的一种协调手段，而不是组织成员与其他社会成员相互排斥的工具。

“非营利组织”是从经济和社会服务的角度对非政府组织所做的一种界定。由于非政府组织所服务的受益人一般为个人，有的服务可以进行收费，有的服务还可以市场化，因而，会存在着与营利相关的事项和问题。但是，非政府组织即使通过市场途径提供服务，也不应以营利为目的，即使有营利行为，也是被看作非营利组织的。也就是说，非营利组织可以收费，但其水平应低于市场价格，不受竞争机制的调节。非营利组织在开展活动中也可以产生利润，但不能用于分配，而必须用于组织发展和符合组织目标的服务项目。

为了强调非政府组织与政府、企业与其他组织的区别，出现了第三部门的概念。第三部门这个概念最早是由美国学者西奥多·莱维特使用的，用以统称这些处于政府和私人企业之间的社会组织，它们从事的是政府和私人部门“不愿做、做不好或者不常做”的事情①。德鲁克也指出：“知识社会必然是由三大部门组成的社会：一为公共部门，即政府；另一为私人部门，即企业，还有一个为社会部门。”② 这里所说的第三部门实际上所指的就是非政府组织。在中国，非政府组织有着特殊的称谓，目前“社会团体”和“民办非企业单位”是官方文献中最常用的指称非政府组织的概念。1998 年 9 月 25 日发布的修订后的《社会团体登记管理条例》第二条规定，“本条例所称社会团体，是指中国公民自愿组成，为实现会员共同意愿，按照其章程开展活动的非营利性社会组织”。同日发布的《民办非企

---

① LEVITT T. The Third Sector: New Tactics for a Responsive Society. New York: AMACOM, 1973.

② 德鲁克. 大变革时代的管理. 上海：上海译文出版社，1999：201.

业单位登记管理暂行条例》第二条规定，“本条例所称民办非企业单位，是指企业事业单位、社会团体和其他社会力量以及公民个人利用非国有资产举办的，从事非营利性社会服务活动的社会组织”。中国学术界现在更多地使用“新社会组织”一词来指称非政府组织。

非政府组织虽然有着各种各样的表现形式，但归纳起来，这些组织有六个方面的共同特点：

第一，正规性。非政府组织必须具有正式的合法身份，一般要经过国家法律许可，并到相关部门登记注册，非政府组织才获得法人资格，具有民事责任能力。非政府组织还必须具有正式组织的构成要素，即有正式的目标、规章制度、机构、管理系统和成员等等。

第二，非营利性。非政府组织与营利组织不同，它不以营利为目的，即不得为组织成员谋利，其活动经费来源于企业等组织和个人的捐赠、会员的会费以及组织开展服务的回报等。

第三，社会性。非政府组织既不隶属于政府的任何部门也不受政府财政供养，其人员也不属政府公务员系列，主要是志愿者。

第四，自治性。非政府组织是一种自治组织，在按照法律规定成立之后，组织在法律的框架内获得独立的决策权和执行权，可以根据组织的目标进行自我管理、自我约束、自我控制，一切有关组织发展的重大事项都必须经过组织成员的讨论，实行民主决策，包括制定和修改章程、决定管理机构的组成和解散等问题。

第五，志愿性。非政府组织是一种志愿组织，由于组织成员参与组织不是为了谋取利益，而是根据自己的志愿，成员参与工作是一种奉献精神使然。

第六，公益性。非政府组织是一种公益性组织，既不是政府组织，也不以营利为目的，它之所以能够存在和发展，完全是因为其公益性质，它是以服务于社会、公众及组织成员为目的的。非政府组织服务于社会大众，不像政府那样制定政策、管理社会，而是以开展咨询、提供某种服务等形式服务于社会及组织成员。

2.1.4 非政府组织的社会治理功能

非政府组织在西方国家已经成为一种重要的社会治理力量，这类组织的出现，引起了社会结构的变化，扭转了近代以来公共领域与私人领域分化的历史趋势，对整个社会治理体系与过程都产生了重要影响。

非政府组织的兴起有着深刻的经济、政治和社会背景，是在现代市场经济发展和政府体制改革的复杂作用下逐渐发展起来的。就国际非政府组织而言，其一，国际体系的政治结构随着冷战的结束而发生了深刻变化，苏联解体和东欧剧变使东西方对峙局势缓解了，使国际非政府组织成长的外部压力减轻，活动范围也大大扩展。其二，全球化带来了全球性的问题，而这些全球性的问题并非一个国家或国家之间的组织所能解决，这就为国际非政府组织提供了发挥作用的广阔空间。在环境、人道主义救援和灾后重建等方面，都可以看到非政府组织的参与。其三，许多国家内部的政治和经济结构发生了巨大的变化，原来实行计划经济的国家走上了市场经济的道路，一些国家的民主化程度在不断提高，国家和社会的关系出现了调整，国家的功能发生了一些改变，社会组织的力量在壮大，这些变化为非政府组织的产生提供了较好的土壤。其四，现代的通信技术为非政府组织的迅猛发展提供了坚实的技术基础，特别是网络技术的发展。人们的沟通和交流更为方便和频繁，各种信息传递更为便捷，组织之间的交流以及其他活动都变得更为容易。

在中国，经过多年改革，中国的社会结构发生了很大变化，非政府组织的发展也十分迅速，在社会经济生活中的作用日益凸显。我们日益感受到，非政府组织的迅速发展不仅为普通民众参与公共事务提供了有效的通道，而且为维护群众合法权益、缓解社会矛盾提供了新的渠道。当前中国非政府组织的发展主要得益于中国市场经济的发展，此外政治法律的完善为其提供了政策和法律上的支持。

首先，中国非政府组织的成长反映了社会利益分化的要求，市场经济的发展推动了利益分化，这在客观上为非政府组织的发展创造了条件。中国的改革开放在经济、政治、社会领域所取得的成绩使多样化的利益通过多样化的途径去表达成为可能，因而为通过非政府组织去表达利益诉求提供了动力。同时，政府职能的转变则留下了很多空白区域，迫切需要非政府组织去填补。因此，从事社会服务、调查研究和行业管理等活动的非政府组织得以迅速发展。除此之外，近年来，非政府组织的活动还扩展到经济、教育、卫生、体育、文化、环保、社会福利等多个领域①。

其次，社会治理的法治化为非政府组织的发展提供了制度基础和法律框架。中国从 20 世纪 80 年代开始了与非政府组织相关的立法工作，如 1988 年的《基金会管理办法》、1989 年的《社会团体登记管理条例》和《外国商会管理暂行规定》。20 世纪 90 年代后期又对《社会团体登记管理条例》进行了修订，修订后的条例于 1998 年 9 月重新颁布。《民办非企业单位登记管理暂行条例》《事业单位登记管理暂行条例》《公益事业捐赠法》等法律、法规也在这一时期颁布。另外，有关政府部门，包括民政部及地方民政部门还先后制定了相应配套的部门规章和地方法规，例如民政部颁布的《社会团体设立专项基金管理机构暂行规定》《取缔非法民间组织暂行办法》《社会团体分支机构、代表机构登记办法》，国家税务总局颁布的《事业单位、社会团体、民办非企业单位所得税征收管理办法》等。进入 21 世纪，伴随着非政府组织在慈善、救援等方面发挥出积极的作用，国家开始注重关于非政府组织的治理地位和治理功能等方面的立法，并且通过和实施了系列规范和引导非政府组织积极发挥治理作用的法律，分别是：《中华人民共和国慈善法》（2016 年 3 月 16 日第十二届全国人民代表大会第四次会议通过，同年 9 月 1 日起施行），《中华人民共和国境外非政府组织境内活动管理法》（2016 年 4 月 28 日第十二届全国人民代表大会常务委员会第二十次会议通过，2017 年 1 月 1 日起施行），《中华人民共和国民法总则》（2017 年 3 月 15 日第十二届全国人民代表大会第五次会议通过，2017 年 10 月 1 日起施行）。这些法律、法规都为非政府组织的发展提供了制度基础。

再次，国家对非政府组织的依法管理在很大程度上产生了促进作用。新中国成立以来，民政部承担了“民间组织管理”的职能，负责全国范围内的“民办组织”的设立审批、登记注册、活动监督、年度检查、资格注销等事项。地方各级民政部门在民政部的授权下，具体负责各自辖区内的民间组织的管理工作。1996 年 7 月，中共中央政治局常委会

① 方奇臻，蓝伟豪. 中国非政府组织多元发展. 大公报，2008-04-25.

专门研究了“民间组织”的工作，就“民办组织”管理的指导思想、管理原则和目标任务做出了一系列重大决策。随后，中共中央、国务院办公厅下发了《关于加强社团和民办非企业单位管理工作的通知》。1998 年 6 月在国务院机构改革中，国务院批准成立了民政部成立了相关管理机构，为非政府组织管理体制的建立提供了政策依据。目前，我国学术界往往更多地使用“社会组织”这个概念。

最后，国际非政府组织在一定程度上对中国非政府组织的发展产生了示范作用。在中国同外部世界不断加强政治和经济联系的同时，越来越多的国外的和国际的非政府组织进入中国，或设立代表处，或寻找合作伙伴，或发展组织成员。它们凭借掌握的资金、技术、专门知识、专家人才以及国际关系，广泛涉入中国的各个领域①。随着国际非政府组织的进入，中国在制定和实施有关社会组织的法律、法规时，也越来越关注它们的诉求，同时注意借鉴其他国家有关立法和执法经验，这对中国非政府组织的发展起到了一定的促进作用。

萨拉蒙和安海尔指出，非政府组织“在国民就业和近期的就业增长中占据的份额之大远远超出了人们一般认识到的分量，而且它已经成了个人和社会追求各种公共和私人目的的普遍机制”②。更重要的是，非政府组织已经在全球事务领域发展，参与全球治理，“促使传统的单纯由政府——国家体制实行的治理向由政府——国家体制与非政府的社会体制相结合的治理体制转变，促使传统的自上而下的治理向自上而下与自下而上相结合的治理转变”③。

具体而言，非政府组织在社会治理中的作用体现在：

（1）促进经济增长。非政府组织在很大程度上承担的是政府和企业不做、做不好的那些公共服务，能够在解决市场失灵和政府失灵问题方面发挥一定的作用。事实上，非政府组织在国民经济的增长中已经贡献了巨大能量。

（2）增加就业机会。非政府组织创造了大量的就业机会，这在一定程度上缓解了各国的就业压力。非政府组织包含着巨大的就业潜力，随着不断发展，非政府组织将会吸纳更多的人才到非政府组织中就业。

（3）提供公共服务和产品。目前非政府组织主要存在的领域是教育、文化、卫生、社会服务、环保等领域，并以资金募集和志愿服务等各种方式动员社会各方面参与社会发展，弥补政府的缺位和失位，大大改善了国家公共产品和服务的供给能力。

（4）促进社会公平。非政府组织通过对经济和社会发展中资源和人力薄弱的领域的关注，倡议和帮助弱势群体，使其得到社会的关注，脱离困境，从而缩小经济和社会发展中产生的贫富悬殊，促进社会公平。

（5）培养志愿精神。非政府组织的公益性和志愿性特征落实到组织活动中的时候，能够发挥培育组织成员志愿精神和奉献精神的作用，进而，在非政府组织对这种精神的倡导和以实际行动进行诠释，还能够以潜移默化的形式影响整个社会，特别是会使那些公共服

① 赵黎青．国际非政府组织对中国的影响．学习时报，2009-03-04．

② 萨拉蒙，安海尔．公民社会部门//何增科．公民社会与第三部门．北京：社会科学文献出版社，2000：243．

③ 赵黎青．非政府组织与联合国体系．欧洲，1999（5）．

务的受益者生成志愿精神，并感染旁观者。

(6) 监督和制约政府权力。作为不同于政府的一种公共组织，非政府组织推动着政府职能向社会的转移，并且成为政府职能转变和承接公共服务的重要载体。同时，非政府组织作为一种体制外的力量，对于促使政府增加责任感和透明度，推进政府决策的科学化和民主化等，都有重要影响。

(7) 协调国际事务。非政府组织自在联合国中首次被提出开始，就一直在大量的国际事务协调中发挥着重要作用。在全球公共事务中，诸如在全球气候变暖、人道主义援助、环境保护、反贫困与疾病等领域，非政府组织都发挥了重要作用和显示了巨大力量。

2.2　官僚制组织与任务型组织

2.2.1　官僚制组织理论

"官僚制"(bureaucracy) 一词源于 18 世纪中期的法文，亦译为"科层制"。"bureau"最初是指法国政府官员使用的布面办公桌，这个词后来与表示政府统治的后缀"cracy"连接起来就成了具有统治意蕴的概念，指所有的政府官员。最早使用这一术语的是法国经济学家德古尔内。官僚制作为一个学术概念是与马克斯·韦伯的名字联系在一起的，他在《世界经济通史》《儒教与道教》《经济与社会》等一系列著作中对官僚制的产生与发展进行了研究，从而使"官僚制"一词成为被用来专门指称一种组织类型的概念，即一种建立在合理-合法型权威基础上的、体现了工具理性的等级控制组织系统。官僚制拥有一整套严密的程序化命令-服从关系和职务等级系列，每一职位上的工作人员都按照组织规则而不是按照个人偏好办事，因而能够使组织的管理技术效能最大化，实现高效率。

马克斯·韦伯将政府管理控制形式的演变和社会经济的发展联系起来考察，认为不同发展时期的社会组织具有不同的性质和特征，但权威和控制是各类社会组织都不可或缺的要素。韦伯认为，任何组织都是以某种形式的权威为基础的，权威可以消除混乱，带来秩序。韦伯区分出了三种典型的权威及其统治类型，即"魅力型"统治、"传统型"统治和"合理-合法型"统治。传统型权威是一种最古老的权威形式，来自习俗、惯例、经验、祖训等等。在由传统型权威的社会支配中，统治者依照传统形成的组织规则来治理臣民，人们对长官的服从是来自传统赋予长官的固有尊严。魅力型权威又可称为超人权威 (charisma，可音译为"卡里斯玛")，是建立在非凡人格、英雄气概、创业奇迹的基础上，也就是说它来自对领袖个人魅力的崇拜。合理-合法型权威又称为法定权威，是建立在相信规章制度和行为规则的合法性基础之上的。这三种权威构成了三种不同的统治基础，而三种不同类型的统治又是通过三种不同的组织形式展开的。因而，在三种权威的基础上，实际上出现了三种不同的组织类型。官僚制组织是拥有合理-合法型权威的现代组织类型。

魅力型组织行使权威是基于领导者个人的人格魅力，是"建立在非凡的献身于一个人以及由他所默示和创立的制度的神圣性，或者英雄气概，或者楷模样板之上”①。在魅力型权威支配的组织中，领导者被视为“具有超自然的或者超人的，或者特别非凡的、任何其他人无法企及的力量或素质，或者被视为神灵差遣的，或者被视为楷模，因此也被视为‘领袖’”②。在韦伯看来，“先知”“救世主”“政治领袖”等就属于具有这种权威的神秘人物。然而，在这一权威类型的组织中，领导的权威仅仅是靠领导者个人的人格，组织成员对命令的服从仅仅是基于领导者个人的感召力和鼓动力，因此，这种组织的内在基础并不稳固，经常出现“人存政举，人亡政息”的现象。在政治组织和宗教组织中，经常出现领袖死后争当“正宗”继承人的现象，从而使组织走向分裂。即使此时领袖人物指定了继承人，也不一定被组织成员接受。“统治者本人一般有这种愿望，他的门徒们总是有这种愿望，受魅力统治的追随者则最最渴望：把魅力和对被统治者的魅力的赐福，从非常时间和非常人物的一次性的、外表上容易消失的、自由的恩惠，变为日常生活，持久性的财富。”③ 因此，当组织中具有超凡魅力的领袖死后，组织必将失去其神秘化的形式，“不可避免地要开始转入章程和传统的轨道上”④，变成传统型权威支配的组织。

在传统型组织中，命令和权威的基础是先例和惯例，“建立在一般的相信历来适用的传统的神圣性和由传统授命实施权威的统治者的合法性之上”⑤。在传统型组织中，从前经常发生的事情被看作神圣的东西，并由此确定了各种团体的权利和期望，“统治者是依照传统遗传下来的规则确定的，对他们的服从是由于传统赋予他们的固有尊严”⑥。当魅力型组织通过世袭的方式使具有超凡魅力的领袖的权力得到继承时，原领袖的超凡魅力便成为组织的惯例被确定下来。此时，对新领袖而言，起作用的不再是领袖的人格，而是其担当的角色。传统型组织中领袖的权威是以对传统文化的信仰和尊重为基础的。传统型组织有“世袭制”和“封建制”之分。在实行“世袭制”的传统组织中，“公之子恒为公，士之子恒为士”，官员只是领袖个人的奴仆，从领袖那里获得报酬。在实行“封建制”的传统型组织中，官员则对自己的领袖保持着一种忠诚关系，但他们拥有自己的收入来源，享有更多的自主权。

合理-合法型组织是建立在相信统治者的章程所规定的制度和规则之上的，它以组织内部的各种规则为权威的基础。在这种组织形式中，人们服从领导者的命令是出于对组织规则和法律的信守，法律和规则代表一种大家都遵守的普遍秩序。被领导者对领导者的服从与领导者个人的品质、能力、学识关系不大，他们在法律地位上是平等的，都要受到组织规则的约束。“团体的成员服从统治者，并非服从他个人，而是服从那些非个人的制度，因此仅仅在由制度赋予他的、有合理界限的事务管理范围之内，有义务服从他。”⑦ 这种类型的组织是以官僚制组织的形式出现的。韦伯把它看作现代社会占主导地位的权威制

---

① 韦伯．经济与社会（上）．北京：商务印书馆，1997：241.

② 同①269.

③ 韦伯．经济与社会（下）．北京：商务印书馆，1997：457.

④ 同③460.

⑤ 同①.

⑥ 同①251-252.

⑦ 同①243.

度，认为它具有合理性，可以作为实现某些既定目标的手段。韦伯认为这种组织就像一架精心设计的机器，旨在执行某些功能，而机器上的每一个零件都在机器发挥最大的功能中起着各自的作用。韦伯把这种以合理-合法型权威为基础的组织称作“官僚制”，到了20世纪50年代组织理论研究兴起的时候，人们干脆直接称其为“官僚制组织”。

在韦伯看来，官僚制是效率最高的组织形式，政府、军队、宗教团体以及早期的企业都是采用这种组织形式。的确，官僚制是一种“理想类型”的高度理性化组织。(1) 它是正式建立的持久统一的规则系统。其规则表现为法律、法规、章程和制度，它们是合乎理性的，组织的运行依靠的是非人格化的法律、章程和制度，而非魅力和传统。组织团体的成员必须尊重这些规则，不允许有人情化的活动内容。(2) 它是具有明确的职权范围限定的行政机构，这些机构由一些“公职”组成，公职的划分是按照劳动分工原则进行的。组织根据分工的要求规定每一职位均有特定的权责范围，任职者的职责、权限则根据法律确定，其权力的行使方式和前提条件也由规章制度明确规定。(3) 它的机构与职位都按照等级原则进行管理。官僚制组织是一个等级实体，各种公职或职位按权力等级组织起来，形成一个指挥链条。任何机构都有固定的监督和监察制度，下级机构都有权向上级机构投诉或提出异议。上级机关则有权决定如何处理这些争议。(4) 通过技术性的或法律性的规则来控制官员。为了应用规则，就必须有专业培训。在正常的情况下，只有证明接受过专业培训且成绩合格者，才有资格参加一个部门的行政管理班子，才被允许任命为“官员”。(5) 行政人员同行政管理物资和生产物资完全分开。官员、职员等自己不占有这些物资，组织机关所拥有的财产应该和私人财富完全分开，职务运作场所（办公室）和生活场所（住所）也应遵循完全分开的原则。(6) 任职人员不能有任何把职位占为己有的行为。每一种职务都被赋予某种权力，但“职务的占有一般并不是让官员为占为己有的目的效劳的，而是服务于保障在他的职务上的纯粹事务的（‘独立的’）、只受准则约束的工作”①。任职者必须保证其行为的客观性和独立性，按照法律和规章制度行使权力。(7) 行政管理实行文书和档案管理。组织的规则或规章，组织中的讨论、动议和随后的决议，以及形形色色的指示和法令，都要形成书面文件，用文字固定下来。档案和官员们的持续运作结合在一起，使办公机关成为所有团体行为的核心。

由于官僚制组织强调分工和层级管理，在形式上呈现出“上下分层，左右分科”的特点，因此，在中文中将官僚制组织翻译为“科层制”组织也是非常形象的，能够准确反映这一组织有着一个类似“金字塔”的组织结构形式。韦伯认为，在社会分工的条件下，官僚制具有很大的优越性，“正如精密机器在系列化生产中取得成功一样，这种方式也注定会成功，官僚体制会扩展到一切组织中去。它首先是在普鲁士军队中建立起来的，接着便传播到公共管理机构中去，最后又强加给医院、私人企业、压力集团、工会、政党、教会、学校、大学，等等”②。虽然官僚制理论是由韦伯建构起来的，但是，官僚制组织在20世纪的崛起是由这个世纪的生产和生活所决定的。

首先，官僚制组织的理性主义思路符合工业社会的要求。近代社会是一个高扬理性和

---

① 韦伯．经济与社会（上）．北京：商务印书馆，1997：245.

② 迪韦尔热．政治社会学：政治学要素．北京：华夏出版社，1987：172.

科学的社会，官僚制组织反映了这个社会的基本精神。官僚制体系是一个技术性很强的体系，它所体现的是与近代资本主义一道成长起来的工具理性原则，它只考虑活动的效率以及达成效率的技术。官僚制组织作为工业文明的一项伟大成就，是一种“形式上可以用于一切任务，纯粹从技术上看可以达到最高的完善程度”① 的组织形式，它排除了个人情感等非理性因素的影响，符合“现代文化的特性，特别是它的技术-经济的基础，恰恰是要求效果的这种‘可预计性’”②。官僚制组织在社会生产和活动中的广泛应用，是整个工业社会发展的逻辑必然，它以组织的形式再现了理性和科学。

其次，官僚制组织满足了资本主义经济迅速发展的要求。西方官僚制组织发展的推动力主要来自资本主义经济发展需要。在 19 世纪，西欧主要资本主义国家都信奉不干预主义（laissez-faire）的“小政府模式”，社会的生产、服务的供给基本上是由私人来提供。到了 19 世纪末，这种状况被打破，“工厂如雨后春笋般出现，城市以惊人的速度发展，整个新兴产业正在孕育。这些新的现实引发了许多新的需求：大型运输系统、铁路和桥梁，大型的城市排水和供水系统以及普及教育的体制。原有政府模式已经无法满足这些需求，因而就必须创造新型的政府管理模式，官僚体制应运而生”③。任何其他组织形式都不能满足资本主义大生产的这种需要，只有具有严格的规章制度、专门化训练的人员和管理的官僚制组织才能满足这种需要。从这个意义上来说，官僚制组织是经济发展的结果。

最后，官僚制组织符合现代政治发展的需要。“在资本主义社会，对经济风险的理性判断要求竞争市场的正常程序不会受突如其来的外界力量的干扰。所以，政治暴君的专横行为、特别是对自由贸易的干预，使得对投资的预期变得困难；强盗活动、海盗、社会暴乱也会对资本主义形成威胁。为了维护资本主义的利益、维持秩序和社会稳定，必须建立强大的政府。”④ 官僚制组织的建立，克服了资本主义建立初期“政党分肥制”所造成的政治动荡和政府低效，适应了专业化的工业生产对专业化的政府职能所提出的要求。“现代官僚制的许多特征，如固定的薪酬、养老金、公开招募等，正是成功地消除了公共雇员向君主个人服务那样一种观念的结果。”⑤ 可以说，是资本主义的发展对官僚制组织提出了要求，而一个国家也只有采取官僚制组织形式，才能适应资本主义的发展去动员、获取各种资源。

2.2.2 官僚制组织的发展

官僚制组织的发展经过了一个从自发选择到理论自觉的过程。从历史的角度来看，官僚制组织在 20 世纪的发展经过了 3 个主要的阶段：

第一阶段：官僚制组织的成型阶段（19 世纪末到 20 世纪 40 年代）。官僚制组织在这个阶段的发展主要根源于政治实践的需要，此时以官僚制组织形式出现的行政部门

---

① 韦伯. 经济与社会（上）. 北京：商务印书馆，1997：248.

② 韦伯. 经济与社会（下）. 北京：商务印书馆，1997：296.

③ 奥斯本，普拉斯特里克. 摒弃官僚制：政府再造的五项战略. 北京：中国人民大学出版社，2002：17.

④ 布劳，梅耶. 现代社会中的科层制. 上海：学林出版社，2001：26.

⑤ 黑格，哈罗普. 比较政府与政治导论. 北京：中国人民大学出版社，2007：411.

“不是由神权所造，而是源于人们对其本身和对这个共同生活的社会的关切”，“那个时代的官僚机构还十分年轻，尚不属于‘老于世故’的机构……这些机构的创立并不是因为当时有什么人远赴德国见到了马克斯·韦伯，而是因为这个年轻的国家必须介入一些事务——诸如使军队和外交变得专业化、通过海关职能来收取足够的税收……”[①]，技术的进步和市场的发展带来了整个社会管理的变化，“大量的技术外在化引起了外部损失的增长，当它逐渐扩大到现代工业的各个行业时，便成为政府关切和担忧的问题”[②]。既然商业化的企业无法通过市场化的方式满足某些群体的需要，也就应当由政府通过法规、管制等措施来进行管理。而政府又需要按照官僚制组织模式来加以建构，才能满足这种管理的要求。

第二阶段：官僚制组织的黄金时期（20 世纪 40 年代到 60 年代）。20 世纪 30 年代的“大萧条”说明，“私人市场体系从未准备好克服自身的缺陷，不仅不善于处理固有的不足，也不能对付某些源自内部的进化变化的社会伴随物”[③]，罗斯福“新政”则开启了政府干预主义的新时代。事实上，“韦伯关于集权组织的著作在 20 世纪 40 年代和 50 年代之前基本上没有得到美国的承认”，而是后来“由于组织规模的增长和复杂性的增加，人们开始探索行政管理的理论。他们在探索中发现了马克斯·韦伯和他的官僚集权的思想”[④]。“它解决了人民希望解决的基本问题……提供了人民需要和期望的基本的、简朴的、千篇一律的服务。”[⑤] 也就是说，政府职能的增加以及政府回应公众需求的要求，使官僚制组织在政府中发挥着越来越重要的作用。在大萧条和第二次世界大战的严重危机时期，官僚制组织因运转高效和目的明确而被人们广为接受。因而，官僚制组织的发展进入全盛时期。

第三阶段：官僚制组织受到批评的时期（20 世纪 60 年代后）。“1960 年代以来，政府在实现各种社会、经济目标上所取得的进展是比较有限的，尽管公共支出在所有工业化国家都大幅度增加了。”[⑥] 然而，越南战争的久拖不决、尼克松的“水门事件”丑闻、能源危机、“伊朗门事件”、政治家的鼓动和媒体反政府的造势、人们对政府规模扩大和官僚规则烦冗复杂的不满……导致了对官僚机构的合法性的质疑，使得官僚制组织的命运发生了逆转。“尽管公共部门的增长不应该归咎于（或者归因于）官僚机构，但它们的确促进了权力从立法机构向官僚机构转移和权力的重新分配。”[⑦] 在美国，从 1965 年到 1995 年间，可以说发生了持续 30 年的用言语攻击政府，这被媒体称为“30 年战争”，后来逐渐平息，而“学术界对官僚制的批评也从原先批评政府低效、压制公众转向了建议政府部门应当引入企业的元素”[⑧]，因而出现了“新公共管理运动”，提出摒弃官僚制的要求。其实，此前，“新公共行政运动”就已经对官僚制提出了激烈批评。

---

① 葛德塞尔．为官僚制正名：一场公共行政的辩论．上海：复旦大学出版社，2007：10.

② 沃克，瓦特．美国大政府的兴起．重庆：重庆出版社，2001：19.

③ 同②21.

④ 雷恩．管理思想的演变．北京：中国社会科学出版社，2000：258.

⑤ 奥斯本，盖布勒．改革政府：企业精神如何改变着公营部门．上海：上海译文出版社，1996：15.

⑥ 坦齐，舒克内希特．20 世纪的公共支出．北京：商务印书馆，2005：123.

⑦ 彼得斯．官僚政治．北京：中国人民大学出版社，2006：21-22.

⑧ 同①13.

20 世纪是官僚制组织的世纪，“在所有的领域里（国家、教会、军队、政党、经济企业、利益集团、协会、基金会等）……‘现代的’团体形式的发展一般是与官僚体制的行政管理的发展和不断增强相一致的”①，整个社会都是依据同样的组织原则组织起来的。这是因为“韦伯将官僚制度向人类活动的所有领域扩展视为现代世界最重要的发展”②。官僚制组织在企业中的盛行始于 20 世纪中叶，它通过建立权力等级制和具体的规则程序，确立了人员的有序性和对权力滥用的有效阻止。同时，官僚制组织提供了一种系统而合理的方法去组织和管理企业，避免高层因工作内容太复杂而不能正确理解和处理工作，从而大大提高了大型组织的效率。这些“大规模的现代资本主义企业本身就是严格的官僚机构的大小不等的模式。所有的企业管理都是建立在不断增长的精确性、稳定性以及运作的迅速性之上的”③。

或者说，20 世纪在人类社会治理历史上留下的最为典型的标志就是政府的作用在社会生活的每一个领域中不断扩大，而正是因为官僚制组织的出现政府才能够发挥这种作用。在政府有效地提供公共产品、进行宏观经济调控、解决外部性问题和维护市场秩序等所有方面，都需要借助于官僚制组织。官僚制组织的效率导向、按规则办事、非人格化等，在政府职能实现上发挥了独特的优势。实际上，官僚制组织在政治生活领域促成了沃尔多所说的“行政国家”的产生。因为，政府的官僚制组织对理性与效率的强烈追求，逐渐地使国家权力掌控于专业化的行政专家手中，加上对专业主义的新要求、对专家意见的需求、对政治-行政二分的日益高涨的呼吁，让专家可以凭借着官僚制日益专业化、科学化而更多地掌控了国家权力。行政国家的主要标志就是行政机构和行政人员的大量增加、行政职能的大力扩张、行政权力的迅速膨胀。

官僚制组织具有很明显的技术优势：(1) 权力的层级结构保证了决策的可靠性。位于层级结构中的每个成员都有明确的职权限制，他们清楚地知道，如果发生了自己无法解决的问题，就应当把问题转交给哪个部门、哪个职位；如果需要做出某项决定，那么决定应由谁来做出。“官僚体制的官员制度建立在聘用、薪金、退休、晋升、专业培训和劳动分工、固定的界限、符合档案原则、上下级之间的等级服从的基础之上。”④ 这种严格按等级、法规运作权力的结果，可避免组织之间、个人之间职责不清和互相推诿等问题的出现。(2) 官僚制组织的层级节制原则保证了对组织成员的控制，使组织活动具有非人格化的特征。官僚制组织内部存在大批专家，他们拥有专门知识，再充分利用档案，就使组织有可能通过精确的计算来对未来的事件进行可靠预测，从而把组织的行为建立在理性的基础之上。(3) 专业技术知识的运用是官僚制组织的一个主要优势。在官僚制组织中，任何行政法令、决定、条例都有书面形式的规定和记录，详细而具体，具有很强的可操作性，从而保证组织行为的稳定性。(4) 官僚制组织具有普遍的适应性。在韦伯创立官僚制理论后的半个世纪中，官僚制组织被应用于社会生活和生产的几乎所有领域，工业组织、政府机构、工会、宗教机构等一切大型的组织都经历了官僚制化的过程。在当代社会，官僚制

① 韦伯. 经济与社会（上）. 北京：商务印书馆，1997：248.
② 丹哈特. 公共组织理论教程. 北京：华夏出版社，2002：23.
③ 斯蒂尔曼二世. 公共行政学：概念与案例. 北京：中国人民大学出版社，2004：87.
④ 韦伯. 经济与社会（下）. 北京：商务印书馆，1997：736.

组织已经发展成为一种最为普遍的组织形式。

在政府职能实现的过程中，官僚制组织以其组织标准化、工作程序化和管理规范化而发挥了非常良好的功能。

在组织标准化方面，为了完成繁重复杂的工作任务，实现政府的社会管理目标，官僚制组织在管理中推行标准化的方法，“甚至运用秒表进行绩效测量的做法在大型的公共官僚组织及技术部门中也较为普遍”①。这种组织标准化通过三个方面的设置来构成一个完整的系统：第一，专业化。这是组织标准化的基础，它要求组织内每个职位的工作任务尽可能地简化、单一化，并把组织活动分解为各项比较细致的工序。第二，指标化。在官僚制组织内部，对各个职位的工作要求做出具体说明，规定完成工作的数量、质量、时间和程序。第三，统一化。官僚制组织内部每个职位的行政人员都必须具备相应的能力，每个职位对任职者的素质和能力都有明确的统一标准，只有经过严格的专业培训才能执行任务。

在工作程序化方面，官僚制组织强调通过组织内部各要素、各环节之间的分工-协作关系来使组织以一个整体的形式出现，使组织内部各部门之间相互协调而成为一个无障碍的工作流。这样一来，组织在命令-服从关系、信息沟通、意见反映与反馈等各个方面都从根本上消除了人的随意性，从而实现了非人格化的管理，让组织像精密的机器一样运转。工作的程序是由等级制来提供保证的，等级制包含划分等级权威的原则和层次，它确保了上级和下级之间稳定的程序系统，这个系统要求由较高级别的官员监督较低级别的官员，从而确保了组织中的指挥和流程的有效性。

在管理规范化方面，官僚制组织是严格按规章制度办事的组织，它坚决抵制各种人情关系的干扰：第一，组织成员之间的关系完全以理性准则为指导，排斥一切人为的、情感的偶然因素的影响。第二，对所有人一视同仁，维持组织成员的平等与公平感，在组织外部职能的履行中也要实行无差别对待。第三，明确规定每一成员的职权范围和协作形式，减少组织内部的摩擦和冲突。第四，精确计算组织成员的工作成果，以业绩为依据决定组织成员的奖惩和晋升等。

2.2.3　任务型组织的兴起与功能

在工业社会，以官僚制组织为代表的常规组织得到了充分的发展，特别是在 20 世纪，组织理论的研究促进了组织发展的自觉，使常规组织的运行实现了充分的理性化和自觉化。但是，进入 21 世纪后，随着社会的发展，越来越多的非常规性问题涌现出来，而常规组织在应对这些非常规性问题上的无力，为任务型组织的发展提供了契机。其实，专门解决非常规性问题的任务型组织古已有之，但在组织理论中将其正式提出则较晚。在已有文献中，首次使用任务型组织（task-oriented organization）概念的是马奇和西蒙，他们 1958 年出版的《组织》一书在论述到组织冲突的时候曾两次使用了这一概念。他们说，“大多数任务型组织都有很强的追求多数人一致的倾向”②，“在大型任务型组织

---

① 休斯．公共管理导论．北京：中国人民大学出版社，2007：32－33．

② MARCH J G，SIMON H A．Organizations．New York：John Wiley & Sons，Inc.，1958：118．

中比较重要的冲突领域是权威和权力关系领域”①。但是，关于任务型组织的概念，在马奇和西蒙这里还是较为含混的，属于附带提到的一种组织现象，马奇和西蒙没有做出进一步探讨。

总的说来，在20世纪的组织理论研究方面，组织理论家们的目光主要放在了以官僚制组织为代表的常规组织上，而对任务型组织的关注很少。其实，任务型组织是一种普遍存在的组织形式，具有临时性和灵活性的特点。就其性质而言，它完全是以任务为导向的组织，是根据任务需要而设立起来的，因任务的消失而解散。在人类全球化、后工业化的背景下，任务型组织因其上述特点而显示出了优势，被越来越多地应用于政治、经济、文化、社会等各个领域。

首先，任务型组织广泛用于解决各类改革问题。改革中总会涉及利益结构的调整和权力的重新分配，意味着突破常规，因而需要设立任务型组织来解决非常规性问题。当前，在改革开放逐步深入的阶段，中国加大了各个行业、领域的改革。如1986年为解决贫困问题而专门成立的国务院扶贫开发领导小组，为适应市场经济的发展和加入WTO的形势要求而专门成立的国务院行政审批制度改革领导小组，2003年为了解决国有垄断行业的经济体制改革成立的国家电力电信民航体制改革领导小组，为推进医疗体制改革专门设立的国务院深化医药卫生体制改革领导小组等。这些任务型组织的成立，在很大程度上都是为了解决跨部门的复杂问题，因此它们一般具有很强的协调能力。

其次，任务型组织频见于各类危机事件的处理。为了有效应对各种复杂的突发性问题，也大量成立了任务型组织，出于这种目的设立的任务型组织是当前最主要的类型。现实生活中的应急领导小组很多属于任务型组织。如“9·11”恐怖袭击发生之后，美国国防部迅速成立了危机处理特别小组来应对美国本土的安全问题；2003年在北京等地出现“非典型肺炎”，卫生部成立了一个集政府官员、国际国内专家于一体的“非典型肺炎防治领导小组”来应对；2008年5月12日四川汶川发生特大地震后，国务院迅速成立了以国务院总理温家宝为总指挥的国务院抗震救灾总指挥部来应对地震灾害的救援和恢复重建工作。

最后，任务型组织还经常用于解决各类复杂的、对社会影响较大的任务。为解决某个特殊的、一次性的复杂任务，人们已经习惯于通过建立任务型组织来完成这些任务。1993年1月，为了解决三峡工程建设和移民工作任务，国务院成立了国务院三峡工程建设委员会；1999年9月6日，北京市为申办奥运会而成立了“奥申委”；2001年，为举办筹办奥运会成立了“奥组委”；2007年，国务院成立了京沪高速铁路建设领导小组。这些都是任务型组织发挥作用的现实体现。

在中国政府中，任务型组织有一个比较容易识别的特征，那就是它在名称上往往是以各种各样的“委”“办”“领导小组”的名称出现的，如“××办公室”“××委员会”“××领导小组”等。这类机构中有些可能存在的时间会较长，人们会误以为它们是常规组织，其实，可能由于一项任务较为复杂而且解决起来要花费很长时间，承担该项任务的组

① MARCH J G，SIMON H A．Organizations．New York：John Wiley & Sons，Inc.，1958：122.

织也存在相当长的时间。

任务型组织在解决问题的思路上不同于以官僚制组织为代表的常规组织。常规组织是以确定性的思路应对确定性的问题，在问题的解决过程中，非常注重的是行为的规则导向。规则导向在官僚组织中尤其明显，规则的存在是技术效率的要求，是为应对精细工作必须遵守的原则和程序。常规组织的规则导向既是近代社会法治原则的体现，也是由于常规组织所承担的任务以及组织自身结构的性质所决定的。一般说来，常规组织所承担的是一些具有确定性特征的任务，这种确定性使得在完成任务的过程中可以预设一定的程序和方法来保持操作的可重复性。同时，组织自身结构具有相对的稳定性。任务的确定性使得任务的完成方式都是相对固定的，这就产生了固定的岗位和职位要求以及岗位和职位间的等级协调机制需求，从而形成了建立在任务完成方式上的岗位和职位关系这样一种相对稳定的结构。另外，常规组织的任务与组织结构之间具有一种相对稳定的机械性联系。由于常规组织所承担的任务是重复出现的任务，在每一次出现的时候都可以根据以往的经验和运用以往的方式、方法来加以解决，所以，它是可以满足标准化要求的。特别是它的规则体系和程序系统，把人的行为都纳入统一的标准化框架，各个部门的职能以及部门之间的分工边界都是确定的和明确的，它们之间以什么样的方式和途径去进行协作，也是有着明确规定和默认程式的。

不同于常规组织通过组织自身的稳定性、确定性来保证问题解决过程的效率，任务型组织采用的是不确定性思路。任务型组织的不确定性思路首先反映在组织结构上，也就是说，任务型组织的结构是一种灵活的弹性结构，是具有充分张力并随时变化的。

从任务型组织设立和存在的根据看，它所承担的任务具有不确定性。任务的不确定性是指任务的产生带有偶然性，是一次性出现的，其发展方向呈现出非线性特征。任务的不确定性说明在解决和应对任务的过程中没有既成的规则和程式可循，为了达到解决任务的目的，需要足够的创新精神，即打破既有规则的束缚。另外，任务的不确定性还表现为它的发展轨迹无法预知，有着无限可能，以至于拟定的各种措施都可能得到使用。

就任务型组织的存在形态来看，它在结构上具有灵活性和不确定性。在任务确定的条件下，组织结构具有较强的刚性特征，而刚性结构也决定了组织能够以协作体系的形式出现。但是，在任务不确定的条件下，组织成员之间只有合作和相互理解才能承担起复杂的和不确定性的任务。此时，若局限于部门或职位分工，将导致问题解决时机的丧失。任务型组织结构的灵活性要求组织之间的横向交流畅通无阻，这需要充分交流各自的经验、知识，是刚性结构无法做到的。

从任务型组织运行的特征来看，它的各要素之间是一种灵活互动的关系。常规组织的稳定性在原则上要求它的构成要素处于一种明确而稳定的比例关系中，它们之间的关系也是明确的。如果说其要素也发生了变化，往往是通过结构调整等一系列复杂的中介环节来实现的。任务型组织结构的灵活性和流动性决定了它的构成要素处于一种直接的互动关系中，任务型组织的任务方向是明确的，各构成要素都以这个方向为准则而不断地处于调整和再整合之中，处于动态的相互适应性状态。

任务型组织的灵活性和动态性结构决定了它可以在承担重大的、一次性的和复杂的任务方面发挥不可替代的作用。

第一，任务型组织可以为危机事件的处理提供新思路。人类已经进入一个高度复杂和高度不确定的时代，这对传统的以官僚制为代表的常规组织构成了挑战，面对这些挑战，常规组织固有的理性主义确定性思路往往显得力不从心，致使一些复杂性和不确定性的因素演化成危机事件。“多年来，官僚机构形成了一些为人所熟悉的手段，帮助解决有难度的问题。其中包括分解问题、利用标准行动规程、关注无法挽回的代价以及采用模拟或试验等。这些手段的目的是为了使问题简单化，从而寻求解决方案。”① 按照常规组织的思路进行危机管理，就会关注如何在既定框架下来完善组织运行机制的问题，谋求通过修补原来的组织体系来适应危机管理的需要。然而，危机的形式复杂多样，常规组织体系会因此而陷入一个不断修补的过程中，而所有的修补工作在面对新出现的危机时，仍然无所适从。“社会的不安定和当前的危机从反面说明，在一个变化日益加速的社会当中，人们的活动条件和活动方式的变化开始向我们提出极为深刻的问题。”② 在向后工业社会转型的过程中，复杂性和不确定性的迅速增加催生了许多突发事件，任务型组织恰恰是一种能有效避免突发事件和实施危机管理的组织形式，它以其临时性、灵活性而在危机管理中表现出极大的优势。任务型组织不以既定的章程为解决问题的原则，一切工作都以承担任务的需要为主导，在突发事件的解决中表现出极强的任务导向，可以有效地弥补常规组织在大量不确定性问题上的滞后性和回应力差的弊端。

第二，任务型组织可以提高政府的回应力。任务型组织是为应对复杂性和不确定性问题的需要而设立的，它在运行中反映了任务的变动性、复杂性和不确定性，而不是让组织的规则和结构去决定任务的承担。不仅是任务本身，而且外部环境的不确定性也需要更加灵活的组织形式，即要求这种组织形式能够根据现实的发展需要去采用适当的方法。常规组织囿于组织原则和等级制的确定性思路，无法达到这一要求。常规组织总是“形式主义地服从一些规章和程序，而没有对要实现的目标或要解决的问题进行现实主义的思考。……规则的构造是为了对付‘典型事件’，而真正的典型事件可能很少发生。当官的人把自己的安全维系在适应某些规则之上，而不是对问题的合理的判断”③，所以，常规组织的确定性思路总会表现出组织框架对承担任务的制约，表现出组织运行的被动性，不仅使任务有增无减，还有可能造成机构和人员的膨胀。与常规组织不同，任务型组织所承担的任务在性质上的不确定性，要求它以开放的思路去处理与任务相关的各种问题，以灵活的、不确定的组织结构去应对不确定性任务。任务型组织的存在前提也可以是现实中的那些既定的或潜在可能的任务，也就是说，任务型组织在把所要解决的问题转化为组织任务时，会非常关注那些处在显现过程中的问题，而且在解决问题的方式、方法方面，也在不断地进行随机调整。所以，正是任务型组织的这种不确定性思路，极大地提高了组织的回应力。

第三，任务型组织可以发挥抑制组织规模膨胀的作用。第二次世界大战以后，西方国

① 格雷姆，巴拉．官僚机构与民主：责任与绩效．上海：复旦大学出版社，2007：31-32．
② 克罗齐埃．被封锁的社会．北京：商务印书馆，1989：8．
③ 摩尔．组织个性//米尔斯，帕森斯，等．社会学与社会组织．杭州：浙江人民出版社，1986：171．

家由于政府职能的扩张和政府规模的膨胀而出现了组织效率递减的问题，为了解决这一问题，20 世纪 80 年代开始了收缩职能、精简机构的改革运动。然而，理论界对此一直存在着争议。德鲁克在评价发达国家的政府改革时说，“现在看来已经很清楚，发达国家既不能扩大政府，如（所谓的）自由主义者想要的那样，也不能取消政府或返回到 19 世纪的纯真年代，如（所谓的）保守主义者想要的那样。我们需要的政府必须超越这两者。本世纪所塑造的超国家已经破产，在道义上和财政上都是如此。它没有诞生。但它的后继者不能是‘小政府’。要执行的任务，国内的和国际的，实在是太多了。我们需要有效的政府——这也是所有发达国家的选民所大声疾呼的”①。任务型组织是一种在设立和解散方面都有着明确规范的组织，组织的存续是以任务为中心的，任务完成，组织存在的合法性即告失效，组织也就应该宣告解散。这决定了任务型组织不仅有利于组织任务的完成和组织目标的实现，而且可以避免组织在完成任务后向常规组织的转化，使常规组织规模维持在一个相对稳定的水平上。

2.2.4　任务型组织的规范与管理

虽然任务型组织在管理实践中得到了广泛的应用，但是，由于对它的研究尚显不足，所以，关于任务型组织的规范与管理的针对性是不强的，在很大程度上还没有实现对它的科学规范和管理。对公共管理这一新型的社会治理模式而言，运用任务型组织去承担重大的、复杂的和一次性任务将会成为社会治理的常态，这也就使任务型组织的规范与管理的问题凸显了出来。任务型组织的规范与管理可以从四个方面来思考，它们分别是对任务型组织设立的规范与管理、对任务型组织资源获取的规范与管理、对任务型组织运营的规范与管理、对任务型组织解散的规范与管理。

（1）对任务型组织设立的规范与管理。在任务型组织正式设立前，需要对任务进行分析，因为任务型组织是为了承担非常规任务而设立的。任务型组织的设立可以分为回应性设立和前瞻性设立两种情况。回应性设立是当前设立任务型组织的主要方式，现实中运营的任务型组织大多是通过回应性方式设立的，即在新任务出现时通过任务型组织的设立来回应任务需求。回应性设立最明确地体现了任务型组织在任务解决上的能力和优势。任务型组织的回应是针对任务去选择适当的方法。这种回应不管是积极主动的还是被动的，都是为了寻求最有效的解决方法，而不是像常规组织那样首先思考如何适用于现行的标准程序。

前瞻性设立有一个必备条件，那就是如何在任务出现之前对其进行比较恰当的认识。前瞻性设立的方式可以把不确定性事件的危害降到一个相对较小的范围，因为前瞻性设立的作用在于通过对一定信息的分析，较早地寻找应对之策，以增加组织承担任务的主动性，减少在任务承担过程中的被动性。前瞻性设立要以组织成员的合作体系的存在为条件，这种合作体系为成员利用自己的专业知识并进行合理的判断提供了前提。前瞻性设立尤其需要一个良好的信息整合机制。在任务完全出现之前行动，虽说可以有更多的选择时机和备选方案，但也面临信息的短缺以及由此而产生的不确定性，对决策的出台也将产生

---

① 德鲁克．大变革时代的管理．上海：上海译文出版社，1999：235.

不利影响。合作机制的存在提供了一种产生集体理性的可能性，让组织成员做到把各自的知识和专业知识整合到组织目标的实现上，变被动为主动。所以，基于前瞻性设立的任务型组织可以大大增强应对不确定性任务的主动性，但也对任务的完成方式提出了更高的要求。所以，前瞻性设立离不开现代科学技术这个基础，更离不开掌握承担任务所需知识的专家个人的贡献，而且后者的地位尤显重要。

（2）对任务型组织资源获取的规范与管理。任务型组织承担任务的非常规性使得组织资源更显复杂。从任务型组织的资源类型来看，除了传统的政治权力资源、法律资源、人力资源、物质资源之外，舆论资源也是任务型组织的重要资源。与常规组织相比，任务型组织资源获取具有如下特征：第一，任务型组织获取资源仅仅是为了完成特定任务而进行的一次资源聚合，它不会像常规组织那样长期地保有资源甚至储备资源。任务型组织是根据任务的需要直接地从社会中获取资源，一旦任务完成，随着组织的解散，资源也就重新回归社会。第二，在资源获取过程中，任务型组织更加强调基于信任基础上的合作而不是竞争，合作是任务型组织资源获取的根本途径，任务型组织的成功就在于着力营造一种基于信任的合作氛围。第三，与常规组织中资源获取上的竞争和控制相比，任务型组织在信任和合作基础上的资源获取会显得更为有效，不仅能够赢得外界的广泛赞誉和大力支持，而且能够促使组织成员充分发挥其积极性。第四，任务型组织对外部资源的依赖性更高，资源需求种类更多样化，资源需求的标准更高，资源获取手段更为多样化。

（3）对任务型组织运营的规范与管理。常规组织往往有着一个相对稳定的环境，与之不同，任务型组织的环境具有变动性、非平衡性和复杂性特征。任务型组织不是被动地接受环境，而是主动地适应环境的变化。第一，任务型组织需要在高度不确定的环境下掌握完成任务的主动权，在环境的变动中主动地寻找完成任务的机会。所以，任务型组织与环境之间是相互“形塑”的，组织不仅能动地适应环境，而且能动地改造环境，让环境变得更加适合组织自身的发展。这就要求任务型组织在运营过程中，一是必须及时获得环境变化的信息，并对环境做出快速反应；二是根据环境的变化对任务进行适时变更与调整，使任务能够跟上环境变化的步伐；三是根据环境和任务的变化，不断地从环境中即时获取所需资源，并在保持自身活力的基础上，将这些资源集中投向实际的和潜在的任务。第二，任务型组织在不确定的环境中需要一种不断寻求和创造机会以适应变动着的环境的动态能力，以此让资源使用和组织能力随着环境的变化而改变。任务型组织的动态能力是以其组织结构的非平衡态为基础的，体现为一种“以变应变”的能力，是一种创新能力。任务型组织的动态能力在其运营的过程中表现为环境甄别能力、快速反应能力和科学合理地配置与整合资源的能力。在任务型组织的动态能力建设中，必须注重“吸纳创新型人才”“把组织成员放置在流动的过程中来加以管理”“突出即时行动的原则”这样三个方面。

（4）对任务型组织解散的规范与管理。广义上讲，任务型组织的解散就是自觉地终结任务型组织生命的过程，需要对组织的人员、资源等做出适当的处置，总结组织承担和完成任务的经验和教训，提出因任务完成而产生的新的任务的可能性，并贡献给相关的常规组织甚至社会，然后宣布组织解散。任务型组织是任务导向的，在任务完成的时候，它就必须进入解散进程。与私人部门中的组织解体以及公共部门中常见的机构撤销不同，任务型组织的解散是一个积极的、自觉的过程。任务型组织解散的途径有三种：一是延展，任务型组织在完成既定的任务后，出现了新的相关任务，而且现有的任务型组织在承担新的任务上具有优势，原有的组织就在延展的意义上而成为一个新的任务型组织，这是旧的任务型组织的解散和新的任务型组织的设立过程，不能简单地理解成组织的存续。二是回归，任务型组织承担的都是专项任务，一般说来，当常规任务累积到一定程度而无法由单个组织来承担时，往往也会设立任务型组织，其实，那些常规任务已经转化成了非常规任务。当这些任务完成后，组织也就宣告解散，但这类任务型组织解散的合理路径就是实现职能向常规组织的回归。三是转化合并，在社会发展过程中，为解决首次出现的非常规任务，成立了任务型组织，而在任务完成后，非常规任务却常规化了，成了重复出现的任务，解决方式也具有了可复制性。这样一来，最初因承担这一非常规任务而设立的任务型组织也就会被保留下来，转化成常规组织，或者成为常规组织中的一个部门。无论是属于哪一种解散类型，在任务型组织正式解散前，都需明确解散程序启动的标准、机构和人员解散的先后、解散的准备工作以及任务完成后的扫尾工作。

2.3　合作网络

2.3.1　网络话语与网络治理的兴起

公共管理是一种治理主体多元化的社会治理模式，这些多元主体之间不是相互孤立的，而是处在密切的互动关系中的，是以合作网络的形式共同开展着公共管理活动。事实上，由于当今的社会治理问题已变得空前复杂，任何单一公共管理主体都无法单独应对，所以，合作网络才是这些多元公共管理主体的现实存在形态。

从 20 世纪 50 年代起，众多学者为了研究不同社会群体之间的跨界关系，开始形成了网络的概念。20 世纪 80 年代以来，经济学家逐步将网络结构分析方法应用于经济领域，用网络结构观替代传统的地位结构观，逐步形成了企业网络研究的主要理论和观点。经济社会学家格兰诺威特在《经济行动与社会结构：嵌入性问题》一文中从“嵌入性”视角来研究经济行为和社会结构，认为经济行为嵌入社会结构，社会结构的核心就是人们生活的社会网络。网络组织则是 20 世纪 90 年代伴随着信息技术革命的到来而被建构起来的一种组织，是一种以契约为结合基础的动态联结体，通常拥有一个核心组织以负责统筹协调与其他组织间的关系与活动，不再像过去的组织那样完全包办所有事务。网络组织的核心可根据需要与任何其他组织产生联结或中断关系，因此，它是一种几乎没有界限的组织形态，或者说，组织的界限处在随机性选择之中①。

网络可被界定为联结一组人、物或事件的特殊关系形式。网络中的人、事物、事件等是以行动者或节点的形式出现的。“网络组织”是指一群地位平等的人依靠共同目标或兴趣自发聚合起来的组织，这种组织以平等、开放、分权为特征，也就是说，网络组

① 田永贤. 公共服务供给的组织间合作网络. 东南学术，2008 (1).

织中的每一个体的地位都是平等的。不同于“层级组织”或“金字塔组织”，网络组织中不存在必然的上级和下属，只有独立的“节点”。网络组织是一种具有开放性的组织，所有游离在网络之外的人都可以自愿加入组织。与传统的封闭型组织不同，网络组织中具体的“节点”个数可能无法统计，因为它们随时都在变动。网络组织中的行动者的行为是由模式化的关系所界定的，每一个行动者在网络中的社会角色都是由其社会凝聚力决定的。网络中的联结关系是不对称的关系，直接与间接的联结关系是同时存在的。

网络社会的概念是由曼纽尔·卡斯特提出的，他在《网络社会的崛起》一书中结合后现代的两股力量——全球化与信息化——对现代性进行了论述，认为信息时代的特征表现为网络社会的生成，这一社会以全球经济的力量彻底摇动了以固定空间领域为基础的国家或任何组织形式。在卡斯特看来，人们以往思考社会的知识范畴在信息化的社会中已经变得过时了，在全球化与信息科技发展两股浪潮的冲击下，人类社会产生了巨大的、彻底的变化，使整个世界变成一个单一体系，国家之间的界限变得越来越模糊，知识或信息通过信息科技所建立的网络进行传递。卡斯特的研究产生了巨大影响，推动了不同学科对网络社会及其治理问题的关注。

网络组织理论首先在经济学领域产生。20 世纪 80 年代以来，网络组织理论已经成为经济学家分析经济全球化与区域经济创新现象时经常运用的理论了。网络组织理论认为，网络组织是处理系统创新事宜时所需要的一种新的制度安排，是一种在其成员间建立的各种各样联系纽带的组织集合。网络组织比市场组织稳定，比层级组织灵活，是一种介于市场组织和企业层级组织之间的新的组织形式。根据网络组织理论的观点，无论是在市场之中还是在企业内部，市场机制和组织机制都是共同存在的。也就是说，市场和企业是相互联结、相互渗透的。这种相互联结和相互渗透导致了企业间复杂易变的网络结构和多样化的制度安排。因此，在公司治理的过程中，企业外部的环境因素与企业内部的动因相互作用而促使网络组织的生成。

就网络组织生成的外部因素而言，社会、经济和技术构成了网络组织形成的三个基本平台，即社会平台、经济平台和技术平台。从企业内部来看，由于信息技术对组织变革产生了巨大影响，迫使企业组织扁平化，同时，业务流程重组（BPR）、企业资源计划（ERP）、供应链管理（SCM）、精益生产（LP）、准时生产制（JIT）、客户关系管理（CRM）等管理技术和组织技术也应运而生，极大地推动了组织网络化的进程。所以，在企业与市场的互动中，实际上是以网络组织为经济活动载体的。而且，网络组织的出现，也把组织内部和组织间的合作推到了前所未有的高度，使传统的单一竞争进化为既竞争又合作的复合形式。网络组织、信息技术的快速发展，扩展了公司的生存空间与发展环境，促使公司治理形式发生了变化，从以科层治理（hierarchical governance）为主导的公司治理结构向网络治理（network governance）的治理形式发展。

美国学者琼斯等对交易费用经济学理论进行扩展，在其《网络治理的一般理论》中引入了任务复杂性这一维度，对网络治理做了界定。琼斯认为，网络治理是有选择的、持久的和结构化的自治企业（包括非营利组织）的集合，这些企业以开放契约为基础从事生产和服务，以适应多变的环境进而协调和维护交易。其他一些学者则运用网络治理的理念对联盟与网络、战略网络进行研讨，并从企业家精神、治理效率、投票权占少数的董事利用网络治理的效应等角度，发展了网络治理的相关理论。另外，企业间网络、联盟网络、小区网络的不断发展，也为网络治理理论提供了实证基础。特别是在战略联盟、企业集团这些以网络为基础的组织形式中，在企业间的交易方面，不仅有价格机制所发挥的作用，而且企业间的契约也发挥着效力。因此，在企业与市场之间出现了一些“中间组织”，它们不是对企业与市场的替代，而是以兼有企业与市场特性的杂交形式存在的。就企业间的网络而言，这些中间组织形态表现为企业间复杂多样的制度安排。

具体到公共治理领域，网络治理最早由斯蒂芬·戈德史密斯和威廉·埃格斯提出。他们认为，网络治理是指一种全新的通过公私部门合作，非营利组织、营利组织等多主体广泛参与提供公共服务的治理模式①。国内学者也对公共部门的网络治理进行了界定，认为网络治理是“为了实现与增进公共利益，政府部门和非政府部门（私人部门、第三部门或公民个人）等众多公共行动主体彼此合作，在相互依存的环境中分享公共权力，共同管理公共事务的过程”②。在 20 世纪，等级式的政府官僚体制是用来提供公共服务和实现公共政策目标的主要组织模式，而现在，日益复杂的社会则迫使公共官员不得不去不断地开发各种新的治理方式。在许多方面，21 世纪的挑战和应对挑战的方式都要比以往更加纷繁复杂。当权力分散、组织界限变得越来越不固定的时候，各种问题也会既呈现出全球化又呈现出地方化的特征。当多元流动的人群日益反对用简单统一的方式处理复杂问题的时候，“一方治百病”的模式就必须让位于那些个性化的特制模式。然而，传统的等级政府模式根本就不能满足这一复杂而快速变革的时代需求。靠命令与控制程序、刻板的工作限制以及内向的组织文化和经营模式维系起来的严格的官僚制度，尤其不适宜处理那些常常要超越组织界限的复杂问题③。等级式政府管理的官僚制时代正面临着终结，取而代之的是一种完全不同的模式——网络治理。在治理结构类型的系谱中，可以比较清晰地把握网络治理的偏好（见表 2 - 1）。

表 2 - 1　　治理结构的类型

特征	科层治理	市场治理	网络治理
规范基础	雇佣关系	契约-财产	互补关系
组织形式	正式组织、权威结构	分散、独立正式与非正式组织	正式与非正式组织、复杂网络
弹性程度	高度	低度	中度
行动基调与氛围	正式的、官僚体制的	精确计算与（或）怀疑的	开放的、相互有利的
行动者的自由度	低度	高度	中度
行动者的偏好	依从的	独立的	相互依赖的
沟通工具	例行惯例	价格	关系

① GOLDSMITH S, EGGERS W D. Governing by Network: The New Shape of the Public Sector. Washington D.C.: The Brookings Institution Press, 2004: 5.

② 陈振明. 公共管理学：一种不同于传统行政学的研究途径. 北京：中国人民大学出版社，2003：86.

③ 戈德史密斯，埃格斯. 网络化治理：公共部门的新形态. 北京：北京大学出版社，2008：6.

续前表

特征	科层治理	市场治理	网络治理
参与态度	疏离	计较	积极
参与者的自愿度	低度	中度	高度
相互间的承诺程度	中度	低度	高度
信息分析的程度	低度	中度	高度
凝聚力量的基础	奖惩制度	管理要求	满足信任
解决冲突的方法	行政命令-管理监督	争论议价-诉诸法庭	互惠的规范-信誉的考量

资料来源：何植民，齐明山. 网络化治理：公共管理现代发展的新趋势. 甘肃理论学刊，2009（5）.

2.3.2 组织间网络

组织间网络是指一些相关的组织在长期的相互联系和相互作用中形成的一种相对稳定的合作结构形态。这种组织群可以通过集体决策、联合行动来生产产品或服务，以便更迅速地适应不断变化的技术和市场环境，并提高自身竞争力。丹尼斯等学者从多维角度对组织间网络的概念进行了定义：第一，经济维度，组织间网络的出现及其演变可以用交易费用经济学的方法来分析；第二，历史维度，组织间网络是各种行动者基于信任、相互认同、互惠和优先权行使等所组成的系统，是随时间推移而组织交易的一种手段，不是静态的，而是处于不断的演变之中，路径依赖的历史分析方法可以对这种演进进程提供基本的洞察力；第三，认知维度，组织间网络是大于个别行动者智慧总和的集体智慧的储存器，这种组织方法的优势是允许集体学习过程得以在更广阔的范围内展开，如超越企业边界的技术开发的学习过程；第四，规范维度，所有组织间网络都是由旨在确定每个成员的义务与责任的一套规范所定义的，这些规则划定了集体活动的领域，并确保与其外部环境互动中能够使组织间网络受到始终如一的规制①。

理查德森等人指出，企业间活动是互补的，资源具有相互依赖性，所以企业间活动需要协调。但这种协调不是通过政府计划和一体化来实现的，而是通过企业间多样化的契约安排实现的；它可以降低交易成本和生产成本，推动技术的联合开发，从而提供对相关企业的有效控制。层次繁多的等级组织不仅会增加管理成本，而且降低了知识、信息等要素的流动速度及其准确性，减少了创新的机会，出现所谓的“组织失灵”。所以，企业在发展过程中已经不再单纯将资源内部化战略视为唯一的法宝，有些企业内部的组织由原来的垂直一体化转向垂直分离，企业内部也越来越走向市场交易。企业在发展过程中除了考虑资源的内部化战略和市场交易以外，还可以寻求另外的力量获得支持。也就是说，在市场和企业之间还有一种力量在发生作用，这就是网络。所以，有学者建议用市场、组织间协调和科层制企业的三极制度分析框架来取代市场与科层制企业的两极制度分析框架，即除了“看不见的手”和“看得见的手”之外，还有“握手”（组织间协调），而这种协调就表现为一种网络式的关系。

传统的组织结构是在横、纵两个维度上展开的，其中，组织的横向结构是以组织机构

① 张紧跟. 组织间网络理论：公共行政学的新视野. 武汉大学学报（社会科学版），2003（7）.

间的职能分工为依据的，使组织表现为一种分工-协作体系；组织的纵向结构则是以层级节制为原则的，使组织表现为一种命令-控制体系。在网络社会的生成中，一方面，组织机构间的职能分工受到了解构，随着组织资源和要素的外部化，组织成员不仅可以跨越机构间的界限，甚至可以跨越组织间的界限，来寻求解决问题所需的资源，来与组织内部甚至外部的其他行动者开展合作。由此，在既有的实体结构之外又产生了一个个新的由行动者构成的网络，这种网络不再局限于既有的组织分工，而是根据任务的需要和资源的分布在组织内外进行自由组合，从而使原来的正式的分工-协作体系变成了一个具有任务性和流动性的合作体系。另一方面，不同组织层级间的命令-控制关系也受到了解构，随着行动者网络日益取代了传统的职能机构而承担起了越来越多的组织职能，组织权威开始脱离了正式的职位等级制，并根据行动者网络中的知识构成与信任关系得到了重新分配。换句话说，组织中以及组织间的行动者网络并不是一个平面的范畴，而是立体的，它不仅跨越了不同机构与组织间的水平边界，同样也跨越了不同层级的职位和机构间的垂直边界，并根据任务的需要在整个组织或整个组织网络中寻找资源和人员的最佳配置方案。

“行动者网络”的概念源自“巴黎学派”的“行动者网络理论”（actor-network theory）。这一概念本身是出于解决科学哲学或知识社会学上的问题而提出的。但是，由于它准确地描述出了人类社会的构成方式，也可以作为社会问题和组织问题的分析工具。巴黎学派的代表人物拉图尔指出，“行动者网络理论主张，除非承认它们具有纤维式的、线状的、丝般的、绳索或织物样的特征，否则社会就是不可描述的，而这些特征恰是层次、层级、领地、范围、种类、结构与系统等概念从未捕捉到的”。也就是说，通常用来分析社会和组织的范畴——层级、结构等——其实并不适用于对社会和组织的分析，因为这些范畴是与社会和组织的实际构成方式不符的，或者说，它们没有完整地表述出社会和组织的真实构成状况。在某种意义上，社会和组织既有其结构性的方面，也有其非结构性的方面。人们运用层级、结构等概念描述出了它们的结构性的方面，却对其非结构性的方面无能为力。在拉图尔看来，这种非结构性的方面可以用行动者网络来进行描述。也就是说，社会和组织的非结构性的方面其实就是一个个由行动者所构成的网络。

在某种意义上，行动者网络类似于早期组织理论家所说的“非正式组织”，但又不等同于非正式组织。首先，非正式组织的概念只适用于组织领域，而行动者网络则是广泛存在于组织和社会之中的一种现象；其次，非正式组织是非理性的，它是存在于组织理性结构之外的一种人际联系，而行动者网络则是理性的，它虽然不拥有一整套理性的规则体系，却谋求理性的共同行动，甚至可以经过理性的设计而转化成正式的组织，但这种正式组织在结构上也必然不同于传统的官僚组织；再次，非正式组织是封闭的，其成员之间有着强烈的排他性认同，成员通过这种排他性认同来增强彼此间的凝聚力，而行动者网络则是开放的，它是通过开放来增强自身的资源获取能力与共同行动能力。在组织中，非正式组织与行动者网络之间并不是截然对立的，而可能存在某种转换机制。一方面，非正式组织可以通过自身的理性化和向“他者”开放转换为行动者网络；另一方面，如果行动者网络走向了封闭和非理性的方向，就也可能退化为非正式组织。

行动者网络并不总是以非正式的网络的形式存在的，相反，它也可以转化为具有正式形式的组织，但这种组织不再是传统的官僚制组织，而是变成了任务型组织。当然，任务型组织并不一定是由行动者网络转化而来的，人们也可以在不存在行动者网络的条件下设立任务型组织，但由行动者网络转化而来或者在行动者网络的基础上设立的任务型组织则可能是最高效的任务型组织。因为它继承了行动者网络中行动者的共同目标，省去了进行组织动员和谋求组织认同等传统管理环节。在某种意义上，从行动者网络向任务型组织的转化可以视为行动者网络的正式化。这种正式化使后者获得了实体性的存在，同时也赋予了它边界。所以，任务型组织在开放性上要弱于行动者网络，如果说行动者网络是充分开放的，任务型组织则是有限开放的，通常只面对其母组织本身开放，它更多拥有的是一种组织内的开放性。

不同组织间行动者网络的生成，意味着权力从国家转移至社会的趋势开始出现，因而需要对国家与社会互动关系进行重新认识，需要充分考虑政府与社会组织间共享权力的关系。这样一来，也就会形成社会治理的合作网络。这种合作网络的基本特征可以概括为：（1）各组织之间相互依赖。这意味着政府部门、私人部门与志愿组织间的界限的改变与模糊化。（2）网络成员间的持续互动。这意味着资源交换与共同目标协商的重要性。（3）协商和博弈的互动方式。网络成员间的互动关系是基于信任以及网络成员间相互认同的规则。（4）相当程度的自主性。网络状态是一种自我管理的情境，在组织网络中，政府虽仍对网络拥有间接的控制能力，却很难继续主导网络关系的发展。（5）网络内多元主体之间相互学习的过程。

可见，组织间网络实际上是一种行动者网络，而公共管理就是一个由行动者网络所组成的“治场”。在这一治场中，对不同公共管理主体间网络关系的维护取代了单一组织的内部管理，并成为公共管理的核心问题。对公共管理而言，只有通过对社会治理行动者网络式关系的维护，才能实现对公共管理问题的合作应对。

2.3.3 政策网络

“政策网络”一词最早出现在《权力与财富之间》（1977 年）一书中。作者卡赞斯坦在比较有关经济政策制定过程时指出，资本主义国家并不会将强制力强加给非国家行动者，反而会寻求其合作并建立一个相互依赖关系。从 20 世纪六七十年代开始，一些美国学者强调研究政府、官僚机构和利益集团中的个人之间的常规化联系。有学者在研究政策过程时发现，那些政府官员、国会议员与利益集团在决策过程中往往会通过各种行为形成密切的、排他性同盟关系，西奥多·罗威形象地将其称为“铁三角”（iron triangle）。之后，瑞普雷和弗兰克林在亚系统（sub-system）模型基础上发展出“亚政府”（sub-government）理论。他们认为，基于共同利益、态度的个人或团体在政策过程中相互提供资源或支持，并借助例行决策机会来支配政策制定以达成各自目标，俨然形成了一个“亚政府”，甚至是卡特尔和麦克内尔所言的“机构性俘获”（agency capture）现象。瑞普雷和弗兰克林对亚政府做了一个经典性的界定：亚政府是个人的集群，他们在政策的实质性领域中有效地进行了多数的常规决策。罗茨则认为，亚政府是专注在具体的问题领域中的小政治团体，有政府的行动者，也有非政府的行动者。

正当美国学者们对诸如“铁三角”“亚系统”“亚政府”等津津乐道之时，英国学者理查森和乔丹借用社会学中的网络分析概念研究英国的压力集团活动，发现英国政策制定主体的特点是由公职人员与生产者组织交织而成的“政策共同体”(policy community)，并认为这是理解大部分西方民主国家政策制定的关键。每个政策共同体由不同的组织化团体组成，未被认可的团体或一般民众是难以渗透到其中的，公共政策就是在不同政策共同体中通过政府部门与利益集团之间的持续互动而制定的。本森则以政府间关系（intergovernmental relations）概念来描述政策共同体思想，认为政府与利益集团因资源的相互依赖而形成了政治联盟。为了确保满足共同的政策偏好，这些政治联盟往往通过各种手段排除其他异议团体。

与以上学者观点不同，黑克罗在《议题网络与执行机制》（1978 年）一文中认为，多数政策议题的决策方式并非纯粹的“铁三角”模式，而可能是在政党、国会、行政系统等正式组织结构之外所形成的一种非正式的、复杂的、开放的“议题网络”（issue network）。这篇论文不仅使得黑克罗教授成为较早正式使用政策网络概念的政治学者，而且标志了政策网络研究开启新纪元。麦克法兰的“三位一体权力论”（theory of triadic power）与议题网络思想如出一辙。他认为，代表政府机关、生产者或专业利益集团和反对性公益团体者，如行政官僚、国会议员、游说团体、学者专家与大众媒体等政策利益相关者反复沟通形成了一个有限开放的、多元参与的网络。

可见，政策网络是政策过程中相互依赖的国家与社会行动者之间不同互动关系模式的总称。其中，关系概念化为网络结构是政策网络理论的研究假设，并在此基础上形成政策网络基本分析单位的认识。进而，在对不同的关系模式的考察中，会关注到某一政策议题的特殊性，认为在不同的政策议题上会发生不同的行动者互动模式，并在这种互动基础上形成不同的网络类型。其中，作为前提的那些关系的载体是一些有意识、自主的国家与社会行动者，他们因政策资源依赖而形成了特定结构的政策网络。政策网络一般具有以下几个特点：(1) 多元、异质的关系主体。这些关系主体主要指公共部门、私人部门以及第三部门等众多行动者，如政治官员、行政人员、国会议员、学者专家、利益集团、大众媒体等与某项特定政策有利益关系的个人或团体。他们以个体身份参与政策网络，但往往是组织的代表。(2) 关系主体的相互依赖性。这种相互依赖是指政策网络中的任何一个行动者（无论国家或社会的）都不可能独立地完成某项政策活动，而必须依赖其他行动者才能有效解决政策问题，并通过互动来达成政策利益的双赢或多赢。(3) 复杂的网络关系。多元、异质的主体关系要么是部门结构，要么是人际结构。这些关系结构或强或弱、或长或短、或正式或非正式。需要指出的是，政策网络理论更加强调非正式关系在政策制定过程中的重要性，这弥补了政策分析中的变量不足①。

以往政治学与政策分析的主流思想认为，政府是凌驾于社会之上的，政府是社会的掌舵者，可以指引社会前进。在政治-行政二分的结构中，行政被定位于中立地执行政治系统的政策。这种认识疏忽了一个重要的事实，即政府与社会的相互依赖性。政策网络的思想表明，公共政策是公共与私人行动者互动的结果，公共政策的制定和执行是在互相依赖的行动者网络中完成的。如果过于注重政府单方面的作用，忽视了政策行动者的多层次性

① 胡伟，石凯．理解公共政策：“政策网络”的途径．上海交通大学学报（哲学社会科学版），2006 (4)．

和异质性，公共政策必定会失败。在公私伙伴关系中，由于社会公共事务管理的过程纳入了新的主体，政策行动者的范围已经扩展到了国家之外。其结果必然是政府在社会治理过程中从垄断走向竞争，会出现政府与非政府组织乃至私人部门一道参与到整个社会公共事务和政策过程中来的状况，因而形成了不同于市场和等级制度的网络结构。实际上，网络结构才是治理制度的结构基础。当决策权力与行政结构出现了这种相互依赖的关系时，政策资源也呈现出了高度分散，行政部门通过与社会团体建立起了政策网络形式的互动关系，得到了社会的协助与合作，命名政策得以顺利推行，并降低了政策监测与控制成本①。

可以看到，“铁三角”的解释模式所反映的是利益集团政治的特征，这种模式中其实是不存在合作行动者的，却有着相互勾结或彼此对抗的利益相关者。所以，如果真的出现了“铁三角”关系，也会在政策过程中以多元主体的形式出现，但这些主体间的关系却不是一种合作关系，因而也不构成一种合作网络。政策网络的概念蕴含着合作网络的内涵。虽然当前学者们对政策网络的理解不尽一致，甚至存在用竞争和对抗的观念来篡改政策网络内涵的做法，但在建构的意义上，政策网络则应当朝着合作网络的方向去加以建构。在很大程度上，组织网络是合作网络的静态存在形式，政策网络则是合作网络的动态功能表现状态，合作网络必然是以组织网络的形式存在的，但其功能则反映为合作制定公共政策，也包括政策执行中的合作，进而，利用政策实现整个社会治理过程中的合作。

2.4 公共管理者

2.4.1 行政人员

在已有的行政学文献中，行政人员这个概念主要是指近代以来政府中的工作人员，随着文官制度的建立，则主要是指公务员。在一般管理学的文献中，也把私人部门中从事组织内部管理工作的人称作行政人员，用以与直接从事经营和生产管理工作的人相区别。在公共管理这一新型社会治理模式出现之后，行政人员的含义发生了变化。在理论上，或者说在公共管理的典型形态中，行政人员是政府以及非政府组织等一切公共组织中的从事组织内部事务管理工作的人员，是公共管理者的构成部分。而在今天，公共管理作为一种新型的社会治理模式正在生成之中，政府在社会治理中的中心地位尚未根本改变，所以，行政人员这个概念还主要是指政府中的工作人员。

现代社会不同于传统社会的一个最重要的特征就是人的身份制的解体，用职业化的管理者取代了传统的官吏。韦伯认为，现代政治的发展产生了两种类型的职业官僚：一方面是专业官员，另一方面是政治官员。韦伯这里所指的专业官员就是从事行政管理工作的专业人员，即行政人员。韦伯认为，行政人员作为专业性的、职业化的管理者具有十个方面

---

① 胡伟，石凯．理解公共政策：“政策网络”的途径．上海交通大学学报（哲学社会科学版），2006（4）．

的特征：(1) 个人是自由的，仅仅在事务上服从官职义务；(2) 处于固定的职务等级制度中；(3) 拥有固定的职务权限；(4) 根据契约受命，即（原则上）建立在自由选择之上；(5) 根据专业业务资格任命（不是选举）——在最合理的情况下，通过考试获得的、通过证书确认的专业业务资格；(6) 采用固定的货币薪金支付报酬，大多数人有权领取退休金；(7) 把他们的职务视为唯一的或主要的职业；(8) 可看清自己的前程：职务"升迁"根据年资或政绩，或者两者兼而有之，取决于上司的评价；(9) 个人不得把职位占为己有；(10) 接受严格的、统一的职务纪律和监督①。

在韦伯的思想里，行政人员应该具有充分的技术理性，严格按照形式理性的要求去执行任务。也就是说，行政人员是根据法律和规则的要求承担自己在官僚体制中的职责，而不是按最高统治者的指示和命令行事，这也是防止统治者滥用权力的法宝，行政人员执法中的非人格化和中立价值更能保持行政管理秩序的稳定。在某种意义上，可以认为，正是有了行政人员这种职业化的管理者，才保证了行政管理活动的科学性，有效地推动了人类治理活动的进步。但是，行政人员是职业化的管理者，但这种职业管理者和其他管理有着很大的不同，他所从事的活动是与公共权力紧密联系在一起的，公共权力的使用需要贯彻秉公执法、"一视同仁"的原则。在政府垄断社会治理的条件下，这是对行政人员所做出的最为理想的规定。然而，对于公共管理而言，社会治理活动在复杂性与不确定性条件下展开，很难使用既定的规则和程序来开展。此时，行政管理职业活动的特殊性就被凸显了出来。

在公共管理体系中，行政人员构成了一个独特的职业群体，他们掌握着公共权力，并在公共管理的职业活动中代行这一权力。公共权力与行政人员之间的这种职业性联系使行政人员区别于其他职业群体。从理论上讲，公共行政的职业活动是服务于民、服务于社会的。按照社会契约论的观点，政府的合法性是来源于公民的授权委托，政府应该履行这种契约，保护全体公民的公共利益，否则公民有权收回委托，选举新的政府。因此，政府应该为公民服务，而且要提供尽可能好的服务。行政人员作为公民和社会的服务者，应该正确对待手中的权力，不得为自己谋取私利。虽然在社会治理模式的意义上公共管理取代了公共行政，但政府以及一切公共组织中的行政人员都依然需要遵循这一原则，或者说，应当遵循从这一原则发展出来的那些与公共管理得以出现的时代要求一致的新的规定。

但是，行政人员与公共权力之间的特殊联系也决定了行政人员有可能获得窃取、占有和不当使用这种权力为自己谋取利益的机会。这样一来，对行政人员这一特殊职业的从业者也就有着特殊的从业要求，这体现在两个方面：一是法律要求，二是道德要求。法律是他律，道德是自律，法律主外，道德主内，两者既有区别，又有联系。而且，对于公共管理这一治理模式中的行政人员来说，这两个方面的要求应当统一起来。

对行政人员的法律要求体现在让行政人员按照宪法和法律的规定去开展社会治理活动，正确地执行宪法和法律，同时保证执法过程本身的合法性。对行政人员的法律要求既是政府合法性的必然追求也是行政人员从业的法律尺度。行政人员必须成为法律的执行

---

① 韦伯. 经济与社会（上）. 北京：商务印书馆，1997：246.

者，这是其从业的首要条件，他必须站在政府的立场上，用法律的手段、方法和法律的精神去确保法律本身的权威性、严肃性。但是，仅仅依靠法律不能解决所有的问题，况且法律本身的严肃性和稳定性也使得法律存在严重的滞后性。所以，在当前社会复杂性和不确定性的条件下，又对行政人员提出了道德要求，即行政人员的职业活动必须满足行政道德标准。在行政人员的道德要求中，无私是首要的标准，只有做到无私，才能公正廉洁地行使公共权力，才能适应公共管理的职业需要。同时，行政人员还要不断地提高道德水平，超越法律、规章和制度的约束，成为自主的人，从而把公共行政的理念和原则内化为自己内在的道德规范，弥补外在规范的不足，确保公共价值的实现。

2.4.2 领导者

在管理学中，“领导”一词具有多种含义，可以被看作一个特殊群体、一个焦点人物、一项管理的职能、一个激励成员的过程等。在管理实践中，所有的组织中都需要至少一位领导人，或者叫协调人、代表人、组织者，作为组织的核心来号召群体实现目标，对外则代表整个群体，就是领导者，一般情况下也简称为“领导”。权力是领导力的来源，是任何组织开展活动的基础。权力和影响力是组织活动的“纹理”，反映了组织内部各种相互作用的情况①。现代管理活动要求领导者必须善于开发自己的领导技能，提高自己的影响力。领导的影响力是领导者的领导行为结果所体现出来的能力，也是领导者达成管理目标所凭借的手段和方法。领导者实现影响力的常用方法主要有强制力、规则和程序、交换、说服等较为明显的方法，也有吸引力等隐性方法。

近代以来的政府中的领导者也被看作行政人员的一个构成部分，一般说来，是一个机构或一个部门中处于核心管理岗位上的行政人员，拥有对所属机构或部门的最终决断权、指挥权、控制权等。在公共管理体系中，领导则成为公共管理者的一个构成部分，是在公共管理组织中实现组织、决策、动员、协调、指挥等职能的公共管理者，在一个公共组织对外交往与合作的过程中，他是组织的代表。在公共管理组织内部，领导的角色与职能则与公共行政意义上政府组织中的领导基本一致，只是公共管理条件下的公共组织对领导素质、观念以及工作方式方法等提出了不同的要求。

首先，公共管理中的领导需要具有面对复杂性、不确定性问题做出决策的能力。公共管理是在社会的复杂性与不确定性迅速增长条件下产生的新型社会治理模式，公共管理者为了公共利益的实现这一目标而开展公共管理活动所面对的是复杂性与不确定性环境，所要解决的问题也是复杂的和不确定的。在这种情况下，公共组织中的领导者必须具有较强的迅速做出决策的能力，领导一个组织在社会治理过程中做出优异表现。

其次，公共管理中的领导需要具有合作意识。公共管理本质上是合作治理的过程，表现为多元社会治理主体的合作行动。如果说在官僚制组织的分工-协作体系中对一个机构或部门中的领导提出了协作要求的话，那么，在公共管理过程中，则要求公共组织的领导具有超越协作的合作能力。在组织内部，能够自觉地建立起组织成员合作体系；在与其他组织共同开展社会治理活动的时候，则需要拥有合作的愿望和较高的协调能力，能够领导

① 汉迪．组织的概念．北京：中国人民大学出版社，2006：118.

组织与其他组织开展合作。

再次，公共管理中的领导需要具有服务意识。在性质上，公共管理既不同于传统社会中的统治型社会治理，也不同于近代以来的管理型社会治理，而是一种服务型社会治理。虽然公共管理还是以管理的形式出现的，但这种管理在性质上应当是服务的。因而，领导者实际上所扮演的也就是服务者的角色。在组织内部，领导者所扮演的是为组织成员服务的角色，而在与其他公共管理组织一道开展社会治理活动的时候，要能够领导组织去为其他公共组织服务。而且，整个社会治理过程本身是一个服务过程，是以治理的形式为整个社会提供服务。

又次，公共管理中的领导需要具有较强的紧急动员能力。公共管理得以产生的复杂性和不确定性背景要求公共管理者具有较强的动员能力，既要能够凝聚组织成员的共识，形成统一的目标和开展一致行动，又要能够动员起广泛的社会力量投入共同行动中来。特别是在应急管理的过程中，公共组织领导的动员能力直接决定了应急管理的成功与否。而且，在组织存在与发展的日常状态下，领导对组织各个方面的资源的获取以及组织任务的承担，也需要得到这种动员能力的支持。

最后，对公共组织的领导来说，应当具有与一般组织的领导不同的素质，他处于领导岗位和担任领导职务只是工作的需要，他在领导岗位上开展公共管理活动更多地从属于他的自我实现的要求，而他与公共组织中的其他成员以及组织外的社会成员之间，在人格上是平等的。只有当公共管理中的领导意识到了这一点，才能在开展公共管理活动的过程中拥有自觉为人民服务的行动。最为重要的是，公共管理中的领导需要拥有从事公共管理活动的职业理想。虽然领导与一般公共管理者都是公共管理活动的从业者，都是社会治理体系中拥有公共精神的并以实现公共利益为职业追求的从业者，但是，领导肩负着更多的使命，应当具有更高的道德责任意识。只有这样，他才能站在社会治理体系中的一个较高的平台上来观察和发现社会治理过程中的问题，才能具有前瞻性的处事能力。

2.4.3　公共管理者的基本素质要求

公共管理者要承担起职业所赋予的责任义务，必须具备基本的管理技能，这些技能就是处理特定的人、事、物的能力。公共管理者作为社会治理活动的从业者，应具备所有一般管理者的技能。罗伯特·卡茨于 1974 年在《哈佛商业评论》上发表了题为《有效管理者应具备的技能》的文章，他认为一个有效的管理者应该具备三种基本技能，即技术性技能、人际关系技能和概念性技能①。

（1）技术性技能（technical skill）。技术性技能是指管理者能够运用特定的程序、方法、技巧处理和解决实际问题的能力，即对某一特殊活动，特别是包含方法、过程、程序或技术的技能的理解和熟练程度。公共管理者在解决社会某个领域的复杂的社会问题时，在问题的处理上对其基本的技术能力要求很高，这些技能可能包括数理统计上的方法，也可能包括网络操作，还可能包括基本问题的处理程序等。相对来说，在整个社会治理体系

---

① KATZ R L. Skills of an Effective Administrator. Harvard Business Review，1974 (9)：90-102.

中，层次越低的公共管理者，对其基本的技术性技能的要求越高，对于一线的管理者来说，这种能力是其从事公共管理职业活动的基本的前提条件。

（2）人际关系技能（human skill）。管理的核心工作就是处理人际关系。人际关系技能可以指与其他人一起有效开展工作的能力，也可以说是一个人能够以小组成员的身份有效地工作并能够在他领导的小组中开展合作的能力。人际关系技能包括沟通、协作、激励、合作等，也包括团队精神和团队工作方式。公共管理者大多解决的是人与人之间各种利益、观念和诉求冲突的问题，在组织内部也存在着实现整合内部各要素的要求。因此，处理好组织内外的人际关系，协调人与人之间的冲突与矛盾，尽可能实现合作互动，是人际关系技能的基本要求。从社会治理的层次上看，处于中间层的公共管理者在人际关系技能方面的要求相对较高。

（3）概念性技能（conceptual skill）。概念性技能包含着一系列的能力，包括能够提出新的想法和新的思想的能力，能够进行抽象思维的能力，能够把一个组织看成一个整体的能力，以及能够识别在某一个领域的决策对其他领域将产生何种影响的能力。概念性技能主要表现为创新与变革能力、系统分析和解决问题的能力、驾驭全局的能力。公共管理者从事的是整个社会的经常性的管理问题，这类问题的表现形式复杂多变，需要公共管理者在保持回应性、提高回应力的同时更加富有战略眼光，前瞻性地解决问题，这就是概念性技能的核心所在。处于社会治理体系高层的管理者，在概念性技能方面则要求较高。

公共管理者所从事的管理活动与公共权力的使用和处置相关，因此，公共管理者又具有独特的责任与义务。在公共管理的责任义务体系中，包含着行政责任义务、法律责任义务和道德责任义务这样三重内容。行政责任义务主要存在于公共管理组织中的层级、机构、部门等之间，法律责任义务主要存在于公共管理主体与客体之间，而道德责任义务的主体则主要是公共管理者个体①。行政责任义务和法律责任义务通过公共管理者得以实施的过程，实际上就是一个向道德责任义务转化的过程，是通过公共管理者的内在信念来发挥作用的过程。如果公共管理者不能够有效地把行政责任义务和法律责任义务转化成他的内在信念，那么他在公共管理活动中的行为就会表现出逃避责任的状况，就会成为我们经常看到的缺乏道德意识而又非常称职的官僚主义者形象。具有公共精神的公共管理者，应该具有把行政责任义务和法律责任义务转变成道德责任义务的动机和能力。只有具有这种素质和能力，才能真正成为合格的从事公共管理这一职业活动的人。

公共管理者不同于其他职业管理者的一个重要方面就在于公共管理者是一个特殊的职业群体，公共管理的职业特殊性和外在约束的不足，使得公共管理者的职业道德意识成为约束其行为并使其符合公共精神的最主要手段。公共性信仰是公共管理者必须树立的基本信仰。对公共管理者来说，无私是基本要求，“他只有无私才能公正，才能廉洁，才能适应公共行政的职业。否则，他的行为就会有意或无意地对公共事业构成破坏。对于一般社会成员来说，私心的存在不仅是合理的，而且，在这种私心支配下的追求个人利益最大化的活动是有益于社会的发展和进步的。但是，对于行政人员这个特殊的群体来说，容许个

① 张康之. 公共管理伦理学. 北京：中国人民大学出版社，2003：193.

人私心的存在，就意味着对公共利益的破坏”①。无私是公共管理者的行为准则，但为了保证公共管理者的无私，也需要为其提供比较优厚的职业报酬，在报酬这一物质保障的情况下，也就必然会要求公共管理者具有无私的品性。整个社会必须促成公共管理者对公共权力公共性的信仰，只有在公共性信仰生成的条件下，才能保证公共管理行为的廉洁公正。

所以，对道德责任义务的承担是公共管理者应该具备的基本素质和能力。道德责任义务作为主观性的责任义务，是不同于法律责任义务和行政责任义务的，它不是根源于公共管理的岗位和职务，而是直接由公共管理的职业性质所决定。公共管理者之间在岗位和职务上的差别，都不影响他们承担道德责任义务的状况，关键在于公共管理者在何种程度上把自己与他所从事的公共管理职业融为一体。对复杂多变的公共管理活动来说，道德责任义务的承当给了公共管理者以处理问题的内在矫正机制，促使公共管理者向着公共利益目标，以公共利益为自己行动的基本准则。

总之，公共管理者是现代国家中经过法定程序，具有从事公共管理活动能力和素质，进入公共部门工作并以此为职业的专业人员。“就人类社会治理模式的发展而言，社会治理者的职业化是管理型社会治理模式发展中的一项积极成就。”② 在公共管理的治理体系结构中还存在着层级，存在着一般行政人员和领导岗位的差别，“但公共管理者之间并不因治理结构上的层级差别而有着职业人格上的不平等”③。公共管理者，都必须具备基本的管理技能和素质，都必须具备服务精神，确保公共利益的实现。

本章小结

公共管理主体是一切从事和参与社会治理活动的组织和个人的总和。在组织的意义上，公共管理主体是包括政府组织与非政府组织、官僚制组织与任务型组织以及以合作网络的形式出现的其他社会自治力量在内的一个复杂的合作治理系统。在这一系统中，政府扮演着引导者、服务者以及合作平台建构者等新的角色。

非政府组织是第二次世界大战以后迅猛发展的一种社会治理主体，它是与政府相对应的一种公共组织，以增进社会公共利益为目标，不以营利为目的。非政府组织在现代社会已经成为一支主要的经济和社会力量，它的出现，扭转了近代以来公共领域与私人领域分化的历史趋势，对整个社会治理都产生了重要影响。在非政府组织之外，其他社会自治力量也在逐步成长，成为促进市民社会理性化的积极力量，解决与公民密切相关的公共产品的供给难题。非政府组织的成长要求政府改变其既有的行动取向，自觉树立并遵守引导、服务与合作的行动原则。

现代政府基本上是按照韦伯的官僚制组织模式建立起来的治理体系。韦伯认为，任何组织都是以某种形式的权威为基础的，不同的权威类型构成不同的统治基础和组织形式。

① 张康之. 公共行政中的哲学与伦理. 北京：中国人民大学出版社，2004：282.

② 张康之. 公共管理伦理学. 北京：中国人民大学出版社，2003：132.

③ 同②133.

官僚制组织是拥有合理-合法权威的现代组织类型，是效率最高的组织形式。官僚制组织的效率导向、按规则办事、非人格化等特点为政府有效地提供公共产品、进行宏观经济调控、解决外部性问题和维护市场秩序等提供了组织前提。在政府职能实现的过程中，官僚制组织以其组织标准化、工作秩序化和管理规范化而提供了充分的支持。

根据任务型组织理论，官僚制组织被称为常规组织，随着社会中越来越多的非常规问题的涌现，常规组织在应对上渐趋无力，任务型组织迅速凸显了出来。任务型组织是围绕承担某一（些）特定任务而建立起来的一种组织形式，在任务完成的时候就解散。任务型组织具有临时性和灵活性的特点，就其性质而言，它完全是以任务为导向的组织，是根据任务需要而设立起来的，因任务的消失而解散。在人类全球化、后工业化的背景下，任务型组织显示出了其在非常规问题解决上的优势，被越来越多地应用于政治、经济、文化、社会等各个领域。任务型组织提供了处理危机事件的新思路，适应了高度复杂性和高度不确定性条件下的社会治理要求。

多元治理主体间的关系是一种合作关系，合作网络就是这种关系的表现形式。当前，多元治理主体间的合作网络主要包括组织网络与政策网络两种形式。其中，组织网络是合作网络的静态存在形式，政策网络则是合作网络的动态功能表现。合作网络必然是以组织网络的形式存在的，但其存在的功能则是合作制定公共政策，也包括执行政策过程中的合作。政策过程中的合作最终将造就出社会治理的普遍合作局面的生成，进而形成以公共管理形式出现的合作治理。

公共管理者是个体意义上的公共管理主体，它主要包括行政人员和领导者。公共管理者需要具备技术性技能、人际关系技能和概念性技能三种基本技能。公共管理者作为一个特殊的职业群体，职业道德意识是约束其行为并使其符合公共精神的最主要手段。公共管理者必须树立公共性信仰，并承担道德责任义务。

关键术语

公共管理主体　官僚制组织　任务型组织　非政府组织　常规组织　网络治理　组织间网络　政策网络　行政人员　领导者　管理技能　行政责任义务　法律责任义务　道德责任义务

复习思考题

1. 简述政府在公共管理中应当遵循的行动原则。
2. 简述非政府组织的概念及主要特征。
3. 简述非政府组织的社会作用。
4. 简述官僚制组织理论的主要内容。
5. 简述官僚制组织在 20 世纪迅速发展的主要原因。
6. 简述官僚制组织的技术优势。
7. 简述任务型组织与常规组织的主要区别。

8. 简述任务型组织的突出作用。
9. 简述任务型组织的两种设立方式。
10. 简述任务型组织的资源获取与常规组织的区别。
11. 简述任务型组织解散的主要路径。
12. 简述组织网络与政策网络的区别与联系。
13. 简述作为职业化管理者的行政人员的基本特征。
14. 简述公共管理者的基本素质要求。

阅读文献

1. MARCH J G, SIMON H A. Organizations. New York: John Wiley & Sons, Inc., 1958.

2. KATZ R L. Skills of an Effective Administrator. Harvard Business Review, 1974 (9).

3. THOMPSON V A. Modern Organization. New York: Alfred A. Knopf, Inc., 1961.

4. 韦伯. 经济与社会. 北京：商务印书馆，1997.

5. 克罗齐埃. 科层现象. 上海：上海人民出版社，2002.

6. 唐斯. 官僚制内幕. 北京：中国人民大学出版社，2006.

7. 布劳，梅耶. 现代社会中的科层制. 上海：学林出版社，2001.

8. 丹哈特. 公共组织理论教程. 北京：华夏出版社，2002.

9. 汉迪. 组织的概念. 北京：中国人民大学出版社，2006.

10. 毕瑟姆. 官僚制. 长春：吉林人民出版社，2005.

第3章

公共管理中的政府

公共管理学将实现对公共行政学的全方位替代，然而，这并不意味公共行政问题的终结。公共行政学中关于政府及其职能的研究依然是公共管理学的核心内容，因为，在未来很长的一段时间里，政府仍然会作为公共管理的核心主体而存在。只不过，公共管理中的政府已经不是工业社会治理模式中的管理型政府，而是服务型政府。在公共管理中，政府类型从管理转变为服务是历史的必然，这是由变革时代中高度复杂性和高度不确定性的社会生态决定的。历史地看，随着社会的复杂性和不确定性的增强，政府类型先后出现了统治型、管理型和服务型三种典型形式。在工业化进程中，管理型政府取代了统治型政府；在全球化、后工业化运动中，服务型政府正在取代管理型政府。在政府职能定位和政府职能模式的选择中，"服务型政府"将会扮演起引导者的角色，运用引导型政府职能模式去打造"合作治理"的新局面。引导型政府职能模式是一种面向后工业社会的、自觉的政府职能模式。相较于管理型政府的保护型和干预型模式，引导型模式具有灵活的适应性、行动的主动性、战略性规划和智慧监管等特有的优势。

重点问题

- 服务型政府的兴起
- 政府职能的概念与特征
- 政府职能模式及其经典类型
- 政府职能模式的"第三条道路"
- 引导型政府职能模式的概念、定位和价值

3.1　服务型政府

3.1.1　服务型政府兴起的必然性

作为一种新型的社会治理模式，公共管理实现了对公共行政的扬弃，将公共行政整合到了自己的体系之中。于是，公共行政开始作为公共管理的一个“问题域”的形式而存在，公共行政对政府及其职能的关注和研究依然是公共管理的核心内容。虽然公共管理主体已经呈现出多元化趋势，但在很长一段时间内，政府在多元社会治理力量中依然处于主导地位。只不过，公共管理中的政府已经不是工业社会治理模式中的管理型政府，而是转变为服务型政府，将着重扮演好引导者和服务者的角色。在公共管理中，政府类型实现从管理向服务的转变具有历史必然性，追根溯源，是由变革时代的高度复杂性和高度不确定性的社会生态（环境）决定的。

纵览人类社会科学发展史，一直存在着所谓的“环境决定论”，虽然在不同的时期和不同的思想家那里，环境决定论具有不同的内涵，但总体而言，所强调的是环境对人的性格、物质生产活动、经济关系的决定性作用。后来，这种环境决定论经过哲学家的抽象和凝练之后，在政治学、管理学、教育学等人文社会科学领域得到了广泛的运用。在思考政府转型和政府职能转变时，可以借鉴环境决定论的观点。政府的存在与发展是由环境决定的，社会就是政府面临的生态环境，因而，社会所呈现出的复杂性程度决定了政府的存在形式和性质。历史地看，伴随着人类社会的两次大转型，政府类型的转变已经完成了从统治型政府向管理型政府的转变，而当前正在经历着一次新的具有深远意义的转型，即从管理型政府转变为服务型政府。

人类历史上的第一次政府转型发生在从农业社会向工业社会转型的过程中，结果是，农业社会的以王朝治理形式出现的“统治型政府”被工业社会的管理型社会治理模式中的“管理型政府”所取代。所谓农业社会，是指近代社会出现之前的社会历史阶段，它在社会特征的意义上是简单的和确定的。在农业社会的统治型社会治理模式中，并不存在实质意义上的“政府”，“王朝”及其派出机构的体系即社会治理主体，所治理的是“天下”，只是出于理解和比较的方便，才套用现代意义上的“政府”概念而将其称为“统治型政府”①。农业社会的社会治理权掌握在领主（贵族）或皇帝（君主）手里，“统治型政府”在实质上所指的就是由领主或皇帝、王室成员、派出机构等所组成的治理体系，“朝为君臣谋政事之处也”。“统治型政府”并不具备现代政府所拥有的职能体系，所从事的行政管理活动充其量属于一种“类行政”行为，具有以下特征：（1）有着相对固定的行政等级序列；（2）有着固定的行政管理人员；（3）有着相对稳定的自上而下的行政授权；（4）最为根本的还是出于社会秩序的需要而从事管理，管理的随意性很大。

---

① 用“国家”和“政府”的提法来指代农业社会的“王朝”（“天下”），是现代人基于现代话语体系对其进行考察的结果。国家或者政府的概念是属于近代以来的范畴的。在此之前，虽然有些思想家曾经用“state”一词来指称国家，但这种国家并不是现代意义上的国家，实质上它从属于“王朝”或者“天下”的范畴。

在农业社会，王朝治理模式中的“统治型政府”运用权力关系基本上可以实现统治社会的目的。但是，社会的复杂性和不确定性逐渐增强是人类社会发展中的一个历史趋势，尤其是在工业化、城市化进程中，简单的和确定的农业社会被复杂的和不确定的工业社会所取代。这就决定了王朝治理模式会遇到前所未有的治理危机和治理困境，并将逐渐被新型的治理模式所替代。在某种意义上，“十八世纪清王朝衰落的迹象，其实已经说明皇帝政权已经不能够适应社会的复杂性和不确定性带来的社会管理要求”①。总的说来，随着工业化、城市化和市场化的推进，人类社会进入工业社会发展阶段，社会的复杂性和不确定性不断增强，挑战了传统的王朝治理模式。农业社会治理活动中那种完整的权力不能适应工业社会处理复杂问题的要求，尤其是市场经济催生出的“自由”和“平等”理念，最终成为拆解王朝治理的利器，为管理型政府的产生提供了社会基础。在某种意义上，抛开意识形态因素，现代国家的政府组织形式几乎都是基于官僚制而建立起来的管理型政府。

作为现代政府的基本形态，管理型政府的行政自觉主要来源于伍德罗·威尔逊和弗兰克·J. 古德诺的贡献。威尔逊的《行政之研究》和古德诺的《政治与行政》都阐释了“政治与行政二分”原则，为政府的行政功能从政治功能中独立出来提供了依据。管理型政府的管理技术主要来源于19世纪末20世纪初那场发生在企业中的管理革命。泰勒和法约尔分别提出了科学管理理论、一般管理理论。泰勒采用一种“自下而上”的视角来解决企业的效率问题，提出了科学管理理论。与泰勒不同，担任企业经理的法约尔选用了一种“自上而下”视角，开创了组织研究。管理型政府的行政体制主要源于马克斯·韦伯的“官僚制”理论。19世纪末以来的历史事实证明，官僚制组织确实具有巨大的历史功用。最为明显的是，它所提倡的“纪律”“非人格化”“机械化”等管理理念，曾经很大程度地提高了行政效率，使得管理型政府承担起了因社会复杂性增强和市场经济发展而离析出来的社会管理职能。

“每次变革都会影响个人角色、政府角色和形式、创新方式、妇女地位、战争方式、受教育方式、宗教和艺术的表达方式、科学研究的表达方式等”②，后工业化进程所带来的社会治理体系的变革也不例外，具有革命性的意义。20世纪后期，随着全球化、后工业化和信息化的蔓延，社会呈现出高度复杂性和高度不确定性，“技术和经济发展的加速，各社会之间、人类及其环境之间的相互依赖程度变化猛烈，冲击着思想体系和在历史中形成的各种机制……这一转折导致的是科学技术革新和商品关系无限制、无导向的发展。我们传统的精神、道德和政治的标识已遭侵蚀，传统的团结互助已经削弱，然而在全球范围内，尚未找到可以替代的其他原则和机制”③。也就是说，在这种新迹象面前，人类已经患上了“全球性的不适应症”，这一病症同样困扰着管理型政府。

管理型政府对社会治理的垄断地位，以及以法制为主的规则体系和官僚制的组织结构，决定了它只能以“管理”的方式进行社会治理。虽然管理不纯粹是控制，而是一个由

① 韩书瑞，罗友枝. 十八世纪中国社会. 南京：江苏人民出版社，2009：216-217.
② 弗里德曼. 世界是平的：21世纪简史. 长沙：湖南科学技术出版社，2006：40.
③ 卡蓝默. 破碎的民主. 北京：生活·读书·新知三联书店，2007：序言1.

多个环节构成的过程，但管理型政府的运作方式和治理过程却与生俱来地带有浓重的控制导向色彩，行政人员需要严格按照既定规则体系和行政程序开展工作。如果说在低度复杂和低度不确定的工业社会，管理型政府的管理方式能够满足社会发展的需要，那么在高度复杂和高度不确定的后工业社会阶段，正如统治型政府无法适应工业社会的治理需要一样，管理型政府也已无法满足后工业社会的治理需求。应对高度复杂性和高度不确定性条件的社会治理，"要求政府在由多元社会治理要素构成的社会治理体系中扮演着服务者和引导者的角色，即要求政府转化为服务型政府"①。

当前，人类社会正处在社会转型的过程中，瞻望后工业化社会，正如同管理型政府在工业化进程中取代了统治型政府一样，服务型政府也将在后工业化进程中取代管理型政府。服务型政府作为公共管理中的政府基本类型，与管理型政府有着显著的不同。首先，就角色定位而言，服务型政府将会放下管理型政府的"行政傲慢"，积极地扮演好引导者的角色，同时将服务的精神和理念贯彻到社会治理的方方面面，培育和引导所有社会治理力量参与到社会治理中来。其次，就治理思维而言，服务型政府将会与时俱进，摒弃管理型政府"以不变应万变"的思维路线，采取一种适应于复杂性社会治理的"以变应变"的战略性思维，既有效地处理好常态化的行政管理，又注重对虚拟空间的引导和治理。再次，就组织形态而言，服务型组织将会逐渐扬弃官僚制组织形态，转而采取更为灵活的合作制组织形态，基于人的共生共在而去踏实地营造合作治理的平台以实现良好的治理。最后，就履职方式而言，服务型政府将会以"政府引导合作"为宗旨来履行引导型职能，注重创新治理工具的灵活运用。由此可见，服务型政府对管理型政府的替代将是一次全方位的政府转型革命。当然，这样一个替代过程将贯穿于从工业社会向后工业社会转型的始终。

3.1.2　服务型政府理论

从 20 世纪后期以来的学术文献来看，服务型政府概念的孕育与产生大体经历了这样一个过程：从 1995 年"服务行政"概念在行政法领域被广泛使用，到 1998 年"服务行政"被定性为一种行政模式，再到 2000 年，明确提出了服务型政府概念。也就是说，服务型政府概念是由"服务行政"演化而来的。据考证，"服务行政"（Leistungsverwaltung）最早见诸德国行政法学者厄斯特·福斯多夫 1938 年发表的题为《当作服务主体的行政》的文章。文章认为，随着时代的发展，人们不再依赖传统的基本权（自由权和财产权），而是依赖于新的人权：经济上的分享权。时代已由个人照顾自己的"自力负责"，转变为由社会力量来解决的"团体负责"，进而发展为由国家政治力量提供个人生存保障的"政治负责"②。另外，福斯多夫还提出了生存照顾的概念，他认为政府负有广泛地向民众提供生存照顾的义务，唯有如此，才可免于倾覆。人们的生存已经强烈地依赖于行政权力的生存照顾，个人已经无法自行获取生活所需之事物。因而，行政权力必须介入私人生活。认为国家干预愈少愈好的时代已经一去不复返，个人生存已经和国家行政密切相关，而且还应该结合得更为紧密③。

---

① 张康之. 论伦理精神. 南京：江苏人民出版社，2010：9.

②③ 张书克. "服务行政"的理论批判. 行政法学研究，2002 (2).

其实，就德语“Leistungsverwaltung”一词的译法而言，一直存在着译成“给付行政”还是“服务行政”的分歧。日本和中国台湾行政法学界普遍倾向于将其译为“给付行政”，当然也有学者坚持“服务行政”译法的科学性。陈新民在《“服务行政”及“生存照顾”的原始概念——谈福斯多夫的〈当作服务主体的行政〉》一文中就阐述了这样的观点①。撇开对“Leistungsverwaltung”在理解上的纠缠。其实，理解上的差异本身已经说明，福斯多夫所使用的这一德语词虽然包含了“服务行政”的意涵，却异于现代意义上的学术界所使用的“服务行政”的概念。1938年的德国正值纳粹统治时期，福斯多夫之所谓“服务”是从属于统治或者管理的“服务”，在某种意义上，存在着为当时的纳粹政府对社会的全面干预进行合法性论证的嫌疑。大约在1995年，中国行政法学界引入并发展了“服务行政”这一概念，尤其是在1996年至1997年，使用“服务行政”概念的人逐渐多了起来。这些涉及“服务行政”的文章，主要集中在行政法的基础理论探讨方面，大多把“服务行政”的思想作为行政法学科理论基础加以探讨②。后来，随着行政法学界所使用的“服务行政”被引入行政学研究，“服务行政”被视为与中国计划经济时期的“权威行政”和“管制行政”相对的概念来使用。

直到1998年，学界对于“服务行政”的理论探索才有了质的飞跃，“服务行政”被提升到“服务行政模式”的高度。张康之在《行政道德的制度保障》一文中，第一次提出了“服务行政模式”建构的问题：“社会主义的公共行政应当既不同于传统的统治行政模式，也不同于近代的管理行政模式，而是一个全新的服务行政模式。在这种模式中，为人民服务的宗旨不仅是一种行政观念，而且是通过立法的形式被确立下来的一种制度，公共权力的运行机制不是一种自上而下的制约，而是一种自下而上的监督。……当然，服务行政必然会继承管理行政中的全部社会管理职能，但在实施这种管理时，公共权力与行政职位的结合，是从属于管理的需要的。这种管理与以往的管理不同，它是建立在为社会服务的原则基础上的，管理是手段，服务是目的”③。正是基于这一科学判断，服务型政府概念才能在2000年正式脱颖而出。在某种意义上，服务型政府正是“服务行政模式”的直观表达。

研读张康之在1998—2000年发表的系列论文，可以发现：他是以机构改革为切入点进行著述的，但这些著述中却蕴含着建构“服务行政模式”的理论思索。也就是说，他是从机构改革的现实运动中去思考“服务行政模式”建构问题的，或者说，是把建构“服务行政模式”作为机构改革的目标指向的④。恰恰是在2000年服务型政府的概念被提出以后，中国行政学界逐渐地从单纯地研究机构改革转向对转变政府职能和服务型政府的理论研究。而且，在接下来的十多年，中国学界对服务型政府的理论研究和中国政府的服务型政府建设实践呈现出了互动，也正是在这种互动中，以建设服务型政府为战略目标的政府改革思路日渐清晰。

---

① 陈新民. 公法学札记. 北京：中国政法大学出版社，2001：47-48.

② 程倩. “服务行政”：从概念到模式：考察当代中国“服务行政”理论的源头. 南京社会科学，2005（5）.

③ 张康之. 行政道德的制度保障. 浙江社会科学，1998（4）.

④ 同②.

3.1.3　服务型政府建设

20 世纪后期以来，在一场全球性的改革浪潮中，正当西方发达国家还在管理型政府的框架下对如何处理好政府与市场关系的问题发生纠结时，中国政府在改革开放过程中已经启动了服务型政府建设的步伐。目前，服务型政府观念已经在中国得到了认可，服务型政府建设的试验也在全国范围内广泛地展开。

根据中国行政改革的社会背景、主导价值、改革重点的演进，可将中国政府的行政改革分为三个阶段：第一阶段主要包括 1982 年和 1988 年的两次机构改革，为满足从计划经济向市场经济转变的需要，这一时期行政改革的重点是探索一种能满足市场经济发展要求的政府模式；第二阶段主要体现在 1993 年和 1998 年的两次政府机构改革，这一阶段的改革受新公共管理运动的影响较大，其重点是强调通过对政府进行技术主义的改造来提高行政效率；第三阶段包括 2003 年至今的一系列政府机构改革，这一阶段的行政改革的主题是建设服务型政府①。所以，服务型政府建设是在中国行政改革第三阶段发生的，也是该阶段行政改革的主要目标。

中国服务型政府建设的历程大致可以划分为四个阶段：第一阶段是准备期，主要是从改革开放到加入 WTO 这段时间；第二阶段是探索期，主要是从 1999 年到 2001 年底这段时间，以理论探索为主；第三阶段是行动期，主要是从 2002 年到 2005 年，政府开始注意到服务型政府建设的理论探索，并准备落实到实践中去；第四阶段是反思期，一方面，政府实践层面上的服务型政府建设不断地深化，另一方面，学术界对服务型政府建设的经验进行反思，并努力做出系统性的思考和探索②。如果从服务型政府建设实践的铺展范围来看的话，可以以中共十六届六中全会为界分为两个不同的阶段。在中共十六届六中全会之前，地方政府积极地开展服务型政府建设试验，而在中共十六届六中全会后，中央政府明确提出了服务型政府建设的目标，服务型政府建设实践在全国范围内展开，中央和各地政府也在服务型政府建设的总体目标之下进行积极探索，不断地创造出新的经验。在中共十八大上，再一次把服务型政府建设写入党的重要文献，而且落实到政府工作的各个具体的项目。

就服务型政府实践而言，在中共十六大召开前后，上海市、成都市、大连市、南京市、重庆市等地方政府推出了服务型政府的建设方案，明确了内容，设定了步骤。

1. 上海市：高效、精干的服务型政府建设

2001 年 11 月，上海市政府率先提出要“在全国建立一个高效、精干的服务型政府”的目标，从此开始了服务型政府建设的积极探索。上海市服务型政府建设的突出特点是：将服务的重点放在亲民、便民的社区服务上，形成了独具特色的“社区服务超市”和社区“一门式服务”。“社区服务超市”以“超市服务”为理念，以社区服务中心为依托，是一种通过“政府购买”的形式向社会提供服务的尝试。它打破了传统社区服务内容单一、管理松散、各自为政的低层次经营模式。“一门式服务”就是市、区政府有关职能部门依法

① 张康之．我们为什么要建设服务型政府．行政论坛，2012（1）．

② 吴玉宗．服务型政府建设研究．北京：经济日报出版社，2007：122-125．

在街道设立各类受理事项和出证事项，由原来的部门分门受理归并到社区事务受理服务中心一门受理，并由街道乡镇实行内部综合管理。这是一种在国内首创的政府为投资者提供高效服务的工作模式①。

2. 成都市：建设规范化服务型政府

成都市在全国最早提出“建设规范化服务型政府”的理念。自 2000 年开始，成都市委、市政府推进了行政审批制度改革、投融资体制改革和机构改革。2001 年底，正式委托四川大学课题组在深入调查研究基础上设计出“成都市规范化服务型政府”建设试点工作方案，首先在市工商局、市公安局、市政公用局三个窗口部门试点。其中，试点改革的主要思路是着力行政管理理念创新、着力行政管理体制创新、着力行政运行机制创新、着力行政服务方式创新。2003 年 10 月，在总结试点工作经验的基础上，市委、市政府召开了全面推进“规范化服务型政府”建设动员大会，下发了《关于全面推进规范化服务型政府建设工作的意见》。从此，成都市“规范化服务型政府”建设试点工作正式进入全面推广阶段②。

3. 大连市：政务公开与软环境建设

大连市政府在 2001 年 10 月制定了《大连市人民政府关于建设服务型政府的意见》，提出建设规范统一、效能透明、全面与国际接轨、让市民满意的服务型政府，为进一步改善大连发展的政务环境提供了制度保证。2002 年，大连市在行政审批制度改革和机构改革中取得了实质性成效，初步形成了与市场经济相适应的宏观管理新格局。2004 年 9 月，大连市政府办公厅印发了《大连市政府部门及公务人员服务工作规定》，使政府部门及公务人员的服务质量和服务效能有章可循，强化政府部门及公务人员的服务职能和便民意识，加快服务型政府建设。为了落实政务公开，大连市委、市政府结合全市开展的“软环境建设年”活动，将政务公开的“阳光工程”纳入全市软环境建设方案③。

4. 南京市：服务型政府建设的六大战略

南京市政府在 2002 年度的政府工作报告中第一次正式提出打造服务型政府的目标，将“切实加快服务型政府建设，主动适应加入 WTO 新形势”作为首要任务来抓。2003 年 2 月，南京市政府颁布了《南京市政府关于推进服务型政府建设的实施意见》，确定了服务型政府建设的主要内容和具体措施。同年 3 月，市政府下发了《南京市政府关于 2003 年服务型政府建设目标任务分解的意见》，成立了由市政府主要领导挂帅的服务型政府建设领导小组，制定了服务型政府建设规划，提出了“开放型”“学习型”政府发展战略和“企业化”“市场化”“电子化”“标准化”政府发展战略，并将服务型政府建设目标分解落实到各区县政府、市政府各部门。同年 9 月，市政府相继出台《南京市国家行政机关及其公务员公共服务行为规范试行规定》和《南京市政府关于进一步完善南京投资环境的若干意见》，前者对行政机关及其公务员的行为规范做了详细阐释，后者则对改善南京市投资环境提出了具体的措施④。具体而言，南京市服务型政府建设的突出特点有：其一，统筹

---

① 魏爱云，王慧．服务型政府建设迈开坚实步伐．人民论坛，2006（3）．

② 姜晓萍．成都市的“规范化服务型政府”建设．中国行政管理，2004（11）．

③ 大连市政务公开与软环境建设．http://rhj.dl.gov.cn.

④ 高小平，王立平．服务型政府导论．北京：人民出版社，2009：28-29．

行政体制改革与政治体制改革（如健全规范公共决策机制，强化行政监督，全面推行“问责制”）；其二，深化推进城市综合配套改革（如完善公共财政体系，推行政府公共服务市场化改革，改善投资软环境）；其三，提高行政效能和公开政府办事制度；其四，开展“市民论坛”。

5. 重庆市：创新服务范式，实现共同治理

重庆市政府在 2003 年 8 月出台了《重庆市人民政府关于建设服务型政府的工作意见》，提出服务型政府建设的指导思想、总体目标，大力开展启动社会信用体系建设等六个方面的工作。同年，重庆市政府还印发了《重庆市 2003 年建设服务型政府工作要点》，分为工作目标、工作任务、工作进程和工作要求四个部分，明确了 2003 年重庆市服务型政府建设的工作目标。总体而言，重庆市服务型政府建设注重创新服务方式，实现共同治理。

地方政府的有益探索对以构建服务型政府为目标的政府改革思路的清晰化做出了重要贡献，可以说，地方政府的努力契合了党中央、国务院行政体制改革的基本方略。2002 年，中国共产党第十六次全国代表大会第一次将政府职能归结为“经济调节、市场监管、社会管理和公共服务”四项内容。2003 年 2 月，温家宝在中央党校省部级主要领导干部“树立和落实科学发展观”专题研究班结业式上正式提出“建设服务型政府”的口号。2004 年 3 月，温家宝在十届全国人大二次会议期间听取陕西代表团意见时提出，“管理就是服务，我们要把政府办成一个服务型的政府，为市场主体服务，为社会服务，最终是为人民服务”①。2005 年 3 月，温家宝在《政府工作报告》中再次明确提出要“努力建设服务型政府”，认为“创新政府管理方式，寓管理于服务之中，更好地为基层、企业和社会公众服务。整合行政资源，降低行政成本，提高行政效率和服务水平”。2006 年 10 月，中共十六届六中全会通过了《关于构建社会主义和谐社会若干重大问题的决定》，进一步明确要求建设服务型政府、强化社会管理和公共服务职能，自此，服务型政府第一次被写入执政党的指导性文件中②。

2007 年 10 月，胡锦涛在中国共产党第十七次全国代表大会的报告中把“加快行政管理体制改革，建设服务型政府”作为发展社会主义民主政治的重要内容而予以强调③。这标志着服务型政府作为中国行政改革的目标得以确立。2008 年 2 月，中共中央政治局进行第四次集体学习，就服务型政府建设进行了专题研讨。2012 年 11 月，胡锦涛在中国共产党第十八次全国代表大会上的报告中明确指出，“建设职能科学、结构优化、廉洁高效、人民满意的服务型政府”。2013 年 11 月 12 日中共十八届三中全会通过的《中共中央关于全面深化改革若干重大问题的决定》指出：“必须切实转变政府职能，深化行政体制改革，创新行政管理方式，增强政府公信力和执行力，建设法治政府和服务型政府。”2016 年 3 月 5 日，李克强在《政府工作报告》中强调：“面对异常艰巨复杂的改革发展任务，各级政府要深入贯彻落实新发展理念，把全面建成小康社会使命扛在肩上，把万家忧乐放在心

---

① 贺劲松. 总理话转变政府职能：政府要抓好“两个四”. 人民日报，2004 年 3 月 10 日.

② 中共中央关于构建社会主义和谐社会若干重大问题的决定. 北京：人民出版社，2006.

③ 胡锦涛. 高举中国特色社会主义伟大旗帜　为夺取全面建设小康社会新胜利而奋斗：在中国共产党第十七次全国代表大会上的报告. 北京：人民出版社，2007：32.

头，建设人民满意的法治政府、创新政府、廉洁政府和服务型政府。”

中国服务型政府建设实践主要是围绕着以下主题展开的：改革审批制度，转变政府职能；优化行政程序，提高服务效率；实行政务公开，打造阳光行政；扩大分权范围，寻求良好治理；调整财政支出，注重公共服务；创新服务供给模式，促进城乡一体发展；改善政府与社会间关系，探索治理责任新机制；加快基础设施建设，促进公共服务均等化；改革社会组织管理，培养社会治理新主体。经过十多年的试验，服务型政府的理念正在深入人心，服务型政府建设也在“政府引导合作”的框架下稳步推进。中国政府正在通过简化行政审批事项、规范依法行政为服务型政府建设清除体制机制障碍，正在通过制定战略性规划和实施具体的行动计划来优化服务型政府的履职方式，同时特别注重吸纳社会的积极因素和积极力量参与构建合作社会的进程中来。

3.2 服务型政府的职能定位

回溯人类社会治理史，任何一种类型的政府的确立和成长都是以政府职能为着力点的。因为，政府职能直接与政府治理实践衔接，反映了社会治理实践中政府的角色与责任，在某种意义上，政府职能的内容决定了政府的性质。服务型政府的建设也应从政府职能的重塑和定位开始。就服务型政府的定位而言，必须遵循社会治理历史脉络中蕴含的政府转型以及政府职能转变的规律。这就要求首先需要对政府职能的一般知识、政府职能模式的经典类型以及后工业化进程中政府职能及其模式的演进方向做出探究。研究发现，在后工业化进程中，服务型政府将会摒弃管理型政府的保护型和干预型职能模式，转而采用一种全新的引导型政府职能模式。

3.2.1 政府职能的一般知识

政府职能是指政府在一定时期内基于国家治理和社会发展的需要而承担起来的管理国家和社会公共事务的基本职责，是政府行政管理与政府社会管理的职责与功能的统一。首先，政府职能表现为作为国家行政机关的政府所履行的职责，包括政府应该管什么、管到什么程度和怎么管等问题；其次，政府职能又表现为政府在国家和社会中的功用和效能状况，主要是一个政府应该发挥什么样的作用的问题。政府职能是一个历史范畴，因社会治理生态和政府类型的不同而具有不同的内涵。例如，“统治型政府”的基本职能是通过权术或权谋的施展来对社会进行全方位的统治，“管理型政府”的基本职能是通过管理技术或管理制度的建立以及更新来对社会进行全方位的管理，“服务型政府”的基本职能是通过不断地践行和深化服务理念，引导多元的社会治理因素科学发展，打造“合作治理”的新局面。

在现代社会，职能是组织存在的基本前提。与其他组织相比较，政府无疑是最为庞大的组织体系，这决定了政府职能具有一些特有的属性。

其一，政府职能的广泛性。一个社会是由各种各样的组织所构成的，特别是在近代以来社会组织化的过程中，组织成了社会的细胞。但是，各种各样的社会组织或者是属于某个特定领域，或者是从事某种专业活动，其职能都具有专业定向的特点。政府，由于凌驾于整个社会之上，把整个社会作为自己的管理和调整对象，因而需要关注、介入或干预几乎一切社会事务。所以，政府职能也就涵盖了整个社会。政府职能的广泛性是任何一种社会组织都无法相比的。

其二，政府职能价值目标的多样性。社会构成是非常复杂的，一个社会是由不同的阶级、阶层构成的，有着多样性的利益诉求。同时，任何一个社会也都是历史与现实的交汇点，存在着多样化的观念、思想和文化旨趣。政府既担负着提供社会秩序、中和多样性需求、照顾多样化利益诉求的职责，又需要促进政治、经济、文化发展和社会进步。这就决定了政府必须把效率与公平等问题的解决作为政府工作的目标，把多样性的价值目标协调起来，在每一项方针政策中，都要体现出多元价值目标综合实现的追求。相对而言，社会组织在价值目标上就单纯多了，是为了实现某一单一目标或体现某一单一价值。

其三，政府职能实现上的强制性。政府组织是以国家权力甚至暴力为后盾的，在现代社会，一般是以法律的形式来确立其地位的，具有较高的权威性。这一点体现在政府职能的实现上，就表现为强制性，要求令行禁止、政令畅通。除非政府陷入严重的合法性危机或社会陷入全面失序的状态，一般而言，对于政府实现其职能的活动，其他社会力量都必须予以响应和配合。政府为了实现其职能，可以依法无偿地调动和征用社会资源。社会组织则无法这样做，它们在其职能实现过程中或者基于价值交换，或者基于利益共在，或者基于文化认同和情感互通，基本上是不可能建立在国家权力和法律权威的基础上的。

其四，政府职能的动态性。政府职能是动态的，处在变化之中。社会组织有可能存在着职能萎缩和消失的问题，政府则不会。政府可能会出现更迭，而政府职能却不会消失。另外，社会总在发展进步，政府职能也必然会不断地发生变化，无论这种变化是一个自然历史过程还是属于自觉调整的范畴。在政府管理国家和社会事务的过程中，在不同的时期会有不同的职能重心，会根据社会的稳定和安全需要，会根据促进经济社会发展的要求，把政府职能重心放在不同的方面。从近代以来的情况看，所有政府都存在不断扩张其职能的内在冲动，只有在政府职能的扩张引发了政府机构膨胀的后果时，特别是在触及财政约束的天花板时，才会通过行政改革的方式去限制政府职能和精简政府机构。

正确地界定和认识政府职能，对于建立结构合理的行政组织系统，实现政府对社会的有效组织和管理，有着十分重要的意义。

首先，政府职能是行政组织存在与发展的根本依据。行政组织不是任意设立的，其赖以确立的根本依据是政府职能。一方面，只有以政府职能为基础来认识行政机构，才能科学地确定行政机构的地位、作用及规模，才能合理地建立一个功能齐全、结构完备、运转协调的行政组织体系。另一方面，社会的变化也会要求政府职能发生变化，行政机构也就会做出相应的调整。机构改革能否取得成功，关键在于能否根据政府职能的状况去调整行政组织机构，当政府职能发生了转变，也需要通过行政组织机构的调整去适应它。

其次，政府职能的内容及其实现状况决定了政府的性质。从人类历史发展的三个阶段来看：农业社会的政府所承担的主要是统治职能；工业社会的政府所承担的主要是管理职能；在走向后工业社会的过程中，政府服务职能的内容正在迅速成长。这也反过来证明，政府职能的内容决定了政府的性质。近代以来，特别是在利益分化较为充分的条件下，政府职能中包含着在多样利益诉求中去把握普遍性因素的内容，这也突出了政府职能的公共性。此外，通过提供公共服务的方式去带动其他职能的实现，也使政府的行政具有了公共性。

再次，界定政府职能是实现政府管理科学化的前提。政府管理活动本身就是政府职能实现的过程，政府自身内部的行政管理是出于政府职能更好地实现的需要，或者说，政府的一切活动都从属于政府职能实现的需要。政府职能是一个复杂的体系，而且职能重心也在不断地发生变化，认识政府职能的构成、界定政府职能的范围以及确认政府职能的重心等，都从属于政府管理科学化的要求。政府职能界定虽然更多地表现为一个政治过程，但在落实到政府中来的时候，却表现出科学性的特征，从而使政府组织结构、分工-协作体系、权力运行机制等方面，都表现出目标明确、程序合理、行动高效的特征。

复次，政府职能实现的情况是政府管理效能的表征和检验标尺。政府职能是否得到了充分发挥和完全实现，是衡量一个政府及其社会管理状况的尺度。政府组织的结构状况、分工-协作体系的科学性、程序的合理性以及人员的素质和结构等，都会反映在政府职能的实现过程以及实现状况中。反过来，政府职能实现的状况也是检验政府这些方面的标准。当政府职能得到了较好的实现，公众的满意度就会提高，政府的合法性也会得到增强。反之，政府就需要认真地分析原因并通过自身的改革去改善政府职能实现的状况。当然，政府能否承担起它应当承担的职能，是由多种因素决定的，政治生态以及社会环境都会对政府职能的承担和履行产生很大影响。因此，政府只有对自身承担职能状况有准确的认识和把握，才能发现行政改革的内容和方向。

最后，政府职能及其实现状况是认识和把握政府整个行政过程的一个视角，也是对一个政府做出评价的依据。政府是直接地与其所在的社会联系在一起的，政府应当扮演的是管理、促进、引导和服务整个社会的角色，因此，政府职能需要在社会发展的动态过程中进行定位，需要根据社会发展的现实和未来走向，前瞻性地确立政府职能的内容，并创造性地探索政府职能实现的路径。在国家的政治生态、法制环境等既定的条件下，政府职能及其实现的状况对社会存在、社会发展以及社会生活有着决定性的影响，关系到公众对国家政权的认识，也关系到政府形象。在全球化条件下，政府职能的实现状况直接决定了一国在国际社会中的地位和竞争力。所以，科学地界定政府职能，积极地探索政府职能实现的正确路径，是政府自身建设的一个不移不易的主题。

3.2.2 政府职能模式及其经典类型

政府职能模式的概念暗含了政府是一个制度化的行动系统这样一个前提，就其表现而言，一是政府被限定了一个明确的事权范围，二是政府必须遵循特定的行使事权的方式。在农业社会，尚未出现国家与社会的分化，对统治型的社会治理而言，其行动并不存在一种制度化的外部约束，其行动范围与行动方式都表现出了很强的随意性。因而，无法从政府职能模式的角度对它进行研究。随着国家与社会的分化，随着国家在根本上受到了社会的制约，管理型政府出现了。这种管理型政府在事权范围与行使事权的方式上，都受到了制度性的约束，逐渐变成了一个制度化的行动体系，也在制度变迁的过程中呈现出了不同的政府职能模式。需要指出，政府职能模式这个概念所反映的是政府职能实现方式上的特征。比如，管理型政府的职能主要是管理，但其职能模式则可以区分为保护型模式和干预型模式；服务型政府的职能主要是服务，而其职能模式则表现为引导型模式。

历史地看，管理型政府的职能模式具有保护型和干预型两种典型状态。保护型政府职能模式是自由资本主义时期的产物，主张政府担任“保护人”或“守夜人”的角色，尽可能少地干预或不干预市场经济的运行，任由市场机制去调节经济活动，让市场自己在运行中实现资源的合理配置。在这种政府职能模式中，政府担当的是“保护人”或“守夜人”的角色。一方面，政府是不可缺少的因素，没有政府的存在也就没有市场的安全；另一方面，政府又不能介入市场运行中去。就性质而言，这一类型的政府活动基本上是政治性的，如果说也包含着管理的内容，那是较少的。政府对外以维护领土完整为底线，如果有可能的话就进行扩张，即通过政治手段来保持和提升本国经济的竞争力；对内则维护私人财产不受侵犯，保护市场机制免受破坏，并尽可能在整体上满足经济活动得以开展的基本条件。就海外征服和军事扩张而言，也可以从中看到政府行为，但严格说来，它们属于国家职能的范畴，而不是政府职能。

在整个自由资本主义时期，西方各国的政府基本上采用了保护型职能模式，一致认同“管得最少的政府是最好的政府”。也就是说，政府在促进经济发展的过程中往往采用的是政治手段，如拓展经济发展的海外市场，维护已经形成的政治经济秩序等，一般不直接介入经济活动中。就保护型模式的发生来看，它首先是在欧洲国家产生的，随后才出现在美国，或者说，美国的保护型模式是从欧洲国家传入的。保护型模式的终结和被完全取代是在 1929—1933 年的经济“大萧条”后。这场经济危机宣告了“市场失灵”，迫使西方国家重新思考政府与市场在经济活动中的恰当角色，并放弃了自由主义的原则，开始采用一种干预型政府职能模式。现在看来，“市场失灵”俨然成了管理型政府扩大和增强其职能的理由，或者说，“市场失灵”为政府职能的扩张提供了借口，击碎了古典自由主义给政府施下的“守夜人”魔咒，从而使政府在各个方面的职能都呈现出“干预型”的特征。

干预型政府职能模式是基于凯恩斯主义所倡导的国家干预主义而做出的设计，它主张政府积极地运用财政政策和货币政策等手段来调控市场经济的运行，实现对整个经济生活的全面干预，以弥补市场自身力量的不足和达到经济持续、稳步增长的目标。它的产生过程大致是这样的：19 世纪后期和 20 世纪初期，西方一些主要发达国家政府开展了一系列的反托拉斯立法，着手政府干预经济的试验。与此同时，相应的理论开始出现了，主张政府应在市场中发挥拾遗补阙的功能，即市场可以做到的事情，政府就不要管，市场做不到的事情，政府则应去管。这是市场调节为主、政府干预为辅的原则。1936 年，凯恩斯的《就业、利息和货币通论》的出版，为政府全面干预市场提供了理论基础。在凯恩斯看来，仅仅依靠市场机制的自发调节作用不足以使有效需求提高到充分就业的水平，市场机制的这种“能力不足”的情况需要由政府通过扩大政府支出、减税和货币扩张等措施加以弥补。名义上是弥补，而在实际操作中，政府采取这些措施时，已经深深地介入了市场，对市场进行干预了。凯恩斯认为，在达到充分就业之前，政府采取这些措施对市场的干预始终能够刺激产量和就业量的增加，而且不会带来通货膨胀。

亚当·斯密的理论用“看不见的手”来描述市场机制，从而把政府拒绝于市场之外。凯恩斯主义的“政府干预论”则被人们形容为“看得见的手”的理论，指市场的运行需要政府这只“看得见的手”去进行调节。事实上，凯恩斯主义的理论主张在资源配置的实践中取得了异乎寻常的成功，通过罗斯福新政，美国率先将这种理论付诸实施并最早走出经济危机。罗斯福新政拉开了整个西方国家政府干预的序幕。第二次世界大战后，各发达资本主义国家都采用各种手段实施宏观调控，动用各种手段抑制经济危机。这种政府干预最明显的特征是“国有化”和“经济计划化”。而且，这种干预使西方发达国家再也没有出现像20世纪30年代那种经济大萧条，并创造了20世纪中期经济迅速发展的奇迹。但是，从20世纪60年代末起，特别是1973年发生“石油危机”事件之后，所有西方发达国家无一例外地出现了经济发展的停滞和通货膨胀，这也被称为“滞胀”。

从近代以来社会发展的总体情况看，在政府恪守有限政府的原则而采用保护型模式时，出现了“市场失灵”的问题，随着政府介入市场较多和较为深入地采用干预型模式之后，又出现了“政府失灵”的问题。这说明，按照早期自由主义的有限政府原则，放任市场以及社会的自我调控，或者说过分地夸大市场机制的作用，是无法保证社会健全的；同样，当政府按照凯恩斯主义的干预原则深深地介入市场之中时，也使全能政府的神话最终破灭了。“滞胀”的出现，意味着在市场经济条件下政府纠正市场失灵的能力是有限的。这促使人们对现代市场经济条件下的干预型政府职能模式及其理论基础——凯恩斯主义进行批判性的反思。

3.2.3 引导型政府职能模式的产生

近代以来，西方一直处在自由主义意识形态的笼罩之下，即便是在凯恩斯主义盛行之际，自由主义意识形态也被放置在显著的位置上。所以，直到市场失灵已经成为一个非常严重的问题时，政府干预市场的正当性才得到承认，而一旦出现了政府失灵的蛛丝马迹，就引来了无数的声讨，甚至要求将政府完全从市场中驱逐出去。20世纪70年代以来世界各国的政府改革所表现出来的就是这种状况。

在20世纪70年代以来对干预型模式的批判中，以新自由主义思潮和新公共管理运动最为引人注目。新自由主义对凯恩斯主义进行了批判，分析了政府干预行为的局限性和政府失灵的成因及表现，要求限制甚至取消政府干预，让市场机制充分发挥作用。新公共管理运动以英国撒切尔夫人的“私有化运动”和美国的“里根革命”为起点，后来扩展到了全球，其目标是重新调整政府与社会、政府与市场的关系，主要内容是：减少政府职能，充分利用市场和社会力量提供公共服务，弥补政府财政和服务能力的不足，使政府管少管好。从改革的实践看，在短期内确实缓解了西方国家因市场与政府的双重失灵而带来的危机，但从几十年来的实践来看，这场运动并没有提出一种系统的替代方案，而只是表现出一种机会主义的随机性选择，那就是根据经济条件的变化与舆论环境的状况在保护型模式和干预型模式之间进行随机选择或混合使用二者，始终没有迈开创新政府职能模式的步伐。

政府职能模式的“第三条道路”是在亚洲新兴工业化国家和地区走出来的，是在政府职能模式方面做出的一项创新。之所以亚洲国家能够在政府职能模式的建构中走出一条新路，主要是因为第二次世界大战以后特定的国际环境决定了后发展国家（地区）需要在世界体系中谋求发展，而不是像西方国家历史上那样，在世界体系尚未形成的条件下得到发展，即不可能通过复制西方发达国家的发展道路去实现发展目标。也就是说，西方国家在发展过程中，由于国家的海外殖民和开拓海外市场，其政府在国内事务上可以采用保护型模式。然而，在世界体系已经定型的条件下，后发展国家和地区的政府是不可能再采用保护型模式的。同时，在亚洲新兴工业化国家和地区的经济社会开始腾飞之际，凯恩斯主义及其政府干预模式开始出现了失灵，即政府失灵已经作为一个问题显现出来了，因而，也不可能采用凯恩斯主义的政府干预模式。正是由于这一原因，亚洲新兴工业化国家和地区在政府职能模式方面走出了一条自己的道路。也就是说，考虑到凯恩斯主义在 20 世纪 70 年代大危机中遭到质疑，新自由主义所倡导的自由化又逃离不了“古典自由主义”窠臼，亚洲新兴工业化国家和地区的领导人并没有选择其中的任何一种作为理论支撑，而是自觉地走出一条创新道路——践行了初级形态的引导型模式。通过政府引导的方式，实现了政府与市场的合作，充分调动和发挥了两者之间的协同效应，最终实现了腾飞的目标。

亚洲新兴工业化国家和地区的政府引导功能更多地体现在经济发展领域中的具体实践中，例如，规划的运用、工业园区的建立、战略性产业政策的实行等，都取得了巨大成功。但是，它们在取得了经济社会巨大发展成就之后，以为可以同西方国家一样，或者说，以为可以与西方国家站在同一个起跑线上了，因而，开始在每一个方面都极力模仿西方国家，而自己所创造出来的东西却被抛弃了。所以，亚洲国家和地区在取得了经济社会腾飞的成就之后也就不再坚持引导型政府职能模式了，经济社会的发展也开始进入了下行通道。亚洲新兴工业化国家和地区的经验与教训说明，在无法复制西方国家发展道路的情况下，应走自我创新的道路。然而，由于缺乏理论自觉，也由于强大的西方话语霸权，亚洲在取得了成功之后便受到了西方话语霸权的支配，因而，进入了西方主导的世界体系之中。然而这个世界体系有着中心-边缘结构，进入这个世界体系的国家也就成了边缘，形成了对西方国家的依附关系。

中国在改革开放的过程中也建立起了自己的引导型政府职能模式。可以认为，如果说有一条“中国道路”的话，其核心就是政府引导社会发展之路，“中国经验”的奥秘就是中国政府始终坚持独立探索最适合于中国现实的经济社会发展道路，而不是简单地学习和照搬西方经验。不过，应当看到，在这方面中国在目前也存在着缺乏理论自觉的问题。也就是说，直到今天，中国政府对这一模式的践行尚处于“摸着石头过河”的状态。所以，对中国而言，引导型模式依然是一种实践模式而不是理论模式。

3.3　引导型政府职能模式的理论确认

3.3.1　引导型政府职能模式的概念

在中国关于服务型政府的研究中，引导型政府职能模式是被当作服务型政府的职能模式来看待的，反映了服务型政府通过引导去作用于社会从而促进经济社会发展的一种政府职能实现方式。如果说保护型模式恪守政府边界而不介入市场的话，那么干预型模式则是在市场失灵的情况下才通过宏观调控的方式干预市场，至于引导型模式，则是运用信息技术等前瞻性地把握经济社会发展中的问题并积极引导社会力量去加以解决的政府职能实现方式。所以，引导型模式也是适应全球化、后工业化时代要求的一种新型的政府职能模式。特别是在社会高度复杂和高度不确定的条件下，要求政府必须有所作为，而政府又不具备在这种条件下开展充分的社会管理行动的能力，以至于政府也必须通过引导社会的方式去整合合作治理的力量。

当前，关于政府职能模式的问题有着各种各样的表述，其中，有一种表述很容易与“引导型政府职能模式”的概念相混淆，那就是所谓“政府主导型职能模式”的提法。虽然我们无法认定这一提法是从“引导型政府职能模式”的概念中获得的启发，但从文献来看，这一提法是在“引导型政府职能模式”这一概念提出后才出现的。从学者们使用所谓“政府主导型职能模式”的概念来看，所表述的内容实际上是不同于“引导型政府职能模式”的。例如，经济学家们会用宏观调控中的政府主导行为来佐证“政府主导型职能模式”，政治学和行政学的学者们会毫不犹豫地以新公共管理运动提出的原则“掌舵而不是划桨”来证实“政府主导型”的主张。其实，“政府主导型职能模式”或“主导型政府职能模式”的提法反映了一种“政府主导”的思维，是包含着某些错误的理论倾向的，用来认识和理解亚洲新兴工业化国家（地区）以及中国等后发展国家（地区）的政府行为都不可避免地会导致一种误解，而且在实践上的影响将是很坏的。

第一，“政府主导型职能模式”或者“主导型政府职能模式”实际上是对干预型模式的另一种表述，依然包含着管理型政府的思维，不适用于诠释服务型政府的职能实现方式。政府职能或政府职能模式是综合体现为政府的职责和功能的，政府在社会治理中一直处于“主导”地位，即使在后工业化进程中，这种主导型的思维也必将会表现出一种惯性，以至于政府已经在实践中创造出了新型职能模式后人们仍然习惯性地将其纳入所谓“主导型”的解释思路。对于这种错误，可以理解，但不能表示赞成。虽然引导型模式产生于管理型政府变革的实践中，但不能将其划入管理型政府的职能范畴中去，更不能用“主导型”的帽子掩盖其创新的特征。实际上，亚洲新兴工业化国家（地区）尽管在腾飞过程中建立起来的是管理型政府，但由于采用的是引导型模式，也就对西方国家管理型政府的“保护型”和“干预型”模式造成了冲击。之所以亚洲新兴工业化国家（地区）未能坚持应用引导型模式，是因为它们没有意识到服务型政府建设的问题，没有为引导型模式找到一个适切的载体。中国不同，在改革开放的过程中，中国政府通过多次机构改革而形成了引导型模式，然后在此基础上展开了服务型政府建设。所以，引导型模式需要与服务型政府联系在一起去认识，就“政府主导型职能模式”这个提法来看，恰恰是否定了服务型政府理念及其建设的事实。

第二，“政府主导型职能模式”的提法包含着控制导向的思维，而不是服务型政府所追求的服务导向思维。统治型政府和管理型政府都是控制导向的，也就是说，无论农业社会还是工业社会的政府，都是通过社会控制的方式去开展社会治理活动的。“政府主导型职能模式”的提法，在真实含义上就是对政府控制的承认和赞同。按照这一逻辑，统治型政府的政治统治职能是一种政府主导型职能，管理型政府的职能模式（保护型和干预型模式）也是政府主导型的职能模式。所以，用来描述改革开放后中国政府职能实现方式时，就会有一个当代中国政府是统治型政府还是管理型政府的争论，而在得出结论时，肯定都是错误的。当然，在近代社会的早期阶段，基于古典自由主义的政府职能模式会表现出一定的自由放任的特点，这种情况也被概括为“有限政府”。虽然政府职能是有限的，但在这个“有限”的范围或边界之内，依然是政府主导的。至于凯恩斯主义所倡导的积极干预更是政府主导的典型形态。再者，根据政府主导的原则，农业社会的统治型政府所表现出的强权统治可能会成为这一提法所认为的最为理想的“政府主导”模式了。由此看来，所谓“政府主导型职能模式”的提法在理论上是有害的，是不能够与“引导型政府职能模式”的概念相提并论的。因为，“引导型政府职能模式”这个概念本身就包含了政府职能模式创新的内涵，用这个概念来描述和概括亚洲新兴工业化国家（地区）崛起过程中的政府职能形态是准确的。而且，这个概念中也包含了通过政府职能实现方式的创新去应对后工业化挑战的追求，还包括了对服务型政府职能实现方式的设定。

第三，“政府主导型职能模式”的提法暗含着一种用静态思维探查动态发展的哲学，会导致对历史进步性的否定。当我们看到农业社会普遍存在的“阶级统治职能”和工业社会曾经应用的“保护型和干预型模式”时，都可以用“政府主导型职能模式”来概括，也同时看到了，“政府主导型职能模式”的提法模糊了人类社会不同历史阶段中政府职能的不同特点。所以，如果用这一提法去描述全球化、后工业化时代中国政府的创造性实践，就会封闭通向未来的道路，或者说，就会认为人类永远都会在社会治理过程中保持政府主导，而不相信人类完全可以创造出新型的社会治理形态。其实，在后工业化进程中，社会中正在生成多元化的社会治理力量，政府与多元化的社会治理力量之间将建立起合作治理体系。在这种合作治理体系中，政府所发挥的是引导职能。由此看来，只有引导型政府职能模式的提法才包含指向一个开放性未来的实践过程，才能把政府职能实现方式放在一个动态的历史过程之中。

总之，“政府主导型职能模式”或者“主导型政府职能模式”的提法在理论上是不能成立的。用来解释实践时，则模糊了解释对象，对政府职能实现方式做出了泛历史主义的解读。面向未来时，则是极其有害的。与之不同，“引导型政府职能模式”概念是在观照人类社会治理历史演进的前提下提出的，在方法论上，这一概念具有一种历史的、动态的、辩证的思维特征，能够对人类社会不同历史阶段中的不同职能实现方式进行准确的历史定位，能够在全球化、后工业化的时代背景中来认识政府职能实现方式，能够科学地解释中国政府在改革开放过程中所做出的实践创新，特别是有助于理解服务型政府建设的内涵以及未来的方向。引导型模式所拥有的是引导而不是控制的特征，它与服务型政府中的服务是具有同质性的，应当属于服务型政府的职能模式。只有当我们把握了这一点，才能真正理解“引导型政府职能模式”这一概念的准确内涵。

3.3.2　引导型政府职能模式的定位

1. 历史定位

引导型模式在今天依然是一种实践形态，亚洲新兴工业化国家和地区在创新政府职能实现方式并无意中应用了引导型模式时，是服务于首先实现工业化的目标的。也就是说，引导型模式在亚洲新兴工业化国家和地区产生之初是为了解决这些国家和地区的工业化问题。这些国家在实现民族独立之初，都面临着从农业社会向工业社会转型的问题，同时又面临着来自世界中心国家的压制和对剩余价值的剥削。为了应对以上问题，这些国家和地区的政府发挥了实践智慧，走出了一条政府职能实现方式的创新道路。因而，同西方发达国家按照市场经济运行规律而创造的保护型和干预型模式相比，引导型模式包含着政府既承认市场机制又发挥引导功能的自觉意识。

引导型模式在中国的实践又不同于亚洲新兴工业化国家和地区，因为中国的改革开放正值人类进入全球化、后工业化之际，中国政府所面对的发展压力来自两个方面：一方面，需要承担工业化的任务；另一方面，又必须接受后工业化的挑战。从中国经济社会发展所取得的巨大成功来看，中国政府在运用引导职能方面又有着自己的创造性经验，能够在全球化背景下有效地引导市场运行和社会发展。也就是说，中国政府选择引导型模式的历史背景与亚洲新兴工业化国家和地区做出这项选择是不同的。亚洲新兴工业化国家和地区只需解决好工业化的问题即可，而中国却面临着双重的发展压力——既要解决工业化的问题，又要应对全球化、后工业化中的高度复杂性和高度不确定性。

遗憾的是，这些国家和地区在实现了工业化之后，没能顶住西方话语霸权和世界发展格局中的中心国家新自由主义“诱逼”，放弃了这一模式。而且，因为亚洲新兴工业化国家和地区在 20 世纪 80 年代后弃用了这一引导型模式，中国政府在领导改革开放并取得了巨大成就后也面临着话语压力，遇到了抉择的困难。一方面，中国政府希望坚持自己在改革开放过程中取得的成功经验；另一方面，学者们往往基于西方话语把一个被错误解读的中国经验强加在政府及其领导人身上。政府及其领导人意识到学者们所给予他们的并不是真正的中国经验时，又无法做出反驳。这就是中国政府当前所面对的困难。由于话语权掌握在学者手中，而有些学者又趋附于西方话语霸权，久而久之，中国在改革开放中所创造的经验逐渐淡化了。当然，引导型模式的应用在表现形式上具有政府主导的迹象，或者说，与政府主导较为相似。就此而言，学者们将其视作“政府主导”也能够得到人们的认同。由于这一原因，在取得了经济、社会的巨大发展成就后，人们也许就会根据自由、民主的要求而希望取消政府主导。但是，要求抛弃政府的引导型模式，则是错误的。其实，引导型模式与政府主导的根本区别就在于，政府主导承认但不尊重市场的自由和社会的民主要求，而引导型模式则是建立在充分尊重市场自由和社会民主要求的前提下的，是在这一前提下运用科学的理念和方法引导市场和社会的发展。

2. 主体定位

政府职能模式实际上是政府的功能形态，一种（或一些）政府职能模式往往是与某种政府类型联系在一起的。在近代工业化进程中，保护型模式和干预型模式都是管理型政府的动态功能形态。如果不加深思，引导型模式似乎也可以作为管理型政府的动态功能形态，但是，由于人类社会正在经历一场从工业社会向后工业社会转变的转型过程，管理型政府作为工业社会的适应性治理主体的历史使命正在走向终结，这决定了引导型模式不可能在管理型政府的框架下去建构。事实上，就中国的实践来看，引导型模式也恰恰是在这一社会转型的过程中出现的。20 世纪 80 年代开始，后工业化的迹象变得越来越清晰，管理型政府在社会治理中的各种弊端逐渐暴露了出来，受到了广泛的诟病，诱发了全球范围内的行政改革运动。然而，这些改革运动在本质上只是对管理型政府所进行的修补性工作，必然会随着更大范围危机的爆发而陷入更深的困境。因为，后工业化向政府的转型提出了要求，呼唤一种新的政府类型的出现。正如工业社会不能够把农业社会的统治型政府原封不动地搬过来一样，工业社会的管理型政府也不适用于后工业社会这个新的历史阶段，后工业社会应当有新的政府及其行政管理形式，那就是服务型政府及其服务行政。

虽然亚洲新兴工业化国家和地区的引导模式实践是在管理型政府的框架下做出的，这些国家和地区之所以后来抛弃了这一政府职能模式，在一定程度上，也是由于这一职能模式对管理型政府构成了否定，它们为了维护管理型政府而抛弃了这一职能模式。所以，关于引导型模式的研究需要定位在对管理型政府的扬弃上，即通过引导型模式的建构去否定管理型政府。这样一来，引导型模式在主体归属上就应当是服务型政府。易言之，引导型模式的建构是服务型政府建设的一项重要内容。从曾经使用过引导型模式的亚洲新兴工业化国家和地区的教训看，在采用引导型模式实现经济腾飞时，因为缺失服务型政府理论和实践的支持，是将引导型模式作为管理型政府的职能模式来使用的，以至于出现了引导型模式与管理型政府的冲突，最后引导型模式不得不被弃用。与亚洲新兴工业化国家和地区不同的是，中国政府在使用引导型模式的时候提出了服务型政府建设的战略目标，使得中国的引导型模式获得了服务型政府理论与实践的支持。在中国，引导型模式的完善与服务型政府建设之间呈现出了良性互动的局面。

对服务型政府建设而言，其切入点应当是首先建立和完善引导型模式。一般而言，任何一种理念要发挥指导实践的功用，都需要首先获得承认和认可，其次要找到突破口。服务型政府建设的理念在当今中国已经得到了承认，并且获得了各级政府的认可，因而，迫切需要找寻一个付诸行动的“突破口”。作为服务型政府的职能模式，引导型模式就是服务型政府理念的实现以及服务型政府建设的突破口。或者说，建立引导型模式的理想追求也在于推进服务型政府建设。就理论研究而言，服务型政府建设理念需要以对实践形态的引导型模式的关注为起点，就实践中的服务型政府建设而言，也需要从引导型模式的完善中去寻找突破口。在我国当前的服务型政府建设中，最具有可操作性的行动就是不断地去完善引导型模式。

3. 引导型模式的治理优势

当前，引导型模式的基本特征尚未完全展现出来，不过，它在社会治理中的优势已经得到了经济社会发展成果的证明。尤其是在应对当下复杂性骤增的社会生态以及全球性危机等情形下，引导型模式表现出了比保护型模式或干预型模式更为强大的治理优势。其中，灵活的适应性、行动的主动性、战略性规划和智慧监管等方面就是引导型模式所独有的优势。

（1）“灵活的适应性”。这一特性集中体现在政府引导经济和社会的全面发展方面，具体表现为手段和策略是非常灵活的。在一些领域和一些方面，中国政府甚至比近代早期的自由主义政府更加放任，而在某些领域和某些方面，中国政府所使用的干预手段又是极强的。比如：中国政府在发展经济的时候提出了“一个中心、两个基本点”的基本路线，任何企业只要不违背“基本路线”所设置的底线，都可以自由地寻求发展的机会。然而，在金融稳定等方面，中国政府则是通过建设极为严密的控制体系来实现的。

（2）“行动的主动性”。这一特性主要体现在中国政府应对危机事件的具体实践中。长期以来，中国政府在应对金融危机和各种突如其来的突发性事件中，始终秉持一种积极主动的态度，积极主动地去研究危机背后的原因，并在充分掌握自然规律和社会发展规律的基础上制订和执行应对方案。这一点区别于西方国家的政府站在“旁观者”的立场上。近代以来的西方国家政府，无论采用保护型模式还是干预型模式，都是站在社会之外的，或者对社会采取单纯的自由放任，或者从外部进行积极干预。在中国改革开放的整个过程中，学者们也积极地推荐国家与社会、政府与市场分离的理论及理念，但中国政府一直把自己置于社会之中去引导经济、社会的运行。正是因为中国政府是置身于经济、社会的运行之中的，所以，在尊重市场自由和社会的民主要求的过程中，才探索和建立起了引导型模式。

（3）“战略性规划”。这一点体现在政府从战略性、长远规划的角度来实现对社会和经济发展的全方位引导方面。根据詹姆斯·米奇利的考察，规划的概念由来已久，它得到乌托邦人士的推广，尤其是19世纪的乌托邦社会主义者。规划也是马克思主义经济政策的中心内容，首先在苏联被大规模采纳。虽然苏联的规划体系在西方遭到普遍的批评，但规划观念却在西方工业国家逐渐流行起来。不过，就规划的使用而言，西方发达国家的政府深谙简单性控制手段的运用而缺乏大规模尝试的勇气，仅仅将“规划”限定在城市治理方面，因而，极大地约束了“规划”对于社会发展的积极引导作用。与之不同，在中国特色的社会主义经济和社会发展道路的探索中，中国政府始终一贯地坚持通过战略性规划实现前瞻性的预测和确立方向，并实现了对社会发展各个方面的引导。

（4）“智慧监管”。这是政府创造性地革新履职方式和创新治理工具的结果。在传统的政府管理社会和市场的过程中，“监管”作为一种手段经常被应用于商业性监管甚至是“政府内监管”（regulation inside government）的领域，不过，这些监管在本质上依然属于控制型技术的范畴，属于政府站在管理的高位对社会诸领域的管控。克里斯托弗·胡德和科林·斯科特在1996年专门著文研究了英国的管理机构监管和新公共管理运动，结果发现政府站在高位的监管难以逃离“解除规制”与“增加监管”的镜像式发展悖论。中国政府在引导社会发展过程中，采用的是一种“智慧监管”，与西方国家的监管无论在目标上还是在手段上都有着很大的不同。因为，中国政府是将自身置于社会之中去进行监管的，是在整个经济、社会的发展过程中重点把握“事中”与“事后”监管的环节的，而且，能够设身处地地从被监管方出发，实现监管与被监管的互动，在信息交流和互动中提升监管质量，使监管成为引导经济、社会发展的手段而不是控制的手段。

3.3.3 引导型政府职能模式的价值

在全球化、后工业化背景下建立起来的引导型政府职能模式是中国政府实践的结果，但在普遍的意义上，它是能够满足高度复杂性和高度不确定性条件下政府职能定位要求的。人类社会自20世纪后期起呈现出了高度复杂性和高度不确定性的特征，它意味着这个时代不同于历史上的任何一个阶段。在工业社会中，人类基本处于一种低度复杂性和低度不确定性状态中，保护型模式和干预型模式都属于低度复杂性和低度不确定性条件下的政府职能模式。现在，人类社会呈现出了高度复杂性和高度不确定性，也就意味着既往采用过的任何一种政府职能模式都不再适用。但是，高度复杂性和高度不确定性又是当前全人类所共同面对的现实，不仅中国社会呈现出了高度复杂性和高度不确定性的特征，全球几乎每一个国家和地区都受到了高度复杂性和高度不确定性的困扰。因而，中国政府在实践中所创造的引导型模式也是可以推广到全球的一项社会治理成果。也就是说，作为一项中国社会治理的经验，引导型模式是具有全球价值的。

第一，引导型模式是在人类社会后工业化进程中产生的政府职能实现方式。现时代，人类已经开始了后工业化进程，在工业社会的历史阶段中曾经发挥过巨大作用的保护型和干预型模式在金融危机面前都出现了失灵，特别是在面对虚拟经济时，这两种政府职能模式都不再像解决实体经济运行中的问题时那样有效，这要求政府必须通过职能模式创新来迎接后工业化的挑战。引导型模式正是适应这一要求而建构起来的。后工业化意味着治理结构的变革，引导型模式恰好能够把握住后工业化的“治理节奏”，能够找到引导社会进步的“步点”，因而能够承担起社会治理的重任。引导型模式能够在中国成长起来并有效地应对了社会高度复杂性和高度不确定性条件下的各种各样的挑战，并为经济和社会的发展提供稳定的环境，都印证了它是一种能够适应后工业化要求的政府职能模式。

第二，引导型模式将在服务型政府建设中发挥促进作用。后工业化进程中的高度复杂性和高度不确定性已经以全球风险社会的形式给予人类，面对这些在工业社会中从未出现过的新现象和新问题，政府类型必然要实现从管理型向服务型的转化。如果说保护型和干预型模式都是管理型政府的职能实现方式，那么，服务型政府必然会有着自己的职能实现方式。当然，服务型政府在今天还仅是一种理念，尤其是在管理型政府的运行体制和思想体系的惯性中，服务型政府建设必然会遇到诸多障碍，幸运的是，引导型模式在实践中萌生并发挥了积极作用，它将助推服务型政府建设在全球范围内取得积极进展。

第三，引导型模式的产生和发展表现出一种“超越意识形态”的属性。第二次世界大战之后，世界被分为两大阵营，无论是科学研究还是社会实践，都有着明显的意识形态化的色彩。冷战结束后，这种状况并未得到改观，西方国家一直抱守冷战思维不变。在后工业化进程中，在高度复杂性和高度不确定性的条件下，人类的命运已经空前紧密地联系在一起，而西方国家却总是用冷战思维对待新出现的一切问题，凭空制造出了诸多危机，这不仅不利于后发展国家的发展，而且对于人类的共同命运构成了威胁。在此情况下，人类必须首先在社会治理领域，甚至需要首先在政治领域中，去寻求一种不带意识形态偏见的发展策略，而建构引导型模式恰恰可以引领一种超越意识形态的共同探索。因为，引导型模式既产生在作为“资本主义国家”的亚洲新兴工业化国家和地区，又存在于作为“社会主义国家”的中国。韩国等国家和地区广泛地使用了“计划”和“规划”这一在社会主义国家建设中取得的经验，社会主义中国也广泛采纳了资本主义国家的“市场经济”的发展模式，在某种意义上，这种互相借鉴为引导型模式的形成奠定了基础。所以，引导型模式具有超越意识形态的属性，是可以成为不同属性的国家共同建构的一种政府职能实现方式的。

总之，引导型模式是具有全球性价值的，它作为服务型政府职能实现方式的一种新形态，是真正具有世界历史性价值的创造，在人类迈向后工业文明的进程中，引导型模式将会成为世界各国政府职能模式建构的共同目标。

本章小结

公共管理中的政府已经不再是工业社会治理模式中的管理型政府，而是服务型政府。服务型政府的兴起具有历史必然性，变革时代中的社会高度复杂性和高度不确定性决定了服务型政府建设的必然性。在人类历史上，在从农业社会向工业社会转型的过程中实现了从“统治型政府”向“管理型政府”的转变。当前，人类社会正处在从工业社会向后工业社会转型的过程中，也要求建立起服务型政府，并实现对管理型政府的替代。目前，服务型政府建设已经成为一场现实的运动，服务型政府的理念也已经在中国深入人心。

历史地看，管理型政府的职能模式具有保护型和干预型两种典型形式。保护型政府职能模式是自由资本主义时期的产物，在1929—1933年的经济“大萧条”期间出现了干预型政府职能模式。干预型模式是基于凯恩斯主义所倡导的国家干预主义而做出的设计。从20世纪60年代末起，特别是1973年发生了“石油危机”事件之后，干预型模式开始受到质疑。政府职能模式建构的“第三条道路”是亚洲新兴工业化国家和地区走出来的，它们探索出了引导型模式，这是政府职能模式方面的一项创新。但是，20世纪后期，当亚洲新兴工业化国家和地区实现了经济腾飞后，却纷纷弃用了引导型模式，踏上了效仿西方的道路，由此导致了经济发展的停滞或倒退。改革开放后的中国政府始终秉承探索和创新的理念，在致力于经济与社会的发展时，建立起了引导型政府职能模式。

引导型政府职能模式是一种面向后工业社会的、自觉的、旨在通过推动服务型政府建设来引导社会实现科学发展的一种全新的政府职能模式。当前，引导型模式的基本特征尚未完全展现出来，不过，它在社会治理中的优势已经彰显。灵活的适应性、行动的主动性、战略性规划和智慧监管等方面，就是引导型模式所独有的优势。作为一项中国社会治理的经验，引导型模式是具有全球性价值的。

关键术语

统治型政府　管理型政府　服务型政府　政府职能　政府职能模式　市场失灵　凯恩斯主义　政府失灵　保护型政府职能模式　干预型政府职能模式　引导型政府职能模式　灵活的适应性　行动的主动性　战略性规划　智慧监管

复习思考题

1. 简述政府类型的演进历程。
2. 怎样理解服务型政府兴起的历史必然性。
3. 简述服务型政府的理论。
4. 简述中国的服务型政府建设实践。
5. 简述政府职能的含义和特点。

6. 简述政府职能模式的含义与历史类型。
7. 什么是政府职能模式的“第三条道路”?
8. 简述引导型政府职能模式的含义。
9. 简述引导型政府职能模式的定位。
10. 简述引导型政府职能模式的治理优势。
11. 简述引导型政府职能模式的全球性价值。

阅读文献

1. 郑家昊. 引导型政府职能模式的兴起. 北京：中国社会科学出版社，2013.
2. 张康之，张乾友. 公共行政学. 北京：中国人民大学出版社，2016.
3. 张康之. 公共行政中的哲学与伦理. 北京：中国人民大学出版社，2004.
4. 郑家昊. 政府引导社会管理：复杂性条件下的社会治理. 中国人民大学学报，2014 (2).
5. 卡蓝默. 破碎的民主. 北京：生活·读书·新知三联书店，2007.
6. 曼彻斯特. 光荣与梦想：1932—1972 年美国实录（第一册）. 北京：商务印书馆，1988.
7. 霍夫亨兹，柯德尔. 东亚之锋. 南京：江苏人民出版社，1997.

第 4 章

公共管理的生态

作为一种新型社会治理模式，公共管理产生于全球化、后工业化进程中，所面临的社会治理生态迥异于传统的行政管理或公共行政。因此，对影响公共管理发展的社会治理生态因素进行考察和研究，从中发现社会治理生态对公共管理的具体要求，对于明确公共管理的发展方向以及实践路径来说，具有重要的先导意义。概括而言，公共管理所面临的社会治理生态可以归结为三个层面：一是全球化、后工业化。这是公共管理最为宏观的生态环境，因为全球化、后工业化造就了一个流动、开放、复杂的世界，它对公共管理提出了不同于以往治理模式的任务和要求。二是社会的高度复杂性和高度不确定性。这是全球化、后工业化时代的总体性社会特征，而且有着持续增强的趋势。社会复杂性和不确定性的骤增，使旧的社会秩序遭受挑战，并迫使人们去对公共管理进行重新规划和设计。三是社会网络结构的生成。当旧的社会秩序在频繁发生的危机当中逐渐表现出各种不适应时，所表明的其实是基于线性模式而建构起来的旧秩序的终结和基于社会网络结构的全新秩序的逐渐生成。

重点问题

- 地域化、世界化与全球化
- 全球化、后工业化的时空
- 社会复杂性增长的脉络
- 社会网络结构的生成

4.1 全球化、后工业化进程

4.1.1 地域化、世界化与全球化

总的说来，农业社会是一个地域化的社会，自人类终止了游牧生活开始定居后，因为

土地和地理屏障等原因而把生产、生活和交往限制在一个确定的地域之中，形成了一个地域所特有的风俗、习惯、文化乃至世界观。地域化对于农业社会的治理有着非常重要的意义，或者说，地域化构成了农业社会治理的空间。一方面，地域化为农业社会的身份等级制以及治理方式提供了稳定的人口基础，使得社会治理不受陌生的外部因素的侵扰和破坏；另一方面，在拥有发达农业文明的地区（如中国），统治者又建立起了适合农业社会的完整的制度体系，通过制度（如户籍制度等）促进和强化了地域化社会的构成因素，避免社会因流动性而受到冲击。

当人类社会开启了从农业社会向工业社会转型的历程时，人类首先遭遇的是“脱域化”，也就是将人从地域化的社会中抽离出来，即从农业社会的生产、生活和交往方式中抽离出来，然后放置到属于工业社会的生产、生活和交往方式之中。脱域化是对地域化社会的脱离，在第一个层面上，是地域中的人、物等脱离农村而进入城市和流动起来；在第二个层面上，由于工业的成长，那些率先建立起工业化国家的地区，突破国家的边界而向外扩张。第二个层面的发展后来演化成了资本主义世界化，以“地理大发现”、殖民地的建立和海外市场的开拓为典型标志。资本主义世界化是脱域化的重要方面，主要表现为率先实现了现代化的国家对后发展国家和地区的压迫和掠夺。

在近代早期，工业化的进程开始不久，西方一些国家和地区就把目光放在了具有无限可能性的“海外”——那些仍处在农业社会阶段的国家和地区，为了获取扩大工业生产活动必需的资源和开拓更广阔的消费市场，通过军事征服强行地打开了一个又一个国门，开启了资本主义世界化的进程。在齐格蒙特·鲍曼看来，世界化“除了其他类似术语所表示的意思外，它还谓指一种普遍的秩序，即世界性的真正全球规模上的秩序构建。与其他概念一样，‘世界化’这一概念是现代强权足智多谋和现代知识界勃勃雄心的汹涌浪潮中创造出来的”①。但是，这种秩序是国际性的压迫、剥削和掠夺秩序，也就是说，作为资本主义向外扩张的世界化给予人类社会的是以强权和资本为中心的世界霸权。

第二次世界大战后，一波民族解放运动使那些殖民地地区纷纷独立并建立起了主权国家，这宣告了资本主义世界化进程的结束。随之而来的是，一方面，工业社会走向了顶峰，并逐渐呈现出后工业化的迹象；另一方面，由于有了正常的国际关系及其观念，主权国家能够决定自己的事务，并能够至少在名义上与发达国家开展交往，为全球化运动的发生提供了前提。资本主义世界化是与全球化前后相继的两场不同的运动，是不可以混淆的。但是，当前学术界对这一点是不清楚的，随着全球化问题成为一个热门话题，许多学者在为全球化寻找起点的时候，把资本主义世界化说成了全球化。这在理论上是非常错误的认识，必然会要求按照资本主义世界化的路径去推动全球化，那样的话，会给人类带来难以估量的灾难性后果。

全球化是一场全新的运动。在工业化进程中，一国内部表现为城市化，而对外扩张则表现为世界化。然而，全球化是与后工业化相伴随的，承载着破解资本主义世界化留下来的影响，并促进人类社会的后工业化进程。尽管世界化已经成为历史，但在世界化进程中形成的思维和观念依然影响着整个人类社会，而且成为世界动荡的总根源。20 世纪后期

---

① 鲍曼．全球化：人类的后果．北京：商务印书馆，2001：57．

以来的地区性战争、全球性风险等，在很大程度上都是由于资本主义世界化的思维、观念和行为方式引发的。实际上，越来越明显的迹象表明全球化并不苛求一个同一化的世界，而越来越多地希望这个世界是多元化的，它尊重不同国家和地区的民族性、地域性和特殊性。如果说资本主义世界化的进程中的地理大发现和海外扩张为工业社会的发展开拓出了广袤空间的话，那么，全球化运动以全球社会的网络结构和人的合作行动为后工业社会的到来做好了充足的准备。全球化与后工业化是一场运动的两个方面，共同构成了公共管理这一新型社会治理模式生成的基本前提。如果说全球化提供的是认识公共管理生态的空间维度，那么，后工业化所提供的则是时间维度。所以，公共管理的研究与实践必须充分考虑全球化、后工业化所构成的这个时空。

4.1.2 后工业化进程

从社会变迁的现实来看，人类社会正处在后工业化进程中。自 20 世纪五六十年代起，一些走到了工业社会顶峰的国家和地区便开始感受到了剧烈的、广泛的社会变革压力，到了七八十年代，这种变化与全球化浪潮交汇到了一起，形成了巨大的力量，冲击着工业社会的几乎所有方面，也迫使世界各国都不得不通过改革来加以回应。在社会学语境中，学者们通常采用“后工业社会”这一术语来描述人类正在迈入的新的历史阶段。这一术语的流行得益于丹尼尔·贝尔在 1973 年出版的《后工业社会的来临》一书，与很多社会理论家所建构的相似概念（如后福特主义、信息社会、知识经济、流动的现代性以及网络社会等）相比，后工业社会概念的建构有着漫长的过程和令大多数人信服的翔实论证。因而，在经济学、社会学或其他社会科学领域中，学者们经常会将后工业社会或后工业化进程作为其研究设计的一般背景，原因就在于后工业社会的概念蕴含着一种社会变化的总体趋势。这种趋势昭示了当前社会发展变化的历史必然性，构成了作为新型社会治理模式的公共管理发展的基本历史背景。

后工业化进程的影响涉及社会发展的方方面面，无论是个体、组织还是社会制度，都需要通过调整甚至变革去适应它。在后工业化进程中，社会治理的“不适应症”表现得尤其明显，以至于使“政府失灵”日益常态化。虽然各国政府并没有都认识到后工业化的冲击，但政府在社会治理中的不适应性，迫使各国政府相继进入了改革进程之中。虽然每一个国家的改革都有着具体的原因和需要解决的问题，但其总根源无疑就是后工业化。“之所以改革能够成为我们时代的主题，是因为人类社会正处于一场总体性的历史性变革时期，工业社会经历了几百年的发展之后把人类带入了后工业化进程，从工业社会向后工业社会的转变需要通过改革的方式去开拓前进的道路。”① 尽管有人把变革时代描绘成“动荡年代”“处于巨变之中”“分水岭”“悖论时代”，但毫无疑问，从公共行政到公共管理的转变，正是以此为背景去进行建构的。

工业化进程所塑造的理想生活追求标准化和同一化，但现实的工业社会所呈现给我们的却是领域分化和专业化，这样的社会需要管理型政府通过控制导向的规则来实施管理。在后工业化进程中，新的社会特征在各个层面上向管理型政府及其管理方式提出了挑战。即使管

① 张康之. 合作治理是社会治理变革的归宿. 社会科学研究，2012（3）：35-42.

理型政府依然想要捍卫自己的领地，它所从属的那个时间维度也已经被后工业化进程所替代。与工业社会追求同一性却制造了不平等的社会现实不同，在后工业化进程中，人们承认和包容差异而反对不平等。当管理型政府及其管理方式无法在不平等问题上继续有所作为时，就必须在后工业化进程中寻求承认差异而拒绝不平等的公共管理方案。它不是适合于管理型政府运行逻辑的精英治理，而是一种通过服务型政府来实现公共管理责任的新路径。所以，就公共管理的生态而言，首先就是人类社会从工业社会向后工业社会的转变，正是因为后工业化进程，管理型社会治理及其控制导向的管理方式在这个流动性、开放性和复杂性的世界中走向了失灵，以至于不得不谋求社会治理的根本变革，建立起适应后工业化要求的社会治理模式。公共管理就是作为这种新型社会治理模式来加以建构的。

4.1.3　全球化、后工业化的时空

尽管 20 世纪 80 年代以来的全球性行政改革运动是发生在全球化、后工业化背景中的，但是，那些改革方案和理论基本是围绕着如何维系管理型政府及其控制导向的管理方式而设计的。即使是那些看似有着一些新探索的理论或思想，如新公共管理、新公共服务等，也是出于对管理型政府进行修缮的思想叙述。西方学者虽然认识到全球化、后工业化进程，并在这样的时代背景下思考政府改革的问题，却没有找到改革和创新的方向和出路。甚至可以说，他们对于批判并超越管理型政府及其控制导向的管理方式是心存畏惧的。

在当前的时代背景下，全球化、后工业化的时空坐标正在生成，它将引导人类走出世界化和工业化所构成的时空，进而寻求社会治理变革的各种可能性。

第一，“全球化视野和后工业化取向构成了当今社会治理变革的坐标，在这个坐标中，从现实走向未来的道路展现出了一幅流动的图景”①。在世界中心-边缘结构中，边缘国家往往不得不接受来自中心国家的民主和官僚制的“恩赐”，致使社会治理陷入了恶性循环；而 20 世纪 80 年代以来，迫于全球化、后工业化的压力，中心国家也在“改革”的名义下努力强化既有的制度设计和管理方式，使得“改革”陷入“改良”的庸俗境地，其结果是，中心国家迷恋于既有的制度方案和管理方式，不仅不愿意去寻求创造性的问题解决方案，而且还乐意于将那些过时的制度和管理方式推送给后发的边缘国家，以期建构起中心与边缘的同质性。边缘国家在面对新的社会问题时，似乎又非常乐意于学习和模仿中心国家的制度和管理方式。当今世界是一个高速流动的世界，人类社会所面临的问题既有全人类共有的、普遍存在的共同主题，也有只涉及部分人口的地域性、特殊性的具体问题。因此，承担起公共管理变革的历史使命，就必须满足这样两个前提：一是拥有全球化视野和后工业化取向，二是提出创造性的问题解决方案。

第二，历史地看，在地域化的农业社会中，社会的总体特征是单一性和确定性。农业社会在其社会结构上表现为一种等级身份制结构，人们追求确定性的愿望就是在这种结构中通过对身份标识的认知得到实现的。一切问题都可以通过这样一个等级身份制结构来获得确定性，因而使农业社会的治理问题变得较为简单，可以凭借权力而实现社会治理的目

① 张康之. 寻找公共行政的伦理视角. 北京：中国人民大学出版社，2012：6.

标。事实上，农业社会的统治体系往往是比较简单的。在工业化、世界化进程中，社会环境的复杂性和不确定性不断增长，以至于社会治理在面对日益复杂和不确定的社会时，必须通过谋求同一性而实现对复杂性的“化简”，也在面对不确定性时谋求“以不变应万变”。所以，工业社会建立起了人们共同遵守的法律制度。同样，在如何组织社会的问题上，工业社会既通过官僚制的建立去开展社会治理也通过官僚制的示范作用使整个社会组织起来。与农业社会相比，工业社会是一个具有复杂性和不确定性的社会，但其复杂性和不确定性程度较低，因而，管理型政府在得到法制和官僚制支持的情况下可以实现社会控制，并达成社会治理的目标。在全球化、后工业化条件下的，人类面对的是社会的高度复杂性和高度不确定性，原先在低度复杂性和低度不确定性条件下建立起来的制度和几乎全部社会治理方式都陷入失灵的境地。人类 20 世纪后期之所以陷入全球风险社会之中，就是因为社会治理失灵。全球化、后工业化意味着一种全新时空的塑造，这一新时空中的社会治理也就表现为公共管理。

第三，全球化、后工业化进程在技术层面上表现为创造性技术的“涌现”。创造性技术在技术和社会两个层面上建构着社会的网络关系，或者说，在全球化、后工业化进程中涌现出来的创造性技术把人类亘古就有的网络关系从社会中挖掘出来，使其成为一种显著的社会现象，并在这种网络关系的基础上建构起网络社会结构。应当说，在人类社会以往的历史阶段中就已经存在着网络关系，例如，在农业社会中就存在着区域性网络关系，在工业社会中也包含着人际网络关系。如果说网络关系可以在农业社会的等级和工业社会的非等级条件下存在的话，那么，社会的网络结构则是在全球化、后工业化进程中生成的，或者说，全球化、后工业化使得社会网络关系结构化了，生成了社会网络结构。这种改变可以认为是以网络技术为代表的创造性技术发展的结果，因为这些创造性技术既改变了社会的构成状态也改变了人们的思维，使人们感知到并接受了网络，并形成了与网络相关的观念，才突然发现网络早已是一种社会构成方式。社会网络关系是人与人之间的一种非等级化的关系，工业社会虽然打破了农业社会的等级结构却没有消除等级关系，就是因为工业社会没有在网络关系的基础上去建立社会结构。在全球化、后工业化进程中，随着社会网络结构的生成，一切社会等级将会从根本上被消除，从而实现人的真正平等。公共管理就是在社会网络结构的基础上开展社会治理的，因而，它在当前的首要任务也就是根据社会发展的要求和创造性技术所提供的条件去建立社会的网络结构。

全球化、后工业化是公共管理这一新型社会治理模式生成的时空坐标，也就是说，公共管理是在全球化、后工业化进程中生成的，是高度复杂性和高度不确定性条件下的社会治理。所以，公共管理突破了工业社会治理体系的框架，既要回应社会治理变革的要求，又要创建适应后工业社会要求的治理体系和治理方式。

4.2 社会复杂性增长的脉络

4.2.1 农业社会是简单的和确定的

在农业社会的历史阶段，王朝或朝廷通过统治行政就能实现对社会的有效治理，这种统治过程并不需要多么复杂的科学理论，也不需要太多的资源投入。农业社会最主要的资源就是人口与土地，人口镶嵌在土地上，尽管它也存在着一定的流动性，但这种流动始终是围绕着土地进行的，农业社会的身份镶嵌也就是这样建构起来的。因而，就算社会中存在某些复杂的、不确定的事例，它们也会在这种等级结构中被消解掉。农业社会是一个简单、确定的社会。

尽管农业社会是简单的和确定的，然而，这一历史阶段总是给人一种不确定的直观感受。因为，在社会生产力水平和人类认知能力较为低下的情况下，不确定性主要来自自然界对人类正常的生产、生活以及生存所造成的侵扰。对当时的人来说，这些来自自然界的侵扰就表现为一种不确定性。在社会建构的层面上，农业社会依照家庭的结构去建构社会时却实现了人们追求确定性的愿望。“在共同体的意义上，家元共同体是一个熟人社会，熟人社会的一切都是具有确定性的”[①]，因而，在这样一个熟人社会里，个人的权力、地位、财富等身份标识具有非常重要的识别功能。或者说，在农业社会简单的和确定的环境中，长期生活于特定地域的人们彼此之间是相互熟悉和相互了解的。由于人们相互熟悉和相互了解，也由于人们的行为更多地表现为一种习惯，所以这个社会是简单的。再者，由于人们的熟人关系和人们长期生活在特定的地域范围内，习俗和道德能够发挥较为充分的规范功能。所以，这个社会在几乎所有的方面都是确定的。

对农业社会的治理而言，其主要功能反映在对熟人关系的维护方面，即通过维护这种熟人关系，使习俗和道德发挥规范功能，主要做法是：其一，消除陌生因素。通过把人们固定在土地上和限制在特定的地域范围内，使人们相互熟悉和相互了解，防止人的流动带来陌生因素。其二，赋予人们身份标识而使人们有着固定的社会地位。在人的身份标识的基础上形成了社会等级结构，实现了等级治理。其三，保证地域隔离。在每一个地域中，都确立起相对独立的地方治理机构，与中央政府形成一种松散的隶属关系。地方政权之间被要求相互独立，不允许形成联合和交往的局面，相应地，地域之间也是隔离的，这种隔离受到地方政权的维护。其四，地域隔离导致了语言差异。每一个地域基本上有着自己的方言，相互之间在语言上的差异很大，使得陌生人容易被辨识，也使得人的流动因为语言的障碍而变得困难，更为主要的是可以防止不同地域间的联合和交往。

农业社会在社会秩序上是一种等级秩序，具有不同身份的人在等级体系中扮演着与其等级相应的角色，其言语、行为、举止等也要与其身份和等级相吻合。正是这样，社会秩序得以维护。也就是说，在社会的等级结构中，每一个人都有着确定的位置，人人都安于其位并在言行上保证与其所在的位置相称，也就使社会秩序得到了维护。秩序是合乎每一个人的利益的，既合乎统治者的利益也合乎被统治者的利益。所以，除非出现了如自然灾害等危及大量人口的生存问题时，在通常情况下，如果统治者不对被统治者施以横征暴敛、严刑峻法，一般不会出现失序的情况。

农业社会的经济是一种自然经济状态，人们从事着自给自足的经济活动，但是，从社会治理的角度看，这个社会最基本的经济关系则是分配关系。分配关系具有两个面相，即表现为分配行为和征收、征用等。也就是说，分配关系是存在于社会等级结构中

---

① 张康之，张乾友．共同体的进化．北京：中国社会科学出版社，2012：311.

的一种经济关系，而在行为上则表现为分配、征收和进贡。不过，农业社会的分配关系并不仅仅是一种关系，而且扩大到了社会生活的每一个方面，因而，也表现为一种社会关系，或者说是一种主导性的社会关系。分配关系是统治型社会治理的基础，反过来，统治型社会治理只要通过权力维护分配秩序和分配关系，就能够实现善治，并创造出所谓“盛世”。

尽管农业社会是一个非常简单的、确定的社会，但等级结构中的身份却非常繁复。在某种意义上，正是身份的繁复简化了社会治理。因为，身份标识在得到了普遍认同的情况下，其本身就代表了秩序，或者说使秩序得到了实现。由于身份具有这种功能，因而，在农业社会的统治秩序中，总是盛行着一种品级文化。人类有着对确定性的偏爱，而身份则可以为这种对确定性的偏爱提供保障。因为，身份制使人一出生就有了明确的社会位置，进而通过后天的学习而学会做与身份相称的事，使社会不会出现扰动因素。这就是农业社会秩序稳定的原因。由此看来，农业社会较好地解决了社会治理的社会生态问题，但由于生产力水平和认知能力的低下，无法处理好社会治理的自然生态问题，以至于绝大多数社会危机是由于自然原因引发的。在中国古代，虽然确立起了一种“天人感应”的观念，让社会治理者关注自然的变化，但由于无力应对自然的变化，无法避免自然灾害的发生，社会便经常性地因为自然灾害而发生动荡。

4.2.2 工业社会的低度复杂和低度不确定

在人类社会实现了从农业社会向工业社会的转型后，社会开始呈现出日益复杂和不确定的特征，工业社会就是一个复杂的和不确定的社会。正如马克思和恩格斯在《共产党宣言》中指出的，“生产的不断变革，一切社会状况不停的动荡，永远的不安定和变动，这就是资产阶级时代不同于过去一切时代的地方。一切固定的僵化的关系以及与之相适应的素被尊崇的观念和见解都被消除了，一切新形成的关系等不到固定下来就陈旧了”①。人类社会在工业化进程中所出现的脱域化、城市化以及资本主义世界化促进了人和物的流动性，因而，相对于农业社会简单的、确定的环境来说，工业化进程中的复杂性和不确定性的日益增长，使得整个社会呈现出“动荡”、“不安定”或“变动”的状况。不过，在后工业化时代回望整个工业社会，那还是社会的低度复杂性和低度不确定性状态，因为，在工业社会的制度框架和管理方式及其技术追求中，社会的复杂性和不确定性所带来的变化和动荡仍然是可以把握、可以控制的，那些看似变化无穷的表象背后所存在的规律是可以认识的，因而具有可预测性，并能够根据预测的结果去加以控制。

工业化、城市化运动是由工业革命、启蒙运动和市场经济的形成三个方面构成的。工业革命始于16世纪，是一场持续了将近两个世纪的生产方式革命运动。首先是新技术的出现并转化为技术的物化形态——机器等，如蒸汽机等在生产领域中的应用，改变了生产力的构成要素和结构，不断地开拓出新的资源和能源，进而改变了生产关系。总的说来，工业革命使物质生产变得高效，人类的社会生活得到了普遍改善，也由于出现了建立在资本基础上的剥削和压迫，社会分化的进程加速。同时，工业革命也为管理型政府建构提供

① 马克思，恩格斯．共产党宣言．北京：人民出版社，1997：30.

了经济技术，特别是为社会治理提供了技术支持，使得工业社会的制度设计和管理方式走向了科学化、技术化，进而增强了人类控制复杂性和不确定性的能力。

18世纪的启蒙运动是建立在工业革命的基础上的，工业革命改变了生产关系和广泛的社会关系，因而需要得到理论上的确认。启蒙运动的伟大贡献就在于提出了天赋人权观，启蒙思想家们通过对权利的确认掀起了对“法的精神”的启蒙，最终使“法的精神”深入人心，成为社会治理规则制定的依据，也正是启蒙运动对权利的确认，使得“依法治理”成为工业社会治理体系的基准。管理型政府的行政活动必须依据法律的授权展开，组织之间以及人与人之间也可以通过签订契约来确立起分工-协作关系。

在农业社会甚至人类社会的原始阶段就已经出现了市场，但市场经济是在中世纪后期开始萌发的，或者说，作为一种经济模式的市场经济是在工业化进程中生成的，并实现了对农业社会的自然经济的替代。市场经济既是一种通过市场而实现分工-协作的生产方式，也是一种有效的社会资源配置方式，还是一种通过交换而开展社会交往的重要途径。市场经济要求经济主体的自由和自主作为开展经济活动的前提，而且这种自由和自主也扩散到了整个社会，转化为启蒙思想人权设定的基本内容。市场经济需要得到规则的规范，而规则的基本形态就是法律，而系统化的法律则构成了法制。所以，市场经济也被认为是法制经济。

在工业社会的低度复杂性和低度不确定性的治理生态下，管理型政府在相当长的时期内可以通过“化简”和“以不变应万变”的治理原则或治理思维开展社会治理，而且一度实现了社会的良序运行。不过，这种“好的治理”局面最终随着社会复杂性和不确定性的增长而从一种“社会现实”变成一种治理的“奢求”。从20世纪中后期开始，社会的复杂性和不确定性迅速增长，并在人类走进21世纪的时候，超出了工业社会治理体系的应对能力，出现了治理失灵的问题。失灵在社会治理中不断蔓延呈现出常态化趋势。“政府失灵”不仅表现为政府以行政行为的方式作用于社会的失灵，而且幻化出了不同的面相，表现为诸如政策失灵、监管失灵等。“市场失灵”开始从实体经济领域转入虚拟经济领域，出现了金融危机等。同样，在社会生活中，不仅作为日常生活重要保障的隐私权遭受破坏，而且，传统的家庭模式也走向了解体。所有这些，都意味着人类社会进入了高度复杂性和高度不确定性的状态。

4.2.3　后工业化中的高度复杂性和高度不确定性

20世纪七八十年代，人类社会开启了后工业化进程，社会在总体上呈现出了高度复杂性和高度不确定性的特征。以“市场经济”为例。工业社会历史阶段中的市场经济主要是以实体经济的形式呈现出来的，遵循着生产-消费、需求-供给的基本链条，而在后工业化进程中，市场经济的虚拟经济形态得以彰显。因而，管理型政府所掌握的那些应对实体经济的方式、措施以及政策在虚拟经济中也就无法发挥作用。这是因为，在虚拟经济中，人们甚至无法找到生产者、产品以及消费者，或者它们根本就不以实体的形式出现，却存在于市场之中并发挥着重要作用。不仅在经济上出现了虚拟经济的要素，而且在广泛的社会生活中，由各种各样的符号等构成的虚拟现象也产生了重要而广泛的影响。所以，摆在人类面前的不再是那个可预测的、稳定的和可控的社会，而是充满复杂性、不确定性的社会，在社会生活的每一个领域中，都存在着风险和危机。社会的高度复杂性和高度不确定性对工业社会建构起来的社会治理模式提出了极大的挑战。

社会的高度复杂性和高度不确定性已经构成了社会治理的基本环境。就像不可能把农业社会简单的和确定的社会生态中的治理模式搬到工业社会低度复杂性和低度不确定性条件下去一样，现在，当人类社会呈现出了高度复杂性和高度不确定性的时候，也不可能把工业社会低度复杂性和低度不确定性条件下的社会治理模式照搬过来，甚至做简单的修补也不能够满足高度复杂性和高度不确定性条件下的治理需要。事实上，在高度复杂性和高度不确定性的环境中，工业社会治理模式中以控制为导向的制度设计和管理方式已经显现出失灵的状况。后工业社会的高度复杂性和高度不确定性映射到了与人类相关的三个世界——自然界、人类社会以及虚拟空间。当人在这三个世界中穿行时，就将这一社会特征带到人类社会的每一个角落。

后工业化进程中的社会高度复杂性和高度不确定性源于社会的开放性、流动性和社会的多元化。

其一，在从农业社会向工业社会转变的过程中，由于地域边界被突破，原先封闭的社会就开始朝着开放性的方向发展，农业社会自然经济条件下的自给自足因社会化大生产和市场经济的发展而转化为真正的社会生活。在社会分工的条件下，每一个人的生活资料都需要通过他人来实现，每一个人都必须开放地面对他人，以至于整个社会都获得了开放性的特征。同时，地域界线的打破，使人们流动起来，特别是社会信用体系的建立，使人的流动不再受物质形态的财产的限制。再者，由于交通网络的形成，物的流动也变得更为方便。总括起来，是市场经济促进了人和物的流动使整个社会呈现出动态特征。与农业社会相比，开放性和流动性无疑促使社会复杂化和不确定化。另外，开放性和流动性不是地区性的，而是经由资本主义世界化而扩展到了整个世界的。如果说农业社会中的如“郑和下西洋”“丝绸之路”等贸易交流都只是偶发现象，那么近代早期的航海和新大陆的发现则意味着打破地域隔离和封锁，特别是通过军事征服的手段建立殖民地和开拓海外市场，把整个世界都纳入了资本主义剥削体系，也使得征服者所在的国家和被征服者所在的国家和地区都变得复杂化和不确定化。这就是工业社会低度复杂性和低度不确定性得以形成的原因。20 世纪后期以来，社会的开放性、流动性进入了一个新的境界。在一国内部，工业化、城市化进程中所建立起来的领域边界开始不断地被突破，地理空间中的自然障碍进一步被清除，特别是信息技术的广泛应用使得整个世界联通了起来，那些在工业社会历史阶段中保留下来的和极力维护的几乎所有封闭空间都呈现出开放性的特征，人和物的流动不仅更加频繁，而且信息的流动本性得到了极度张扬，并对社会产生着越来越大的影响。更为重要的是，开放性、流动性不是局限于一国内部的，而是面向全球的，并汇成了全球化浪潮，把全球每一个角落都紧密地联系到了一起，构成了一个互动体系。因而，全球的每一处都呈现了高度复杂性和高度不确定性。

其二，从社会结构的角度看，与社会的开放性、流动性同时发生的是社会的多元化。在农业社会，社会治理机构和军队是以组织的形式出现的，而在社会的意义上，组织只是一种偶发现象，人们很少参与社会活动，即使在需要参与社会活动的时候，也是以（自然的）个人形式出现的。工业化、城市化是社会组织化的过程，一切参与社会生活的行动都是以组织的形式进行的，组织是开展社会活动的必要途径。更为重要的是，组织呈现了专业化发展的趋势，并汇入了整个社会分化的洪流之中。每一个组织都有自己特定的目标和利益诉求，也都有自己特定的开展社会活动的战略和策略，这使得整个社会呈现出多元化的局面。也就是说，组织的多样性构成了社会的多元化。这种根源于组织多样化的社会化与社会开放性、流动性引发的多民族、多种族的交汇杂居等，赋予了社会复杂性和不确定性的特征。在全球化、后工业化进程中，始于工业化、城市化的这种社会多元化呈现出从量变到质变的转化，特别是非政府组织以及各种各样的社会自治力量的出现，赋予了社会更多新的构成要素。在互联网成为社会生活的重要平台后，人们开始获得了网络思维和观念，随着这种思维和观念的物化，社会结构呈现出网络化的趋势，组织间的关系也开始嵌入社会网络结构。因而，使得社会呈现出高度复杂性和高度不确定性。

在高度复杂性和高度不确定性的社会环境中，“我们在做一切事情的时候都必须建立起全新的观念，寻求全新的行动方案”①。正是在此意义上，需要一种具备这种环境适应性的全新的公共管理实践观。也就是说，公共管理必须充分考虑社会的开放性、流动性和社会的多元化，自觉地寻求高度复杂性和高度不确定性条件下的社会治理方案。

4.3　社会的网络化

4.3.1　网络技术的隐喻

检视 20 世纪的伟大技术成就，可以发现，网络技术无疑是一项影响最为深远的技术发明，它正在改变着我们的观念和我们生活于其中的社会。虽然网络技术的发展在今天还处于起步的阶段，但是，它对人类历史的推动作用已经让人瞠目。如果说在网络技术出现之前，人类历史可能行进百年才意味着一个时代的到来，那么在今天，5 年的时间就是一个时代了，我们总感到社会节奏是那样的快，总是在未及回首的时候，一个时代就已经过去了。正是网络技术在社会生活中的广泛应用，加速了社会变革的进程。许多学者断定，网络技术的出现标志着人类历史进入一个新的历史时期，这个时期在直接的意义上被称作“信息社会”，而在与近代工业社会的比照中，则被称作“后工业社会”。的确如此，网络技术开启了人类历史新阶段的门扉，正在发生的一切变革都是人类迈向历史新阶段的步伐，都不断地把新的社会特征展现出来。

事实上，网络技术向社会治理提出了全新的要求。在近代早期的工业化、城市化进程中所形成的社会得到了法律及其制度的规范，而家庭等农业社会留传下来的日常生活领域中，则更多地显现出接受习俗和道德制约的状况。不过，在社会交往以及一切社会活动中，法律及其制度的规范处于主导地位，而习俗和道德的制约因素则越来越被边缘化。在这一历史演进过程中，我们自然而然地获得了一种启发：在向后工业社会迈进的过程中，我们所拥有的那些在工业社会发展过程中生成的以法制为特征的社会规范体系也将会不断

① 张康之. 全球化、后工业化时代的社会特征. 河南大学学报（社会科学版），2012（5）：98-107.

地向边缘位置移动，社会交往以及社会生活的广泛领域中将会生长出合乎后工业社会特征的规范体系。契约、合同、依法而行等虽然依然会是人们行为的依据和规范性因素，但是，它们不再在规范体系中处于主导地位，而是不断地被边缘化，不断地受到怀疑甚至受到冲击。如果说还有什么不变的因素，那就是人们对公正、平等、正义等基本的社会生活价值的追求。

一切客观性的自然和社会过程，都可以通过科学和技术的手段来加以认识和规范；而一切主观性的社会和行为过程，都只有在基本价值的发现中才能找到规范的途径。具体说来，对于社会生活中的一切客观性的方面，都可以实施依法治理，都可以在法律所提供的框架下进行规范，而对于一切主观性的方面，都是无法进行依法治理的。网络作为一个新的生活世界，更多地表现出主观性的一面，所以，一切“依法治网”的构想都是不切实际的，唯有通过一些基本价值的确立，才能找到有效治理它的途径。同样，网络技术的发展推动了社会网络结构的生成，在社会治理的层面上，也要求我们寻求全新的治理途径。

网络技术的出现，使人们的生活空间从物理空间扩展到了电子空间，甚至正在造就一个虚拟空间，人们在交流信息、知识和沟通情感方面，都采取了新的方式，许多社会行为也在网络中发生并通过网络来达成目的。在这种情况下，人们原有的生活和交往所受到的时间和空间规范都发生了改变，而且这种改变必将最终导致人们的生活方式及观念的改变。如果我们不能根据人类社会这一新的变化去做出新的制度安排，就会把网络所带来的新的变化置于破坏人类和谐生活的因素的地位上去。

4.3.2 网络结构的生成

也许人们会说，网络技术仅仅意味着一种新的生活工具的出现，但是，社会生活工具的变革引发了社会生活方式的变化，也是一个不争的现实。可以相信，知识创新、信息化、网络的发展等，都越来越强有力地推动了社会朝着系统化甚至总体化的方向前进。我们看到一个以往从未有过的新现象，那就是在工业社会的历史阶段中，在那些资本也未能征服的作为社会生活基本内容的地方，信息技术以及网络则表现出了如此强大的打破地域分隔的能力。在一定程度上，全球都开始被迅速地纳入一个系统的网络，而互联网在促成社会网络生成方面的意义，可能远远高于它作为符号的象征意义。就此而言，网络已经远远超出了它作为一项技术的价值，它对于社会变革的意义在于：促成了社会的网络化，让人类社会在它的启发下重新以网络的形式来加以建构。甚至可以说，网络技术直接作用于社会，造就了一个拥有网络结构的社会。

社会网络结构完全打破了传统社会的线性决定模式，生活在这一社会中的人，完全成为自由自觉的创造活动主体，它有充分的自主性空间去自由地展现自己的创造力。最起码，社会网络结构不是压抑人和泯灭人的主体性的结构。这也正是它与以往任何一种社会结构不同的地方。以往的社会结构以一种绝对的客观性把人编织在其中，特别是近代社会，把每个人都变成被动的单子而被格式化在社会结构的每一个条块间，使人失去自由，因而也失去自我。人与人之间的社会关系的异化，使人分隔开来，成为孤立无助的个体。与之不同，社会的网络结构则打破了将人分隔开来的边界，使人密切地联系在一起。

当然，在人类社会的很早的历史阶段中就出现了某种网络关系，即便是在农业社会的早期，区域性的网络关系就已经存在，还可能是一种普遍性的事实。但是，我们主张把社会中的网络关系与网络结构区分开来认识。在出现了网络关系的时候，这些关系并不以网络结构的形式出现，或者说，这些关系尚未形成结构，尚未实现结构化。社会的网络结构是在后工业化进程中开始逐渐生成的，可能是网络技术的发展带来的结果，也可能是社会复杂性和不确定性压力促使社会发生的改变。网络关系可以存在于等级社会，而社会的网络结构则是在社会“非等级化”的条件下出现的，或者说，它既是社会“非等级化”的产物，也是促使社会彻底告别等级结构的原因。等级本身就意味着边界，即人群之间的边界，这种边界尽管具有自然边界的性质，却是把人们分隔开来的一道不可逾越的屏障，而“非等级化”则应当被看作消除人群边界的第一步。所以，我们把社会的“非等级化”作为网络结构生成的基本前提。

在网络结构中生成合作关系将表现出一种客观的历史必然性。也就是说，网络结构，是历史地形成的，而不是主观建构的结果，更不能在工具的意义上来加以考虑。对于社会的网络结构，只能加以认识并根据其特性去做出制度设计和制度安排。即使我们怀着优化社会网络结构的愿望，也只能从合作关系的改善入手。回顾以往，当社会结构不能为人们的合作提供充分支持的时候，集体认同是极为重要的合作基础。但是，随着社会网络结构的出现，人们的合作有了客观基础，这时，集体认同只是优化合作的一个调节因素了，而不是人们开展合作的必要前提。所以，社会网络结构的出现将意味着一个合作社会的到来。如果说社会的高度复杂性和高度不确定性向人们提出了合作的要求，那么，社会网络结构的生成，将为人们的合作提供客观性和基础性的支持。正是因为社会有了网络结构，才使合作成为一种基本的行为模式，才使社会具有合作的特征，才使人的一切共同行动具有合作的性质。

4.3.3　技术革新呼唤治理变革

当我们关注社会治理的问题时，可以看到，以某种技术特征来标识政府并不是当代人的发明，杰弗逊就使用过“机器式政府”的说法。当代人所经常谈论的“电子政府”同“机器式政府”的提法相比，并没有实质性区别，用近代哲学的术语来表述，这是机械论的表现，如果在更高的层面上来加以谈论，也是可以称作一种“技术论”的界定。实际上，就 20 世纪的情况看，在马克斯·韦伯的官僚制理论以及泰勒的科学管理理论基础上建构起来的政府在很大程度上都能够满足机械论的规定。如果考虑到近代哲学家们把“机械论”看作哲学庸俗观的话，也就可以说把运用计算机、信息技术、网络等的政府称作“电子政府”也是一种庸俗的表述了。然而，网络技术的前景却给我们提供了完全相反的结论，考虑到网络技术的发展在今天还处于起步的阶段，在它的进一步发展中，还将创造出一个全新的“虚拟世界”，我们也就会同意我们时代的人们使用“电子政府”这样的提法，会把这种提法看作对政府新特征的把握。

如果我们拥有一个历史的宏观视野，就可以看到，在人类出现之后，我们拥有两个世界，那就是“自然界”和“社会”，在由自然和社会这两个世界构成的人类生活空间中，人是穿行于两个世界中的，在两个世界中扮演着不同的角色的。今天，当我们看到一个“虚拟世界”即将出现的时候，也就可以想象人将处在一个什么样的位置上。也就是说，人将不再是在两个世界构成的那条线中奔忙，而是在三个世界构成的网络中移动，即人类被置于一个全新的境地。在人类所创造的这个虚拟世界中，完全可以设置一个“电子政府”，而且，人类自身的政府由于被电子技术充分地置换了，也会以“电子政府”的形式出现。也许我们今天所谈论的电子政府还仅仅是就它使用了电子技术而言的，而即将出现的电子政府可能会替代一些实质性的政府职能。电子政府虽然还是在技术的意义上对政府所做的定义，却是对政府管理的灵活性和服务的积极性的描绘。

20 世纪 90 年代，是以互联网为代表的网络技术发展的关键性阶段，正是在这一时期，网络技术开始获得关注并被引入政府行政中，人们寄希望于通过电子政府的确立来改善政府的公共服务和办公流程等。在政府及其行政活动中，“文件和账单的处理正由纸质方式向以网络为媒介的模式转换”①。当人们将与政府相关的文件、资料、档案、账单等符号化而使之能够在虚拟空间中流动时，很多与政府相关的问题将不再需要相关人员面对面地进行处理。这不仅为公众节约了大量的流动成本和时间成本，而且还提高了政府运行的速度和效率。

在虚拟空间中，几乎与政府相关的一切事务都可以通过符号化实现流动和运行，这是一个超越传统时空限制的新领地。按照实体性存在的运行逻辑，政府总是以控制导向的思维方式和行动逻辑来开展社会治理活动，因而，对它来说，虚拟空间中充满了复杂性和不确定性，并且超出了官僚制的控制体系。在这个意义上，政府宁愿将这种复杂性和不确定性转移给公众，也不愿意由自己来承担，然而，政府的这一愿望并不会如愿以偿。当虚拟空间中的符号流动和运行改变了人们的生产、生活以及交往活动，并建构起了人们的虚拟性思维之后，人们不再是用实体性思维去衡量和判断我们所生活的这个社会的现实，而是用虚拟性思维去观察自然界和人类社会的实体性存在。人们越来越发现，实体性存在的运行规则制约了人类的自由全面发展，因而，希望用虚拟性存在的运行规则来替代实体性存在的运行规则，进而渴望一种能够适合于人类穿行于自然界、人类社会以及虚拟空间的全新的公共管理来替代只适合于实体性存在的运行方式的管理型政府及其管理方式。公共管理是一种全新的社会治理模式，将服务于人们对后工业化现实的建构，促进人类社会在未来公共管理活动中的优异表现，促进人的全面自由发展，并在自然界、人类社会以及虚拟空间所构成的社会现实中，充分发挥人的想象力和创造力，进行创造性的活动，为整个人类社会造福。

本章小结

公共管理产生于从工业社会向后工业社会转型的过程中，全球化、后工业化是它产生的总前提。历史地看，在农业社会和工业社会，人类先后经历了地域化、脱域化等历程，尤其是在工业化进程中，以地理大发现等为代表的资本主义世界化获得了发展，塑造了一个以发达国家为中心的和以发展中国家为边缘的世界发展格局。在“世界化、工业化”的时空坐标中，管理型政府运用控制技术来实现对社会的治理，不过，这种控制导向的管理

① 芳汀．构建虚拟政府：信息技术与制度创新．北京：中国人民大学出版社，2010：4.

在全球化、后工业化的浪潮下，已经显现出失灵的现象，因此亟须进行变革，以建构起全新的社会治理模式。在“全球化、后工业化”的时空坐标中，公共管理生态逻辑地分为三个层次：第一，宏观时空坐标层次，即全球化和后工业化；第二，中观社会特征层次，即社会的高度复杂性和高度不确定性；第三，微观社会结构层次，即社会网络结构的生成。

在复杂性视角下审视公共管理的生态，可以清晰地看到社会复杂性增长的历史脉络。农业社会是简单的和确定的社会，工业社会是低度复杂和低度不确定的社会，在后工业化中社会的复杂性和不确定性程度实现了质变，社会达到了高度复杂和高度不确定的程度。因此，高度复杂性和高度不确定性是公共管理面对的基本社会特征，或者说，公共管理就是在高度复杂性和高度不确定性条件下的社会治理。在创造性技术不断涌现的当今社会，网络技术的应用正在掀起一波又一波的社会治理变革浪潮，正在改变着我们的观念和我们生活于其中的社会。网络技术的发展推动了社会结构的网络化，形塑了一个虚拟世界的新治理空间，呼唤着公共管理的发展和积极作用的发挥。

关键术语

全球化　后工业化　地域化　脱域化　世界化　农业社会　工业社会　后工业社会　复杂性　不确定性　复杂性增长　高度复杂性　网络技术　主观空间　虚拟世界　网络结构

复习思考题

1. 简述地域化、脱域化与世界化的含义。
2. 试论全球化与世界化的不同。
3. 试论全球化、后工业化的时空及其治理诉求。
4. 为什么说农业社会是简单的和确定的社会？
5. 简述工业社会的低度复杂性与低度不确定性。
6. 简述后工业化中的高度复杂性和高度不确定性。
7. 为什么说网络信息技术改变了社会？
8. 简述网络结构的生成过程。
9. 为什么说网络结构消融了边界？
10. 为什么说网络结构改变了空间特性？

阅读文献

1. 贝克. 世界风险社会. 南京：南京大学出版社，2004.
2. 莫兰. 迷失的范式：人性研究. 北京：北京大学出版社，1999.
3. 芳汀. 构建虚拟政府：信息技术与制度创新. 北京：中国人民大学出版社，2010.
4. 鲍曼. 全球化：人类的后果. 北京：商务印书馆，2001.

5. 张康之. 论伦理精神. 南京：江苏人民出版社，2010.

6. 张康之. 论社会的网络结构. 理论学刊，2008（3).

7. 张康之. 全球化、后工业化时代的社会特征. 河南大学学报（社会科学版)，2012（5).

8. 张康之. 寻找公共行政的伦理视角. 北京：中国人民大学出版社，2012.

9. ADLER P S，BORYS B. Two Types of Bureaucracy：Enabling and Coercive. Administrative Science Quarterly，1996，41（1).

10. FOUNTAIN J E. Building the Virtual State：Information Technology and Institutional Change. Washington D. C.：Brooking Institution Press，2001.

11. MORSTEIN M F. The Administrative State：an Introduction to Bureaucracy. Chicago：University of Chicago Press，1957.

12. SIMON H A. The Architecture of Complexity. Proceedings of the American Philosophical Society，1962，106（6).

第5章

公共部门的资源管理

公共部门的资源管理是在社会环境日益复杂、社会治理任务更加艰巨的背景下，为顺应社会治理主体多元化、组织形式多样化以及多元主体之间合作关系的生成而产生的。因此，它既不同于传统的政府资源管理，也与私人部门的资源管理有着较为显著的差异。具体地说，公共部门的资源管理是指公共组织在履行社会治理职能的过程中，基于社会经济发展的需要，运用科学的手段和方法，对其所需和已经拥有的各种资源进行获取、开发和利用的过程。公共部门资源管理的实质在于尽可能多地获取公共组织所需的资源，深入挖掘各类资源的内在价值，科学合理地组织和调配资源，实现资源的充分利用，不断提升公共组织应对复杂环境的能力。因而，公共部门的资源管理是公共组织管理的基础性工作，是其他一切组织和管理活动有效开展的前提和基本保障，直接决定着公共组织自身运行及其职能履行的效果。

重点问题

- 公共部门人力资源管理内容与体系
- 公共部门薪酬管理制度
- 公共财政管理
- 公共预算管理
- 政府审计管理
- 政务信息资源管理的内容
- 电子政务的特征
- 政务信息资源开发利用战略

5.1 公共部门人力资源管理

5.1.1 公共管理背景下的人力资源管理

公共部门人力资源管理是指公共组织运用一系列科学的管理手段对作为或可能成为组

织成员的个人所进行的管理，其基本的管理理念是把这些人看作组织生存和发展的基础性资源，管理的目的是对这类资源加以开发和利用①。

人力资源管理是率先在私人部门中发展起来的一门管理技术。与传统的人事管理将人看成是组织运行的成本和管理、控制的对象不同，人力资源管理将人视为组织中最为宝贵的资源，主张通过科学的手段与合理的激励来激发人的创造性，以实现高的组织绩效。公共部门人力资源管理是公共组织在应对人类社会日益复杂化对社会治理的挑战中，有意识、有选择地吸收和借鉴私人部门人力资源管理的经验而建立起来的。一方面，全球化、后工业化进程中，社会治理的复杂性对各个国家的政府治理能力和公共部门的服务水平均提出了更高的要求，迫切需要发挥出公共组织中的人力资源的能动性和创造性，人力资源管理的重要性被凸显出来。另一方面，20 世纪后期以来，公共组织的多样化以及大量临时聘用人员的出现，标志着公共组织在类型和成员构成方面都发生了很大的变化，传统的政府人事管理方式方法已经不能适应这种变化，亟须创新。

公共部门人力资源管理并非只是对私人部门人力资源管理方案的简单照搬，而是有着自己鲜明的特点：第一，具有公共性。与私人部门不同，公共部门建立在民意授权的基础上，运用宪法和法律授予的权力对社会公共资源进行分配，制定并实施公共政策。因此，公共组织成员的一切行为应当符合公民的意志、利益和要求，符合公共性的要求。公共部门人力资源管理也必须紧紧围绕着为社会提供公共产品和服务的组织目标来进行。第二，具有服务性。服务性是公共部门人力资源的基本属性，但这种服务与企业提供的服务有着本质的区别。企业的服务通常是有偿服务，是为本组织谋取利益，而公共组织的服务是将社会的利益放在核心地位。这一特性使公共组织人力资源在实现公共组织职能方面肩负着重要的责任，因为服务产品质量的高低在很大程度上取决于服务提供者的劳动积极性、创造性和职业化程度。第三，具有相对的稳定性。公共部门人力资源的稳定性源于公共组织的稳定性，同时也是履行公共管理职能、保证公共组织目标顺利实现的内在要求。绝大多数国家实行的公务员终身雇佣制度是这种稳定性的典型表现。第四，具有明显的政治性。虽然西方主要国家在设计公务员制度之初就将“政治中立”作为核心价值，但在后来的发展中，其文官队伍还是不同程度地卷入了政党政治，带有一定的政治倾向，并对选举产生的部门首长形成了“反制”。事实上，即使不考虑政治倾向，身处公共部门、掌握公共权力、承担公共职能的人们也必然具有一定的政治倾向。一些西方国家近年来对于“政治中立”原则的调整也体现了这种要求。需要进一步指出的是，公共部门与私人部门在人力资源管理上的差距更多地集中在价值层面，从管理的技术和方法上看，两者在许多方面都是相同或相似的。

传统意义上讲，公共部门主要由以政府为代表的公权力组织、承担公共职能（被授权行使公权力）的公共企业和以提供公共服务为主要职能的非营利组织等几个方面构成，所

① 关于“公共部门”的定义，本教材倾向于采用开放式的界定，认为从事或参与社会公共事务治理的组织都应该属于公共部门。为了便于同私人部门中的组织进行区分，公共部门中的组织可以简称为“公共组织”。但是，“公共组织”的外延是在不断扩大的，发展至今已经超越了传统意义上的界定，包括任务型组织、合作网络等。关于任务型组织、合作网络等组织系统中的人力资源管理，可以参考其他公共组织的人力资源管理原理。本部分没有对其进行特别的说明，并不意味着它不重要，它是需要去深入探索和研究的。

以，所谓公共部门的人力资源主要就是指这三类组织中的人力资源及其状况。但是，如果就公共部门的潜在人力资源看，不仅包括了社会中潜在的人力资源，而且还包括了可以通过各种途径向公共部门转移、转化的私人部门中的人力资源。

公共部门人力资源管理的主体可以划分为宏观、中观和微观三个层次。从权力的最终来源看，国家的权力机关或立法机关是公共部门人力资源的宏观管理主体。立法机关通过制定、批准相应的法律法规确定公共部门人力资源管理的原则、权限、实施细则和救济措施，如我国《公务员法》和相关配套法规对公务员的管理进行了系统的规定。同时，立法机关通过审查政府预算去控制公共部门人力资源的整体支出也是宏观管理的一个重要手段。中观的人力资源管理主体既是公共部门人力资源法律法规的实际制定者，同时又通过制定相关的政策对法律法规进行补充、完善或变通，通常而言，中观管理主体包括国家各级人力资源管理或公务员管理部门，一方面，为宏观管理主体提供专业技术支持，如提供法律草案，另一方面，指导、协调微观管理主体的人力资源管理活动。公共组织中具体负责人力资源管理工作的部门和个人构成了微观的人力资源管理主体。它们是公共部门人力资源管理的一线执行者，它们的职责范围对应的就是公共部门人力资源管理活动的各项具体职能。

一般认为，公共部门人力资源管理主要包括人力资源规划、人力资源获取、人力资源开发与激励、人力资源保障与约束四项基本功能。如果把人力资源管理看作一个统一的系统化过程，则可以看到它是由三个环节组成的，即公职人员的“入口”管理、“在职”管理和“出口”管理。其中，“入口”管理包括人力资源规划、工作分析和岗位评价、职位分类、招募甄选等内容，“在职”管理包括薪酬福利、绩效评估、培训开发、激励惩戒、个人职业生涯规划等内容，“出口”管理则是指退休、退职、调出、辞职、辞退、开除等内容。这些具体的方面在用作管理手段时，可能会在三个环节上存在交叉现象，比如，激励惩戒、个人职业生涯规划等既可能出现在“入口”的环节上也可能出现在“出口”的环节上。个人的职位晋升属于“在职”管理的范畴还是属于“入口”管理的范畴，也是很难做出严格区分的。上述区分只是出于叙述方便。

公共部门人力资源管理是运行在现实的社会、组织、价值和制度环境之中的，受到外部环境的制约和支持。在某种意义上，正是环境的变迁影响着公共部门人力资源的发展，对公共部门人力资源管理者和研究者提出了巨大的挑战。公共部门人力资源管理环境主要分为价值环境和制度环境。

价值环境是指公共管理活动通常被视为不同价值冲突、妥协的过程。诚如唐纳德·克林纳和约翰·纳尔班迪指出的那样，公共部门人力资源管理可以被视为经常发生冲突的基本社会价值之间连续互动的过程。这些价值包括了政治回应性、组织效率、个人权利、社会公平、个人责任、有限的与分权的政府、社区提供公共服务的责任①。其中前四种属于公共部门人力资源管理的传统价值，后三者则是与公共管理的民营化与合作伙伴关系的确立紧密相关的。这些冲突会从价值层面影响公职人员的工作态度，制约其工作行为和表现，并最终对整个公共部门的绩效水平产生重要影响。因此，如何实现各种价值的有效整

① 克林纳，等. 公共部门人力资源管理：系统与战略（第六版）. 北京：中国人民大学出版社，2013：5-10.

合，是公共部门人力资源管理中的一项重要议题。

制度环境是指公共部门人力资源管理实际运行的制度基础和条件。公务员制度，又称现代文官制度，产生于19世纪中期的英国，之后在美、德等国得到逐步完善，逐渐形成了以功绩制为核心、强调文官的职业主义倾向，由专门的人事机构依据法律法规进行管理的完整、精密的制度体系。虽然有观点认为公务员制度属于传统人事管理的范畴，强调公务员的非人格化，忽视组织中人的成长，与人力资源管理存在价值层面的分歧。但是，目前绝大多数国家公共部门的人力资源管理实践依然是以公务员制度为基础背景的，是运行在公务员制度的框架中的。在公务员制度未发生根本性变革之前，公务员制度与人力资源管理具体活动之间的关系可以被视为静态与动态、框架与内容的关系。

从目前的管理实践看，公共部门人力资源管理与公务员制度在某些具体制度上确实存在着不相匹配的问题，如公务员终身雇佣制度与人力资源管理中的用人灵活性之间、公务员薪酬制度法定性与人力资源管理激励手段多样性之间、公务员晋升制度与员工职业生涯规划之间，都存在着冲突。因此，实现公共部门人力资源管理与公务员制度的协调匹配是一个漫长而艰辛的过程。

影响公共部门人力资源的管理还有管理技术的可行性问题。管理技术的可行性问题实际上是价值、制度两方面问题的具体体现。许多关键性的管理技术无法在公共部门得到有效实施，直接影响了人们对公共部门人力资源管理的信心，并且质疑其与传统人事管理到底有何不同。对管理技术进行调整，使其在公共部门具有现实可行性，是公共部门人力资源管理引进和建设过程中最直接、最迫切的问题。

5.1.2　公共部门人力资源规划和获取

人力资源规划和获取是外部潜在人力资源进入公共部门的重要“入口”，也是优化内部人力资源配置的主要途径。公共部门人力资源规划是公共部门评估现有人力资源供给、预测人力资源需求进而制订各种计划和措施来保障人力资源供求在数量、结构、质量方面分别达到平衡、匹配、合格要求的过程。人力资源获取则是公共部门人力资源在人力资源规划的基础上按照相关的计划和政策规定从组织内外部来识别、选取特定数量、结构和质量的人力资源的具体活动。

人力资源规划是公共部门开展人力资源管理的首要职能，在整个人力资源管理系统中处于重要地位，是组织的战略目标得以实施的人力资源政策和措施，甚至是公共部门从“回应性”组织向“前瞻性”组织转变的有效工具之一。首先，人力资源规划为人力资源获取的数量和结构确定了具体的标准。人力资源的招募、选录工作都需要依照相应的数量、结构、经费计划来展开，这有利于控制公共部门的人工成本，测算组织人力资源规划方案的实施成本以及效率。其次，人力资源规划中的费用和人员规划提供了组织的生产力水平状况以及能否实现组织绩效目标等方面的信息，决定了组织能否对组织成员支付薪酬等。最后，人力资源规划为人力资源管理部门进行有针对性的成员培训等开发活动提供了依据，同时也可以使员工了解自身素质与组织要求的差距，从而及时调整个人职业发展规划。

战略性思考人力资源问题被认为是公共部门人力资源规划区别于以往传统人事管理的重要特征，也是公共部门人力资源管理真正发挥作用的前提。用克林纳等人的话说就是："战略性思考的关键是把人力资源管理与机构目标、察知环境力量联系起来，同时不失去像个人权利和社会公正这样的公共服务价值的视野。……战略性思考要求理解组织的人力资源管理功能如何互相联系在一起，如何与环境情景和机构目标联系在一起；战略性思考要求在实现目标和塑造一个担负公共服务价值责任的劳动大军方面的人力资源的重要性；战略性思考要求承诺作为民选官员、人力资源管理人员、管理者和雇员从事各种变革工作，这些变革会改善涉及人力资源的议题。"①

公共部门的人力资源规划一般分为以下几个步骤：第一，收集有关信息。人力资源规划的信息包括组织内部信息和组织外部环境信息。内部信息主要包括组织的战略计划、各部门的计划、人力资源现状等。外部环境信息主要包括宏观经济形势、人口和社会发展趋势等。第二，人力资源需求预测。根据组织的发展战略规划和组织的内外部条件选择预测技术，然后对人员需求的结构、数量、质量进行预测，包括短期预测和长期预测，总量预测和岗位需求预测。第三，人力资源供给预测。在组织内部，它是指根据现有人力资源及其未来变动情况，确定未来所能提供的人员数量和质量；在组织外部，它是对外部人力资源供给进行预测，确定未来可能的各类人员的供给情况。第四，确定人力资源净需求。在对公共部门未来的需求与供给进行预测的基础上，将本组织人力资源需求的预测数与在同期内组织本身可供给的人力资源预测数进行对比分析，从比较分析中测算出各类人员的净需求量。第五，编写人力资源规划书。根据组织战略目标及本组织人才的净需求量，编制人力资源规划书，包括总体规划和各项业务计划。第六，实施人力资源规划。通过指定专人负责、做好与各部门的沟通与协调工作，使人力资源规划得到实施。第七，评估人力资源规划。在实施人力资源规划的过程中，要进行定期与不定期的评估，通过评估，发现差距，找到问题。第八，人力资源规划的反馈与修正。评估结果出来后，应进行及时的反馈，进而对原规划的内容进行适时的修正，使其更符合实际，更好地促进组织目标的实现。

人力资源规划包括总体规划和各种具体规划。总体规划是根据组织总体发展战略目标而制定的一定时间内的组织人力资源开发和利用的方针、政策、实施步骤和总预算，包括工作绩效、人员数量、人员结构、人员质量等各种人力资源具体规划的核心和指导思想。具体规划主要包括人员补充计划、人员使用计划、绩效考核和薪酬管理规划、人员的培训规划、职业生涯规划。与私人部门人力资源规划相比，公共部门人力资源规划的内容更强调与公共领域的政策目标、政府财政预算的关系。在规划的控制途径上，公共部门的人力资源规划是通过不同类型的预算来实现的，包括传统类型的封顶预算、通过拨款机构来具体界定组织的支出类型等，以直接或间接控制公共部门。除此之外，分项预算则通过对支出的用途标准进行分类的方式去控制支出的类型和总额。目前，西方各国公共部门推出的绩效预算和项目预算主要反映在确定资金支出的项目和活动中，并通过这种方式协助进行项目评估。而且，公共部门人力资源规划不仅受到政府活动本身的限制，还受到各种治理

① 克林纳，等. 公共部门人力资源管理：系统与战略（第六版）. 北京：中国人民大学出版社，2013：66.

主体的制约。

人力资源获取是指在人力资源规划与预测的基础上，根据组织战略和人力资源规划的要求，通过各种渠道识别、选取、发掘组织所需人才的过程。人力资源获取包括广义和狭义两种理解：广义的人力资源获取是指从组织外部招聘人力资源以及组织内部人力资源的再配置，即人员的招募、甄选、录用以及公职人员的内部流动等；狭义的人力资源获取仅指人员的招募、甄选和录用。

招募是指公共组织根据工作需要吸引候选人来填补工作空缺的活动。具体可分为集中性招募、分散性招募、电子招募和外包四种类型。甄选是组织通过科学、客观的手段，对应聘者进行评估，并最终选择哪些人将被允许加入组织或被淘汰的过程，也即从所有应聘者中进行选择的活动。录用是指组织根据甄选过程中应聘者的考试、测试、面试、体检以及资格审查等结果来最终确定人员取舍的过程。招募、甄选和录用是外部人员进入公共部门的重要渠道和途径，其科学性、有效性、公平性是保证公共部门获取合适的人才的重要前提和基础。

公共部门招募、甄选、录用人员的基本原则包括：(1) 公开原则，以避免公共组织任人唯亲。它要求公共组织向公众公布招募的单位、岗位、人员数量、种类、报考资格、考试科目和时间，以及不同阶段的招考结果，并接受监督。(2) 平等竞争原则，要求对应聘者一视同仁，不得因其民族、种族、性别、年龄、信仰和婚姻状况等而区别对待。(3) 德才兼备原则，公共部门的特殊性要求员工招募过程中应该始终把道德品行放在重要位置。(4) 法治原则，招募活动应该在国家法律法规许可的范围内进行，特别是要严格遵守《公务员法》《劳动合同法》等法律。(5) 按岗择优原则，招聘过程中应该始终把岗位的需要放在首要位置，根据职位说明书涉及的职责、任务和任职资格来选拔人才。

招募、甄选、录用的程序包括：(1) 准备阶段。在公共部门战略和发展目标的基础上，结合工作分析和人力资源规划，确定招聘人员的职位、所属部门、数量、类型和任职资格等，并就招聘时间和渠道的选择、招聘小组的组建、招聘方案的费用预算以及具体步骤等拟定详细计划，最后将招聘计划呈报给上级主管部门审批。(2) 招募阶段。主要包括两项活动：招聘信息发布和接受应聘者的申请。一般来讲，招聘信息包括组织的简介、职位名称、工作职责描述、任职资格、工作条件（工作地点、工作时间以及薪酬福利）、申请方式和步骤。在应聘者咨询和登记报名之后，公共组织还要让应聘者填写并提交工作申请表。(3) 甄选阶段。始于对应聘者进行初审，对合格者发放考试或面试通知，大体经过笔试、面试、测试、再次面试、体检、资格审查等环节。其中，初审的目的在于排除不合格的应聘者，一方面可以降低招聘成本，另一方面能够保证最终录用人员的质量。(4) 录用阶段。包括试用安置和正式录用，一般经过录用决策、通知应聘者、试用、签订劳动合同、正式录用步骤。(5) 招聘评估阶段。需要在本次招聘结束之后，认真评估招聘工作的质量，并总结经验，吸取教训，为以后的招聘工作做指导。

除了从外部获取组织所需人才之外，组织还可以从其内部，通过适当的途径和程序重新配置人力资源，实现人员与岗位的匹配，最终提升部门、组织的整体绩效。因此，公共部门人力资源获取的另外一个途径就是公职人员的内部流动。内部流动主要包括公职人员的晋升、调任、转任、轮换、挂职锻炼等形式。

公职人员的晋升是指公共部门按照有关法律法规和政策，提高组织内人员的职务和级别。晋升的依据通常是组织、机构和岗位的需求，一定时期内公共部门的绩效考评结果以及员工的能力和行为表现。公职人员职务的晋升，不仅直接关系员工本人的荣誉、地位和薪酬待遇，还关系着整个公共部门的效率和未来发展，是保证公共部门获得合适人选的重要内部途径。

调任、转任、轮换、挂职锻炼都属于公职人员调配交流的范畴。公职人员调配交流是指公共部门根据组织和岗位需要及员工的个人愿望，依照法定程序和方法，将所属人员调入或调出本组织或在组织内转换工作岗位的一系列活动。它是公共部门人力资源配置中的流动机制，对于保持公共部门的活力，提高公职人员的工作热情和积极性有着重要的作用。其中，调任是指国家行政机关以外的工作人员调入国家行政机关担任领导职务或担任非领导职务，也包括国家行政机关内部工作人员调出国家行政机关任职的人事活动；转任是指公务员因工作需要或其他原因在国家行政机关内部的平级调动，包括跨地区、跨部门调动，也包括在同一部门内部不同职位之间的转换；轮换也称轮岗，它是指国家行政机关对担当领导职务和某些工作性质特殊的非领导职务的公务员，在同一部门内部有计划、有组织地进行调换任职的人事活动；挂职锻炼是指国家行政机关有计划地选派公务员在一定时期内到基层行政机关或企事业单位担任一定职务的人员交流活动。

合理、有效的人力资源规划和获取离不开工作分析、职位评价等基础性工作。实际上，工作分析和职位评价不仅是人力资源规划和获取的基础，也是整个人力资源管理活动的重要基础，与每个人力资源管理环节都有着紧密的联系。工作分析又称职位分析，是收集、分析、确定公共组织中职位的定位、目标、工作内容、职责权限、工作关系、绩效标准、任职资格等因素的过程，其重要成果是职位说明书（job description）。在此基础上，工作分析为人力资源需求、供给、获取提供了科学依据和标准，规范了公共部门的人力资源规划和获取的程序。职位评价是指通过科学的方法和客观的程序对职位进行价值比较而建立组织职位价值序列的过程，它最重要的作用是为组织设计自身的薪酬体系提供依据。在公共部门中，职位的定位、目标、工作内容、职责权限等方面决定了职位的价值大小，进而决定了组织为其确定的报酬的数量和结构。常用的职位评价方法有职级分类法、职位分类法、要素计点法、因素比较法，其中，前两种是定性评价方法，后两种是定量评价方法。

5.1.3　公共部门人力资源激励和开发

人力资源激励（human resource motivation）是公共部门通过创造各种有利于公职人员成长、发展的环境，消除不利于他们成长和发展的因素，促使他们的态度、行为与组织的发展目标相一致，并最终促进组织目标实现的各种管理手段和活动。人力资源激励的依据是绩效考核。绩效考核的主要内容在于使用一系列科学方法对公职人员的绩效表现进行评估，并根据评估结果力图发现其现有表现与组织既定绩效目标之间的差距。这个过程能够让考核者明确知晓被考核者的业绩、品德等情况，如哪些被考核者表现突出，适合被委以重任或给予物质奖励；哪些被考核者表现合格，但还应该继续开发其工作潜力或改善其工作态度；哪些被考核者表现不合格，应该督促其努力改善绩效甚至给予其一定的惩罚。因此，绩效考核为制订具体的、有针对性的人员激励方案提供了科学的依据。对人力资源管理而言，也只有与绩效考核结果挂钩的激励方案才是有的放矢的。

绩效考核，首先，可以激励在职人员改进绩效，提高其努力工作的自觉性和主动性；其次，可以为公职人员的自身发展规划提供依据；最后，可以为组织识人、选人和用人提供依据。而且，组织中的岗位调动、人员升降、奖励与惩罚、薪酬发放等各个方面，都需要建立在绩效考核的基础上。公共部门人力资源的绩效考核着重关注的有四个方面：一是工作能力，即公职人员从事本职工作所需的基本能力和应用能力，主要包括体能、知识、智力和技能等。二是工作业绩，即公职人员工作行为的直接结果，注重对工作结果的考察。三是工作态度，即影响工作能力发挥的个性因素，主要包括纪律性、责任感、积极性、协作性、服从性、执行性、敬业精神等。四是潜力考核，即关注公职人员潜能与绩效的关系，注重他们的素质，关心其未来发展。

对于公共部门而言，薪酬、职务晋升、工作调配流动等都是实现激励的重要形式。薪酬作为一种最重要的激励形式，不仅能够满足员工在物质、金钱方面的需求，而且现代意义上的薪酬还包括非经济报酬，能够满足员工的精神追求，激发他们的工作热情和创造力。因而，薪酬及其相关管理制度是实现员工激励的重要工具。

表面看来，薪酬是雇佣关系中受雇一方所得到的各种形式的金钱回报、有形服务与福利等的总和。而在实质上，薪酬则是一种满足员工内在需求的手段和要素，是用来激励员工的工作积极性和主动性，从而从个体层面提高工作绩效的途径。薪酬的状况决定了组织对员工的吸引力、满足感以及员工是否保留在组织中的行为选择等。如果薪酬的设计合理，还能激发出员工的工作热情并提高绩效。

薪酬的内容不仅包括组织向员工提供的经济性报酬和福利，还包括为员工创造的良好工作环境以及工作本身的内在特征和组织特征所带来的非经济性的心理效用。这是总体薪酬（total compensation）的概念。其中，经济性的报酬包括直接报酬和间接报酬。直接报酬主要包含基础工资、绩效工资、奖金、各种津贴等；间接报酬则是指组织向成员提供的各种福利，如保险、补助、优惠、服务、带薪休假等。非经济性报酬包括工作本身、工作环境和组织特征带来的效用。工作本身带来的心理效用包括工作的趣味、工作的挑战性、工作的责任、工作的成就感等；工作环境带来的心理效用包括友好和睦的同事关系、领导者的个人品质与风格、舒适的工作条件等；而组织特征带来的心理效用则包括组织的声望、组织的领先地位、组织的高速成长带来的机会和前景等。

在人力资源管理的意义上，薪酬可以发挥三个方面的作用：（1）补偿作用。它体现了经济学意义上薪酬的内涵，是对劳动者劳动付出的一种补偿。（2）激励作用。薪酬与绩效考核结果直接挂钩，考核结果决定了薪酬的水平，薪酬水平的高低又反映了公职人员绩效水平的高低，促使他们为了获得经济报酬和精神满足不断改进绩效，提高工作质量。（3）调节作用。科学的薪酬制度可以促进人力资源的合理流动，达到人力资源的优化配置。

一般来说，组织中的薪酬制度是以等级制的形式出现的，公共部门中的薪酬制度尤其具有明显的等级制特征。也就是说，公共部门中的薪酬制度是一种根据岗位和职务上的等级差别而进行薪酬支付的原则、方法以及各种具体规章制度的总和，它包括薪酬管理的目标、原则、薪酬形式以及支付方式、薪酬水平等，具体表现为由薪酬等级表、工作标准、技术等级标准、岗位或职务名称表等内容组成。薪酬等级表能够简明准确地反映出等级间薪酬水平的差别，即不同级别的岗位或职务在薪酬标准上的等级关系。当然，公共部门中的薪酬制度在形式上也是多样的，随着政府改革以及公共管理主体的多样化，公共部门的薪酬制度在等级制的基线上也呈现出多样化的特征，特别是在新公共管理运动的影响下，绩效工资等也成为广泛使用的用来激励员工的手段。公共部门中常见的薪酬等级制度主要有职务薪酬制、职等薪酬制、结构薪酬制、职务级别工资制、技术等级薪酬制、岗位技能薪酬制。

公共部门薪酬的构成主要有工资、津贴、福利和社会保险四个方面。工资是指公职人员因工作而获得的实际货币收入，主要由基本工资、绩效工资、奖励工资构成。津贴是对员工工作中的不利因素的一种补偿，与经济学意义上的补偿性工资相关，但它不构成薪酬中的核心部分，在薪酬中所占比例较小。一般来讲，津贴的种类、发放范围和标准等都由国家统一规定。津贴的种类有岗位性津贴、地区性津贴、生活保障性津贴。福利是组织向员工提供的除工资、奖金之外的各种保障计划、补贴、服务以及实物报酬。它是经济性报酬中非常重要的组成部分，而且在现代组织的薪酬设计中占据着越来越重要的位置。带薪休假、健康计划、补充保险、住房补贴已经成为福利项目中的重要形式，并且根据员工个人偏好而设计的自助餐式的福利计划也成为新兴的福利形式，并且获得了广泛的认可。社会保险是国家赋予劳动者的一种法定性福利，具有强制性，是保障劳动者基本生存、生活、工作和安全健康的重要福利形式。作为社会保障的重要内容，社会保险包括养老保险、医疗保险、失业保险、工伤保险和生育保险五个方面的内容。

由于人力资源的特殊性，公共部门应该贯彻持续开发人力资源的理念，着眼于组织长期发展目标下公职人员的知识、技能、健康、价值观以及潜能发展的全方位要求，积极实行开发政策、措施，而不是出现问题才采取补救措施。这种视角下的人力资源开发（human resource development，HRD）是指公共部门利用科学方法，经过系统规划，通过投资、教育、训练等方式，引导公职人员更新知识、增加技能、转变价值观以及促进健康、心理、道德开发的全面发展，是提高组织整体绩效、实现组织和社会持续发展的过程。

其中，人力资源培训是人力资源开发的重要形式和基本形式，它关注组织的近期、中期目标。公共部门的人力资源培训（human resource training）是指公共组织根据自身需要，为提高公共部门生产力及其整体绩效、改善人员的知识结构、提高技能和素质而实施的知识增进、能力和技能提高以及价值观改造等活动。培训的类型可以分为岗前培训、在职培训和离职培训。培训的程序可以分为以下几个步骤：培训需求分析、培训计划设计与准备、培训实施、培训效果评估与反馈。

职业生涯规划也是人力资源开发的重要组成部分，而且，职业生涯规划为人力资源开发提供了更为完整和长期的规划。在这个过程中，公职人员和组织的管理人员都参与进来，双方以实现组织的长期目标为目的，将长期目标分解为短期目标，并结合公职人员的职业发展规划，激励公职人员主动学习、主动开发自身的潜力。也许人们会以为职业生涯规划是个人的事情，实际上，对人力资源管理而言，它是组织人力资源开发中的一项不可缺少的内容。职业生涯是指一个人一生工作经历的总称，特别包括其职位变迁、职务变化以及个人通过工作实现理想的发展历程。职业生涯规划突出地反映了组织和员工之间的互动。对组织而言，它是指组织根据自身发展目标和要求，通过咨询和指导等手段，强化员工对个人能力、素质、潜力和个人终生职业计划的认识，加强员工对组织目标和个人发展之间联系的认识，以鼓励员工在达成组织目标的同时实现自己的职业生涯规划目标。对员工而言，它是指员工根据组织的目标，考虑自身的实际情况，就加强自身的能力、技术、潜能以及实现个人职业发展目标来制定相关规划的过程。因此，职业生涯规划并不是组织或员工单方面的行为，它需要双方的良好沟通、共同规划。

组织对员工的职业生涯规划是与工作分析、人力资源规划、人力资源获取、人力资源激励、人力资源培训等人力资源管理活动密切联系在一起的。它对于培养造就高素质的公职人员，稳定公务员队伍，完善公共部门人力资源管理具有重要作用。第一，将公职人员的职业生涯规划与人力资源规划结合起来，有助于人力资源的合理配置、利用和流动，实现人和事的最优组合。第二，公共部门和公职人员在职业发展管理中相互沟通，有助于使公职人员在组织发展目标的指导下认识自身的角色和努力方向，将组织目标和个人职业发展需求充分结合，促使二者共同实现。第三，公共部门参与公职人员的职业生涯规划，会促使公共部门从公职人员角度出发及时获取培训需求，为公职人员的能力、技能、潜能的开发创造条件，有针对性地开展各类公职人员的培训工作。

5.2 公共财政管理

5.2.1 从政府财政管理到公共财政管理

财政是一个国家存在与发展的经济基础，是可以通过货币的方式来计量的国家的财政力量形成与应用的过程，表现在由政府主持的收支活动中，服务于公共事务管理和社会治理的要求。财政活动是自国家产生之后就出现的一种具有经济色彩的活动，是国家行使职能的物质依托和社会经济关系的重要组成部分，同时，财政活动由于直接表现为国家或政府的活动，因而，也具有很强的政治性。

从人类社会的发展史或政治发展史来看，财政的形式和性质经历了从国家财政到政府财政再到公共财政的演变过程。近代之前，财政基本上属于国家财政的范畴。近代以来，随着国家机构的分化，出现了专门的国家意志执行机构——政府，因而，直接的财政活动是以政府为主体而开展的活动。由于近代以来的政府逐渐地发展为独立于不同的政党以及利益集团的公共组织，担负着一定的公共职能，因而，其财政活动也包含着一定的公共性。但是，在整个近代以来的这一历史阶段中的财政活动的主体主要是政府，所以，这种形态的财政可以被称为政府财政。

在我国，计划经济时代的财政在一定程度上是可以被看作国家财政的，尽管它与农业社会统治结构中的国家财政具有不同的性质。在从计划经济向市场经济转轨的过程中，逐渐形成了政府财政，尽管在性质上财政还是国家的，但是，政府已经成了直接展开财政活动的主体。近些年来，随着公共管理对公共行政的替代过程的开启，政府财政也在悄悄地转型为公共财政。当然，在“国家财政”、“政府财政”和“公共财政”这三个概念之间做出严格的区分是比较困难的，但是，如果说人类的财政发展史大致经历了三个阶段，那么用这三个概念来标示这样三个阶段则是必要的。

国家财政是一种以国家为主体的财政活动形式。国家财政产生于国家已经生成并已经有了明确的行政职能的条件下，但是，此时的国家与政府尚未实现分化，或者说，国家与政府是一体性的，国家的概念与政府的概念基本上是重合的，因而，财政也就完全表现为国家的财政。此时的国家通过税负获得收入，除了税负之外，徭役、纳贡等也可以看作国家财政收入的一部分。财政支出主要从属于统治阶层的消费以及统治系统的维系，为统治秩序的获得提供支持，在有限的情况下，也会用于开展公共工程建设等事项。不过，在本质上，国家财政是服务于阶级统治的需要的，是在阶级统治的框架下开展的财政收支活动。这种收支活动在形式上所反映的是统治意志，表现为权力支配行为，特别是在“收”的方面，表现出强制性剥夺的色彩，具有很强的主观随意性。在“支”的方面，也同样具有很强的主观随意性，缺乏科学的预算方案等，最高统治者的命令或指示，就是财政支出的依据。

政府财政是在国家与政府的职能出现分化后而出现的一种由政府直接开展财政活动的财政形式。在这种财政形式中，政府在国家的财政法律制度框架下并在国家政治部门的指导和监督下开展财政活动，财政活动本身就是公共行政的一项重要内容，同时，也为公共行政的其他方面内容的展开、政府的社会管理以及促进社会发展等提供支持。与国家财政不同的是，政府财政要求尽可能消除一切财政活动的主观随意性，注重依法开展财政活动，注重财政收支平衡和科学管理，特别是注重通过预算的编制和执行去保证财政活动的科学性、合理性和合法性。在政治与行政二分的前提下，政府财政活动作为公共行政的一个组成部分也具有相对的独立性，要求尽可能地按照财政自身的规律去开展财政活动。比如，无论预算编制是由政府部门做出还是由政府自身做出，都会按照经济、社会发展以及财政收入的情况进行，即使政治部门对政府的财政活动做出干预，政府也能够根据科学性、合理性的要求而对政治部门施加影响。在此意义上，政府已经成为事实上的财政活动主体，虽然它要通过财政活动去实现国家的政治目标，但在形式上，却表现出政府财政活动的相对独立性。

“公共财政”一词具有两种内涵：一是在公共行政的基本框架下使用“公共财政”一词，即政治与行政二分原则在政府建构中得以落实的条件下出现的政府财政形式，其根据是这一财政形式已经因为政府的价值中立而具有了公共性，是服务于公益事业和公共事务的，不受任何政治力量的左右。二是指政府财政的新的替代形式，是财政发展的一个新的阶段，代表了最新历史发展趋势的新的财政形式。具体地说，它始于 20 世纪 80 年代，是政府与其他社会自治力量共享的一种财政形式。也就是说，政府不再是唯一的财政主体，其他的社会自治力量甚至整个社会都在一定程度上参与财政活动。当然，今天看来，这种公共财政还处在一个生成过程中，甚至在一个较长的时期内都不可能取代政府财政，也就是说，政府财政依然是现阶段的主导性财政模式。不过，从近些年的财政活动来看，许多新的因素已经突破了政府财政的框架。比如，政府财政较为侧重的是财政活动中的科学性、合理性，具有政府垄断的色彩，透明性不足，较少接受社会的监督，在社会公正与公平的问题上也主要是由政府自己去做出诠释。从近些年来财政发展的新情况看，政府开始较多地注重社会公正与公平的问题，公众对财政活动的透明性、开放性要求越来越强烈，在很多情况下，财政活动需要得到社会的监督，越来越多的社会工程等项目要求财政给予支持，新近出现的非政府组织也有很大一部分在开展社会治理活动的时候需要得到财政的支持。所有这些，都是原先的政府财政所没有遇到的。所以，它呈现出来的是一种新的财政形式，可以看作政府财政之后的一种新型的公共财政。

公共财政是在行政改革的过程中产生的，大致在 20 世纪 80 年代，随着政府在社会治理过程中的垄断地位被打破，政府财政也不再能够满足社会治理的要求，多元社会治理主体的出现提出了财政转型的要求，即让财政成为多元治理主体合作治理的保障。所以，公共财政是与作为新型社会治理模式的公共管理一道出现的，是公共管理体系的一个构成部分。从财政史的角度看，如果说在近代社会首先出现了从国家财政向政府财政的转型，然后才出现了公共财政，那么，公共财政则是与公共管理同步生成的。对于公共财政的性质，需要从公共管理的角度来加以认识。反过来，公共财政也是建构公共管理这一新型社会治理模式的一条重要途径，在何种意义上建立起了不同于政府财政的公共财政，也就意味着在同等意义上真正建构起了公共管理。

公共财政的目的是满足社会的公共需要。关于社会的公共需要，在公共行政的视角中可以看到它是由三个层次构成的：第一个层次是维持社会基本的正常运转，提供国防、外交、司法、公安、日常管理等方面的服务。第二个层次是处于社会公共需要和私人个别需要之间的，常常由政府满足的一些需要，如教育、社会保障、价格补贴等。第三个层次是大型基础设施、公共设施以及基础产业，如邮政、交通等。经营这些产业既需要大量投资又要承担巨大风险，但对经济发展却至关重要，需要由政府来提供。所以，政府财政基本上是在这三个层面上去提供财力保障的。公共财政也需要满足这三个层次的需要，但是，公共财政的目的并不限于这三个层次，而是有着更为实质性的追求，即提供社会公正和公平。所以，公共财政在当前的着力点是放在公共服务均等化的问题上的，是以公共服务均等化为突破口而实现对上述三个层次公共需要的满足的。

财政收入与财政支出是公共财政的基本活动内容，也是其干预市场运行、弥补和纠正市场失灵、实现公共服务均等化的基本途径。所谓财政收入，就是从事社会治理活动的组织为了自身的生存和开展社会治理活动的需要，而在其社会治理活动覆盖的范围内获取资金的过程。就现阶段而言，财政收入的形式主要包括税收收入、非税收入、债务收入等。国际上最著名的收入划分是由国际货币基金组织在 1986 年发布的《政府财政统计手册》（简称 GFS 手册）中所做出的分类。GFS 手册把财政收入分为税收和非税收入，非税收入则可以划分为经常性收入和资本性收入。经常性收入按其性质可分为财产收入、销售收益、收费和罚没收入。资本性收入则包括固定资产变卖收入以及非政府部门的资本性馈赠。所谓财政支出，则是社会治理组织对其所获取和拥有的资金进行分配和加以使用的过程，目的是为社会治理活动提供经济上的、物质上的支持，并尽可能地促进社会治理体系的优化，以求取得最佳的社会治理活动效果。GFS 手册把财政支出划分为四类：一是一般政府服务职能支出，即与政府自身需要的活动相关联的支出，主要包括行政和立法机构支出、外交及外援支出、国防支出、社会治安及秩序、政府提供的一般人事管理、综合经济和社会计划及统计服务支出、基础科研等集中购买和供应的服务支出；二是公共服务和社会服务职能的支出，即政府承担的直接向社会、家庭和个人提供服务的支出，主要包括教育服务、卫生保健、住房和社区发展、社会保障和福利、供水、供电、供气以及娱乐、文化、宗教等公共服务的支出；三是经济服务职能的支出，涉及与企业管理和更为有效的经营有关的政府职能支出；四是其他职能的支出，主要有政府债务的利息支出和政府向其他机构的一般性转移支出。

通过财政收支活动，公共财政能够发挥以下几个方面的基本职能：

第一，筹集资金。即政府凭借其掌握的权力在社会产品集中分配过程中无偿占有一定的社会资金。一方面，财政强化了国家政权机构的特殊地位和权力；另一方面，国家政权机构及其权力的强化又反过来促进财政活动中筹集资金的职能强化。

第二，配置资源。即公共行政组织主要通过调节积累和消费的比例关系，调节资源在产业部门之间的配置，调节社会资源在政府部门和非政府部门（企业和个人）之间的配置方式，对现有的人力、物力、财力等社会经济资源进行合理分配，实现资源结构的合理化，使其得到最有效的使用，获得最大的经济和社会效益。

第三，收入分配。财政的收入分配职能主要是指通过调节国家、企业和个人之间的分配关系，以实行收入的公平合理分配目标。公平分配包括经济公平和社会公平两个层次。经济公平是市场经济的内在要求，强调投入和产出相对称，它可以由平等竞争条件下的等价交换来实现。社会公平则需要政府通过公共财政执行收入分配职能实现。一般来说，为了改善收入分配不平等的状况，政府可采取的财政措施主要包括按照支付能力原则设计的税收制度和按照受益能力原则设计的转移支付制度，即政府可以通过征税而强制性地把财富从那些应该减少收入的人手中收集起来，再通过各种补贴或失业救济金等制度，以货币或实物等形式把这些财富转移给那些应该增加收入的人。

第四，宏观调控。宏观调控是指国家通过财政政策等宏观调控手段去实现社会经济稳定和可持续发展的目的的活动。经济稳定一般包括充分就业、物价稳定和国际收支平衡三个方面。经济稳定和经济发展的目标集中体现为社会总需求和社会总供给的平衡，这是公共财政对社会经济进行宏观调控的根本任务。政府需要在一定的财政管理体制下，利用各种财政政策和财政手段，通过有目的、有计划的集中性的收支活动，调节、控制、影响无数微观经济主体分散进行的经济活动和财务活动，在力求财政收支、信贷收支、外汇收支和物资供求之间综合平衡的基础上保持社会总供求的大体平衡，实现社会经济稳定、持续发展。

财政目的的实现需要得到完整的制度保障。在近代政府财政的发展过程中，为了实现财政目的，已经形成了一整套制度，在财政收支上拥有完整的机构，建立了系统的法律法规体系和预算、决算审核机制，实现了财政法治化。在公共财政的建立和发展过程中，政府财政的制度建设经验需要得到继承。除此之外，公共财政还需要建立起一整套监督机制。这个监督机制不仅是公众对政府财政活动的监督，而且是公共管理多元主体之间在财政活动上的相互监督。因为公共管理的主体是多元的，所以，公共财政活动的主体也是多元的，多元主体的合作治理过程是需要得到财政支持的，这不仅要求财政配置方式和内容发生根本性的变化，而且需要在多元主体间建立起健全的监督机制。同时，在财政活动拥有充分的透明度的情况下，也是可以实现相互监督的。

5.2.2 公共预算管理

与国家财政、政府财政和公共财政三种类型相对应，如果对预算进行历史划分，也可以区分出国家预算、政府预算和公共预算三种类型。在实际的预算过程中，更多的是把预算作为财政活动目标实现的手段来看待的，所以，在思考预算的问题时，人们更加注重预算的技术方面的特征和内容。现在人们所谈的“公共预算”一词实际上所指的是一种政府预算形态，这种预算是政府根据其施政方针和社会需要编制的，是经立法机关批准的某一年度内的政府财政收支计划。但是，随着社会治理多元主体所构成的合作治理体系的发展，预算主体可能会发生变化。也许会出现这样一种情况，即多元化的预算体系的生成。首先，政府编制自己的预算；其次，政府负责指导非政府组织等公共组织编制各自的预算；最后，政府对预算的执行实施监督和管理。就当前来看，政府预算是公共部门预算的基本形式，因而，人们现在所讲的公共预算与政府预算具有同等含义，也就是指公共部门的预算。

公共部门预算的出现是与代议制政府的兴起和发展密切联系在一起的。在开始出现的时候，预算主要从属于对政府财政活动的约束需要，即让政府的财政活动有一个依据和框架，以利于民主制度下的公众对政府财政活动与预算执行状况进行比较，从而实现对政府的监督。随着社会的发展，预算的功能也不断地得到拓展，现在的公共部门预算不仅是一个如何正确地、有节制地花钱的问题，而且是一个能否准确地反映经济社会发展的需要，并通过科学合理的财政收支去实现促进经济社会发展目标的问题。现代社会，公共部门预算不仅是国家的重要立法文件，唯有由政府提交国家立法机关审批后方能生效和执行，以便于国家立法机关和全体公民对公共行政活动的制约和监督，而且它还是调整财政收入和财政支出的重要控制手段，具体规定计划年度内国家财政收支指标及其平衡状况，反映政府活动的范围、方向和政策，是政府有计划地集中和分配资金、调节社会经济生活的主要的财政手段和财政机制，在财政活动中占据着重要的地位。

公共部门预算的功能主要体现为三个方面：第一，财政保证作用。公共部门预算是国家实现其职能、有计划地筹集和分配由国家集中掌握的一部分财政资金的重要工具。政府要实现其基本功能，必须有一定的财力作为保证。通过公共部门预算的编制和执行，政府有效地行使其职能就有了基本的财力保证。第二，调节和控制作用。公共部门预算可以根据社会供求情况，采取相应的政策措施，通过预算支出结构的安排，调节投资分配结构，从而调整国民经济结构。第三，反应和监督作用。公共部门预算是国民经济的综合反映，通过预算的编制和执行，政府可以及时掌握国民经济的运行状况、发展趋势和存在的问题，以便采取相应对策，促进国民经济持续、健康、稳定发展。

公共部门预算的组成与国家政权结构和行政区域的划分相联系。由于有中央政府和地方政府的划分，公共部门预算也相应地由中央预算和地方预算所组成。现在世界上大多数国家实行多级预算，有一级政府即有一级财政收支活动的主体，也就有一级预算。一级政府的总预算不仅包括本级一级财政收支和特别预算，也包括下级政府的总预算，从而形成完整的公共部门预算体系。在公共管理的视野中，除了政府部门的预算体系之外，还有非政府的公共组织的预算，它们的预算与政府的预算处于平等的地位。这样的话，完整的预算体系就是由纵横两个方面构成的一个密切联系、相互制约的体系。

一般来说，中央政府主要担负保证国家内政、外交、国防、援外、关系国家民生的重点建设和宏观经济调控的职责。与此相适应，中央预算主要担负国家重点建设和文教建设、中央行政及国防等方面的资金需要，同时还要调节地方预算的余缺，支援经济不发达地区特别是少数民族地区经济发展等。中央预算成为国家履行其职责的基本财力保证，在公共预算中占主导地位。同时，地方预算在公共预算中的地位也不容忽视，这是因为地方政府担负着国家在各地的政治、经济任务，地方预算必须有计划地为地方经济建设、文教建设、地方行政等供应资金。此外，支援农业的各项开支、少数民族地区建设也由地方预算安排。非政府的公共组织在社会治理过程中发挥着重要作用，它们的预算内容更为复杂。一方面，它们的预算包含着自身运营过程中独立发生的收入与支出；另一方面，它们接受国家授权而从事的社会治理活动也包含着对财政的贡献与要求两个方面。所以，这些非政府的公共组织的预算也需要纳入法制化的轨道上来，需要得到政府甚至国家相关部门的批准和监督。

公共部门的预算编制工作是整个预算工作程序的开始，包括拟定、审查、汇总和批准公共预算收入、预算支出指标体系数字的全过程。公共预算编制工作是由国家主管财政的行政机关负责进行的。公共预算的基本要求是当年预算收支平衡。各国的预算编制和实现基本上以一年时间（365 天）为限，是指预算收支起讫的有效期限，即所谓的预算年度，也称财政年度。许多国家的预算年度采用历年制，即从当年 1 月 1 日起至 12 月 31 日止，如中国、法国、瑞士等。有的国家采用跨年制，如英国、日本等国家的预算年度从当年 4 月 1 日起至次年 3 月 31 日止，意大利从当年 7 月 1 日起至次年 6 月 30 日止，美国从当年 10 月 1 日起至次年 9 月 30 日止，等等。公共部门预算编制工作必须在预算年度开始前完成。中国的公共部门预算编制过程一般是在预算年度开始前的几个月进行准备，对预算控制指标进行测算，进一步编制出预算草案，最后由人民代表大会进行审查和批准。

公共部门预算的执行是整个预算管理工作的中心环节。预算经国家立法机关批准通过后便具有强制执行的法律效力，因而必须加以执行。公共部门预算的执行就是把预算由计划变为现实的具体实施步骤，是预算年度内国家实现预算收支的重要工作。公共部门预算的执行是一项经常性、艰巨性、复杂性的工作。中国公共部门预算的执行按国家行政管理系统实行分级管理，由国家行政领导机关和各职能部门组成执行机构。其中，国务院起领导作用，全面负责公共部门预算的组织执行，地方各级人民政府负责本地总预算的组织执行。公共部门预算的具体执行部门是各级财政部门。参与预算执行的还有许多专职机关，如税务机关、海关、银行等，它们都是执行预算的重要的收入机关和支出机关。

公共部门中的一切活动都必须遵循一定的原则，都应当是规范的行为。预算也是这样。具体地说，公共部门预算应当遵循以下几个方面的基本原则：

第一，预算程序的合法性。公共部门预算的过程必须严格按照法定程序进行，而且预算的收支范围和方向均有相应的法规依据。也就是说，在预算管理的各个环节都必须遵循法定程序，预算编制完成后要经立法机关批准，在预算执行的过程中应受立法机关约束。经法定程序审批后的预算也就成了具有法律效力的文件，预算部门必须无条件执行，不得随意更改。如遇特殊情况需要调整原定预算，同样必须遵循法定程序进行，不得在法律范围以外调整或变更预算。

从实践上看，往往存在着这样的情况：在新财政年度开始时，关于这一财政年度的预算方案尚未经立法机关批准，而在此期间政府活动并不能够中止，也必然会产生收入与支出的行为。对于这种情况，美国的做法是规定由立法机关临时解决；英国则是以“暂准拨款”的方式来解决的，一般可批准所需资金的1/4；荷兰、葡萄牙和拉丁美洲国家一般规定，在预算审批期间，行政部门可以开支，但每月金额不得超过上年同期水平。在中国，每个财政年度的预算在立法机关批准前存在一段时间的法律空白，即全国人民代表大会未审批通过而新的财政年度实际已经开始，此时，各部门往往暂时按照尚不具有法律效力的新预算草案执行。这在法理上可能是值得质疑的。但是，由于中国政府在编制预算的时候，能够严格依法进行，并有着实事求是的科学严谨态度，预算草案一般都能得到全国人民代表大会批准，所以，在实质上并不背离预算过程的合法性。

第二，预算内容的精密性。公共部门的预算应当是详尽细致的，应当具有精确的说明，而且应当有相应的报表。例如，在美国的部门预算中，财政部将每个部门的预算详细列出，通常在部门分类中列有“立法机关”（一级分类），其下再列有“参议院”“众议院”“国会图书馆”等（二级分类），之后再进一步细分。如在参议院下再分为“对遗孀与子女的支付”“对副总统和参议员的车马费补助”“对临时听证会的补充”“对门卫的支出”等，这些属于第三级（明细）分类。此外，公布的预算资料还列有对立法机关批准预算的附注，如在众议院临时听证会支付项目下，就列有某年某月第几届国会通过的若干号法案批准拨款多少、当时支付多少、现在支付多少的说明与附注等。

中国在预算的编制上经历了一个由粗放到细化的转变过程，近些年来，我国通过改革预算编制程序而采用了一种自下而上的编制过程，即从基层预算编起。这有利于将支出细化到具体的支出项目，实现了基本支出落实到目级科目、项目支出落实到每一个具体项目的目标。同样，根据这种自下而上的预算编制程序，将预算按部门划分，由各部门分别将涉及本部门的所有收入和支出按照功能和经济性质统一编入本部门预算，财政部在对各部门的预算进行审核并汇总后，形成了按部门列示的一级政府总预算。这样一来，每个部门都有一本完整的、细化的预算，由各部门预算共同构成的一级政府总预算也是清晰的。

第三，预算范围的完整性。政府收支都应在预算中得到反映，应完整地涵盖预算部门的全部收支，既包括一般预算收支，又包括基金预算收支。在一般预算收支中，既包括预算内资金收支，又包括预算外资金收支和其他收支。这种范围上的区别，决定了预算的完整程度。对实现预算管理的所有关键目标而言，预算的完整性是一个基本前提。

第四，预算功能的时效性。政府预算应该按财政年度编制，政府每年向立法机关呈递预算，并在一个财政年度终了时做出预算。设立财政年度的理由主要有两个：一是要明确立法责任。立法机关是按年度来审核政府预算的，而政府的财政收支只有经由立法机关审核并获批准后，才具有法律效力。从立法角度讲，政府收支的合法性（法律效力）需要有一个时间界限，而且并不是任何时候都有效。二是出于统计需要。如果忽视时间因素，所有的统计数据就没有意义了。在现代预算确立的早期，年度预算的编制源于立法机关的要求。在近代英、法等国，代表新兴资产阶级利益的议会（立法机关）经过与君主政体的长期斗争，最终取得了控制课税权和批准税收提案的权力，并成为对国王财政权进行限制的工具。自此以后，立法机关对财政事务的注意力便转向支出控制上，进而要求政府每年提交预算报告，并经议会审批后方可实施。因此，这样一种依据法律、按年度编制并审议预算的做法被各国所采用并延续了下来。

第五，预算过程和方案的透明性。公共部门预算本质上所反映的是公共需求和公共供给的计划，因而，它必须向全社会公开，其内容必须是透明的，能为公众所了解，易于为公众及其代表所理解和审查。公共预算的透明性不仅是政府清正廉明的要求，而且便于公众监督和提高预算效率。当然，一些涉及国家防务安全等方面的收支需要有保密期的规定。公共部门预算的透明性原则受到国际机构的高度重视，是评价一国是否符合市场经济特征的重要标尺。国际货币基金组织在 1998 年公布了《财政透明度优化策略章程——原则和宣言》，建议各国在自愿的基础上致力于实现财政透明度的一般要求和最低要求，即向社会公众公开政府的结构和职能、财政政策的意向、公共部门账户和财政预测。显而易见，透明性意味着政策意图、程序和实施的公开性，它是构成良好的政府治理的关键因素，缺乏透明的预算会滋生腐败，会造成整个政府的管理混乱以及其他问题，进而影响到公众对政府的信心。

预算管理制度可以分为两个方面：一是预算编制和执行制度，实际上也就是预算方法；二是预算控制，即对预算资金的使用方式进行控制的方式、方法。现代公共部门的预算制度可以归结为分项排列预算（line-item budgeting）、规划-计划-预算模式（PPB）、绩效预算制度、零基预算制度、新绩效预算制度等五种基本模式。

公共部门预算的基本目标就是要对财政收入与财政支出进行控制，而预算自身也存在着一个对预算资金及其运行进行有效管理的问题。所以，在预算管理的实践中，理论部门和实际工作部门一直在不断探索，摸索出一系列与预算控制有关的管理模式和方法，这些方法也被称作“预算控制”，其中最为基本的也是最经常使用的预算控制方式有国库集中支付制度、政府采购制度和收支两条线管理。

5.2.3 政府审计管理

政府审计是指政府审计机关对会计账目进行独立检查，监督财政、财务收支的真实性、合法性及效益的行为，其实质是对受托经济责任履行结果进行独立的监督。中国的审计体系是由政府审计、社会审计、内部审计共同组成的，就目前的情况看，基本形成了以政府审计为点、以社会审计为线、以内部审计为面的立体审计监督体系。在政府审计中，则包括中央、地方以及行政单位预决算审计。中央审计部门是中华人民共和国审计署，对应的是地方各级审计部门。

中国政府审计部门的职责范围包括：（1）对本级各部门（含直属单位）、下级政府的预算执行情况和决算以及其他财政财务收支情况进行审计监督；（2）对国家的事业组织和使用财政资金的其他事业组织的财务收支进行审计监督；（3）对国有企业及国有资本控股或者主导的企业的资产、负债、损益进行审计监督；（4）对政府投资和以政府投资为主的建设项目的预算执行情况和决算进行审计监督；（5）对政府部门管理的和其他单位受政府委托管理的社会保障基金、社会捐赠基金以及其他有关基金、资金的财务收支进行审计监督；（6）对国家机关和依法属于审计机关审计监督对象的其他单位的主要负责人，在任职期间对本地区、本部门或者本单位的财政收支以及有关经济活动应负经济责任的履行情况进行审计监督；（7）对被审计单位建立的内部审计制度以及内部审计工作进行业务指导和监督；（8）社会审计机构审计的单位属于审计机关审计监督对象的，审计机关有权对其出具的审计报告进行核查。

政府审计的实质是要对受托经济责任履行进行独立的监督，这种监督不是一种被动的监督，而是对经济发展、财政及其预算的实现具有积极意义。具体地说，政府审计职能主要表现为监督功能、评价功能和前瞻性功能。

（1）政府审计的监督功能。审计的基本功能就是实施监督，审计应当被看作是一项具有独立性的经济监督活动，其内在的职能是经济监督。政府审计的独立性决定了它可以代表社会公众的利益监督政府行为，从而保障政府的公共受托责任。总的来说，政府审计以监督功能为基础，检查财政收支的真实性和合规性，实施对领导干部的任期经济责任审计，打击腐败和违法犯罪行为，保护国有资产的安全和完整。这样一来，可以提高政府行为和财政收支的透明度，从而提高国家的法治水平。

（2）政府审计的评价功能。政府审计的评价功能主要是通过绩效审计和专项审计调查，对公共政策和公共项目的选择、执行以及结果进行评价。政府的本质是制定公共政策并加以执行，向社会公众提供公共产品和服务，政府行为能够持续的重要原因就是公共产品和服务由政府来提供要比由私人部门来提供具有更高的效率或更低的成本。所以，为了维护社会公众的利益，政府审计通过评价政府各部门的公共政策和程序的选择、执行情况及结果，给决策者提供借鉴和帮助，改善被审计单位绩效，增强政府的决策和管理水平。

（3）政府审计的前瞻性功能。在当前的世界经济政治环境下，各种公共危机事件的频发要求政府具有长远眼光，看清大局，了解自己的行动将带来的相应影响。这就要求政府审计功能得到拓展，需要具备一定的前瞻性功能。前瞻性功能要求政府审计围绕经济社会发展目标和国家宏观调控政策的导向，通过专项审计调查去关注关系到国家经济安全和民生的重大问题，立足当前，着眼未来，为政策制定者提供未来的工作重点。

为保证上述政府审计功能的实现，必须借助特定的审计方法。在当前的政府审计中，经常使用的方法有绩效审计、经济责任审计、专项审计调查等。绩效审计突出了经济性、效率性和效果性三个方面，即强调要少花钱、多办事、快办事、办好事。经济责任审计是财政财务审计的人格化，是针对领导干部经济责任的审计，是中国特色的一种审计形式。专项审计调查是审计机关通过审计的方法对国有企业、与国家财政收支有关或者本级人民政府交办的特定事项对有关地方、部门、单位和个人进行的专门调查活动。与一般项目的审计相比，专项调查程序相对简化，审计调查覆盖面大，能及时发现并纠正被审计单位出现的问题。这一方面可以缓解矛盾，对审计单位起到促进作用；另一方面，对其他政府审计对象也具有一定的威慑力。

社会主义市场经济条件下的政府审计主要是财政审计和领导干部任期经济责任审计，往往会因审计对象的不同而采用不同的审计方法。就审计的内容来看，主要包括财政审计和预算审计两个部分。

市场经济存在着公共产品供给不足的问题，无法解决宏观经济的失衡、收入分配的不公、市场垄断、信息的不充分性等市场失灵的问题，这些都必须通过政府介入和实施干预来加以解决，这就产生了所谓财政上的要求，突出了财政活动的内容。因而，也就使财政审计的问题成为一个重要问题。财政审计的具体内容包括购买性支出审计、转移性支出审计、公共收入审计、税收审计和公债审计等。

（1）购买性支出对经济的影响是直接性的，这主要表现在三个方面：首先，对国民经济总量或生产总量的变动有重要的影响；其次，对经济或生产结构产生影响；最后，对社会的收入分配产生相关影响。由于购买性支出是政府进行宏观经济调控的一种重要手段，因此，它就成了政府审计的一个非常重要的内容。购买性支出审计的重点是对效益性的审查与评价。尽管政府购买性支出的范围十分广泛，包括行政管理支出、国家防卫支出、教科文卫支出、支援农业支出、基础设施投资支出等，但是，它们都具有共同的审计要点，即购买性支出安排规模的适当性、结构的合理性、采购招标的公开公平性和价格的合理性。所以，进行审计也是具有可操作性的。

（2）转移性支出也称转移支付。转移性支出与购买性支出虽然同属于财政支出的范围，但与购买性支出相比也有两个明显的区别：一是其表现为政府财政资金的无偿的、单方面的转移，它既不期望在经济上得到等价补偿，也不要求受益者对所得到的转移性资金予以归还；二是转移性支出的目的是实现公平与效率，保持经济和社会的稳定，其对象不可能是所有的公民，而只能是某些地区或某些国民群体。转移性支出对经济的影响是间接性的。这是因为转移性支出的受益者在接受了政府的财政转移资金后，并不一定会转化或全部转化为当期的现实需求，因而对当期或后期社会供求数量与结构究竟会产生多大影响，是很难直接看出来的。正是由于这个原因，更应当对转移性支出进行审计。转移性支出审计的重点是对转移性支出的公平和效率性进行审查和评价。审计的要点是：转移性支出政策制定的规范性、目标的一致性，转移性支出结构的合理性、存量性和增量性，转移性支出与公平和效率间的协调性，拨款的透明度和稳定性，专项转移支付资金到位的及时性和配套资金的真实性等。

（3）公共收入是政府为了满足其实现职能的需要而参与社会产品分配的形式，是公共部门财政支出的基础。广义的公共收入是指包括税收和非税收入在内的所有收入。在现实实践中，公共收入多指狭义的公共收入，即专指非税收入，包括经营和财产收入、管理费和收费、罚没收入、各种交款以及其他非税性收入等。公共收入虽然并不构成财政收入的主体，但是，对于巩固国家政权和树立良好的政府形象仍然起着不可忽视的重要作用。因此，政府审计应当重视对公共收入的审查与监督。公共收入审计的重点是收入的合法性，审计的要点是非税收入范围界定的正确性、收入取得的合法性和合理性、赠与和自愿捐款的真实性和目的性、各种交款的及时性和保障性等。

（4）现代市场经济条件下的税收具有组织财政收入、调节经济两项基本职能，公平性和效率性是税收的两个基本原则，也是税收审计的重点。税收审计的要点是：税种设置的合法性与合理性，税收负担的公平性与效率性，税源建设和培植的效益性与促进性，税款征缴的及时性与真实性，课税对象的全面性与完整性，减免税对象依据的真实性、合法性与合规性，退税依据的真实性、合法性，退税手续的完备性等。

（5）公债是政府为了筹措资金，按照借贷的信用原则向投资者出具并承诺在一定时期内支付利息和到期偿还本金的一种债务凭证。公债审计的重点是其效益性。审计的要点是：公债发行依据的合理性和合法性；公债发行规模的适宜性；公债债务依赖税收存在的程度；公债偿债率的高低，偿还期限设计的合理性；居民应债能力的强弱；国债借债率的大小；国债持有者结构的合理性；公债发行价格的合理性，买卖价格的公平公允性；等等。

预算审计实际上也是广义的财政审计，之所以要把预算审计与上述财政审计分开来论述，是因为预算审计在实践中已经成为财政审计中的一个单列项目，这样做既是为了突出它的重要性，也是为了强调审计方式、方法的特殊性。公共部门预算是产生于税收和公债之后的一个财政范畴。积极推进以公共预算为核心的财政体制改革是继实行分税制财政体制和新税制后中国财政管理体制的又一项重要改革。其中，以实行部门预决算为主要内容的预算编制改革也正在成为公共部门预算的主要内容。实行部门预决算改革的重要性和必要性在于：有利于预决算编制的统一性，有利于维护预算的严肃性，有利于预算管理的规范化，有利于预决算编制的细化并落实到各个具体项目。一项改革要想达到预期目标，需要得到预算审计的支持。预算审计的重点是要对部门预算执行和决算编制的合理性、合法性、真实性和效益性进行系统的审查、分析和评价。就一般预算而言，审计的要点是：收入和支出的真实性、合法性和合理性，特别应注意合理性与合法性的辩证关系的处理问题；就基金预算而言，审计的要点是：收入的保证性、正确性和合理性，支出的真实性、合理性和有效性等。

领导干部任期经济责任审计是随着经济体制改革的不断深入而在中国产生并逐步发展起来的，它的不断完善体现了经济体制与政治体制转轨过程的要求，是从源头上防止和治理官员腐败的一种有效的经济监督手段。领导干部任期经济责任审计首先是为了向组织人事主管部门提供任用干部的依据，促进干部人事管理制度的健全与完善。但是，领导干部任期经济责任审计是通过对被审计人任期内履行经济职责和遵纪守法情况的评价来实现的。因此，领导干部任期经济责任审计又具有评价功能，是对领导干部任期业绩的评价。领导干部任期经济责任审计的重点是审查被审计人在经济责任履行上的职责是否得到实现，可以通过一系列的评价指标体系来进行。

由于领导干部担任的领导岗位以及所在的部门不同，领导干部任期经济责任审计的侧重点也是有所区别的。党政部门的领导干部任期经济责任审计的要点是：考核评价指标设置的合理性与有效性，任期经济职责目标的实现情况，重大经济决策合法性、合理性、效益性，财政收支的合法性、合理性，国家经济政策的贯彻执行情况，任期内经济职责的履行情况，遵守财经法纪及廉洁自律的情况，内部行政管理状况的健全性和有效性等。国有企业领导干部任期经济责任审计的要点是：资产和负债的真实性与正确性，经营管理活动的合法性，财务收支的合理性，主要经济业务指标的健全性与有效性以及经济业务指标的完成情况，重大经营决策的合法性与效益性，廉洁自律与遵纪守法情况，任期经济目标的实现情况等。

政府审计已经成为强化财政管理的重要途径，而且，正在沿着审计公开化、透明化、民主化的方向迅速发展。特别是审计公开制度，既是新形势下推进审计事业发展的需要，也是民主与法制建设的必然结果。第一，借助审计公开制度，可以将一些暗箱操作的东西大白于天下，使违纪违规行为无处遁形。第二，审计公开制度可以借助社会舆论促进审计结果的落实。第三，通过审计公开制度，可以增加审计工作的透明度，审计工作更容易得到社会公众的理解与支持。第四，可以通过审计公开制度使审计工作接受全社会的监督，在提高审计人员使命感、荣誉感的同时，也使审计人员感到责任重大，促使广大审计人员不断提升自己的业务水平，这有利于规范审计工作，促进审计工作的长期健康发展。可以相信，审计公开制度的进一步落实，可以把审计监督、舆论监督、社会监督有机地结合在一起，为审计机关依法履行审计职责、发挥审计作用提供强大动力和坚强后盾。

5.3　政务信息资源管理

5.3.1　政务信息资源管理的内容

政务信息资源是指在公共管理活动中大量存在的、对公共管理活动有着直接或间接影响的信息资源的集合，它不仅包括了单纯的政务信息内容资源，还包括了与政务信息资源的采集、存储等一系列活动紧密相关的人员、设备、技术和资金等。当前，人类已进入信息化时代，信息资源已成为影响社会经济发展的重要的战略资源。以政府的行政管理为例，信息的重要性极为明显，没有丰富的信息资源作为支撑，政府的决策就失去了依据和方向。政务信息资源管理则是指为了保证公共管理活动的顺利进行，公共管理部门以现代信息技术为手段，围绕着政务信息的采集、加工、存储、服务和开发利用，对政务信息活动的各个要素进行的规划、组织、协调和控制活动。其目的在于充分挖掘政务信息资源的价值，实现政务信息资源的合理配置，有效满足公共部门自身以及社会运行对政务信息资源的需要。需要说明的是，政府在社会治理中的主导性地位以及政府公务信息资源管理发展得较为成熟，所以，人们谈到政务信息资源管理，一般都会默认为政府的政务信息资源管理问题，在社会治理主体多元化的情况下，政务信息资源管理将不局限于政府。不过，就当前的公共管理实践而言，政务信息资源管理主要指的是政府的政务信息资源管理，并且政府对政务信息资源的管理经验对其他社会治理力量管理政务信息具有重要的借鉴意义。

一般认为，现代意义上的政务信息资源管理最早起源于美国的记录管理，随着现代社会的不断发展，政府职能日益扩展，政务文件大量增加以及政府决策的低效率促使人们开始关注政务信息资源的管理问题，并使其获得了长足的发展。现在，随着互联网的普及以及网络信息技术的飞速发展，政务信息资源管理也进入了一个新的发展阶段，即建设电子政府、推进电子政务阶段，其目的在于实现网络时代政府行政职能的民主化与公开化，以及政府内部、政府与公众之间良性的沟通、交流与互动。

政务信息资源管理包含了政务信息资源采集、政务信息资源的组织、政务信息资源服务、政务信息资源安全管理诸多方面的内容。

（1）政务信息资源采集。政务信息资源采集是指政务信息资源管理部门根据社会经济发展的现实以及公共管理职能履行的需要，采用科学的方法，在社会生活的各个领域收集、获取政治、经济、社会和文化信息的过程。政务信息资源采集的目的是了解社会经济和管理对象的运行状况，掌握第一手的资料。政务信息资源采集是政务信息资源管理的首要环节，是政务信息资源形成的基础和重要标志。

政务信息资源采集分为政务信息资源需求分析、政务信息资源采集信息源分析、政务信息资源采集途径分析、政务信息资源采集的实施和政务信息资源采集结果评价五个环节。第一，需求分析是整个采集工作的起点和关键环节，决定着采集工作的目标以及采集工作的效率和成败。需求分析应包括明确政务信息资源采集工作服务的对象及要求，采集的具体内容、采集范围。第二，采集信息源分析则是根据不同的信息来源的特点并结合采集需求分析，最终确定选择合适的信息源的过程。政务信息资源来源广泛，形式多样，大致可以分为个人信息源、机构信息源、文献信息源、新闻媒体信息源、数据库信息源、网络信息源和实物信息源等多个种类。不同种类的信息源的特点各不相同，直接或间接地影响信息资源采集的效果，需要对其进行综合评价。对信息源的评价方法大致有直接评价法和间接评价法两种。直接评价法的特点在于根据对信息源的一般要求，从及时性、综合性、经济性、准确性、易获取性五个方面对信息源进行评分评价。间接评价法则是由信息用户来评价信息源。第三，采集途径分析是政务信息采集的重要环节。采集途径分析是结合需求分析以及信息源的特点来最终确定采集途径和策略的过程。第四，采集实施是采集活动的具体落实和展开，在实施过程中需要实时监控，及时反馈，根据出现的问题进行及时的调整，以保证采集工作的效率和质量。第五，采集结果评价是指根据特定的标准对采集工作的成果进行客观评价，是采集过程的最后一环。其目的在于找出采集工作中存在的问题，为以后的采集工作提供参考，从而不断提高采集工作的质量。采集结果评价的指标一般包括采全率、采准率、及时率、费用率和劳动耗费率等。政务信息资源采集应遵循针对性、系统性、协调性和实效性原则。

（2）政务信息资源的组织。政务信息资源的组织是将获取后的信息进行加工整理，使之有序化，并将其存储到相应的介质和系统上以备使用的过程。政务信息资源的组织是连接政务信息资源采集与政务信息资源使用的关键环节，发挥着承上启下的作用。

政务信息资源的组织是随着人类社会的信息化以及政务信息资源的不断增长发展起来的。“信息爆炸”既有积极的一面，意味着人们可以对事物进行更广泛、更深入和更及时的了解，同时，也有着消极的一面，即面对巨量信息，人们常常会陷入难以鉴别和选择的困境，而人力、物力与时间的有限性则使得这一困境加剧。只有对政务信息资源进行精心的组织，才能使人们摆脱这一困境。加强政务信息资源的组织工作可以不断促进政务信息资源的优化和有序化，加快政务信息资源的流通速度，提高政务信息资源传播、检索和利用的效率，并为以后的信息分析工作打下良好的基础。

政务信息资源的组织由政务信息资源加工、政务信息资源存储两个步骤组成。政务信息资源加工是指信息管理人员依照特定的程序，运用科学的方法，对信息进行加工处理，进而形成特定的信息成果，如目录、文摘、索引等。这一过程又可进一步细分为政务信息资源选择、政务信息资源分析、政务信息资源描述与解释三个阶段。政务信息资源存储是将加工后的信息按照一定的格式要求和顺序存储于特定载体和介质的过程。其目的是方便管理者和用户快速查找和使用信息，因此，存储工作要做到规范、统一，同时，又要保持存储设备和技术的先进性。存储的介质主要包括纸张、胶片、音像、磁盘和光盘等。政务信息资源组织方法有语法组织法、语意组织法和语用组织法，其中分类法、主题法应用较为广泛，并呈现出分类主题一体化的趋势。随着电子政务的不断发展，政务信息资源的组织方式也日益多样化，包括报道型组织方式、指引型组织方式、仓储型组织方式、描述型组织方式、整合型组织方式和集成型组织方式。

为保证政务信息资源组织工作的高效有序，必须遵循以下几个基本原则：

第一，客观性原则。客观性原则是指对政务信息资源的组织应本着科学、客观、准确的原则，全面、完整地反映政务信息的内容和特征，既不能主观臆测或断章取义，同时也要避免重要信息的遗漏。

第二，满足需要原则。政务信息资源的真正价值在于用户的使用，因此，能否方便用户查找和使用，满足用户需要就成为检验政务信息资源组织工作开展效果的标尺，也是政务信息资源组织必须遵守的一项原则。实际上，这也是政务信息资源管理所有工作都必须遵循的原则。坚持满足需要原则，要求政务信息资源的组织工作在深入了解用户实际需要的基础上，采取灵活多样的方法和手段，切实满足用户的个性化需求。这不仅仅是指政务信息资源组织的成果要满足用户对信息的使用要求，同时也要求其简便易用，符合用户的使用习惯。

第三，系统性原则。和政务信息资源采集工作一样，系统性原则也是政务信息资源组织工作必须坚持的一项原则，即强调在政务信息资源的组织工作中坚持系统的原则和方法，加强组织工作的协调管理，发挥整体优势。坚持系统性原则，就必须处理好宏观政务信息资源组织与微观政务信息资源组织之间、政务信息资源组织机构和部门与其他相关部门及组织机构之间、政务信息资源组织各环节及各方法之间的关系。

第四，发展性原则。发展性原则在此强调政务信息资源组织工作要与时俱进，紧跟时代变化以及信息技术的发展，不断调整和更新观念和方式方法，保持政务信息资源组织技术的先进性和时代性，为政务信息管理活动提供高质量的政务信息资源。

（3）政务信息资源服务。政务信息资源服务是政务信息资源管理的目的，也是其价值的最终体现，同时它还是检验政务信息资源管理工作的标尺。政务信息资源管理的效果的好坏最终是要通过政务信息资源用户是否得到了良好的服务来检验的。

政务信息资源服务主要包括政务信息资源公开和政务信息资源检索两个方面的内容。政务信息资源公开是指政务信息资源管理部门及法律、法规授权行使公共管理职能或提供公共服务的社会组织主动或根据社会公众或其他组织的申请，向社会公开相关政务信息，方便其查找和使用的过程。政务信息资源公开是“政务公开”的延伸，是现代民主政治体制的必然要求。政务信息资源公开应遵循合法性、及时性、真实性、免费和责任原则。为了切实保证政务信息资源公开，世界上许多国家设置了相应的政务信息公开制度。虽然不同的国家因国情的差异在制度设立方面会有所不同，但仍有一些制度是大多数国家共同拥有的，例如请求人权利平等制度、依职权公开制度、豁免公开例外制度、救济制度、依申请公开制度等。

政务信息资源检索是指政府相关部门的工作人员以及社会公众根据特定的需求，选择相应的检索工具，按照一定的检索路径和方法，查找所需政务信息资源的过程。政务信息资源检索本质上是一个政务信息资源从潜在的资源状态向显性化的资源转化的过程，它对于帮助政府相关部门、企事业单位及社会公众获取所需信息、及时做出决策、提高工作效率、促进政务信息资源增值都有着极为重要的意义。因此，在提供政务信息检索服务的过程中，应本着以人为本的原则，以满足政务信息资源用户的需要为前提，注重服务内容和手段的多样性，不仅要满足用户对传统信息的需求，也要能够满足其专业性的需求。

（4）政务信息资源安全管理。政务信息资源安全管理是指政务信息资源管理部门运用现代科学信息技术保证政务信息资源体系不受外来威胁与侵害，政务信息系统能够长期有效地运行。政务信息资源安全问题具体包括：第一，设备安全，即建立防范机制以保证政务信息相关设备不因自然灾害、设备老化或人为破坏等原因而遭受损失。第二，信息安全，即在信息传输、信息存储、信息访问等环节上建立完整的保障机制。第三，技术安全，即在技术体系上要有有力保障的防火墙技术、防病毒技术、入侵检测与漏洞扫描技术、认证技术与加密技术，对应用于政府网络中的所有设备、软件进行严格的安全监测。第四，管理安全，即制定统一的安全管理规范和相关的法律法规，使政务信息资源的安全管理制度化、法制化。第五，政治安全，即增强政治防范意识，采用法律威慑、管理制约、技术保证和安全基础设施支撑的全局治理措施，防止国外不良势力和国内不法分子利用网络进行各种煽动、颠覆和破坏活动。

政务信息资源安全管理要满足政务信息资源的保密性、完整性、可用性、可控性和不可否认性等要求。保密性要求主要是针对一些核心的政府机密而言的，即保证政府核心机密不外泄，只能由经授权的实体使用，且要符合保密等级要求；完整性则是指政府信息未经授权不得随意修改；可用性则意味着经过授权的用户在需要的时候可以及时、方便地得到信息；可控性强调的是要时刻保持对政府信息的内容及其传播的控制力；不可否认性意在防止发送者或接收者不承认其发送和接收行为，即具体的操作方要对操作行为承担后果和责任。

5.3.2 电子政务与网络问政

电子政务是指在信息化条件下政府运用电子计算机以及电子通信手段处理政府事务的方式、方法的总和。经过多年的发展，电子政务已经得到了广泛的应用，其中包括了政府间的电子政务应用、政府与公务员间的电子政务应用、政府与企业间的电子政务应用和政府与公众间的电子政务应用，进而不断改变着政府，使政府的管理具有新的特征。

（1）电子政务把现代网络信息技术应用于政府管理和服务的各个环节中，从而使政府具有更强的信息获取与社会控制能力。网络信息技术的可复制性、高速运算、全球接入和工作流程集成化等特征，不仅使政府可以通过建设数据库、聚集信息资源实现共享，而且使政府可以建立一张包罗省、市、县以及各行各业的电子政务超级大网。一方面，它能够加速政府对公众需要的反馈，同时也让公众更快捷、更方便地了解政府；另一方面，它还能在一个政府网站内集成各种各样的服务，在统一的信息平台上实现政府各部门、各行业的数据共享和交换。

(2) 电子政务为公务人员提供了现代化的办公手段和应用工具，降低了信息传输的时间成本和人力成本，节约了传统行政管理中靠会议和文件传递信息所消耗的大量时间和精力。同时，网上办公、远程会议、虚拟机关的产生，打破了政府工作的时空界限，加强了政府部门之间及政府与企业和公众之间的双向互动、网上在线服务，让沟通在网络平台上实现，这些都使政府管理更加精干、高效、快捷。

(3) 电子政务造就了建立在网络平台上的“虚拟政府”，使很多原先需要由具体的政府部门提供的服务以虚拟的方式实现，而且这种服务是全天候的服务，可以解决生活中的许多问题。比如，电子纳税、电子审批等服务都可以在网络上进行，这不仅提高了效率，也提高了公众的满意度。传统行政管理的实体管理和实体服务开始虚拟化，原先政府管理功能中的很大一部分会转化为由网络提供的相对应的“虚拟”功能，从而使公共服务活动可以在很大程度上脱离物理空间和时间的限制。

(4) 电子政务把政府管理和决策建立在数字信息平台上，提供明确、具体的数字信息服务，政府的运行表现出一个数字化的过程，政府的行为过程因此更加精确化。电子政务借助现代信息技术手段搭建基础信息平台，通过建立群体决策支持系统，全方位收集、整理、分析、存储和输出信息，确保政府在全面、迅速、及时、准确掌握信息的基础上进行科学决策和科学管理，这就避免了依靠经验或信息不完备所导致的盲目决策，提高了政府管理的科学化水平。

(5) 电子政务促进了政府管理规范化。电子政务的主要目的就是运用信息技术打破政府人为的界限，实现政府管理的电子规范化。大量的政府管理的日常事务是通过设定好的程序在网上实施的，这就避免了“人为操作”“暗箱操作”，使政府管理有着较强的业务可靠性、安全性、开放性、实用性和程序性。同时，电子政务的发展也要求政府通过网站实现政务的公开化、透明化，对那些应该公开公共信息而没有公开的，要追究责任，从而维护政府网站的严肃性和权威性。

(6) 电子政务为政府管理确立了全球化视野。全球化对各国政府特别是发展中国家的政府提出了新的更高的要求，因而，电子政务不可能不打上全球化的烙印。传统的政府管理具有很强的封闭性，很少受到外部环境的影响。而电子政务所利用的是对外开放的网络平台，这使得电子政务有了全球化的特征，政府管理和服务的对象已不限于国内公众，在许多方面还要受到外部环境特别是国际环境的影响，需要按国际规则来处理相关事务。

从世界范围来看，由于各国的国情和发展阶段以及发展重点不同，其在电子政务的具体结构建设方面虽有许多差异，但其对电子政务发展的重视却是共同的，且表现出一些相同的特点：一是成立了专门的领导和协调机构，制定了电子政务发展战略以及阶段性计划；二是加强法制和标准化建设，确保信息安全畅通；三是重视门户网站建设，充分利用互联网实现资源共享；四是以电子政务建设推动政府改革的进一步深入，推进政府建设的升级，提升政府绩效和服务水平。

电子政务的技术支持系统应包括电子政务的基础平台（包括网络体系、资源体系）以及基于基础平台的应用体系。此外，还应包括保证电子政务安全运行的安全体系和作为电子政务建设依据的标准体系。

(1) 电子政务的网络体系。电子政务的网络体系提供了电子政务管理赖以实现的网络环境资源，一般分为政府内网、政府专网和公众服务网。政府内网服务于政府机构的日常电子化办公，实现包括公文收发、会议管理、人员管理、项目管理、财务管理等完整的电子办公功能。政府专网实现政府内部上下级单位之间的垂直互联。在政府专网中，按照政府业务可划分为各种办公业务资源网，它包括各类政务处理系统、管理信息系统、决策支持系统以及应急指挥系统。公众服务网实现政府与公众之间的横向互联，为政府对社会所实施的各种管理与大量的公共服务提供了平台，由它构成的整个网络体系提供了纵横交错的全方位网络服务。

（2）电子政务的资源体系。政务信息资源是十分丰富的，包括诸多方面的内容，如国家和地方的政策、法律条例，国际、国内重大政治新闻，经济运行分析，社情民意动向，统计报表，各种公文，会议情况，等等。政务信息资源主要为电子政务系统提供内容。如果说网络基础设施主要是电子政务系统的硬件，那么，信息资源就是电子政务的重要软件。电子政务的资源体系是围绕信息资源而进行的所有建设工作、管理工作的有机的完整体系。资源体系应建立在政务信息资源开发和应用的基础之上，要体现政务信息公开和面向社会服务的原则。资源体系的建立包括一系列配套性的工作，如制定政府信息库建设规范，信息资源采集、加工和发布及管理实施标准，制定统一的规划和技术标准。

（3）电子政务的应用体系。电子政务的应用体系是建立在电子政务数据信息及中间件平台基础上的，是由各类业务应用基础支撑组件、多个业务管理和政府信息应用系统等共同组成的复杂应用体系。电子政务的应用体系主要包括基础数据中间件层、基础应用组件平台层和业务应用系统层。基础数据中间件在应用体系中主要起着异构系统整合、通信可靠性保障及提高应用系统运行效率等作用。基础应用组件平台是基于当前分布式多层架构和组件技术构建的，组件为电子政务应用体系提供了标准化模块，组件平台就是这种成熟的标准化模块的集合。业务应用系统是直接面向政府机构、面向服务对象、面向应用领域的工作系统。不同机关、不同行业、不同功能的业务系统构成了电子政务应用体系的主体。政府部门的应用需求各有不同，其办公流程在细节上也千差万别，但围绕电子政务相关的三大行为主体（政府部门及其工作人员、企事业单位及其他社会组织、社会公众）形成了“办公自动化系统”“电子政务门户网站”“公众服务系统”“信息资源管理系统”“智能化分析与辅助决策系统”五类应用模式。

（4）电子政务的安全体系。为保证政府网各种信息系统的安全，需在电子政务系统中采用多种手段，如通过物理隔离、逻辑隔离、数据加密、防火墙、系统安全加固、入侵监测与漏洞扫描、安全审计、病毒查杀、身份认证与授权、系统备份与灾难恢复等技术手段以及安全策略管理、规章制度建设等管理手段的综合运用，为政府提供一个安全的信息平台。

（5）电子政务的标准体系。电子政务标准是以电子政务的理论研究和实践发展为基础，经政府相关部门与代表厂商协商一致，由政府主管部门批准，以特定形式发布，在电子政务发展过程中需要共同遵守的准则和依据。电子政务的标准体系涉及面较广，总的来说，可以分成一个总体标准和五个分标准两个层次。电子政务总体标准是关于电子政务发展的总体性标准，主要包括电子政务基础性标准、总体规范及技术框架等，在整个电子政务的标准体系中具有全局性、指导性的地位。总体标准相对来说概括性较强，而且一旦确定，有相对较强的稳定性。电子政务的五个分标准则是网络基础设施标准、应用支撑标准、应用标准、信息安全标准和管理标准。

电子政务的发展与互联网的出现与发展是紧密相关的。电子政务就是通过接入互联网的政府网站进行政府管理和提供公共服务的活动。“网络问政”就是在电子政务不断发展的基础上出现的。

所谓网络问政就是指政府与社会公众通过网络平台开展良性的沟通与交流，在达成共识的基础上推进公共管理活动良性发展的一种新型政治行为。网络问政是在现代信息技术与互联网高速发展的背景下出现的一种新的民主政治形式，即网络民主，它打破了传统代议制民主政治的框架，使公民可以自由地表达对社会治理的意见，对政府的日常管理活动进行有效的监督，从而实现了公民对社会治理的有效参与。

网络问政使民主的形式和内容都得到了极大的扩展，但是，网络的特征也决定了网络问政的双重性，即网络民主也完全可能演化成网络上的噪声，展现出一种网络无政府状态。还有一种可能，即失控的“技术进步”和信息泛滥可能会把人变成技术的奴隶，让人表面上拥有无数信息却失去了思想，把分析和判断信息的能力拱手让给技术专家甚至电脑本身。特别是互联网的无国界特征，使得互联网在当前复杂的环境下非常容易成为他国敌对势力干预一国内政的工具，而且，即使在一国内部，也可能会有不法分子利用网络煽动不利于国家民族利益和公共利益的舆论。因此，如何引导公众有序地利用网络参政议政，使网络民主和网络时代公共生活朝着科学化、理性化的方向发展，是当今各国政府不容忽视的问题。

秩序化、规范化和法治化是网络民主得以健康发展的前提，而这又需要政府为网络确立秩序、建立规范和实施法治。

首先，承担起对网络的管理责任，力求把网络上的一切活动都纳入秩序的范畴。具体地说，就是政府通过加强电子政务建设，为公众从政府网站上获取信息和服务提供方便，降低信息收集和传播的成本，让公众能够更加方便地在政府网站上表达意见和建议。可以相信，当政府网站成了健康的网络民主生活的场所的时候，其他网站即使出于竞争的需要也会主动地办得更好。这样，一个健康的网络民主秩序就在政府网站的引导下确立起来了。

其次，政府需要自觉地加强和促进网络生活道德建设。网络民主是人们网络生活的一部分，在网络已经构成了一个虚拟空间的时候，在绝大多数社会成员开始在这个虚拟空间中开展社会生活的时候，这个世界就理应成为道德规范发挥作用的世界。人类社会生活中的道德是在数千年的历史发展过程中积淀下来的，而互联网作为一个虚拟空间是一个新生的社会。由于虚拟空间中的生活具有自主性、开放性、多元性以及匿名的特点，人类社会中的道德及其价值观念并不能完全复制到这个世界中来。在这种情况下，政府就担负着为虚拟空间建立新的道德体系的任务。本来，互联网是一项技术成就，是人类社会文明进步的象征，包含着对人类社会中的道德文明加以吸收和提升的可能性。互联网的实际情况却偏离了这一点，网络上的暴力、煽动、辱骂、攻击和非理性现象比较常见。这说明我们关于虚拟空间中道德的建构工作是缺位的，所以要求政府在这方面发挥作用，甚至可能通过技术创新为促进网络的道德的生成提供支持。只有当网络道德成了规范人们的虚拟生活的重要因素的时候，网络民主才能得到相应的规范，网络问政也才能顺利地展开。

最后，政府需要加强网络法治建设。社会治理的法治文明是工业社会这一历史阶段所取得的最伟大成就之一，即使在后工业社会的治理体系中，这一文明成就也需要得到充分的吸纳。在此意义上，网络虚拟空间也需要体现出法治文明的特征，而在当前，政府作为正式推进网络法治的基本力量，在充分考虑网络世界的虚拟特征的情况下，应当积极地为网络立法并切实地强化网络执法。网络是一项技术，技术进步是势不可挡的，而且任何力量也无法阻碍技术进步，这就要求在实现网络法治的过程中，必须尊重技术进步的规律，以促进网络健康发展为目的来实施网络法治。网络法治不仅要有强制性，还应该具有激励性，应该做到在制裁网络不法行为的同时不束缚信息的传播和应用，既要有威慑力又要有推动力。同时，网络法治还要考虑到现实的可操作性。网络技术日新月异，这就要求应把网络法治与网络技术发展衔接起来，使制定出来的网络法律能够被有效地、低成本地贯彻实施，真正成为符合网络特点的法律。一旦实现网络法治化，网络民主和网络问政就会被纳入法治的范畴。

5.3.3 政务信息资源的开发利用

政务信息资源的开发利用是指公共组织为了更好地履行管理和服务的职能，依托现代信息技术，围绕政务信息资源的充分利用展开的一切活动的总称，它既包括了对政务信息内容资源的开发利用，也包括了相关的信息技术研究、信息设备生产、信息系统的建立，以及信息管理机构的建立和信息管理规则的确立，等等。

政务信息资源开发利用原本是两个相对独立的概念，一是政务信息资源开发，即促进政务信息资源增值的过程，另一个则是政务信息资源利用，也就是指公共部门、社会组织和企事业单位以及社会公众利用政务信息资源满足自身需要的过程，两者之间存在着紧密相关、相辅相成的关系。第一，政务信息资源开发是政务信息资源利用的前提，是手段，政务信息资源利用则是目的，也是政务信息资源开发努力的动力和方向。第二，政务信息资源开发直接决定着其利用的深度、广度以及效度。第三，进一步地看，政务信息资源开发与利用之间还存在着内在的一致性的关系，即政务信息资源开发本身就是一种政务信息资源的利用过程。因此，人们常常将其合并在一起使用，并且将重点放在了政务信息资源的开发方面，意在突出政务信息资源开发的重要性，推进政务信息管理的不断深化。

政务信息资源管理的目的在于不断挖掘政务信息资源的内在价值，并对其进行合理配置，从而不断提升政务信息资源的利用能力和成效，而这其中最为关键的因素就是政务信息资源的开发。无论是政务信息资源内在价值的挖掘，还是其合理配置都是同政务信息资源的开发紧密相关的。政务信息资源开发原本就是归属于政务信息资源管理范畴的，是政务信息资源管理的应有之义和必然要求，但是，它并非政务信息资源管理中一个单独的环节，而是贯穿于政务信息资源管理的全过程，无论是政务信息资源的采集，还是政务信息资源的组织或服务，以及政务信息资源的安全管理，都有政务信息资源开发利用发挥作用的空间。比如，面对海量信息，采集什么，舍弃什么，需要相关管理部门及其成员依据社会发展的需要，有选择地进行分析、甄别，对不同信息的价值进行科学合理的判断，根据其价值进行分类、排序，并加工存储，这本身就是一个政务信息资源的开发过程。政务信息资源的开发利用功能不仅体现在对单纯的信息内容资源的发现上，同时，也体现在对信息来源、获取渠道以及信息技术的价值的发现方面，使人们能够拥有更为丰富的政务信息资源，更好地满足社会发展对政务信息资源的需要。随着社会生活的不断发展以及人类社会“信息化时代”的到来，人们对政务信息资源的依赖程度不断提高，对政务信息资源的开发利用也提出了更高的要求，没有或缺乏政务信息资源开发，或者政务信息资源开发不足的政务信息资源管理是低水平的管理，会严重影响政务信息资源在社会生活中作用的发挥。现在，政务信息资源的开发利用已成为政务信息资源管理中最为重要的组成部分，成为衡量一个国家或社会政务信息资源管理能力和水平的重要标尺，它不仅决定着一个国家或社会政务信息资源管理的水平和能力，也决定着其政务信息资源利用的成效，进而直接关系这个国家和社会能否应对信息化社会带来的挑战。因此，世界各国都十分重视政务信息资源的开发利用工作。

政务信息资源的开发利用是一项综合性极强的工作，其内容也纷繁复杂，涉及政务信息资源的方方面面，具体来说，可以将其分为以下几个方面：(1) 政务信息内容资源的开发。政务信息内容资源的开发是围绕着政务信息本身展开的，具体涉及政务信息资源的采集、组织、服务，以及数据库资源的建设。政务信息内容资源的开发是政务信息资源开发的核心，政务信息资源其他方面的开发都是围绕着这一核心展开的。(2) 政务信息技术资源与设备资源以及应用系统的开发。这是政务信息资源开发的基础和关键，属于基础设施建设的部分。没有政务信息资源的基础设施建设，政务信息资源的生产、处理、传播和利用就缺少了共同的平台，或者政务信息资源的基础设施建设滞后，也会严重影响到政务信息资源的开发利用。现阶段，在电子政务建设的背景下，政务信息资源基础设施建设主要是不断完善“三网”建设，即政府内网、专网和公众服务网。(3) 政府人员信息能力的开发。既包括对政府内部专门从事政务信息资源管理工作的人员能力的开发，也包括对一般政府人员能力的开发。政府人员信息能力不仅关系到政务信息资源的开发能力，也关系到政务信息资源的传播、沟通和交流，进而影响到政务信息资源的有效利用，成为政务信息资源开发必不可少的内容。(4) 法律制度资源的开发。法律制度在政务信息管理工作中发挥着支撑和保障作用，为有效开发政务信息资源，必须完善政务信息资源管理体制，制定大量的政策法规，将政务信息资源管理工作引上规范化、制度化和法制化的轨道。

近年来，中国在政务信息资源开发利用方面做了很大的努力，也取得了不小的成果，但是仍然存在诸多问题亟待解决，较为严重地影响了政务信息资源管理工作的深入开展。具体来说，现阶段，中国政务信息资源开发主要有以下几个方面的问题：

(1) 对政务信息资源的开发和利用缺乏统一、明确和科学的认识，在具体实践过程中普遍存在着较为严重的结构性失衡现象，即重硬件、轻软件，重建设、轻应用，重网络、轻信息。一个不争的事实是，近年来，为了加强政务信息资源的开发，政府投入了大量的资金，其中的一大部分用于购买硬件设备，而用于信息采集、加工、存储和更新方面的资金相对较少，用于信息资源开发利用上的资金更是少之又少。

(2) 数字鸿沟及信息孤岛化现象仍然存在。由于历史和现行体制的原因，政府各部门、各层级在信息资源管理和开发过程中各自为政、条块分割，导致数据结构多样化、数据格式不统一，缺乏统一管理和数据的规范标准，政务信息资源难以做到有效共享，严重制约了政务信息资源开发利用工作的深入展开。

（3）政务信息资源组织不科学、分类不尽合理，数据管理混乱。具体表现为数据资源分散，全国性的基础数据库建设迟缓，已建立和开放的数据缺乏统一的目录结构体系和目录应用服务体系，许多政务信息系统操作较为复杂、查阅困难、内容陈旧、更新不足，严重影响了人们对有效政务信息的获取，导致政务信息资源利用率低，无法满足社会与公众日益增长的信息需求。

（4）有关政务信息资源管理和开发的相关立法滞后。与西方发达国家相比，在硬件建设上中国并不逊色，但在管理方面则表现出较大的差距，主要表现为依法管理政务信息资源的意识薄弱，相关的法律法规欠缺，政务信息资源管理工作受政府部门尤其是领导干部个人意志影响较大，随意性强，这在很大程度上制约了政务信息资源开发工作的开展。

（5）政务信息资源管理和开发队伍建设缓慢，人员综合素质不高、结构不合理，尤其是熟悉政务信息资源开发工作的复合型人才较为缺乏。

解决中国政务信息资源开发存在的问题，第一，要从思想上给予高度的重视，要将政务信息资源开发利用上升到国家战略的高度，要认识到政务信息资源的开发利用不仅直接关系到政务信息资源管理的效果，更关系到电子政务建设的成败，事关我们能否应对信息化社会对公共管理提出的挑战。第二，完善政务信息资源管理体制，建立专门的政务信息资源管理机构，由其专门负责政务信息资源开发利用的领导以及各部门的协调组织工作，从而为政务信息资源开发利用提供组织上的保障。第三，做好政务信息资源开发规划工作。政务信息资源种类繁多、涉及面广，决定了政务信息资源开发利用工作的艰巨性和复杂性，政务信息资源开发利用规划就是要全方位对政务信息资源开发进行统筹规划，理清错综复杂的政务信息，统一政务信息资源工作标准，促进科学分类，从而实现政务信息资源的共享、业务流程的优化，以及政务信息资源管理系统运行的良性化。第四，依托先进的信息技术，科学合理地开发政务信息资源。即密切关注信息技术的最新发展，深入探讨政务信息资源开发利用的内在规律，并将两者有机地统一起来，开展政务信息资源的开发利用工作，从而实现政府与公众间信息的自由流动以及政府信息活动的低成本和政务信息效用的最大化。现阶段，国外关于政务信息资源开发的研究大多集中在政府信息定位服务（GILS）方，这是一种支持公众检索、获取和使用政务公开信息资源的系统。第五，充分利用市场和社会的力量，让社会有关各方参与到政务信息资源开发的事业中来，在政务信息的采集、组织、服务等环节上充分发挥其作用，进而形成一个完整、有机统一的政务信息资源开发体系。推行市场化的政策取向是现阶段西方各主要国家流行的做法，即政府不再直接开发和提供政务信息资源，而是立足于市场化、社会化的大背景，采用合同外包、委托开发的形式将可以公开开发利用的政务信息资源交由非政府组织或市场组织进行开发利用，政府相关部门则主要行使政策引导和行政监督的职权。第六，完善政府信息资源开发管理的相关法律法规和政策，注重政务信息资源开发的标准化和规范化，保证政务信息资源的开发利用按照其内在的规律运行。第七，重视政务信息资源相关人才的开发和培养，不断提高公共管理部门及其成员的信息能力。

政务信息资源开发利用应遵循以下一些基本原则：第一，以人为本的原则，政务信息资源的开发利用是政府履行实施社会管理和提供公共服务职能的基础，其目的在于促进经济社会的不断发展和公共福利的不断提升，因此，需要从最广大人民群众的根本利益出发，以促进经济社会的科学发展以及人的全面进步为目标，不断满足人民群众日益增长的美好生活需要，切实保障人民群众的各项合法权益，造福全体人民。第二，平等原则，即强调公民在获取和运用政务信息的权力上一律平等，不因身份、社会地位、民族、年龄、肤色或性别差异而有所不同。政府在提供信息资源服务时应平等对待所有公民，同时也要给予弱势人群相关权利保护，为其提供资金和技术方面的帮助，使其切实享受到科学技术发展的成果。第三，效能原则，政务信息资源的开发利用要注重满足时效性、高质量以及成本节约的要求。时效性是指政务信息资源的开发利用要及时满足和回应公众对信息公开的要求，高质量则强调的是政务信息资源的优化，成本节约则是指以较少的人力、物力和财力投入去获得较好的成果。第四，满足需要的原则，即政务信息资源的开发利用要满足社会经济发展的需要，以社会经济发展过程中需求的重要性和紧迫性为依据确定相关任务的轻重缓急和先后次序，从而更好地为社会经济发展服务。

本章小结

公共部门人力资源管理是指公共组织运用一系列科学的管理手段对作为或可能成为组织成员的个人所进行的管理。基于公共部门自身的特殊性质，公共部门人力资源管理的对象、主体、环境都表现出与私人部门人力资源管理的差异。就管理对象而言，公共部门人力资源比私人部门的人力资源更加复杂，而且可以从私人部门获取能够转移、转化的人力资源。公共部门人力资源管理主体可以分为宏观、中观和微观三个层次。除了直接负责人力资源管理工作的部门和个人外，还包括国家权力机关或立法机关，以及国家、全国各级人事行政部门或公务员管理部门。在管理环境的意义上，公共部门人力资源管理必须严格遵循国家相关部门制定的各种法律规定，并且还受到公务员制度等制度条件的制约。

公共部门人力资源管理的内容主要包括人力资源规划、获取、激励和开发等方面。人力资源规划和获取是外部潜在人力资源进入公共部门的重要“入口”，也是优化内部人力资源配置的主要途径。绩效考核是进行人力资源激励的科学依据。薪酬管理是实施人力资源激励的重要工具，而培训和职业生涯计划是实现人力资源开发理念的重要内容。

财政管理经历了从国家财政到政府财政再到公共财政的发展过程。当前，财政管理正处在从政府财政向公共财政转化的历史阶段。公共部门的财政管理与政府职能的实现是密切联系在一起的。在市场经济的条件下，政府的职能范围逐步退出竞争性领域，转向提供均等化的公共服务，因而，财政管理也从政府过多地包揽生产建设性财政模式转向提供公共服务的财政管理模式。公共部门的预算管理是财政管理中的一项不可或缺的内容。在本质上，公共部门预算管理是对政府财力的分配和使用、调节与控制。预算管理有着自身的管理范式，自然也就有着不同于其他财政管理方式的原则与规范。在预算的编制、审核、调整、决算等环节，都有着程序化的具体要求。预算制度因预算管理功能的演变而经历了不同的发展阶段，形成了不同的预算管理模式。

政府审计是当前公共部门财政管理中有效的监督方式。政府审计以其独立性和客观性而实现了对公共部门财政管理的监督、评价，通过审计活动，还可以进行前瞻性的管理预测，对于改善公共部门的管理有积极作用。政府审计主要是在公共部门的财政审计与预算审计两个层面上展开的，可以对公共收入的筹集、公共部门支出的过程、公共预算的编制和审核以及预算的执行等进行全方位的验证，从而发挥其他监控手段所不具有的独特的作用。

政务信息资源管理是指为了保证公共管理活动的顺利进行，公共管理部门以现代信息技术为手段，围绕着政务信息的采集、加工、存储、服务和开发利用，对政务信息活动的各个要素进行的规划、组织、协调和控制活动。其目的在于充分挖掘政务信息资源的价值，实现政务信息资源的合理配置，有效满足公共部门自身以及社会运行对政务信息资源的需要。加强政务信息资源管理是现代社会发展的需要。政务信息资源管理的内容包括了政务信息资源采集、政务信息资源的组织、政务信息资源服务以及政务信息资源安全管理等诸多方面。

电子政务是指在信息化条件下政府运用电子计算机以及电子通信手段处理政府事务的方式、方法的总和。电子政务的发展促进了网络民主的兴盛，在当前最集中地体现在网络问政方面。网络问政是指政府与社会公众通过网络平台开展良性的沟通与交流，在达成共识的基础上推进公共管理活动良性发展的一种新型政治行为。网络问政极大地扩展了民主的内容和形式，但也提出了如何管理的问题。在这个问题上，政府首先要承担起网络的管理责任，要自觉加强和促进网络生活道德建设，同时不断加强网络法制建设。

政务信息资源的开发利用直接关系到一个国家和政府能否应对“信息化时代”的挑战。政务信息资源开发的内容包括信息内容资源的开发、信息技术资源与设备资源以及应用系统的开发、政府人员信息能力的开发、法律制度资源的开发。有效地开展政务信息资源的开发利用工作，需要将其上升到国家战略的高度，设立专门的组织机构进行管理，做好政务信息资源的规划工作以及法律法规的制定工作，同时要充分利用社会的力量，让更多的社会主体参与政务信息资源的开发利用过程。

关键术语

人力资源　人力资源规划　人力资源开发　工作分析　职位评价　薪酬管理　人力资源获取　人力资源激励　职业生涯规划　国家财政　政府财政　公共财政　税收收入　非税收入　国库集中支付　绩效预算　分项排列预算　零基预算　政府审计　审计公开制度　政务信息资源管理　电子政务　网络问政

复习思考题

1. 简述公共部门人力资源管理的含义。
2. 简述公共部门人力资源管理体系的内容。
3. 简述公共部门人力资源规划的含义。
4. 简述工作分析与职位评价的内容。

5. 简述公共部门常见的薪酬制度。
6. 简述职业生涯规划的含义。
7. 简述政府财政管理转向公共财政管理的路径。
8. 为什么说公共部门预算管理是公共财政管理赖以存在的基本制度？
9. 公共部门预算需遵循哪些原则？
10. 政务信息资源管理的基本内容有什么？
11. 简述电子政务的特征。
12. 简述电子政务技术支持系统的构成。
13. 简述电子政务安全管理的内容。
14. 试论网络问政在公共管理活动中的作用。
15. 简述政务信息资源开发利用的内容。

阅读文献

1. 卡恩，希尔德雷思. 公共部门财政管理理论. 上海：上海人民出版社，2008.
2. 霍姆斯. 电子政务. 北京：机械工业出版社，2003.
3. 克林纳，等. 公共部门人力资源管理：系统与战略（第六版）. 北京：中国人民大学出版社，2013.
4. 赵国俊. 电子政务教程. 北京：中国人民大学出版社，2015.
5. 苏新宁，等. 政务信息资源管理与政府决策. 北京：科学出版社，2008.
6. 董克用. 公共组织人力资源管理及其特点. 中国人力资源开发，2004（9）.
7. 李传军. 电子政府管理. 北京：对外经济贸易大学，2008.
8. 王新才. 政府信息资源管理. 北京：科学出版社，2011.
9. 张立民，赵彩霞. 论善治政府治理理念下政府审计职能的变革：基于政府绩效评价视角的分析. 中山大学学报（社会科学版），2009（2）.
10. 曾湘泉，苏中兴. 改革开放 30 年回顾：人力资源管理在中国的探索、发展和展望. 中国人才，2009（2）.
11. 常荔，张荣锋. 公共部门人力资源管理创新：理论综述与研究展望. 江汉论坛，2015（12）.

第6章

虚拟空间管理

在后工业化进程中，创造性技术的涌现不仅改变了人类的生产、交往以及思维方式，更推动了人类社会虚拟空间的生成。在虚拟空间的生成中，人类社会呈现出了领域边界的消融、空间特性的变革以及社会的去中心化的迹象。它们不仅是虚拟空间生成的征候，更指引着社会治理变革思维实现从实体性向虚拟性的转变，进而促使社会去建构全新的社会治理模式。创造性技术的应用推动了人类社会现实的符号化和虚拟化。在这一过程中，现实的符号化不仅建构了距离消失的进程，而且还使现实在没有时空限制的虚拟空间中流动，它从根本上改变了社会治理的规则。管理型政府不可能在保持自身等级结构的同时，又具有对虚拟空间运行逻辑的适应性。因而，这就要求人们在符号化、虚拟化的社会现实中变革政府模式。与此同时，政府将通过促进性规则而非控制性规则来开展虚拟空间的管理，这种管理活动遵循建构总体性的人和多元化的社会这两项原则。在创造性技术的广泛应用中形成的“自己动手做”和“个性化定制”正在促进社会走向成熟自治。在公共管理视野下，对虚拟空间的管理离不开服务型政府发挥其引导职能，引导虚拟空间在广泛的“自己动手做”和“个性化定制”中日臻完善。

重点问题

- 虚拟空间生成的征候
- 虚拟空间中的虚拟性思维
- 政府对虚拟空间的引导

6.1　虚拟空间生成的征候

6.1.1　领域边界的消融

1. 农业社会中的身份边界

在人类社会发展的历史中，社会所表现出来的特征是不同的。农业社会可以说是一个地域性的社会。人们固定地生活在特定的地域，并在长期的农业生产和日常生活中形成了特定的习俗和习惯，生活于不同地域的人们又在共同的文化基础上构成了族群，而族群则又构成了整个农业社会。尽管农业社会中的人们生活在地域性的社会里，并经常固定地生活在特定的地域之上，然而，人类在农业社会的历史阶段中却没有清晰的地域边界。因为，在农业社会的历史阶段，人类应对突然出现的天灾人祸的能力是非常有限的，一旦发生自然灾害等，人们就会离开长期生活的地域，到其他地方谋求生路。在这个意义上，农业社会所建立起来的户籍制度将人拴在了土地上，却并不阻碍人为了逃避自然灾害而到他处谋生。就整个农业社会的地理边界而言，它是没有形成清晰的边界的，然而，在农业社会的社会结构上，则形成了等级森严、族群明确的身份边界。虽然在农业社会的历史阶段中传教士、信徒、外交官员、邮差，以及商人等经常处在流动状态，然而在社会结构的意义上，农业社会所建构起来的身份边界是永远伴随着人而存在的。不论人们以何种方式、因何种原因而迁徙到何处，都始终无法摆脱农业社会的身份等级制度在人身上所打下的烙印。

2. 工业社会中的领域边界

在人类社会的工业化进程中，基于启蒙思想家所设定的自由、平等的理念，人们试图通过一种全新的社会结构去消除农业社会中的那些身份边界。然而，在人类从农业社会走向工业社会的进程中，社会的一切领域都表现出了边缘清晰化的趋势。也就是说，人们基于自由、平等的理念打破了等级制度下的身份边界，却又陷入工业化进程中社会分化所建构起来的新边界中去了。工业社会通过分工将人们分为不同的职业群体，并在分工-协作体系的建构中将科学、职业、人群、地域等领域划分得十分清楚，因而，无须费力便可看到工业社会到处存在的有形的或无形的“篱笆”，但是，这些边界不仅在物理上限制了人、财、物的充分流动，而且在社会结构的意义上，限制了人们之间的交往与沟通。人类社会的工业化进程试图打破农业社会的封闭状态，进而促成社会朝向开放性发展，然而，工业社会在打破一种边界的同时却又建构起了另一种边界。如果说农业社会中的身份边界将人划分为不同的族群而形成一个封闭的体系，那么，工业社会中的领域边界则将整体的社会肢解成了一个个相互独立、自成体系的单元而限制了社会开放性的成长。

不论农业社会中的身份边界还是工业社会中的领域边界都是社会封闭体系的标志以及人类开放、互动的阻力。这两种边界，领域边界并不比身份边界更加开放，相反，在工业社会的历史阶段，领域边界分割开来的社会单元总是处在支配与被支配、决定与被决定的逻辑关系中，因而，从这个意义上来说，整个工业社会的生产、生活，以及交往活动都陷入决定论的线性结构了。在工业化、城市化的过程中，人们聚居在高密度、近距离的城市空间中，然而，人类在拥挤的人群中却陷入了无比的孤独，并生活在了陌生人的社会里。在工业社会的机械论哲学中，社会所表现出来的依存性、整体性仅仅是物理意义上的，而在社会关系的意义上，领域边界对工业社会的肢解导致社会总体性的丧失。因而，在工业社会的线性结构中，人们其实生活在了篱笆林立的碎片化的陌生人社会中。

3. 领域边界走向消融的趋势

在人类社会的后工业化进程中，“网络技术的发展促成了社会结构的网络化，这是技术发展促进社会变革的典型表现，而社会网络结构所提出的现实要求则是：摧垮一切明晰的边界”①。如果说人类社会在后工业化进程中将获得一种总体性的社会依存结构，那么，这种社会结构在其形式上必然要打破线性决定论确立起来的网络结构模式。也就是说，社会网络结构的生成打破了以往社会由各种边界确立起来的线性结构，从而使生活于其中的人获得了自主性的空间，并在自由、开放的创造性实践活动中去充分展现人类的想象力和创造力。如果说以往的社会通过绝对的客观性将人编织在其线性结构当中，并因而压抑或泯灭了人类的想象力和创造力，那么，社会网络结构的生成将在社会关系和结构的意义上，为人类自主性的获得以及基于其的想象力和创造力的生长提供了可能的条件。在社会的网络结构中，人不再是被镶嵌在社会结构中没有自由、丧失自我的被动单子，而是充分获得自主性的创造性力量。因而，在边界消融过程中逐渐生成的网络结构并没有陷入从一种边界到另一种边界的窠臼，而是将在边界清晰化过程中出现的社会关系的异化以及由于边界分割而形成的孤立无助的个体有机地整合在了社会网络关系中。

为此，在后工业化进程中生成的具有虚拟性的社会网络结构彻底消融了以往社会结构中的一切边界，从而使任何想要在封闭系统中进行控制和支配的活动都失去了其存在的前提。社会网络结构的生成意味着社会的开放性、流动性、虚拟性的迅速增强，因而，任何想要在这样一个社会中有所作为的行动者都必须将自己置于一种共生共在的体系中，正如哈拉尔所指出的，“在这种关于社会现实的共生概念中，世界不是由分离的单位构成的，而是一个由相互联系在一起、彼此从对方获得生命的社会系统组成的无缝的网络”②。因而，社会网络结构使得竞争的封闭空间或有限开放空间随着边界的消融而丧失，一切支持竞争的机制和开展竞争的活动都将失去其作为社会发展驱动力的意义，而留下的则是一切行动者的共生共在的需求。可见，在社会的网络结构中，合作既是每个行动者想要生存下去的逻辑结果，也是它们实现其存在价值的逻辑前提。这也就逻辑地导向建构起一个共生共在的合作体系。

对社会网络结构中的共生共在的合作体系的理解，既不是工业社会还原论哲学中的从个体去理解社会的逻辑，也不是早期系统论的整体观中从社会去理解个体的思维，而遵循的是复杂性思维。其实，德国社会学家埃利亚斯在提出其社会网络思想时，也遵循了复杂性思维的基本逻辑。他通过将人们之间的相互关联比喻为网状编造物来指出，“假如我们

① 张康之. 论社会的网络结构. 理论学刊，2008 (3).

② 哈拉尔. 新资本主义. 北京：社会科学文献出版社，1991：293.

把这个处于不断运动中的交织物想象成联系状态的一种不停息的编织和消亡，这个比喻形象就能更好地达到它的目的了。所以，事实上单个人的成长就是从一个已经先他存在的人际编织网中走出，进而跻身另一个由他自己参与构织的人际编织网。单个人绝不是开端，而且，他与他人的联系也绝不存在所谓的开端"①。或许网状编造物的比喻是静态的、平面的，然而，人类在后工业化进程中的社会发展现实却证明了具有虚拟性的社会网络结构是一种立体的、多样的、复杂的关系模式，它在任何层面上都显示出了无原点、无中心、无开端的网络关系，因而，其为虚拟空间生成的征候之一。

6.1.2　空间特性的变革

1. 社会空间对自然空间的复制

观察城市、乡村以及二者之间的关系和结构，通常都会指向自然空间和社会空间。其中，从中心-边缘结构到网络结构的转变蕴含着社会的空间特性的变革。可以说，空间特性的变革其实是与人类社会的发展保持一致的。在自然空间里，人类的生产、生活，以及交往活动要受到自然规律的约束和限制，而在建构人类社会的过程中，自然空间的特性被复制、映射、改造，以及转化为社会空间的特性。因而，如果说农业社会的空间特性更多地体现为自然空间的特性的话，那么，在人类社会的工业化进程中，人类认识和改造自然的过程实际上就是通过科学技术的发展将自然空间特性复制到社会空间的过程。按照工业社会科学技术发展的基本逻辑，人类在认识和改造自然上所取得的成就越是重大，人类想要征服、同化，以及复制自然空间的热情就越高，因而，将自然空间特性复制到社会空间的积极性和程度就越高。

在工业社会的晚近时期，人类对自然空间的认识在纳米尺度和宇宙尺度上都取得极其重要的进展，如果按照工业社会模仿和复制自然的逻辑，这似乎是在向人们表明，在将自然空间转化为社会空间的道路上人类将一直走下去。自然空间具有纯粹的客观性，而当人类去认识自然并试图改造自然时，人们发现了自然空间特性中所存在的中心-边缘关系。在社会建构的过程中，社会空间是通过模仿和复制自然空间的特性而建构起来的，因而，社会也就形成了中心-边缘结构，并在社会的制度设计和治理体系中不断地强化这种结构，应该说，整个工业社会的历史阶段就是通过这种结构以及竞争的机制来实现利益驱动而获取社会发展的驱动力的。

对生活于自然界和社会中的人来说，社会空间与自然空间一样，都是外在于人并规定、约束、限制人类生存与发展、行为与思想的客观力量。当自然空间和社会空间的特性内化至人的思维空间时，也就结构化了人的思维空间，这一结构便是中心-边缘结构。人的思维空间的中心-边缘的线性结构严重限制和约束了人类的想象力和创造力的发挥以及自主性的获得。正如社会空间的建构模仿和复制了自然空间的特性一样，思维空间的形成也同样复制了社会空间的特征，因而，中心-边缘的线性结构贯穿在了自然空间、社会空间以及思维空间当中。

---

①　埃利亚斯．个体的社会．南京：译林出版社，2008：34.

2. 思维空间的变革及治理诉求

在人类社会的发展史上，自然空间、社会空间以及思维空间一直都存在于人类社会的生产、生活和交往活动中。然而，在自然空间和社会空间主导人类生存空间的时代里，思维空间主要是以认知、审美以及道德感知等形式存在的，从某种意义上说，它们是从属于人类认识和改造自然空间、建构社会空间之需要的。从认识论的角度来看，在工业社会以及之前的社会里，思维空间通常所起的作用是间接的，它并不直接作用于人的思想和行为，也就是说，人的思想和行为是由具有外在于人的客观性的自然空间和社会空间来决定的。然而，在人类社会的后工业化进程中，人类生活的空间从自然界、社会这两个世界变成了自然界、社会以及虚拟空间这三个世界。人们在虚拟空间中穿行时超越自然空间和社会空间特性的约束和限制，实现了从线性思维向具有非中心化特性的虚拟性思维的转向，这一转向在本质上是一种从简单化思维向复杂性思维的转向。思维空间不再仅仅是认知、审美，以及道德感知等碎片化存在了，而更多地体现为能够作用于社会空间和自然空间的一个完整的空间系统，当人类穿行于自然界、社会，以及虚拟空间这三个世界时，思维空间对人的思维方式和行动逻辑的重构将起到与自然空间和社会空间同样的作用，甚至比它们还要重要的作用。

在自然空间社会化以及自然空间和社会空间内化为人的思维空间的过程中，按照工业社会的线性决定论模式，人们遭遇了认知和理解上困难。因为，在高度复杂性和高度不确定性的社会条件下，自然空间、社会空间以及思维空间之间所呈现的不是简单的线性决定模式，或者说用简单的线性决定模式去理解它们之间的内在复杂性注定是要失败的。只有用非中心化思维、复杂性思维和虚拟性思维去发现这种空间特性的转变，才能理解和把握从变革思维空间到变革社会空间和自然空间的可能性，以及自然空间、社会空间和思维空间三者之间的相互建构关系。

在思维空间的意义上，后工业化进程催生了一种复杂性思维和虚拟性思维，它的直接意义便是促使工业社会的中心-边缘结构的解体。而在社会空间的意义上，城市和乡村之间在构成上将打破中心-边缘结构，它们都将变成社会网络结构中的节点。在后工业化进程中，尽管城市和乡村在自然空间意义上的中心-边缘关系仍然存在，而在社会空间的意义上的中心-边缘结构已经失去其存在的基础和现实的合理性。因而，从思维空间到社会空间，人类在后工业社会的历史阶段将看到与以往不同的城市和乡村关系结构。在工业社会里作为中心的城市开始变成社会网络结构中的节点，它们无法承担也不必承担其作为政治、经济、文化中心的使命，而在工业社会里作为边缘的乡村也伴随着其经济社会的发展、生活方式的转变、交往活动的普遍而获得作为社会网络结构的节点的平等地位，因而，从政治、经济、文化等任何一个侧面去观察后工业化的现实，都会发现它正朝向一种去中心化的关系网络转变。在自然空间的意义上，作为中心地带的城市和作为边缘地带的乡村依然在地理意义上分布于人类生产、生活，以及交往活动的空间里，但是在社会空间的意义上，生活地带已经失去了中心地带和边缘地带的划分，甚至可以说，在城市之间的交往、互动中，原来那些被看作边缘地带的地区在社会网络结构中扮演着节点间“链”的作用而不是城市的附属物。一旦失去了这些起桥梁作用的“链”，城市间的交往与互动将立刻失去。如果说在社会网络结构中，城市和乡村的发展将依赖于合作体系的建立的话，那么，起桥梁作用的“链”的丢失将导致整个合作体系遭到破坏。

其实，在人类社会的工业化进程中，社会空间的建构过程就是自然空间社会化的过程，因而，社会空间中保留着很多自然空间的结构特性，尤其是自然秩序中的等级结构。而在思维空间的变革中，人类将按照网络化、非中心化的复杂性思维和虚拟性思维重构人类的思维方式和行动逻辑，摒弃自然空间和社会空间中的等级结构和中心-边缘结构，而保留在后工业化进程中被赋予实质性内涵的自由和平等的内容。按照社会网络结构中的自由、平等去思考人类社会的治理活动时，合作的关系、话语、行动和理念则建构起人类思维空间的基本框架。在后工业化进程中，人类正在经历空间结构特性的变革，社会网络结构的生成以及具有网络化、非中心化特性的复杂性思维和虚拟性思维的成长，指导着人类社会去建立起全新的观念，在去中心化的过程中解构等级结构和中心-边缘结构，在公共管理活动中变革政府模式及其管理方式。

6.1.3　社会的去中心化

1. 社会及其组织的中心-边缘结构

如果说在人类社会的工业化进程中，尤其是 19 世纪末 20 世纪初以来，官僚制逐渐成为现代社会中组织的典型形态，并在它自身的建构过程中浓缩地映射出整个工业社会的图景，那么，官僚制的组织结构同工业社会的社会结构一样，都是中心-边缘的结构。因此，考察社会的中心-边缘结构及其解构的问题时，一切关注点都会也应当集中于分析官僚制组织的中心-边缘结构。与其他任何组织形式相比，官僚制组织都更易于也更乐意于制造中心和边缘的等级差异。在官僚制组织的建构过程中，科学和理性总是占据着核心地位，因而导致它走上了按照自然规律和自然原理来建构自身的道路。在追求科学化、理性化的道路上，官僚制组织将一切价值“诬魅”都从它的制度框架和规则体系中去除掉，并且将一切缺乏科学和理性思维的人边缘化，因而，通常来说，组织中处在高层和中心的人员通常是那些被认为具有科学和理性思维的人，因为他们通常掌握着组织的决策和行动计划。在官僚制组织的中心化和边缘化中，处于不同位置上的人之间出现的这种分化导致组织成员形成了中心化和边缘化意识。在这种意识形态的支配之下，处在中心位置的人员拥有处置、决断，以及调用组织一切资源的权力，处在边缘位置的人员则时刻能够感受到边缘化使得他们变成了组织中可有可无的边缘人，对这些边缘人来说，这种边缘化意识越强，组织目标与其关系就越微弱，距离也就越远。反之，组织成员的中心化意识越强，他们则越是想要进入组织的中心-边缘结构的中心。在将工作视为谋生手段或终身职业的时代，即便官僚制组织塑造出了组织成员的边缘化意识，也没有经常性地出现组织成员的脱离。这样，在官僚制组织中，中心化的竞争和边缘化的冷漠在组织中产生了不信任的文化氛围。实际上，官僚制组织并不培养成员之间的合作意识，也不鼓励成员的独立意识和思考能力，相反，它造就了想要成为中心的成员之间相互竞争以及边缘化成员懒散的得过且过状态。

按照原初的科学设计，官僚制组织是希望通过强化内在统一性而获得运行效率的，然而，实际上，官僚制组织的中心-边缘结构所造成的中心与边缘的分化、信任关系的丧失，以及各种中心团队和边缘团队的非正式组织，导致官僚制组织不仅没有获得内在统一性，反而在相互间的隔离、对抗，以及倾轧中造成统一性的丧失和运行无效率。但显然的是，官僚制组织却没有因此而崩溃，因为它通过其控制导向的规则体系重新整合出了一种维护整体性的协作机制，而正是由于这种协作机制的临时性，官僚制组织陷入无法逃脱的治乱循环，因而，官僚制组织采用更换人员、改变管理，甚至变革体制等措施来整合组织的协作机制，都没有从根本上触动官僚制组织的内在结构。在这种情况下，官僚制组织中大量存在的中心群体、边缘群体，以及这二者之间经常存在的冲突和矛盾导致官僚制组织无法获得总体性，无法建立成员间的普遍信任，因而，其结果就是官僚制组织陷入运转失灵，从而导致它经常处在一种危机频发的境况中，并进化出了一种自我防护的机制。

作为一种封闭的体系，官僚制组织的边界是十分清晰的，组织成员和组织外部人员之间被组织边界清晰地分隔开来，然而，当组织成员边缘化危及组织的生存以及组织外部环境的复杂性和不确定性，以危机和风险的形式不断冲击组织正常秩序时，官僚制组织则会自觉制造出更加边缘的群体，来缓解组织成员的边缘化感受以及缓冲环境对组织的冲击力。临时雇员就是官僚制组织进化出来的一个非常关键的“减压阀”。然而，官僚制组织想要通过它来缓解组织成员的边缘感，却因组织的中心-边缘结构制造了越来越多的边缘人以及更多的不信任感。这种不信任感不仅侵蚀了官僚制组织的凝聚力，而且还破坏了组织成员的独立人格、自主意识，以及思考能力。组织只能在不断地分化中形成越来越多碎片化的边缘群体，并且随着边缘群体不断出现，官僚制组织的内在生命也走向了衰竭，尽管官僚制组织努力通过劳动分工和纪律来整合组织使之成为仅仅在形式上具有整体性的组织。因而，从这个意义上来说，官僚制组织想要通过临时雇员来增加组织边缘人的中心化意识，反而激发了组织人员之间的相互竞争和彼此倾轧。总体上来说，官僚制组织原本想要通过中心-边缘结构来建构统一性，却因此使官僚制组织实现内在统一性的可能性被彻底破坏了。

按照官僚制组织运行的逻辑，如果组织想要保持生命力并很好地实现其目标，那么，它就需要强化组织成员的集体意识，并将那些受边缘化意识支配的组织成员清理出去。实际上，官僚制组织并没有寻找到真正的生存之道，而是在继续建构它的控制体系，不论是意识形态的还是经济利益的，官僚制组织的这些做法不仅没有在组织中形成成员的共识以及组织运行的开放性，反而在建构控制体系、强化监督机制的过程中使组织原本还或多或少存在的信任关系消耗殆尽。换言之，“并不是组织成员天生具有不信任、不合作的禀赋，而是组织的控制功能破坏了组织成员的信任与合作”①。在官僚制组织的设计和建构中，学者们往往是基于抑制人性缺陷之目的而进行科学设计和理性建构的，这种组织设计和建构强化了人性缺陷的观念，存在着破坏人性积极面的潜力。在这个意义上，把人组织起来的社会不仅没有使人性积极面得到张扬，反而激发了人性消极面。对一项理论或假说而言，人性缺陷的证明是符合人类社会在工业化进程中塑造的科学精神的，但是对于人类社会的文明和进步，则显然是消极的。

2. 通过去中心化形成的网络结构

众所周知，官僚制组织的中心-边缘结构是行政命令能够贯彻下去并获得运行效率的

---

① 张康之. 论社会以及组织结构的“非中心化”. 江海学刊，2008（1）.

基本保障，那么，通过去中心化形成的网络结构是否会给人类社会及其治理带来更高的效率呢？在工业社会的历史阶段，社会环境是低度复杂和低度不确定的，线性思维模式可以实现人类行为选择的科学化和理性化，因而，在其中心-边缘结构之下蕴含的是命令-服从关系，因而，即便组织中的人员会因这种结构而变得被动、消极，以及无效率，但是官僚制组织的运行体制也确实能够使得效率在一定程度上实现。

然而，在后工业化进程中，社会环境呈现为高度复杂性和高度不确定性，官僚制运行的线性思维方式已经远远不能满足高速运行的社会的需要了。社会及其组织的去中心化所蕴含的是一种非中心化的思维。从社会结构的变革到思维方式的转变，都透露网络结构替代中心-边缘结构在后工业社会中帮助合作制组织获得更高的、可持续的、具有价值关怀的运行效率。如果说中心-边缘结构是以命令自上而下的传递为中心而获得效率的，那么，网络结构则以处于网络关系和合作关系中的行动者与复杂的社会环境之间的广泛互动为基础。在合作话语体系的建构中，合作制组织将通过网络结构将一切愿意参与合作行动中来的因素都吸纳到这个体系中。社会及其组织的网络化消融了组织的边界，因而，在后工业化进程中，组织也不会是以往那种边界明晰的组织，而是以合作关系中的行动者身份积极活动于社会网络结构当中的，因而从官僚制组织向合作制组织的转变也同样蕴含着社会及其组织的总体性的重新获得。

总而言之，在后工业化进程中，人的独立性、自主性和创造性正变得越来越重要，而官僚制这个设计来由“愚人”运行的组织形式，在复杂性和不确定性的迅速增长中正遭遇困难。面对后工业化的现实，人类社会正在寻求一种能够突破官僚制组织的形式合理性框架，而建构一种能够支持和容纳人的独立性、自主性，以及创造性的组织形式来完成社会秩序的建构。因而，这种组织形式是以往社会条件下所没有的，应该说，人类迄今为止所生活的社会在其结构上都是中心-边缘结构的，因而，也是等级化的，而人类社会的后工业化进程所建构起来的将是一个全新的世界，人类将生活在一个全新的社会——合作社会当中。如果说社会及其组织在步调上保持一致，显然地，人类社会也将迎来从官僚制组织向合作制组织的转变。因为，后工业化进程蕴含着消解中心-边缘结构的内在要求，而官僚制组织所代表的社会中心-边缘结构也将在这一社会变革进程消解，因而，在这个意义上，人类社会正在进入一个没有中心-边缘结构的世界，社会及其组织将呈现为网络结构，组织及其人员都是社会网络结构上的节点，而组织中的每个人又都是组织网络结构中的节点。它们虽然不是均匀分布的，但却是保持着自由、平等的地位；它们虽然不是组织等级镶嵌结构中的成分，却通过网络结构关系与组织中任何一个节点构成网络关系。

6.2 虚拟空间的理论描述

6.2.1 社会现实的符号化和虚拟化

在工业社会的现实中，社会的组织化实际上与组织的结构化是同步的。因而，吉登斯在其著作中通过对相对惰性较高的组织的结构化进行研究来透视当前人类社会正在遭遇的

"现代性的后果"①。实际上，结构化和符号化的问题并不局限于组织层面，几乎渗入社会的方方面面。在工业化进程中，越来越多处于支配地位的超现实的符号困扰着人们，而这些符号经常是通过电视等媒体形式传递给人们的，越来越多的人的意识层面受到了这些结构化符号的控制，正如福克斯、米勒所说的，"作为一种'结构化'或建制化的认知（知识型），现代性在工具理性的高歌猛进中通过科学得以实现了主宰和控制自然与人的所有方面这一任务。雄心勃勃且趾高气扬的现代性模式的结构化很大程度上是自我有效的"②。在后工业化进程中，人类社会同样也面临着现实的符号化以及虚拟的现实的问题，人类无法回避它们，然而，在现实中，代表符号化过程的词汇、符号，以及象征意义正日益与我们身处其中的现实相分离。如果说符号本来是与固定的事物持续对应的，那么，现在的情况是符号与现实事物之间的链接逐渐弱化了，因而，符号与现实相分离的结果是符号被视为一种与现实若即若离的东西而存在着。

实际上，在后工业化进程中，人类生活在三个世界当中，自然界和社会是为人熟知的现实，而虚拟空间则是人们正逐渐生活于其中的符号化现实，而符号化现实与现实世界的事物之间存在着指代关系。当人们生活在符号化现实中时，现实世界和虚拟空间之间究竟存在什么样的差别，就需要判定符号及其所指物之间的距离。在人的创造力和想象力中，符号与所指物之间产生的距离，使人们看到虚拟空间与现实世界之间出现的分离，人们甚至开始反思符号是在表达现实的存在物，还是在表达符号本身。现实构成的世界区别于符号构成的世界，而如果说现实的世界是客观、自为存在的，那么，符号所构成的虚拟空间也是一种独立自为的存在。因而，在这个意义上，人类可以穿行于自然、社会以及虚拟空间当中。如果存在如伯格、卢克曼所说的"现实的社会建构"的话，那么，人类生活于其中的三个世界都将是现实的世界，是在人类社会的生产、生活，以及交往活动中建构起来的现实。

如果说在信息的编码和解码中，信息会从一个点扩散到众多不确定的、分散的、潜在的解码者那里去，那么，在独白形式的符号传递方式中，人们的思想观念以及对社会的建构则被形塑了。人们很难通过单向度的独白方式参与社会的建构和治理过程。就像广播和报纸等传统媒介将经过编码的信息以声音、图像或者文字的形式发出，并创造了一个信息汇聚的编码-解码交流的社会，而在这种社会中，参与社会建构的互动交流和自由表达都是受到严格控制的。言语和实践活动被剥离，人们在复杂的社会关系中开展对话和商谈，单向度的交流被自足的和自我指涉的信息输送（或话语霸权）所占据，为此，人们并不生活在互动交流的健康运行的社会现实里，而是生活在了自我指涉的符号所构成的社会现实"幻象"中。"幻象这个概念说明了自我指涉性。由于接受者不能做出反馈交流，电视交流就在幻想中进行：无穷的复制繁殖而没有实际的源头存在。"③ 在自我指涉的符号所构筑的社会现实中，超现实的存在越来越多地涌现出来。信息的编码和符号化过程并不指向现实中存在什么或发生什么，因而，从这个意义上来说，符号化所编码的现实并不是现实本

① GIDDENS A. The Consequences of Modernity. Stanford, CA: Stanford University Press, 1990.

② 福克斯，米勒. 后现代公共行政：话语指向. 北京：中国人民大学出版社，2002：43.

③ JAMESON F. Postmodernism or the Cultural Logic of Late Capitalism. Durham, NC: Duke University Press, 1991：18；福克斯，米勒. 后现代公共行政：话语指向. 北京：中国人民大学出版社，2002：52.

身，而是人们在现实的体验中编织出来的一种建构性的虚拟社会现实。在这种超现实的幻象中，人们之间的对话和互动交流并没有准确的定位，因而，也逐渐失去了社会现实的客观性的制约，符号便开始走向了指涉对人的注意力有价值的事物和怪诞的人际关系，至于这些叙述对象是否真的存在于社会的客观现实当中，则不是自我指涉的符号所要解决的问题。在人类社会不断的符号化建构中，有所指和自我指涉的符号围绕着生活于真实社会现实和虚拟社会现实之中的人们，甚至可以说，人们在各个生活领域都遭遇了泛滥成灾的信息。

这种趋势显然的结果是，人类开始穿行于这种由自然界、社会，以及虚拟空间构成的社会现实当中。实际上，在后工业化进程中，三个世界所构筑起来的社会现实开始走向了相互联结。官僚制体系所建构起来的独白式单向交流在虚拟空间的更广阔社会现实中得到了拓展和改观。人们之间越来越多的交往活动发生在了三个世界相互联结的社会现实之中。面对自然界中的自然物、人类社会中的人造物，以及虚拟空间中的符号化现实，人们在物质、能量和信息的流动性中建构了社会现实。而在三个世界的联结中，自我指涉的符号又在其意义上转向了实在现实的存在物。在流动性代码的意义上，自我指涉的符号又成了自然界、社会，以及虚拟空间中存在物的标识。正如詹姆森所指出的，“标识是广告形象与品牌名的混合物，更好一点的情况是，它是已经被转化成图像的品牌名称，是一个符号或标志，它在自身之内以一种近乎互为文本的方式传递着早期广告整个传统的记忆”[①]。当人们在作为标识的符号背后寻找它们的意义时，可以发现，这些自我指涉的符号开始在所指物和自我指涉之间穿行，人们似乎已经超越所指物去理解符号，同时又在自我指涉的意义上去理解符号对应的实在物。在这个意义上，社会现实已经超出了客观性和主观性的范畴，而走向了一种寻求符号存在的合理性。当越来越多地看到年轻人将符号化的现实当作实在的现实时，人们对于何者才是真实的这样的问题的回答也变得不再像以往那样确信无疑，或者可以说，人类已经生活在既是实在的又是幻象的双重现实中了。人们的观念、经验，以及态度也随着现实的符号化而变成了一串串或者并行或者串行的连续代码。

因而，工业社会的符号更多体现的是符号本身的意义。“当发达工业社会把发展重点从生产转移到消费和信息上时，上述的坚实基础正在失去。当通过种植、采矿、生产商品来维持生计的人越来越少时，当机器和电气化取代了粗重的人类劳作时，并且当现代越来越多的人通过掌控信息和符号（常常是鼓励别人消费）来获得消费的优惠券时，‘现实’的坚实性正在消失。”[②] 而在后工业化进程中，出现了符号的再度符号化，这就更加凸显了符号的流动性。在虚拟空间中，物质、能量以及信息都是以符号的形式流动于其中的。因而，符号化和虚拟化是表现复杂社会条件下社会网络结构的重要概念。在现实世界中，物体的移动需要对物进行做功，这是现实的物必须遵循的物理定律。而在符号化与虚拟化联结而成的虚拟空间中，物体的“全息”被转化为符号，如计算机中图像、视频等都是以“0”“1”为基本符号而存在，自然物的符号化实现了物体在虚拟空间中的任意穿行。如果

---

① JAMESON F. Postmodernism or the Cultural Logic of Late Capitalism. Durham，NC：Duke University Press，1991：85.

② 福克斯，米勒. 后现代公共行政：话语指向. 北京：中国人民大学出版社，2002：49.

自然物通过机械物理定律进行的移动有确切的时空坐标的话，那么，符号化的物在虚拟空间中的穿行则超越了时间和空间的限制而任意穿行。自然物在某时存在于某处是特定的，而符号化的物却可以在虚拟空间中任意穿行，而不必考虑自然物所处的时空状态。

6.2.2　虚拟空间中的虚拟性思维

如果说以往的技术进步改变和建构的只是自然界和人类社会本身，那么，在全球化、后工业化进程中，创造性技术的涌现则正从自然界和人类社会以外去建构一个同它们并行但又彼此联结的符号化的虚拟现实。在这个并非“真实”的符号化的虚拟现实中，人们建构起了一种虚拟空间，而在这一正在生成的空间里，真实世界的逻辑和虚拟化的逻辑之间既相互作用，又时常处在相互纠缠、相互冲撞中，人们按照真实世界的逻辑有时无法理解虚拟化自我指涉的符号，而用虚拟化中不受时空限制的逻辑去理解真实世界则又会陷入乌托邦的幻象当中。在这个自然界、人类社会，以及虚拟空间相互联结的人类生活空间里，人们对过去的理解、对现在的体验，以及对未来的感知，都陷入了令人既坚定又迷惘的复杂性和不确定性中，渴望预测和控制未来的人们时常处在现在的复杂性和不确定性中。当未来变得不可预测时，一切形式的预测和控制工具都受到了挑战，人们意图对这些工具进行更新，却发现工具的刷新速度往往跟不上社会的变革速度。社会的复杂性和不确定性的迅速增长部分地源于技术进步与社会变迁之间的相互建构。在既有的理论范式和解释框架之下，预测和控制未来的目标在其实现过程中往往遭遇令人难以捉摸的结果，或许这些结果既有积极的意义，也有消极的意义，但是对人类社会在后工业化进程中规划社会治理的方案来说，人类在工业社会的历史阶段中所建构起来的理论范式和解释框架，通常是以实体性存在作为认识和分析的对象，而人类社会正在遭遇的却是不断涌现出来的虚拟存在。自然界和人类社会在符号化的过程中映射到虚拟空间当中，与此同时，自我指涉的符号又依据虚拟空间的运行逻辑自我建构地生成，这样，正在生成的虚拟空间既与已存在的客观现实保持着一种紧密的联系，同时又涌现出了符合其自身运行规则的符号化现实。

按照实体性存在的运行逻辑，原子化的个体和组织化的社会都要在特定的时间和空间中运行，近代以来的科学原理所理解的世界是由长、宽、高的空间尺度和时间维度构成的四维世界，自然界和人类社会都要遵循“自然哲学的数学原理”去运行。因而，即便是在人类的思维空间，一切观念、思想和逻辑都要受到这种时空维度的约束，或许能够超越这个时空维度而存在的事物也只有上帝了，甚至是上帝这样的宗教存在物也要通过数学原理和逻辑论证去证实其是否真实存在。同样如此，虚拟空间的生成也遭遇了数学原理和逻辑论证的困惑。当人们去理解符号化世界的组织方式和运行规则时，其实是将其放置在了实体性存在的运行逻辑之下，因为对于在工业社会思维逻辑的传统中成长起来的人们来说，真实是可以被证实的。在这个意义上，虚拟空间中的符号化现实则首先被从它们与真实世界中现实的联结上去加以理解，因而，既然实体性存在的运行逻辑能够对实体性存在起作用，那么，从某种程度上来说，它也自然地能够对与实体性存在紧密联结的符号化的虚拟存在起作用。这里，符号化被理解为了真实的现实的符号化，每一个符号都有它的意义，每一个意义都对应着实体性存在。然而，在虚拟空间的自我建构中，越来越多的符号化现实不是有明确的指涉对象和存在意义的符号，而是自我指涉的符号，这些符号自行地运行于虚拟空间当中，并按照虚拟空间的规则反过来建构虚拟空间。这些虚拟性存在既是实体性存在在虚拟空间中的映射，同时又独立于实体性存在而自为、自在地运行于虚拟空间当中。因而，用符合实体性存在的组织方式和运行规则框定虚拟性存在时，就会遭遇“幻象”的困扰，而如果人们仅仅将之视作幻象而不加以认真对待的话，那么，它又不断地困扰着人类社会的运行秩序。这时需要的不是符合实体性存在的运行逻辑的政府模式及其管理方式，而是一种全新的政府模式及其管理方式，它将首先表现出其所拥有的虚拟性思维，而不是实体性思维。

在实体性思维当中，人们总是认为实体性存在是真实存在的，因而也就逻辑地认为它们是真的，而虚拟性存在是不真实的存在，因而也就会将它们当作假的东西来对待。然而，当人们将这些虚拟性存在看作是虚假的幻象时，它们却时刻地影响着人类社会的生产、生活，以及交往活动，甚至会给人类社会的正常运行秩序造成极其严重的冲击，因而，也就不能将这些虚拟性存在当作假的东西来对待。换句话说，尽管它们是虚拟性的存在，但它们同样也是真实的，同样也是人类社会现实的一个构成部分。这也是人类社会在后工业化进程中所展现出来的与以往社会现实不同之处。因而处在这样一种社会现实当中的人们，需要的是一种虚拟观。20 世纪 80 年代以来，以网络技术为代表的创造性技术正在创造一个虚拟空间，而在这一虚拟空间中运行的则是符号化的现实。自然界和人类社会都在符号化-虚拟化的进程中走向了多重存在和多元运行的格局。比如，与实体经济不同的是，在虚拟空间中运行的是虚拟经济。实体性存在并不能在虚拟空间中任意流动，流动的是符号。因而，只有在符号化和虚拟化的意义上，才能理解虚拟经济的组织方式和运行逻辑。但不管怎样，虚拟经济已经成为人类社会经济生活的重要组成部分，然而，当前的政府模式及其管理方式却仅仅聚焦于实体性的社会存在，因而，在缺乏虚拟空间观指导以及缺乏有效的政府管理模式的情况下，人类社会陷入金融危机。尽管按照实体性经济的运行规则和治理方案，管理型政府暂时地遏制住了金融危机所产生的巨大的经济社会动荡，但是，有人怀疑：人类社会难以顺利挺过下一波更大范围的金融危机。

在后工业化进程中，需要建立的恰恰就是这种虚拟空间观。在经济领域，具有价值和使用价值的商品在交换的过程中通过价格来反映价值，而价格就是用货币来表示的，在交换过程中充当一般等价物的货币既可以是实体性的金银，也可以是权威机构发行的代表金银的纸币。在实体性经济运行过程中，存在的是作为实体性存在的货币符号。而股票的出现，则意味着货币的符号化。在工业社会的历史阶段，从一开始就出现了将作为收益凭证的股票放在市场上进行交易的行为，这也为资本的稳定和长期运行提供了保障。实际上，随着股票市场的发展，股票也开始脱离资本使用状况或者融资公司的经营状况而独立运行。股票市场、资本市场，以及金融市场逐渐呈现出了它们的虚拟化特征。从这个意义上，货币的符号化在工业化进程中就已经发生了，但是符号运行的虚拟化则是后工业化进程中才出现的。股票这种符号的交易在工业社会的历史阶段中是发生在交易所中的，而如今，似乎并不是每一个人都会去或需要去交易所进行交易。也就是说，符号在实体性经济中是可以运行的，但在符号化-虚拟化的连续体中，符号将以一种前所未有的速度在虚拟空间中流动，实体性经济的思维模式以及数量、质量等测量工具已经不能帮助人们成功地理解符号经济的运行方式了，虚拟空间中运行的符号经济只能用流动性来表示符号自身的运行状况。从实物到货币再到股票和其他金融衍生品的符号化、再度符号化的过程中，符号便逐渐实现了在虚拟空间中的运行。这种符号化-虚拟化的连续体显示出了社会的高度复杂性和高度不确定性的特征。人们再也无法用生产-消费体系来理解符号经济在虚拟空间中的运行了。如果虚拟空间中的符号经济只是社会走向符号化、虚拟化在经济领域中的表现的话，那么，人类未能很好地应对和治理虚拟空间中的符号经济而导致金融危机，也同样会发生在人类社会的公共管理活动中而导致整个人类社会运行的崩溃。

就虚拟现象而言，自然界和人类社会中一直以来都分散地存在着虚拟现象，但这些分散的虚拟现象并没有构成一个虚拟空间。在自然界中，朱熹所说的“月印万川”实际上是实体性存在的影像或镜像，也可以说成是真实世界的虚拟影像，这种影像和实体性存在本身是联结在一起、合为一体的，因而，既不能否定实体性存在的真实性，也不能完全拒绝影像对实体性存在的反映。但是，实体性存在及其影像之间却不存在符号化的问题，在自然界的虚拟现象中，影像是实体性存在的反映，但却不是它的符号化。而在以电视为主要传播媒介的屏幕影像中，影像往往比在场的真实情形还要优质，因为人们通过电视等媒体形式接收到的影像是真实或在场的符号化，符号化的影像以电子信号的方式进行传播。然而，符号化的影像只是将现实或在场的影像传播了出去，而观众也只是接收这些符号化的影像，或许观众能做的只是换个频道或关掉电视。因而，从这个意义上来说，以电视为代表的屏幕传媒只是符号化影像的单向传播，它并不构成符号流动和运行的空间或世界，也就是说，这种虚拟现象的存在也并不意味着虚拟空间的生成。而在符号化-虚拟化的连续体中，符号则是在虚拟空间中流动和运行的，实体性存在的符号化以及符号的符号化共同构成了虚拟空间中的符号化现实，它与真实世界的现实彼此联结、相互作用、相互影响。在虚拟空间中，符号并不完全是用来传送的信息和意义的载体，而更多的则是虚拟空间中流动的存在物，虚拟空间是它进行流动和运行的空间。而正是由于它们在流动和运行才使得虚拟现象建构成一个有时间、有空间，但同时又超越时空束缚的虚拟空间。符号化-虚拟化的连续体对人类的实体性思维方式提出了重要挑战，并因而对一切建立在实体性思维之上的制度设计、治理方案，以及政府模式提出了质疑。如果说思维方式的转变意味着一种全新的思维范式的建构，那么，人类社会则需要在这一全新的思维范式之上去重建人类生活的世界，这是一个由自然界、人类社会以及虚拟空间构成的崭新世界。

6.2.3 虚拟空间中时空约束的衰落

如果说20世纪90年代初期，浏览器马赛克的出现意味着互联网从此走上了联结全世界的道路，那么，对个人和政府用户来说，实现即时、快速、低成本的全球通信已经成为日常生活中十分平常的一件事情。在网络的空间里，以互联网为代表的信息技术在以惊人的速度自我更新的同时，也从根本上改变了人类社会的生产、交往，以及思维方式。如果说信息技术的应用使得改革者能够根据社会的变革而对组织的运行和流程进行重新设计的话，那么，技术进步和组织变革的相互结合、相互作用则无疑减少了官僚制组织的繁文缛节，提高了政府在公共管理活动中的运行效率。通过符号化-虚拟化的网络空间，政府的各项管理活动开始通过符号化而在虚拟空间中流动和运行，因而，通过接入虚拟空间的终端，公众可以轻松、快捷地通过互联网甚至物联网来实现信息的获取和公共服务的接受。

因而，从这个意义上来说，符号化-虚拟化的网络空间的生成，不仅拓展了人类活动的空间范围，而且正在改变人类社会这样的虚拟性存在的组织方式，正在改变政府等实体性存在的组织方式。

通过虚拟空间去开展公共管理活动，使得符号化的信息在网络空间的运行和流动实现了非中介化，因而，它不仅节约了政府的工作量和工作成本，而且还大大地节约了公众的通勤费用和时间成本。正是这种低廉的运行成本和高效率的流动性，才将互联网这种信息传播媒介同传统的大众传媒区分了开来。如果说像报纸、杂志、电视，以及广播电台这样传统的大众传媒能够支持点对面的单向广播式传播，那么，在虚拟空间里，符号化的信息不仅可以供人们检索、保存、传送以及修改，而且还具有非常强的延展性，因而在符号化-虚拟化的连续体中，符号化的信息是不受时空限制、近似自由地蜂窝式传播的。然而，需要指出的是，与传统大众传播的信息传送相比，虚拟空间中的信息的流动和运行具有非常独特的成本结构。因而，当这种符号化-虚拟化连续体被特定的利益集团所利用时，它会使所有能够自由进入它的利益相关方获益，它所蕴含的商业潜能的挖掘正在振兴整个虚拟经济行业，然而，没有人去考虑虚拟空间本身的成本结构。令人担忧的是，虚拟空间作为符号化现实运行和流动的平台，并不像人类社会所赖以生存于其中的自然界，虚拟空间本身既是一个平台，又是一种存在方式，那么，建构虚拟空间的成本将成为未来社会中一项重要议题。也就是说，一旦人类社会顺应社会变革的发展方向，积极建构虚拟空间，那么，一切运行其中的符号化-虚拟化连续体都将以此世界为基础来服务于人类福祉的增长，因而，人类就不可能去拆解虚拟空间，实际上正如人类不能毁灭自然界一样，人类同样也无法消灭虚拟空间。为此，在人类不应通过控制导向的制度体系去遏制虚拟空间的生成，而是应当去积极地建构。

如果将政府放置于虚拟空间的平台上运行，那么，这个“虚拟政府”将获得这样一种能力，这种能力“表面上看来浑然一体，实际上源自几个分立机构能力的快速传递和共享”①。在公共管理活动中，当公众与政府的某一机构或部门开展互动时，在虚拟空间中，每一个政府机构或部门都通过互联网与其他机构或部门保持极其紧密、快速的联动，因而，政府的各个机构或部门尽管是按照分工-协作体系分立开来的，但在虚拟空间中，它们则又通过超越时空限制的互联网以串联的方式整合到一起。“正是通过这些关系网络和网上服务，政府机构正越来越趋向网络化。当人们谈论这些现象的时候，所谈论的可能就是虚拟政府。将那些没有关联的、权限上分离的、地理上经常分散的组织或者服务整合起来以至于表面看来天衣无缝，虚拟指的就是这样一种整合功能。”② 其实在芳汀的“虚拟政府”概念中，政府依然是那个管理型政府，而虚拟空间给予管理型政府的是一种途径，使得它能够在官僚制组织形式以及分工-协作体系之外建构一种整合机制，也就是网络化的途径。因而，在实体性的空间中，政府依然是通过官僚制组织形式和分工-协作体系进行建构的，而在虚拟空间中，虚拟政府则通过关系网络和网上服务来补偿因官僚制和分工-协作体系造成的政府碎片化、等级化，以及封闭性。其实，一直以来，为了应对管理型政府这种自上而下的等级化封闭体系，人们早以关注组织间的网络安排以及“经济行

---

①② 芳汀. 构建虚拟政府：信息技术与制度创新. 北京：中国人民大学出版社，2010：23.

动”的“镶嵌性”①。在这种思路之下，以互联网为代表的信息技术的应用沦落为了人们改善管理型政府的官僚体制的一种手段，人们忽略了它所蕴含的更具革命性、创造性的深刻内涵。尽管人们能够从虚拟政府中得到一些建构全新的政府模式的启示，但从这个意义上来说，虚拟政府并没有实现政府模式的彻底变革，而是对管理型政府进行的一种补充和辅助。

按照近代以来所建构起来的同一化的逻辑，虚拟空间的生成也遭遇了相同的逻辑问题。在全球范围内，虚拟空间作为符号化-虚拟化连续体流动和运行的平台，是跨越一切形式的边界的，因而，在信息的处理上，它需要标准化，这是信息共享的基本前提。只有信息实现了充分的共享，虚拟空间这个平台才具有更加广泛的意义。正如人类有相同的基因一样，虚拟空间中运行的符号是标准化的，这是虚拟空间的基因，然而，它们所呈现出来的世界却是个性化、多样性的。就符号化-虚拟化连续体而言，现实的符号化途径是多种多样的，它们在虚拟空间中的运行却拥有相同的基因，即“0”和“1”，而通过这个基因，符号所展现出来的虚拟空间则是无限个性化、无限多样性的。然而，在民族国家的框架下，信息的标准化和信息的广泛共享也只是部分地实现了，很多情况下，现有的制度框架设置不同类型的壁垒、门槛，以及通行证来限制数据库的进入和信息的读取，因而，极大地降低了虚拟空间的开放性和流动性，从某种意义上来说，这是用管理型政府控制导向的思维方式和行动逻辑来建构虚拟空间，最终导致的结果是，虚拟空间也成了门槛林立的分立世界，即便人们通常所说的虚拟空间是具有突破各种边界之巨大潜能的。因而，虚拟空间的建构所提出来的制度变革和政府模式变革则是深层的，而不是在表面上走向“虚拟政府”这么简单。其实芳汀也发现，“政府官员倾向忽略制度性的变化，反而把注意力集中在信息资源的管理方面，比如计算机系统的生命周期、它们的成本和运作能力、合适的系统规划和采购方法等。网络化的信息和组织，对于政策制定、政府能力以及治理而言，有着重大的内涵，但政府官员没有对这种内涵进行持久的审视”②。虚拟空间的开放性和流动性首先冲击的是人们的思维方式，只有人的思维方式改变了，人才有可能充分发挥出创造力和想象力，进而在一个由自然界、人类社会，以及虚拟空间所构成的社会现实中开展积极的合作行动。

6.3 虚拟空间管理的构想

6.3.1 虚拟空间管理的规范

1. 虚拟空间管理的促进性规则

既然对于虚拟空间的管理是建立在建构一个平台的目的上的，那么，从根本上来说，虚拟空间管理的规则就不应当是控制性规则，而应当是促进性规则。就控制性规则和促

① GRANOVETTER M. Economic Action and Social Structure. The Problem of Embeddedness. The American Journal of Sociology，1985，91（3）：481-510.

② 芳汀．构建虚拟政府：信息技术与制度创新．北京：中国人民大学出版社，2010：27.

进性规则的比较而言，“统治型政府与管理型政府都是以控制性规则为其规则体系之基础的，二者的区别在于，统治型政府中的控制性规则在内容特征上是任意性的，因而较少具有实质上的控制力，管理型政府中的控制性规则则是限定性的，因而具有较强的‘以言行事’的能力。但在都以对规制对象行为的控制为导向上，二者则是一致的。促进性规则则不然。促进性规则不再寻求控制，而是旨在促进规制对象的行为，也就是说，它鼓励规制对象更为积极地采取行动”①。因而，在这个意义上，我们并不将规则作为衡量或评价行为的一种尺度，而是通过这样的规则体系去建构一个平台，在这个平台上，一切行动者的行动都不会以某种标准化的尺度来进行衡量，而是通过这样一个平台的建构去为行动者的创造性行动创设各种各样的条件。为此，虚拟空间管理的规则体系并不是设定一系列不可逾越的规则来约束和控制在虚拟空间里活动的一切人和事物，而是要通过这一规则体系，积极促进虚拟空间自身的成长以及流动于其中的一切行动者的合作行动。

如果说对于公共生活中实体性事务的管理，人们还有在控制性和促进性规则体系之间进行选择的可能性的话，那么，面对虚拟空间管理的复杂现实，其实它并没有留下多少可供选择的空间。正如唐斯在《官僚制内幕》中发现的，组织控制存在“不完全控制定律”“控制递减定律”“协调递减定律”三大定律②。据此分析，控制在其功能和作用上是十分有限的，其有效性也会因组织规模的不断扩大而逐渐降低，然而，在控制及其规则体系的应用上，越是规模庞大的组织，越是倾向于或乐意于采用控制的方式和手段来寻求秩序。其结果则是，当组织通过控制性规则体系来强化其控制力时，反而导致组织的控制能力递减，组织协调能力下降，最终陷入僵化、低效、失序的状态中去。不仅如此，在强化控制的过程中，组织规模越是庞大，通过控制性规则寻求秩序，就越容易造成规则重叠和冲突，并导致组织内部矛盾重重。更令人担忧的是，组织成员严格遵循这些控制性规则行事，不仅不会使组织变得高效，反而会在创造力和想象力的丧失中僵死过去。在组织的意义上，虚拟空间是一个几近无限庞大的组织，因而，对于它的管理，控制不仅是不完全的，而且其作用是无限递减的，其协调能力也是无限递减的。在此意义上，人们不可能再有选择控制性规则来进行虚拟空间管理的可能性了，那么，选择促进性规则也就成了人们在面对虚拟空间管理时最有可能和最优的选择了。

促进性规则是一种全新的规则体系，它不是控制性规则的补充。基于这一逻辑，需要对促进性规则和激励手段进行恰当的辨析。“在 20 世纪的管理实践中，激励得到了极其广泛的使用，每当控制造成了组织活力的下降时，组织往往会出台各种激励措施来进行补救。20 世纪后期以来，随着绩效管理的流行，激励这种企业管理方法也逐渐得到了各国政府的采纳，成为管理型政府的一种时髦的管理工具。应当看到，激励是一种促进性的管理手段，它对组织成员的创造性行动有着极大的促进作用。但激励本身仍然是服从于控制目的的，任何激励政策也都仍是通过控制性规则来作用于组织成员的行为的。”③ 实际上，

① 张乾友．论服务型政府的规则体系．南京社会科学，2014（12）.

② 唐斯．官僚制内幕．北京：中国人民大学出版社，2006：151.

③ 同①.

控制本身就包含着“进”和“退”两个面向，因而也就在方法论上呈现为奖励和惩罚这两面了。与通常的控制方法相比，激励只不过是一种结果导向的目标控制，它是奖励这种控制手法的升级。尽管与惩罚相比，它给予了组织成员更多的自由度，并鼓励组织成员为了达成预先设定的组织目标而进行行为选择，但它依然只是一种能够助长组织活力的更加高明的控制手段。在促进性规则体系中，“激励可以被视为一种促进性的管理手段，但决不是一种以促进性规则为基础的管理实践。促进性规则虽然不再试图控制规制对象的行为，但也决不放任其自由行动，而是在促进的同时加以引导，通过引导来实现促进”①。因而，在虚拟空间的管理中，控制性规则是失效的，取而代之的是促进性规则。

2. 促进性规则的治理功能

控制性规则体系分为两种情况：一是任意性的控制性规则体系。在统治型政府中，其规则体系是由任意性的控制性规则所构成的，然而，当它试图对其规制对象的行为加以控制时，却因其规制对象太过模糊和抽象而起不到控制的效果。而为了维系其统治秩序，统治者就需要给予其官员广阔的空间去凭自己的意愿来解释和适用规则，其结果显然就是原本用来进行社会控制的规则成了官员为自己服务的工具。换句话说，原本想要进行社会控制的控制性规则不仅没有使社会处在统治者的控制之下，反而使其官员因这些规则而变得不受控制。二是限定性的控制性规则体系。在管理型政府之下，其控制性规则是限定性的，这种限定性“不仅明确了政府官员的行动范围，而且对其行为方式也有着详细而具体的要求，因此，在管理型政府中，政府官员不仅处处面临着控制，而且其行为的每一个环节都需要接受规则的控制。正是这种事无巨细的控制保证了社会治理活动中规则的优先性，使管理型政府的社会治理成为一种规则之治”②。而这样做的结果是政府及其行政人员行动缓慢、缺乏弹性。为此，20 世纪后期以来，管理型政府又试图通过激励的方式适当放松控制，然而，或许正是这种解除或放松规制运动，导致了人类在社会环境的复杂性和不确定性迅速增长中陷入“全球风险社会”。从这个意义上来说，控制性规则导致管理型政府僵化，而放松规制又导致政府不负责任，使人类社会陷入风险丛生的境地。

在虚拟空间的管理上，人们抛弃了控制性规则，而选择促进性规则，其意图在于通过完善促进性规则的治理功能来实现对虚拟空间的良好管理。虚拟空间是一个太过模糊和抽象的管理对象，因而，任意性的控制性规则将导致大量的腐败问题，而限定性的控制性规则又会把虚拟空间发展的创造性和可能性扼杀在摇篮里。基于控制性规则的不可治理性，虚拟空间管理是可以借助促进性规则而实现良好管理的。促进性规则依赖的是服务型政府，它不仅是负责任的政府，更是将外在责任内化为内在使命的政府。在服务型政府中，受其促进性规则体系的影响，公共管理者将主动地、积极地、自觉地承担起建构虚拟空间、服务社会公众的责任。他们既要从事无巨细的控制中解放出来又不能放任自流地行动，为此，促进性规则的治理功能就体现在了其鼓励官员主动行动，引导官员积极行动，促进官员自觉行动，并使其履行职责的行为成为真正负责任的服务行动。虚拟空间的管理期盼服务型政府通过其促进性规则来引导公共管理者服务于虚拟空间的健康成长，服务于

①② 张乾友. 论服务型政府的规则体系. 南京社会科学，2014（12）.

社会公众多样性、个性化的需求，使之成为联结现实和虚拟的合作平台，成为公共管理者不断提升治理能力和服务水平的技术支持。

6.3.2 虚拟空间管理的原则

1. 建构总体性的人

在后工业化进程中，人类社会所建构起来的文明需要更加完美的感情生活和更加健康的心理环境。这就把探讨后工业化现实的视角重新锁定在了公共生活、社会秩序，以及生存意义上来。其实，在工业化进程中，人类社会所建构起来的制度框架和治理体系塑造了一种与农业社会不同的公共生活、社会秩序，以及人的生存意义，与此同时，也正是这样的制度框架和治理体系在工业社会达致鼎盛并逐渐走向衰落和崩溃的过程中破坏了公共生活、社会秩序，以及人的生存意义。在人类社会完成了工业化之后，公共生活陷入了僵化、呆板而不能满足人们对公共生活的需要，公共领域、私人领域以及日常生活领域的分化，使人们的生活陷入了支离破碎的状态。在不同的生活领域以及不同的角色扮演中，人们在不停地进行领域穿梭和角色转换而变得碎片化。人们对完整自我的追寻也变成了对各种角色体验的一种拼凑，而越是想要通过这样的拼凑方式获得完整的人格，则越是陷入碎片化的生活模式。当人们意欲摆脱这种碎片化生活而建构完整自我的需要转化为一种强大的生活压力，而现有的制度框架和治理体系却不能满足人们的这一需要时，社会秩序便逐渐从有序陷入无序。社会秩序在人们对完整自我的需求中陷入失序状态，在某种意义上意味着人类在工业社会的历史阶段所创制的社会秩序是基于其低度复杂性和低度不确定性的环境的。一旦这种环境的复杂性和不确定性日益增长，并呈现为高度复杂性和高度不确定性时，社会秩序便处在了崩溃的边缘，任何风吹草动都可能导致社会秩序的崩溃，而在后工业化的进程中，不断涌现的变革趋势不时地冲击着现有的社会秩序，而管理型政府及其制度框架和治理体系则努力要维护这种创制秩序，其实也正是在这种不断的变革冲击和修修补补式的改革中，人类社会朝向后工业社会发展的迹象越来越明显，人们则开始重新审视其作为人的生存意义。工业社会控制导向的思维方式和行为模式造成了人的碎片化存在，因而，当这种控制模式在高度复杂性和高度不确定性的环境中逐渐趋于失效时，人们也在努力挣脱这种思维方式和行为模式的禁锢中寻求另外一种生存意义，即作为总体的人而存在的生存意义。

与以往生活在群体中却感觉到孤独不同的是，在个性化的追求和总体性的获得过程中，人不是在脱离群体的生活中而寻求这种个性和总体性，而是在社会生活中实现的。按照理斯曼的研究，社会及其成员之间似乎存在着这样一种关系："任何依赖内在导向的社会看似为其成员提供了一个更广阔的目标选择空间，如金钱、财产、权力、知识、名誉和利益等，由于这些目标在意识形态上是互相关联的，所以个人一旦作出选择，其一生就不会有太大改变。不仅如此，这些目标实现的手段，也不再像传统导向的社会那样紧随某一社会参照体系，而是受到新的自愿社团的限制，如互助会、共济会、教友会等，其成员依靠社团建立相互联系。"① 因而，在后工业化进程中，人的个性化追求和总体性的获得实际上引导完整的人

---

① 理斯曼. 孤独的人群. 南京：南京大学出版社，2002：15.

去寻求多元化的组织生活，在这一过程中，社会及其组织在自然界、人类社会和虚拟空间中构成了多元化的行动者和多样性的角色。而在虚拟空间管理上，获得总体性和个性的人投身到各种各样的组织中之后，便在特定意义上建构了多元化角色认同和人的总体性。因而，从碎片化向总体性回归的个人，要求在虚拟空间管理中确立建构总体性的人的原则。

2. 建构多元化的社会

当谈论社会自治时，人们经常将当今社会与市民社会联系在一起，这源自托克维尔对它的贡献，而市民社会的流行则得益于黑格尔的贡献，但是在黑格尔看来，市民社会要想保证其完整性不受内部破坏因素的肢解，就必须放置于国家的控制之下，因而，局限于工业社会的思维模式，黑格尔在思考市民社会的自治能力时走向了国家主义的立场。然而，在 20 世纪 80 年代以来开启的后工业化进程中，市民社会出现了再度中兴。实际上，市民社会尽管蕴含着社会自治的潜能，但从近代社会早期的情况来看，在其试图摆脱政治统治的束缚的过程中，推动了政府类型从统治向管理的转变，但这只不过是政治统治方式的转变。由于它受制于国家主义的立场，这就使得它并没有彻底地变革政府模式及其社会治理。而如果说市民社会的再度中兴将充分施展它变革社会治理的潜能的话，那么，我们这个时代赋予市民社会的期许则是通过社会自治运动的开展来实现政府类型从管理向服务的转变的。尽管这样的政府依然需要通过管理的方式实现良好的社会治理，但是这些管理并不从属于政治统治的目的，而是从属于为社会走向成熟自治而服务的目的。近代社会早期的市民社会兴起及其对权利观念的张扬构成了其与公民国家之间的分离，按照这个逻辑推演下去，市民社会在衰落之后又再度中兴，是否意味着人类社会将在新一轮的对立统一关系中去强化或重构权利的观念呢？实际上，在后工业化进程中，市民社会和公民国家之间的古老分界也将伴随着公共领域、私人领域和日常生活领域的融合而走向融合，个体与群体之间的分野也将变得没有意义，而留下来的则是具有公民资格和市民特性的个性化的完整人。这将是人类在后工业社会的历史阶段中，实现服务型政府和社会自治之间良性互动的关键因素。弗雷泽也表达了类似的主张，“（经济的）市民社会与国家之间的彻底分离，不是公共领域良好运行的必要条件。相反，请恕我对自由主义模式不敬，我们需要的恰恰是这些制度间的某种重叠”①。因而，如果将这个再度中兴起来的具有完全不同性质的市民社会称作“新市民社会”，那么，“在‘新市民社会’兴起的条件下，得以强化的不是权利的观念，而是社会合作的理念。在合作理念中，权利观念不仅不会受到强化，反而会大大地削弱”②。在后工业化进程中，正在生成的虚拟空间将成为包括新市民社会在内的多元社会力量赖以存在的平台，因而，它同样呼唤新的管理理念与之相配合，这是一种多元合作的理念，在建构多元化社会的原则下，这一理念将超越权利的观念而越来越得到人们的广泛接受。

从长远的角度来看，新市民社会与公民国家之间的此消彼长意味着公民国家正在走向衰落，然而，马克思主义思想体系中的“国家萎缩”③ 的境界并不会在短期内就显现出

① 弗雷泽. 正义的中断：对“后社会主义”状况的批判性反思. 上海：上海人民出版社，2009：95.

② 张康之. 行政伦理的观念与视野. 北京：中国人民大学出版社，2008：416.

③ 福山指出：“马克思理想的‘国家萎缩’境界，只有在社会具备非常高度的自发性交往时，才有可能发生，届时所有行为的限制和规范都是人们内在自然流露出来，而不是外界强行施加的。”参见福山. 信任：社会道德与繁荣的创造. 呼和浩特：远方出版社，1998：371.

来，因而，在后工业化进程中，并不是公民国家的衰落，而是新市民社会的复兴对国家主义观念的削弱，因而，"如果这个社会不想变成无政府状态或无法治理，那么在政府之下的各级社会组织就必须能够自我管理"①。社会的自发性交往中所形成的社会自治能力的增长并不是在政府之下的，而是要获得一种与政府具有平等地位的合作关系。"任何要求在（组织化的）市民社会与国家之间进行彻底分离的公共领域概念，都不能想象自我管理、公共领域间的协调和政治责任等形式，而这些形式是民主和平等主义社会的基本要素。"② 新市民社会的兴起并不意味着市民社会和公民国家的历史终结，而是在后工业化的现实中建构它们之间的合作关系。国家主义观念的衰落可以被视为人类社会进入"后国家主义"时代的标志。在这一时代中，新市民社会和公民国家之间的分界可以在社会自治中被超越。因为，在人类社会从领域分化走向领域融合的过程中，这二者之间的分界将变得模糊起来，而社会自治力量的成长将改变以往公民国家的政府作为社会治理唯一主体的局面，因而，不仅公民国家对社会治理的垄断将被彻底改变，而且新市民社会所代表的社会自治力量将迅速成长，这是人类社会正在面对的社会现实。它要求人们根据这一现实去思考虚拟空间管理的原则。根据社会多元化的趋势以及虚拟空间在帮助社会走向成熟和建构多元化存在方式上的可能性，虚拟空间管理应当遵循这样一个原则，即建构多元化的社会，并在这一建构过程中实现政府模式及其管理方式的变革。

6.3.3　政府对虚拟空间的引导

在后工业化进程中，创造性技术的广泛应用形成了两个富有广阔前景的社会现象，即"自己动手做"和"个性化定制"。政府在对虚拟空间进行管理的过程中，应当重视这两种现象，并且通过履行引导型职能，来引导"虚拟空间"在广泛的"自己动手做"和"个性化定制"中走向成熟。

1. 搭建"自我动手做"的平台，实现自我服务

现如今，在日常社会生活中，"自己动手做"已经成了极其普遍的行事规则。随着电子商务、电子政务等基于网络技术的虚拟生活日益成为人们普遍的生活方式，"自己动手做"已经成为人们在现实生活与虚拟生活之间建立联结的关键纽带。或者说，正是人们越来越多地承担了部分原本由生产者所需要完成的工作，才使得既是消费者又是生产者的公众和政府之间达成了在现实生活和虚拟生活进行联结的某种默契。"自己动手做"在政府和公众之间建构起了全新的桥梁，这也就为通过远程运输或远程服务来实现公共管理提供了足够的空间，使得现实和虚拟两个世界中的社会治理活动可以便利、快捷、容易地实现。于是，从生产和消费的角度去区分政府和公众所扮演的角色也就失去了意义，因为它们同时是生产者和消费者，也就是说，在行动主义的意义上，它们都是公共管理活动中的行动者。

在更加广泛的意义上，"自己动手做"正在成为后工业化进程中人们的基本生活模式。如果说过去必须出钱到外边请人来做事情或者直接购买完整的产品或服务，那么，在这

---

① 福山．信任：社会道德与繁荣的创造．呼和浩特：远方出版社，1998：370.

② 弗雷泽．正义的中断：对"后社会主义"状况的批判性反思．上海：上海人民出版社，2009：98.

种“自己动手做”的生活模式下，成本低廉、方便快捷的互联网、长途电话、数字电视等物联网和分众传媒技术使得人们能够自己寻找所需要的知识和信息，来完成许多原本只能由生产者提供的产品和服务的供给，例如，修理、装配等。在后工业化进程中，社会环境所呈现出来的高度复杂性和高度不确定性正需要这种生活模式。政府无法迅速掌握来自环境的复杂性和不确定性因而也无法完全地获得公众对公共管理的各种需求。“自己动手做”的生活模式恰好能够建构起一种基于行动者的全新合作体系。在这一体系中，政府作为多元社会治理力量之一，其所作所为不再是垄断社会治理活动，而是想方设法促进社会走向成熟自治。在成熟的社会自治中，任何形式的组织或个体都将不再是主体或客体、生产者或消费者，而是以行动者面貌在这一合作体系发挥积极作用，在个性化的组织或个体之间，人们建构起了更具黏合性的链接和桥梁，也正是在这个意义上，虚拟空间管理就超出了单纯的管理意义，而是在建构一个成熟社会“自己动手做”的平台。

“自己动手做”的生活模式正在掀起一场追求个性化的革命。在知识和信息传播的意义上，信息源通过物联网和分众传媒技术向已知的或潜在的使用者提供知识和信息，以便他们能够进行自我服务。或许正是由于这种“自己动手做”的生活模式的日益推展，知识和信息面向普通的使用者而非专业人士，并越来越多地与“自己动手做”的生活模式相互配合。人们越来越多地注意到不仅是知识和信息，甚至各种各样的实物和材料都被直接提供给了使用者，人们可以通过虚拟空间直接购买或免费获得各种实物和材料来进行自给自足的个性化生产和服务。

以往自己动手劳动是被中产阶级群体所轻视的，而现如今，人们却越来越多地为“自己动手做”以及这其中所彰显出来的个性化特征而感到骄傲、自豪和光荣。事实上，在人们周围日益充斥着帮助人们进行自我服务以及进入“自己动手做”生活模式的各种知识和信息，它们可能是来自网络虚拟社区、书籍出版商、业余学习班以及产品说明书等。按照标准化的需求-供给或生产-消费路径，人们的需求并非根据实际所需产生的而是通过生产或供给的标准化模式进行建构的。然而，当具有个性化需求的人们能够非常便利、快捷、低成本地获得各种实物、材料，以及如何应用它们的知识和信息时，“自己动手做”的生活模式就真正地指向了个性化的需求。这是高度复杂性和高度不确定性社会条件下，人们乐意于从事的活动，政府、企业、非政府组织以及其他社会治理力量，即便能够尽可能生产和提供多种多样的公共产品和公共服务，它们也不能真正实现对个性化社会治理需求的满足。因此，服务型政府在推进虚拟空间管理时，应当努力建构起“自己动手做”的平台，通过虚拟空间来促进人们的“自己动手做”，并在“自己动手做”的生活模式中实现个性化的公众对个性化需求的满足。

2. 推进“个性化定制”，尊重和实现公众的个性化

20 世纪 80 年代以来，个性化定制逐渐演变为“改变未来的十大技术”之一。通过个性化定制来实现的产品和服务供给将使用者的个性化需求融入生产和服务的整个过程。在互联网时代，个性化定制成为这个时代最具影响力和最具广阔前景的生产和服务模式。公众需求的差异化以及包容差异的网络化、智能化的生产和服务模式，迎合了人们在追求个性化过程中的心理需求。在这一个性化追求日益兴起的社会里，定制的日益繁荣和迅速发展正在建构人们日益个性化、多样化的生活模式，个性化的生活也正在由定制开启，越来越多追求个性化生活的人开始意识到，后工业化进程将人类带进了一个定制生产和定制服务的时代。如果说在以往的社会条件下，人们追求这种个性化定制的生活方式会遭遇这样或那样的技术瓶颈，那么，以网络技术、纳米技术等为代表的创造性技术以及虚拟空间的生成，正在为人类追求个性化的生活扫清技术上的障碍，或者可以说，它们在某种意义上促成了人们从标准化的思维模式中解脱出来而走向了对个性化生活的积极追寻。因而，个性化定制只能是在人类社会后工业化进程中逐渐生成的概念和日益兴起的生活模式。

相比之下，工业化浪潮的影响正在被后工业化进程所替代，新的社会特征和制度框架正在生成，社会正在从分化走向融合，不论是生产体系还是治理体系都产生了颇具魅力的变革，而作为行动者的个人则在个性结构上也随之发生了巨大的变化。在后工业化进程中，社会发展不会再像工业化进程那样沿着单一的轨道——从农业社会的低文明阶段向工业社会更高文明阶段的自然发展，而是存在着诸多可能的发展道路，并且按照这种多样化的发展路径，社会的全面发展才会可能。如果后工业社会的发展和进步如同枝繁叶茂的大树一样朝多个方向延伸和发展，那么，人类社会将在后工业化进程中发展出丰富多彩的文化和全面发展的社会。因而，后工业化进程正在朝向一个更加个性化、多样化，以及非群体化的社会转变，这是人类社会的一次重大的文明跃进，社会环境走向了高度复杂性和高度不确定性。网络化、智能化、自动化的机器和设备并不一定意味着人类在相互关系的建构中进一步失去个性，相反，这些先进的机器和设备的广泛使用恰恰为人类追求个性化创造了无限可能性。

在后工业化进程中，人们在努力追求自己的个性，寻求那些能够重新塑造其性格的生活方式，并且伴随着这些机器和设备对低劣、笨重、简单、重复的体力劳动的替代，人们逐渐从令人手忙脚乱的标准化生产线和朝九晚五的办公室时间规则上解脱出来，公众可以自由地选择上下班时间，与此同时，公众可以在任何时间、任何地点通过现实的和虚拟的途径，获得来自政府、企业、非政府组织以及其他社会治理力量的更加个性化和多样化的服务。这些服务的获得并不取决于治理力量本身的意图，而日益取决于公众自己的选择。虚拟空间管理的未来进路就在于通过个性化定制来促进治理的变革，这是一种富有想象力和创造性的变革方向。与管理型政府通过各种公开的或隐蔽的方式抹杀公众的观念和意见不同，服务型政府不断地通过虚拟空间帮助公众追寻其个性化。

总之，作为一种全新的政府模式，服务型政府在公共管理活动中积极征求公众的意见，甚至支付报酬来请公众帮助其提高其公共管理的能力和水平。而管理型政府在开展行政活动时则往往是自己或通过其智囊机构去研究公众的可能需求，并按照标准化的程序将标准的公共产品和公共服务提供给抽象化的公众。随着环境的复杂性和不确定性的日益增长，管理型政府的这种标准化运行模式不可能获得什么太大的成功。与此不同的是，服务型政府乐意于同其他治理力量以及具有个性化需求的公众开展密切合作，它的治理方式以及公共产品和公共服务的规格并不是由政府或者企业、非政府组织等治理力量决定的，而是由公众预定的。如果说管理型政府在进行公共管理方式的选择以及公共产品和公共服务的提供时，所采取的模式通常是“内制外销”的话，那么，在这种“自己动手做”的生活模式和“个性化定制”的治理方式中，服务型政府则往往采用的是“外定内制”的服务方式。通过“个性化定制”来吸纳公众介入公共管理过程和提高政府以及多元治理力量的服务水平，是非常理想的创新途径。

在后工业化进程中，服务型政府将掌握更加智能化的治理方式以及公共产品和公共服务供给技术，这些先进科学技术在公共管理活动中的广泛应用，促成了公共管理活动的非群体化以及公共产品和公共服务的个性化定制。在这个意义上，公众对公共管理过程如此深入的介入程度，实际上已经超越了简单、被动的参与行为，并在积极行动的意义上指向了一种真正的合作。作为政府和公众在公共管理过程中开展的合作行动，它并非是在必要性的意义上探讨的，而是在互动的有效性的意义上进行的。在这一合作治理框架下，政府和公众的创造性都将获得充分和有效的发挥，不仅政府将成为富有创造性的行动者，公众也将成为富有创造性的行动者。在政府引导社会走向成熟自治的过程中，不论是自己动手做还是个性化定制，都在网络化、智能化科学技术的广泛应用中，将政府和公众紧密地镶嵌在了基于行动者之上的合作体系里。而随着这种趋势的不断发展，管理型政府及其控制导向的治理方式和思维方式，最终将会被服务型政府及其引导导向的治理方式和思维方式所取代。

本章小结

20 世纪 80 年代以来，人类社会迈入了后工业化进程，其在技术上是以创造性技术的兴起为标志的。以网络技术为代表的创造性技术的涌现，不仅改变了人类的生产、交往以及思维方式，更推动了与自然界、人类社会相平行的虚拟空间的生成。在工业化进程中，人类社会建构起了各种领域边界、实体性空间以及中心-边缘结构；而在后工业化进程中，人类社会展现了领域边界的消融、空间特性的变革以及社会的去中心化的迹象，它们不仅是虚拟空间生成的征候，更指引着社会治理思维从实体性转变为虚拟性，指导着人们去积极建构一种全新的社会治理模式，以实现虚拟空间的健康成长。

创造性技术的应用推动了人类社会现实的符号化和虚拟化。与人类社会早已存在的符号和虚拟现象不同的是，符号化和虚拟化建构起来的是一个以流动性为尺度的空间。在符号化、虚拟化的过程中，现实的符号化不仅建构了距离消失的进程，而且还使现实在没有时空限制的虚拟空间中流动，它从根本上改变了社会治理的规则。管理型政府不可能在保持自身等级结构的同时，又具有对虚拟空间运行逻辑的适应性。从根本来说，虚拟空间的生成要求政府打破实体性思维，而建构起适合于虚拟空间运行逻辑的虚拟性思维，并基于此去实现政府模式的重构。当公共管理事务能够通过符号化、虚拟化而实现在虚拟空间中运行时，也就意味着这是一种时空约束衰落的运行逻辑，政府的一切流程都需要实现再造，政府的控制性规则也要在这一过程中进行彻底的转变。

虚拟空间管理的目标在于建构一个平台，作为一个管理对象，其在组织的意义上是边界模糊、规模无限。它在现实和逻辑上都不适用控制性规则，政府将通过促进性规则来开展虚拟空间的管理。与实体性思维下管理对象所要遵循的原则不同，虚拟空间的管理更多的是建构意义的，因而，对于它的管理应当遵循这样两个建构原则：建构总体性的人和多元化的社会。在这两个管理原则的指导下，服务型政府将通过对虚拟空间的引导来实现对它的建构。在后工业化进程中，创造性技术的广泛应用形成了两个富有广阔前景的社会现象，即“自己动手做”和“个性化定制”。对于虚拟空间的管理来说，这意味着需要服务型政府履行引导职能，来引导虚拟空间在广泛的“自己动手做”和“个性化定制”中臻于完善。

关键术语

虚拟空间　领域边界　消融　自然空间　社会空间　思维空间　去中心化　符号化　虚拟化　虚拟性思维　时空约束衰落　促进性规则　总体性的人　多元化的社会　自己动手做　个性化定制

复习思考题

1. 简述虚拟空间生成的征候。
2. 简述空间特性变革的基本内容。
3. 简述社会现实的符号化和虚拟化对虚拟空间的意义。
4. 简述虚拟空间的虚拟性思维。
5. 为什么说虚拟空间中会出现时空约束条件的衰落?
6. 简述虚拟空间管理的原则。
7. 政府应如何对虚拟空间进行引导?

阅读文献

1. 埃利亚斯. 个体的社会. 南京：译林出版社，2008.
2. 哈贝马斯. 交往行为理论：行为合理性与社会合理化. 上海：上海人民出版社，2004.
3. 彼得斯. 政府未来的治理模式. 北京：中国人民大学出版社，2001.
4. 芳汀. 构建虚拟政府：信息技术与制度创新. 北京：中国人民大学出版社，2010.
5. 弗雷泽. 正义的中断：对“后社会主义”状况的批判性反思. 上海：上海人民出版社，2009.
6. 福山. 信任：社会道德与繁荣的创造. 呼和浩特：远方出版社，1998.
7. 哈拉尔. 新资本主义. 北京：社会科学文献出版社，1991.
8. 理斯曼. 孤独的人群. 南京：南京大学出版社，2002.
9. 唐斯. 官僚制内幕. 北京：中国人民大学出版社，2006.
10. 张康之. 论社会的网络结构. 理论学刊，2008（3）.
11. 张康之. 论社会以及组织结构的“非中心化”. 江海学刊，2008（1）.
12. GIDDENS A. The Consequences of Modernity. Stanford，CA：Stanford University Press，1990.

13. GRANOVETTER M. Economic Action and Social Structure: The Problem of Embeddedness. The American Journal of Sociology, 1985, 91 (3).

14. JAMESON F. Postmodernism or the Cultural Logic of Late Capitalism. Durham, NC: Duke University Press, 1991.

15. OBERFIELD Z W. Rule Following and Discretion at Government's Frontlines: Continuity and Change during Organization Socialization. Journal of Public Administration Research and Theory, 2010, 20 (4).

第 7 章

公共服务及其供给

在公共管理中，公共服务是政府、非政府组织等社会治理力量开展治理实践的载体和目标，在某种意义上，公共服务的生产和供给水平直接决定着公共管理的质量。公共服务的概念属于历史范畴，不同时期的学者对公共服务的理解是不同的。公共服务的复杂性决定了在分析公共服务的过程中，人们需要从类型学的思维和公共服务的现实特性出发，将公共服务分为不同的类型。公共服务系统主要包括公共服务的主体、公共服务过程以及公共服务实现形式三方面内容，公共服务系统的差异和变化也主要体现在这三个方面。反过来，公共服务的主体、公共服务过程和公共服务实现形式中任何一个方面的变化都会引起其他方面和整个公共服务系统的变化。依据公共服务表现出的物质属性，可将其分为虚拟公共服务与实体公共服务，物质属性在很大程度上规定了公共服务的供给方式，这使得虚拟公共服务和实体公共服务之间在供给条件、供给方式、服务可获得性以及服务效果等方面存在显著差异。

重点问题

- 公共服务的概念
- 公共服务与公共物品的关系
- 公共服务的类型
- 公共服务系统
- 公共服务的供给
- 虚拟化的公共服务

7.1 公共服务概述

7.1.1 公共服务的概念

公共服务是现代社会治理中的一个基础概念。政治学、管理学、经济学以及社会学等领域的学者对它进行了多元化解读，然而这些解读并没有赋予公共服务明确的意涵，反而增加了它的神秘色彩，公共服务成为一个极具争议的概念。实际上，公共服务是相对私人服务而言的，是一个历史范畴的概念。在人类社会发展的历史脉络中，农业社会是一个地域化的社会，社会具有极高的同质性，从整体上看是一个混沌一体的未分化的社会。因而，在农业社会并不存在“公”与“私”之分，自然就不存在“公共服务”与“私人服务”之分。在人类从农业社会向工业社会变迁的过程中，随着社会领域分化为公共领域、私人领域和日常生活领域，公共服务与私人服务才被加以区分。

根据文献，最早明确提出公共服务概念的是法国公法学者莱昂·狄骥。他认为：“对一项公共服务可以给出如下定义：任何因其与社会团结的实现与促进不可分割、而必须由政府来加以规范和控制的活动，就是一项公共服务，只要它具有除非通过政府干预，否则便不能得到保障的特征。”① 在莱昂·狄骥之后，对“公共服务”概念的探索主要集中在“公共物品”的研究上。因为，许多国家在应对 20 世纪 30 年代的经济危机时，通过改革建立起了福利制度，使得政府在公共物品的生产和供给上扮演着重要角色，同时，福利经济学的创立使公共行政学和国家改革理论研究出现了明显的经济学倾向。

从经济学视角出发，有学者认为公共服务是政府在纯粹公共物品、混合性公共物品以及带有生产的弱竞争性和消费的弱选择性的私人物品的生产与供给中的职责②。也有学者认为“公共服务是公共部门与准公共部门满足社会公共需要、提供公共产品的服务行为的总称。它分为提供纯公共产品的公共服务和提供准公共产品的公共服务两种”③。从公共服务的判定标准和特征的角度出发，有学者认为“判断一种服务是否属于公共服务，关键在于其提供方以及其所使用的权力与资源的性质”④。公共服务从属于人权事务范畴、以公共利益为目的、具有社会财富再分配功能、以共济互助方式满足需求、服务对象非特定、服务领域可进入、服务标准一般化、服务主体多元性⑤。弗雷德里克森认为凡是有利于维护或者是推进民主、公平和公共利益，以及能够培养出公共精神的公权行为都是公共服务的范畴。登哈特夫妇从公职人员的角色与职责的角度出发，认为公职人员超越控制与“掌舵”的角色扮演和职能发挥就是公共服务。可以看出来，受时代背景的影响，学者们对公共服务的研究角度和关注重点发生了转移，这最终推动了公共服务在内涵和外延上的变化。

根据目前的时代背景和公共服务的实际，可以将公共服务理解成：为了人类的共生共在的行动者，所提供的一切有形或无形的服务的总称。从这一界定可以总结出公共服务的特性：第一，公共服务的供给主体是行动者，包括政府、非政府组织等社会治理力量，这些行动者必须立足于人类的共生共在，积极推进公共利益的实现；第二，公共服务的外延涉及实体性有形的服务，同时也包括无形的、虚拟的服务。

---

① 李军鹏．公共服务学．北京：国家行政学院出版社，2007：33.

② 马庆钰．关于“公共服务”的解读．中国行政管理，2005（2）.

③ 同①3.

④ 赵黎青．什么是公共服务．学习时报，2008-07-14.

⑤ 柏良泽．“公共服务”界说．中国行政管理，2008（2）.

7.1.2 公共物品与公共服务

在对公共服务概念的认识上，之所以会出现莫衷一是的情况，原因在于公共服务本身的复杂性、学者的认知出发点以及研究视角等的不同。在公共管理学的范畴中，与公共服务联系最为紧密的一个概念是公共物品，既有的关于公共服务与公共物品之间的关系的研究大概形成了以下三种代表性观点：

第一，公共物品就是公共服务。自公共财政学和公共经济学产生后，西方学界一直延续着通过研究公共产品来研究公共服务的做法。布坎南认为："根据我们的目的，任何集团或社团为任何原因决定通过集体组织提供的商品或服务，都将定义为公共商品或服务的不同机制。"① 埃莉诺·奥斯特罗姆在研究公共物品的过程中，认为只要在公共物品与私人物品之间做了区分，就可以探索在公共领域之中组织安排的可能性了②。虽然奥斯特罗姆没有直接地表明公共物品就是公共服务，但她的理论体系和论证逻辑却暗含着将两者当作同一个概念来使用的明显倾向。此外，在萨瓦斯探索公共服务民营化的过程中，公共物品与公共服务也被看作同义词③。当然，除了西方学者之外，中国的一部分学者也将公共物品与公共服务看作同一概念，如丁元竹就认为公共物品就是公共服务，其中分为经济性公共服务和社会性公共服务两种④。

第二，公共服务属于公共物品的范畴。持这种观点的学者主要是从生产与供给，以及存在形态的角度来进行论证的。他们认为公共物品的一个显著特征就是具有明显的实物属性，是有形的存在物，其侧重于生产环节；而公共服务则是无形的，不具有实物属性，其侧重于供给环节。此外，他们还从经济学的角度出发，认为公共物品的生产与消费属于不同的环节，二者在时空关系上是分离的；相反，公共服务则不同，因为公共服务的供给与消费是同时发生的，无法实现生产与消费的时空分离。基于这样的考虑，他们认为公共服务只是公共物品的一部分（或者说是一个环节）。

第三，公共物品属于公共服务的范畴。持有这种观点的学者认为，经济学视域下的公共物品过于注重产品生产和供给中的效率和效益问题，而脱离了政治学与公共管理本身不可或缺的社会公平正义等价值观照。实质上，公共服务不仅关注服务的效率和效益问题，而且还关注其对于促进或维护社会公平正义所产生的意义⑤。医疗卫生、教育之类的准公共物品具有一定的竞争性和排他性，如果放任其自由发展，出于对效率和效益的追求，极有可能会导致服务供给的垄断化和社会消费的分群化，在这种情况下，政府应该提供或部分提供相应的服务或补贴，以减少甚至是消除公共物品供给和消费上的消极后果。此外，一些公共服务具有公共物品特性，提供这些服务所产生的成本不可能通过向消费者收费来收回，必须由国家收费或者接受捐赠，否则就会导致公共服务的供给不足⑥。因此，这种

---

① 布坎南．民主财政论．北京：商务印书馆，1993：20.

② 奥斯特罗姆．公益物品与公共选择．上海：上海三联书店，2000：97.

③ 萨瓦斯．民营化与公私部门的伙伴关系．北京：中国人民大学出版社，2002：42.

④ 丁元竹，江汛清．社会公共服务供给与社会管理体制安排．理论与现代化，2006（5）.

⑤ 陈振明，等．公共服务导论．北京：北京大学出版社，2011：32.

⑥ 李军鹏．公共服务学．北京：国家行政学院出版社，2007：3.

观点认为，公共服务是在社会福利最大化意义上的公共物品。

以上关于公共服务与公共物品之间关系的观点，从不同的研究角度来看都具有一定的合理性，但是也具有局限性。一般而言，每一个学术概念的出现，都有其特定的历史背景，因此，不管是对一个概念的理解，还是对不同概念的比较都不能脱离相应的历史背景。在社会治理实践的发展脉络中，公共物品与公共服务之间的关系呈现出一番复杂的景象：在某一时期，它们之间会形成比较确定的关系，但这并非一成不变的，这种关系会随着时代以及社会治理实践模式的变化而发生改变。

在传统的公共行政模式——管理行政中，由于政府是唯一的社会治理主体，它承担了社会治理的所有任务，公共服务与公共物品通常被视为同一范畴。关于这一点，无论是从政府与社会的关系层面进行考察，还是从政府内部结构和运行机制层面进行考察，都可以找到答案。

第一，从政府与社会的关系层面考察。工业社会阶段，政府是公共领域的现实代表，拥有治权，通过履行其职能来推动社会的发展和公共利益的实现。政府与社会的关系表现为主客体关系，政府处于社会治理的中心来对社会进行治理。在这一模式下，政府垄断了公共物品或公共服务的生产和供给，公共物品和公共服务的生产者与输出路径的唯一性决定了：政府无须对公共物品与公共服务做出严格区分，只需要以实际行动来实现和维护公共利益。从社会的角度来看，在政府垄断社会治理权力的情势下，除政府之外的其他社会主体只是政府行为的受体，对于由谁来行使社会治理的权力，它们没有更多的选项。因此，对于政府提供的公共物品和公共服务而言，社会主体只关心政府的行为对自身权益和公共利益的改善情况，它们也不会对公共物品和公共服务做出区分。所以，在管理行政的实践中，从政府与社会的关系层面来考察的话，公共服务和公共物品可以被视为同一范畴。

第二，从政府内部结构和运行机制的层面来考察。在横向的政府组织结构设计中，为了让政府能够很好地发挥出社会治理的功能，很多国家在政府组织上进行了类似公有企业、事业单位和行政单位的划分，公有企业的主要职能是按照公共政策与施政方案的要求和部署去生产公共物品，进而为政府职能的发挥提供必要的物质保障，而事业单位则倾向于向社会提供教育、卫生、文化等领域的公共服务。很多学者在对公共服务与公共物品进行比较研究时，突出强调了公共服务的无形特征与公共物品的实物特征可能在一定的程度上就是受此影响的结果。纵向意义上，政府可分为中央政府与地方政府，这种划分意味着不同层级的政府在权力位阶和主要职能上存在差异。处于权力高位阶的政府，其职能主要倾向于事关全局的重大决策、宏观调控以及突发事件的处理。从处于权力位阶顶端的中央政府往下，政府所处的层级越低，其职能就越接近于公共服务供给的具体操作。因此，在权力的纵向结构中，越接近最高层政府，对于公共物品与公共服务生产和提供越容易做区分，反之则越难。正如奥克森在研究地方治理时所发现的那样："只把焦点集中在公共服务的生产（产品）方面是片面的，因为它将地方政府的基本职能置于一旁，而地方政府的基本职能正是要供应地方服务。公共服务的供应事关那些税收和支出的决策，而这一点与公共服务的生产和传送明显不同。这些区别看似简单，却容易使人误解，因为在平常地方政府的那些讨论中，人们很少对公共服务的生产和供应加以区分。"①

---

① 奥克森. 治理地方公共经济. 北京：北京大学出版社，2005：3.

20 世纪七八十年代，新公共管理运动使人们开始重新审视对公共物品与公共服务的理解。非政府组织等治理力量积极参与社会治理，解构了传统社会治理的格局。在传统的管理行政模式中，政府及其公职人员成为治权的唯一行使者，垄断了社会治理。在这种情况下，人们似乎还可以从治理主体的角度来区分和理解公共物品与公共服务。然而，随着社会治理主体的多元化，从治理主体的视角则难以对公共物品与公共服务进行准确的理解和区分。治理主体多元化使政府、市场主体、非政府组织、公民等都开始承担社会治理的责任。特别是在非政府组织参与的基层治理当中，公共物品和公共服务的生产与供给往往是同一个过程，既涉及有形物质的生产，又囊括了无形服务的提供，在这种情况下，区分公共服务和公共物品变得更加困难，甚至没有区分的必要了。在传统的意义上，公共物品和公共服务的生产与供给是为了促进公共利益的实现和追求共同的善，整个过程都体现出纯粹的"公共性"和"公益性"。然而，随着公共管理的社会化，特别是市场主体的加入和企业管理技术的引进，在公共物品和公共服务的生产与供给过程中，明显增加了一些"交易"的色彩，但这种"交易"并非纯粹的市场交易，它非但不会破坏新型社会治理所具有的公共性和公益性，反而会更好地追求公共利益的实现。

7.1.3　公共服务的类型

不同的学者和组织依据不同的标准和方法对公共服务进行了类型划分，比较典型的有以下几种：

1. 根据公共服务的功能而进行的分类

从公共服务的功能出发，可以将其划分为三种类型：维护性公共服务、经济性公共服务和社会性公共服务①。维护性公共服务是指以维持统治秩序、市场秩序、国家安全为目的的公共服务，它的核心功能是确保国防安全、维护国家机器的正常运转、获得并维护社会秩序与市场秩序，它具有基础性和弹性小的特点。经济性公共服务是指以推进经济发展为目的的公共服务，这类公共服务针对的是参与经济活动的相关主体，以期营造出一个秩序良好的经济发展环境。社会性公共服务是以促进社会公正、稳定与和谐为目标而向全社会提供的公共服务，主要涉及教育、医疗卫生、社会保障和就业等领域。社会性公共服务的供给水平与经济发展的水平密切相关，一般而言，随着经济发展水平的提高而提高，所以说社会性公共服务具有明显的弹性。此外，社会性公共服务直接以公民个人为服务对象，它与公民个人的日常生活有着极为密切的相关性。

2. 根据公共服务的性质而进行的分类

从公共服务的性质出发，可以将公共服务分为三类：基本公共服务、混合公共服务和对私人部门的管制性公共服务②。基本公共服务是指对一个国家的稳定及公民的生存发展而言，基本的、必不可少的公共服务。这类公共服务包括了从国防、国家安全、外交等宏观领域到法制规章体系建设、公民权利保障、社会利益分配、科学教育、医疗卫生等较为微观的领域。混合公共服务是指在服务供给主体上既包括政府又包括政府之外的其他供给

---

① 李军鹏. 公共服务学. 北京：国家行政学院出版社，2007：4.

② 卢映川，万鹏飞. 创新公共服务的组织与管理. 北京：人民出版社，2007：31.

主体，在服务对象上既包括公共领域的公共服务又包括私人领域的公共服务，比如城市给排水系统、通信系统、广播电视系统和邮政系统等服务都具有混合公共服务的特征。对私人部门的管制性公共服务，主要是指政府或者相关的权威性行业组织对私人部门提供的相关服务，如产品质量标准、卫生标准、技术体系标准与安全标准等。

3. 根据公共服务的作用空间而进行的分类

根据公共服务的作用空间，可以将其分为全国性公共服务和地方性公共服务①。全国性公共服务是指以全国而非某一特定地域为作用空间的公共服务，全局性与宏观性是这类公共服务所具有的特征，如国防、外交等具有全局性的服务；与全国性公共服务相反，地方性公共服务，则是指以全国范围内某一个或某些特定的区域为作用空间的公共服务，如地方性环保、劳务、市政、教育和卫生等一系列服务。

4. 根据公共需求的内容而进行的分类

根据公共需求的内容，可以将公共服务划分为政权性公共服务、社会性公共服务和经营性公共服务。政权性公共服务，主要是指以满足维护政权的稳固及其良好运转的需求为目的的公共服务，如国防、外交、立法、行政与司法等；社会性公共服务就是指以维护社会公正、满足公民福利的需求为目的的公共服务，如社会就业、社会保障、公共教育、医疗卫生和科学文化等服务；经营性公共服务是指公共服务的提供是以满足社会体系中的经营性需求为目的的公共服务，如通信邮电系统、电力设施、煤气供应、自来水和交通运输系统的建设等。当然，在很多情况下，经营性公共服务的供给过程本身就具有一定的经营性质。

5. 根据资本和劳动力投入的比例而进行的分类

以劳动力、资本投入占总成本的比例为标准，可以将公共服务划分为劳动密集型公共服务和资本密集型公共服务②。劳动密集型公共服务是指劳动量占服务总成本80%以上的公共服务，资本密集型公共服务是指资本投入占服务总成本80%以上的公共服务。

6. 根据专业知识而进行的分类

根据公共服务所涉及的专业知识领域，可以将其分为公共工程建设、公共交通服务、人类健康和社会服务、文化和休闲服务、支持服务与公共设施等类型③。

除了以上公共服务的分类之外，人们还基于公共服务的虚拟化、政府职能体系、服务对象的特征、公共支出等不同的标准与方法建构起了相应的公共服务分类框架。就已有的分类框架而言，由于理论研究的角度和公共服务实践中需要解决的问题不同，人们所选取的分类标准与方法也有所不同。但是，不管在分类框架上的差异有多大，不同的框架所指涉的公共服务内容却大体相同。在理论研究和公共服务的实践中，不同的研究者和实践者所面临和解决的问题往往是复杂的，一个固定的分类框架通常无法满足人们进行理论研究和治理实践的需求。出于这样的考虑，建构和评价某一公共服务分类框架是否科学合理，需要以问题为导向，从解决特定的问题出发。否则，公共服务分类框架的建构者就会犯以偏概全、以点带面的错误，认为一个框架就能够涵盖所有类型的公共服务，而公共服务分

---

①② 陈振明，等. 公共服务导论. 北京：北京大学出版社，2011：48.
③ 同①47.

类框架的评价者，则极易脱离特定的问题情境，对框架做出漫无目的、脱离实际的判断与评价。

7.2　公共服务系统

7.2.1　公共服务主体

公共服务是近代才出现的概念，因而，认识公共服务主体也应以近代为起点。公共领域代表着社会的公共力量，以公共利益的实现为宗旨。卢梭认为一个社会的公共力量“必须有一个适当的代理人来把它结合在一起，并使它按照公意的指示而活动；他可以充当国家与主权者之间的联系，他对公共人格所起的作用很有点像是灵魂与肉体的结合对一个人所起的作用那样”①。在社会契约论所确立的委托-代理关系中，这个公共力量的代理人就是政府，具有唯一性的特征。换句话说，在工业社会的社会治理中，政府是唯一合法的治理主体，垄断了整个社会的治权，因此也垄断了公共服务的供给。

近代以来，政府垄断公共服务供给这种局面的形成是多重因素共同作用的结果。首先，从宏观的层面来看，人类社会的领域分化为政府垄断供给公共服务提供了客观条件。社会分化为不同的活动主体划定了活动范围——政府是公共领域的主体，参与市场活动的组织和个人代表着私人领域的主体，除公私领域之外以亲情和伦理道德为纽带联系起来的人们则是日常生活领域的主体。不同领域的主体各有其核心的组织活动原则：公共领域以公共利益的实现为原则，私人领域以自我利益的理性计算为原则，日常生活领域以情感满足为原则。其次，启蒙运动中涌现出的先进思想为政府成为唯一公共服务主体夯实了理论基础。在人类社会从农业社会向工业社会转变的过程中，启蒙思想家们提出了社会契约论，这一理论通过对主权与治权的划分，在政府与社会之间建构起了委托-代理关系，政府获得了最终的代理权，成为唯一合法的公共服务主体。最后，在实际的社会治理实践中，政府作为唯一的公共服务主体，客观上能够承担起供给公共服务的职责。在人类社会从农业社会向工业社会演进的过程中，社会分化使得人类社会简单、确定的状态被打破，社会呈现出了低度复杂性和低度不确定性。社会的复杂化和不确定性的增加，必然会增加社会治理的难度和负担，然而工业社会所具有的复杂性和不确定性毕竟是低度的，在这种环境下政府作为唯一的社会治理主体，基本能够完成公共服务供给的任务，这也从实践上稳固了其单一公共服务主体的地位。

20 世纪七八十年代开始，人类社会进入了全球化、后工业化的阶段，公共服务主体也随之发生变化——公共服务主体多元化。公共服务主体的多元化，是诸多条件共同作用的结果：第一，社会复杂性和不确定性的急剧增加，使社会变得高度复杂、高度不确定，政府不得不面对前所未有的治理考验。在高度复杂和高度不确定的社会旋涡中，政府无法回避地表现出了治理理性的有限，面对越来越多、越来越复杂的社会问题，社会不可治理

---

①　卢梭．社会契约论．北京：商务印书馆，2003：72.

性问题日益凸显。换句话说，现有的社会治理要求已经远远地超出了政府的能力极限，使得政府难以完整而高效地承担起所有的社会治理任务，不可避免地出现政府失灵现象。第二，社会领域界线的消融，人类社会从分化转向融合。随着人类工业化进程的深入，特别是随着诸如互联网技术、通信交通技术等一系列高尖技术的出现与运用，工业时代清晰的社会领域界线变得日益模糊。在社会领域融合的过程中，原先具有明确活动范围的主体，随着社会领域的融合而变得不再确定不变。在公共服务供给上，公共领域与私人领域的融合关系着公共服务主体的变化——从政府垄断的一元主体向多元主体转变。第三，非政府组织的出现。如果说人类社会的高度复杂化和高度不确定化，以及社会的领域融合给公共服务主体的多元化提供可能性和要求的话，那么非政府组织的崛起及参与公共服务则使得这种可能性成为现实。非政府组织是公共服务主体多元化的重要实体因素，推动了公共服务主体的多元化，或者说为公共服务主体的多元化提供了现实条件。

7.2.2 公共服务过程

1. 输入阶段

公共服务的供给是为了满足人们的利益诉求，增进社会福祉。每个公共服务项目的实施都是针对特定的问题而发生的，这些问题可能来自两个方面：一方面是来自公众的利益表达，公共服务的意义就在于满足公众的利益需求，公众的利益诉求需要得到公共服务主体的回应，并进入公共服务的议程；另一方面则是来自公共服务主体，社会治理是一个系统工程，会涉及方方面面，为了取得良好的治理效果，治理主体会主动实施部分在公众利益表达范畴之外的公共服务项目。但是，无论公共服务的依据是来自公众的利益表达，还是来自服务供给主体的治理设想，都是作为公共服务过程的第一个环节而存在的，都处在公共服务过程的输入端和起始点，是公共服务供给发生的前提。

2. 规划阶段

在明确公共服务要解决的问题之后，就需要对公共服务进行总体规划。公共服务规划应该围绕着要解决的问题，完成以下几个任务：首先，确定服务目标，即公共服务要达到的预期效果；其次，对公共服务的环境和条件进行分析评估，弄清楚该项公共服务所处的外部环境、内部条件和资源储备情况等；再次，服务方案的设计和筛选，这直接决定着公共服务的执行和落实，有着极强技术性和操作性要求；最后，制定公共服务的评价体系，这项工作是为公共服务的效果确立衡量标准。

3. 资源准备与整合阶段

确立了公共服务的总体性方案后，就需要为公共服务方案的施行准备资源，并对这些资源进行整合利用。资源的准备工作，所要完成的任务就是尽可能多地吸取资源，为公共服务的供给提供可靠的资源保证。资源准备可以采取两种方法：混合筹资与独立筹资。混合筹资可以由公共部门、私人部门、非政府组织以及公民个人等主体中的两个或多个共同出资，为公共服务方案的实施提供资源；独立筹资则是指公共服务所需的资源由公共部门、私人部门、非政府组织以及公民个人等主体中的一个单独筹资。资源整合则是根据服务目标和行动方案对筹集到的资源进行优化组合、高效利用，以期最大程度地发挥既有资源的作用，更好地实现资源转换增值。

4. 输出阶段

依据公共服务的行动方案准备好必要的资源之后，就进入公共服务的供给阶段。公共服务有两种供给模式——单一主体独立供给和多元主体合作供给。在传统的意义上，单一主体独立供给是指政府实施的服务供给，而在公共管理中，公共服务的独立供给则有所不同，承担供给职能的可能是政府、市场组织、非政府组织、社区或者公民个人等中主体中的某一个；公共服务的多元主体合作供给，则是指政府、市场主体、非政府组织、社区和公民个人等中两个或两个以上的主体，通过彼此之间的相互合作来完成公共服务供给的任务。无论是多元主体合作供给还是单一主体独立供给，在公共服务的整个过程中，服务供给是最为重要的一个环节，服务供给是将服务的行动方案转化为现实以实现资源转换增值的行动，是对输入环节的直接回应，同时，公共服务供给的情况和效果则是进行服务评估的内容和对象。

5. 评估与反馈阶段

公共服务的评估是根据服务评估的标准体系对服务供给的情况进行全面评价，目的是提高公共服务的供给质量。对公共服务进行评估可以结合公共服务规划阶段制定的公共服务评价标准、专家意见和民众满意度等多个维度建构起综合性的评价体系，形成多元评估的格局。公共服务评估最终要形成完整的评估报告，作为对公共服务供给的结果认定，评估报告在不同的情况下意义不同：对于一次性或有确定期限的公共服务而言，服务评估结果是该项公共服务结果的呈现，评估工作意味着公共服务过程的终结；对于长期性或事关社会治理大局的公共服务项目而言，服务评估结果则是重要信息，需要将其反馈到公共服务的各个环节中，作为改善公共服务效果的依据，所以在这种情况下，服务评估工作仅仅意味着公共服务暂时性的结束，其更重要的意义在于开启公共服务的下一步行动。

值得注意的是，将公共服务看作一个由几个前后相续的阶段组成的过程，是出于分析的需要，目的是使人们能够更加清晰地去认识公共服务。实际上，在开展公共服务实践时，组成公共服务过程的几个阶段之间并非绝对是前后接续发生的，很多时候有些阶段可以同时推进。比如公共服务评估，除了公共服务供给结束后进行的评估之外，实际上在公共服务供给的阶段就存在着服务评估的内容，这使得公共服务供给与服务评估在时间上存在明显交叉。

但是作为一种分析的框架和视角，把公共服务看成一个由不同阶段构成的过程，至少具有四个方面的意义：

其一，将公共服务看作一个过程，有利于厘清不同的具体化的公共服务之间的关系。社会的发展和人们的需求具有多元性和复杂性，这决定了公共服务的供给必然多元化，在认识这些复杂多样的公共服务时，没有一个恰当的分析框架容易造成混乱。

其二，将公共服务看作一个过程，有利于从总体上进行社会治理战略的制定。在社会治理的实践中，会涉及若干的具体化的公共服务，需要对它们进行合理统筹，进而制定出社会治理的战略图谱。因此，确立和运用“过程”思维的意义不只在于认清不同公共服务之间的关系，更重要的在于清晰公共服务关系网是对公共服务供给进行总体部署的基础和前提，是制定社会治理战略的基础性工作，可以说是否将公共服务看作一个工程，最终将关系到社会治理战略的优劣。

其三，将公共服务看作一个过程，在实践上有利于对某一项具体的公共服务进行把握。前面两点所阐释的，只是“过程”思维对于从宏观上来认识公共服务所具有的价值，但是治理效果的好坏与否，需要依靠微观层次上每一个具体公共服务实践来实现。然而，对于一项特定的公共服务而言，其始末之间也包含着若干阶段性工作，也是一个连续相关的过程。只有将每一项公共服务看作由不同环节构成的统一过程，才可以把握住每一阶段所需要完成的重点任务、限制条件、有利因素和操作路径，从不同的环节和阶段入手，来优化公共服务的规划设计和实践方案。

其四，将公共服务看作一个过程，有利于保证公共服务的灵活性和开放性。任何事物的存在和发展都是与特定的情境或环境相联系的，而环境本身是一个具有浓重变化色彩的范畴，正因如此，不管是在宏观层面还是在微观层面来认识公共服务，都需要确立一个灵活开放的思维方式。另外，一项公共服务的供给，可能需要得到多方面的资源支撑，而这往往会超出一个组织的资源供给能力，因此，只有保证公共服务的开放性和灵活性，才能为其实施获取必要的资源。那如何保证公共服务的开放性和灵活性？这需要将公共服务看作一个过程。一方面，作为一个过程的公共服务包含着若干不同的阶段，而每个阶段都有明确的任务和行动方案，这样一来，在公共服务的供给过程中，随时可以根据环境的变化来调试阶段任务和行动方案，进而增加公共服务的开放性和灵活性；另一方面，作为一个过程的公共服务，可以根据各阶段的重点，集中供给公共服务所需的相关资源。

7.2.3 公共服务实现形式

作为工业化的产物，公共服务经历了一个较长的进化过程，相应地，公共服务的实现形式也在演变。历时地看，公共服务的实现方式可以分为两种：工业社会的公共服务实现形式，全球化、后工业化进程中的公共服务实现形式。毋庸赘言，工业社会阶段的公共服务是由代表公共领域的政府机构来完成的，政府获得和使用治权的政治哲学根据是民众的授权，通过此授权，政府成为唯一的公共服务生产和供给主体。从政府本身看，在生产和供给公共服务的机制上，政府依托于自身所建构起来的官僚制组织体系，通过行政命令在官僚制组织体系中建构起“命令-服从”的关系，来履行公共服务的生产和供给职责。从工业社会阶段的公共服务实现形式来看，公共服务主体的唯一性决定了服务的全面性。

在工业社会晚期，特别是20世纪七八十年代以来，全球化、后工业化将人类社会带入一个高度复杂、高度不确定的社会阶段，社会治理模式也随之由单中心治理向多元主体合作治理的格局转变。因此，在全球化、后工业化的时代背景下，公共服务的实现形式也必然会从单一向多元演变。萨瓦斯在《民营化与公私部门的伙伴关系》一书中提出公共服务供给的10种不同安排，即政府服务、政府间协议、政府出售、合同承包、补助、凭单、特许经营、市场、志愿服务和自我服务，这10种方案可单独使用，也可以联合运用①。从萨瓦斯的论述中可以看出，在新的时代背景下出现的公共服务多元实现形式可以分为两种类型：单一型和多元合作型。此外，萨瓦斯所列10种公共服务供给安排，在服务供给主

① 萨瓦斯. 民营化与公私部门的伙伴关系. 北京：中国人民大学出版社，2002：89-105.

体上涉及政府、市场组织、非政府组织和民众。

在全球化、后工业化进程中，可以根据公共服务的两种类型和 4 种主体来建构公共服务的实现形式的认识框架。

1. 单一型公共服务实现形式

单一型公共服务实现形式是指由某一社会治理主体独立承担公共服务供给职责的服务形式。具体而言，单一型公共服务实现形式可以分为政府单独服务、私人组织单独服务、非政府组织单独服务和民众的自我服务。

第一，政府单独服务。在全球化、后工业化进程中，政府在很长的时间内将依然是公共服务供给的核心主体，单独供给一部分公共服务。与工业社会阶段的公共服务实现形式比较，政府组织在公共服务供给过程中的运行机理基本相似。不过，随着全球化、后工业化的深入推进，多元社会治理主体构成的治理格局逐渐形成，政府不再是唯一的公共服务主体，政府单独服务的服务实现形式在治理范围上将不再是全面的，而仅仅是局部的。

第二，私人组织单独服务。私人组织（市场主体）之所以能够获得供给公共服务的权力，总体来看是由两个方面的条件促成的：一方面，社会复杂性的无限增长使得社会治理问题骤增，在某种程度上超出了政府的服务能力。政府需要私人组织一道参与公共服务的供给中，一起应对复杂的政府失灵和社会不可治理的问题。另一方面，私人组织作为一个纯粹的市场主体，对利润的追求驱使它积极参与公共服务的供给。私人组织单独服务的公共服务实现形式，并没有改变私人组织市场主体的角色和性质。因为私人组织供给公共服务的过程是一个交易过程，这个交易关系的形成是价格机制在起作用，用者付费，所以私人组织的公共服务范围仅限于付费者。私人组织提供的私人服务与它所提供的公共服务的区别在于服务内容的不同，私人组织独立提供的公共服务主要是具有“准公共性”的一些产品和服务。

第三，非政府组织单独服务。正如萨拉蒙所言，公民社会组织的重要性主要在于：行使的功能，包括提供大量的人类基本服务，从健康医疗和教育到社会服务及社区发展；倡导的功能，包括发现被忽视的问题并提请公众关心、保护基本人权、帮助人们就各种各样的社会、政治、环境、民族、社区的利益和关注畅所欲言；行使更宽泛的表达功能，它们提供载体，使大量各种各样的其他情怀和冲动——艺术上、精神上、文化上、民族上、事业上、社交上、娱乐上的——也得以表达，这些机构在社群建设上起着重要的作用，它们创造了学者们常用的被称为“社会资本”的这种东西①。也正是因为非政府组织在新的社会治理格局中所表现出来的活跃性和重要性，当今社会也可被称作“新市民社会”。作为独立供给公共服务的主体，非政府组织供给公共服务的发生机制既不是行政命令，也不是价格机制，而是在社会网络中所产生的共同价值，其运行所需的物质基础主要来自捐赠、收费。正因如此，非政府组织在服务范围上具有局部性，仅限于某些地区或有着共同信仰和价值观念的群体。

第四，民众的自我服务。在实际的社会治理行动中，一方面，政府、私人组织和非

① 萨拉蒙．全球公民社会：非营利部门国际指数．北京：北京大学出版社，2007：27.

政府组织都可能会出现失灵的情况，难以很好地承担起公共服务的职责；另一方面，即使政府、私人组织和非政府组织能够很好地履行公共服务的职能，也会存在治理不周全的问题。在这种情况下，民众的自我服务作为一种公共服务实现形式，其价值不言而喻。民众自我服务的动力来源于对共同利益（物质利益或共同的文化）的维护，这使这种公共服务实现形式的服务范围只能覆盖特定的地区或群体。与政府、私人组织和非政府组织不同，一般而言，民众自我服务的组织比较松散，具有明显的自组织性，也正是这样，在这种公共服务实现形式中起作用的机制，是在利益或文化共同体中产生的权威。

2. 多元合作型公共服务实现形式

所有单一公共服务实现形式，无论其有着怎样的优越性，都无法完整地实现高度复杂和高度不确定社会公共服务的有效供给。

在工业社会阶段，政府在公共服务供给上表现出较强的资源整合与调度能力、强大的社会动员能力、超量的信息收集能力和掌控全局的能力等优势。但是，在高度复杂、高度不确定的后工业社会，公共服务的需求剧增，政府压力增大。正如莱昂·狄骥所言，“在整个世界范围内发生的经济与工业的深刻变迁逐渐创设出新的、政府所承担的义务。人们之间明显存在的相互依赖关系、经济利益的连带关系、不断加强的商业联系、智力成果与科学发现的广泛传播，都向国家施加了组织提供这些公共服务，以及长期保障国际交流的责任”①。另外，面对复杂、繁重的公共服务任务，政府的传统优势已经难以支撑起所有公共服务的重任，政府失灵导致公共服务质量下降的情况愈发严重，这直接削弱了政府的社会心理认同基础。因为“全球化、技术创新和通信技术的发展给政府带来巨大的压力，接踵而来的便是本国公民向其政府提出更高的要求，公民对政府与日俱增的期望常常引起公民对政府的不满和对政府信任的流失”②。

作为政府与私人组织分享治权而建构起来的公共服务实现形式，私营化对于走出政府主导公共服务的窘境而言，无疑是一条有益的探索路径。也正是因为这样，在后工业化过程中，私营化无论是在理论界还是在实践中都备受青睐。作为改善公共服务质量的一种新的尝试，私营化有着能够增加投资、改善服务质量、节约纳税人的钱、创新能力建设、重新管制等好处③。但需要注意的是，私营化的公共服务实现形式有其自身的作用机理，存在缺乏投资治理法规、竞争不充分与私人垄断、穷人边缘化、终止横向补贴、合同不完善、欺诈行为与腐败、高代价的竞争、削弱民主与减少参与、负债政府的弱势地位等直接或潜在的弱势④。所以，私营化在给公共服务带来新鲜血液的同时，也具有不容忽视的局限。诚如魏伯乐等人所看到的那样，“近来持续不断的私有化活动有好事过头的危险，它有可能使我们超越合理的界限而导致不良后果，这些不良后果甚至盖过了许多私有化形式所带来的无可否认的好处”⑤。

---

① 狄骥．公法的变迁．沈阳：辽海出版社，1999：51.

② 荣迪内利．为人民服务的政府：民主治理中的公共行政角色的转变．经济社会体制比较，2008（2）.

③ 魏伯乐，奥兰扬和，马赛厄斯．私有化的局限．上海：上海人民出版社，2006：533-534.

④ 同③535-542.

⑤ 同③5.

与私营化一样，非政府组织的迅速发展也给社会治理的改进注入了活力，以至于非政府组织及其对提高公共服务质量的价值成为人们关注的焦点。非政府组织作为公共服务主体之一，得益于它本身所具有的特性——共同价值取向、专业性、灵活性。然而，非政府组织在开展公共服务的过程中，也存在着与生俱来的缺陷。首先，非政府组织的服务范围有限，一般而言，非政府组织的服务范围主要集中在某一行业、地区、群体等，这决定了它们对改进公共服务的贡献是有限的；其次，与政府失灵、市场失灵一样，在公共服务的过程中，非政府组织也存在低效率甚至是无效率等失灵的潜在可能；最后，非政府组织的问责机制不健全，非政府组织在开展公共服务的过程中出现失灵的情况时，对非政府组织难以进行有效的问责，这导致服务责任无法落实。

在分析过政府、私人组织、非政府组织等在公共服务实现形式上的优缺点之后，不难做出判断：在高度复杂、高度不确定的后工业社会，良好的公共服务实现形式不是以政府、私人组织、非政府组织等任何一方为单一中心建构起来的，而是体现为多种公共服务实现形式的平衡与综合。魏伯乐等在论述社会治理中公私部门之间的关系时认为，"完全只重视两元关系（政府与市场）是很危险的，有很多混合的做法安排既不明显属于公共部门，也不是明显属于私人部门。我们所面临的也许不是在公共部门和私人部门之间的简单的'非此即彼'的选择，而是在各种制度形式和所有制、控制和融资模式上的多种选择"①。进一步说，从全球化、后工业化的时代背景出发，需要建构起一种全新的公共服务框架。传统的公共服务实现形式呈现出中心-边缘结构——政府处于公共服务的核心，其他的主体作为政府的"帮手"而处于边缘。在中心-边缘结构的公共服务实现形式中，虽然有多重主体参与其中，但起主导作用的只有政府这个核心，其他主体都是在政府的指挥或者授意的情况下展开行动的。从高度复杂、高度不确定的社会特征出发，要建构的公共服务实现形式需要通过多元主体的合作来实现。在多元主体合作的公共服务实现形式中，指挥-执行的运行机制将被解构，每一主体之间都是平等合作的伙伴关系，参与合作的各方主体都是自主的行动者，而非指挥-执行链条中的指挥者或执行者，它们所遵循的是"行动主义"框架和逻辑。"多元主体合作"只是一个笼统的指称，在具体的合作方案的确定上，可能是所有主体间的合作，也可能只是某几个主体间的合作。总之，多元合作框架的确定需要根据公共服务的需求来灵活确定。

7.3　公共服务的供给

7.3.1　公共服务的虚拟化

为了能够准确地认识公共服务的虚拟化，首先需要对数字化、电子化、网络化和虚拟化这几个术语进行辨析。数字化、电子化、网络化和虚拟化是四个相互关联，却又不同的概念。数字化是计算机技术中的一种核心技术，是指将信息转换为以"0"和"1"组成的

① 魏伯乐，奥兰扬和，马赛厄斯．私有化的局限．上海：上海人民出版社，2006：543-544．

二进制数字序列的过程，数字化后的信息易于用计算机进行处理。数字化，使信息对物理载体、空间位置的依赖性大大减弱，使信息与物理载体之间出现了分离，易于传播。电子化是数字化信息资源的一种全新的使用和传播方式。具体说来，它是以计算机和通信技术为基础，以数字化信息为对象和内容，通过计算机和网络进行信息使用和传播，可谓一种高技术的信息传播过程和高效率的信息利用结果的体现。

网络化的实质就是信息在互联网上进行保存和传输，其真实的物理载体实际上是互联网上的全部物理设备和传输线。对于这些物理设备和载体，人们并不需要也不可能去了解它们的真实空间位置、具体的物理属性和连接方法等详情，人们关心的只是网上时刻变化的、迅速流动的、极大容量的以及多元化的信息。近年来，随着多样化的移动终端的研发和运用，网络化的含义已超出了计算机网络的范畴，而是统摄了现代通信、电子计算机、信息资源三者各自网络化及其相互渗透、联结而形成全方位的信息服务网络。

“虚拟”源于计算机技术，是指用计算机来虚构和模拟现实世界中的客观事物和环境，这种客观事物本身并不存在于计算机中，而是计算机通过相关信息的处理，仿造出和现实事物极其相似的景象。正如尼葛洛庞帝所言，“虚拟现实背后的构想是，通过让眼睛接收到在真实情境中才能接收到的信息，使人产生‘身临其境’的感觉，更重要的一点是，你所看到的形象会随着你视点的变化即时变化，这就更加增强了现场的动感”①。因此，可以将虚拟化理解为：使用计算机和网络技术，将人们的实践活动从过去的以物质和能量为基础的物理空间向以网络为基础的电子空间转化的过程。

通过对数字化、电子化、网络化和虚拟化的简单梳理，可以发现：虚拟化是数字化、电子化和网络化发展到一定阶段的产物，并且虚拟化是迄今计算机和通信技术发展的最高阶段。数字化是计算机技术的集合、网络化是网络通信技术的集合，所以它们实质上就是技术，其角色地位就是信息发展的技术基础和基石。电子化和虚拟化不是技术的集合，而是一个综合了许多技术而表现出来的应用方式，这两者是在前两者的基础上产生的，这些方式的全面使用又极大地推动了信息科技的发展。

显而易见，不同时代的人们在工作、学习、生活、娱乐、社交等方面存在着巨大的差别，这种差别源于技术的进步及其所引起的人类生存方式的变化。对于工业社会和后工业社会而言，使它们产生差别的因素很多，但计算机技术、网络技术所带来的影响则最为突出。正如施尔玛赫所看到的那样，“人们可以想象一个没有核能或者没有煤的世界，一个没有汽车或者没有化学品的世界，对这样的世界尚有强有力的支持者，而且他们理据充分，这些东西并不是我们世界的全部。但是关于没有电脑的世界的设想却大不相同，仅这一点就表明了电脑拥有多么大的力量。这项技术的界限同我们意识的界限相重合”②。可见，电脑技术作为当今时代的“轴心技术”，它关系到我们生活的方方面面，可以说，“计算机不只是和计算机有关，它将决定我们的生存”③。

农业社会是一个地域化的社会，在整体形态上具明显的物理特性（或物质性）。在农

---

① 尼葛洛庞帝．数字化生存．海口：海南出版社，1997：135-136.

② 施尔玛赫．网络至死．北京：龙门书局，2011：123.

③ 同①14.

业社会中，以血缘为纽带的家庭（家族）是组成社会的基本单元，每一个家庭在生活上有固定的物理空间，由于农业社会的经济形态是自给自足的小农经济，所以家既是生活场所，也是生产和工作的地方，生产的目的就是为家庭提供必要的物质保障。从农业社会向工业社会转变的过程中，人类社会发生显著的变迁，但政府及其公共服务却没有超越“实体性”的界限。具体表现在：（1）在社会组成的基本单元方面，从家庭变成了个人；（2）在经济形态上，由自给自足的小农经济过渡到机械大工业；（3）在社会关系上，从以血缘为纽带转变为以契约为纽带。可见，工业化运动在整体上并没有改变人类社会物质性的存在状态。而且，在存在形态的物质性这一点上，工业社会阶段的管理型政府与农业社会的统治型政府一样，有固定的办公空间（楼宇、设施等）。

随着计算机技术的发展和应用，在人类社会从工业社会阶段向后工业社会阶段变迁的过程中，政府及其公共服务开始虚拟化，出现了虚拟化的政府和虚拟化的公共服务。具体来看，政府及其公共服务的虚拟化主要体现在以下几方面：

首先，代表政府的物理实体开始虚拟化。工业社会阶段，政府都要占据着一定的物理空间，特定的标志和图示能够指示某个政府的确切位置，它占地面积有多大，以及有几个出入口等。在后工业社会，虽然象征着政府的一些物质性存在，如办公楼、公务人员、办公桌等都还会继续存在，但是，随着电子政府建设的推进，这些代表着政府的实物出现了虚拟化的形态。存在于计算机之中的电子政府或网络政府在空间上无法与现实的政府相对应，纵然你知道怎么进入电子视窗，也无法确定电子视窗中的政府所占据空间的大小，无法知道它的具体位置。原先实实在在的办公楼、政府职能部门、公务人员和办公设备都被压缩在一个电子视窗中，通过这个视窗，你无须知道真正的办公楼是什么形状、在什么位置，也看不到忙忙碌碌的公务员和种类繁多的办公设备，所有这一切都变成了由数字化的信息所构成的虚拟政府。

其次，公共服务与空间、时间的相关性减弱。“工业时代可以说是原子的时代，它带来的是机器化大生产的观念，以及在任何一个特定的时间和地点以统一的标准化重复生产的经济形态。信息时代（后工业社会），也就是电脑时代，显现了相同的经济规模，但时空与经济相关性减弱了。”① 在传统的意义上，民众想要享受到所需的公共服务，一般而言，需要按规定的工作时间到特定的部门（空间）。即使近来出现的政务超市或政府大厅等，从本质上也没有改变公共服务与时空的强相关性，这一做法仅仅是通过政务流程的优化，更好地将公共服务、时间与空间结合在一起，在一定的程度上提升了公共服务的效率。与之不同的是，在虚拟政府中，当民众需要获得一些公共服务时，很多情况下，人们只需要根据自己的时间安排，拥有一个可以登录电子视窗的终端即可。如此一来，虚拟政府中的公共服务与时空的相关性则大大减弱，甚至消除。

最后，公共服务形式的虚拟化。对实体政府而言，当人们向政府表达自己的利益需求时，总是要借助于特定的“表达媒介”或“表达工具”，这些媒介或工具都是以一定的物质形式呈现的——如纸质报告以及其他的实物证据等，而政府在公共服务的实践中，同样也要把纸张等物质材料作为中介。因此，不难看出，在实体政府的框架里，无论是民众的

---

① 尼葛洛庞帝．数字化生存．海口：海南出版社，1997：184.

利益表达，还是政府的服务供给，都是实体性的。在虚拟政府中，情况则完全不同，人们关于公共服务的供需交流完全可以通过电子邮件或其他网络传输工具来完成，服务信息的载体也不再是纸张等实体材料，而是电子文档、电子图片、数码音频等数字化的信息。在这个过程中，作为媒介的电子邮件地址是虚拟的，作为服务内容载体的电子文档、电子照片、数码音频都是由数字编码构成的，它们没有轻重之分，也是虚拟的。可以说，在电子政府中，整个公共服务过程都被虚拟化了。

公共服务的虚拟化对公共服务来说，产生了公共服务本体性的变化。在工业社会阶段，公共服务都是实体性的。因此，不管何种公共服务，本质上都是物质性的客观存在，在终极的意义上都是由实实在在的“原子”构成的，也正是在这个层面可以说工业社会是一个“原子”的时代。然而，在后工业化的过程中，随着电子政府的建设，电子视窗所呈现的都是数字化后的信息，构成这些信息的基本单元不再是物质性的“原子”，而是被称作“信息 DNA”的比特（bit)。“比特没有颜色、尺寸或重量，能以光速传播。它就好比人体的 DNA 一样，是信息的最小单位。比特是一种存在（being）的状态：开或关，真或伪，上或下，入或出，黑或白。”① 由原子和比特的区别，衍生出了实体性公共服务和虚拟性公共服务的一个区别——实体性公共服务存在明显的耗损和价值递减现象，而虚拟性公共服务则不会。毕竟物质性的原子与虚拟的比特所遵循的法则完全不同，“比特没有重量，易于复制，可以以极快的速度传播。在它传播时，时空障碍完全消失。原子只能由有限的人使用，使用的人员多，其价值越低；比特可以由无限的人使用，使用的人越多，其价值越高”②。

7.3.2 实体公共服务的合作供给

虽然政府及其公共服务的虚拟化程度在日渐加深，但公共服务的虚拟化也是有限度的。公共服务虚拟化的限度可以从两个层面来分析：其一，从整个公共服务领域来看，公共服务的虚拟化的范围有限。公共服务是一个领域，其中包含着类型繁多的公共服务项目，在这些服务项目中，如行政审批、资格认证之类的公共服务是可以虚拟化的，而基础设施建设、生活物资供应等服务项目则无法改变其“原子”的核心特征，因而难以虚拟化。其二，在单个的公共服务项目之中，虚拟化也是有限度的。一个具体公共服务项目是由多个环节和要素构成的，因此对服务内容和结果具有物质性的公共服务而言，服务的手段、载体可以虚拟化，但服务的内容和结果则无法转化成比特，不可能虚拟化。公共服务虚拟化的限度性特征说明了，实体性公共服务的供给仍然是必不可少的。

作为公共利益的一种实现方式，公共服务的虚拟化纵使存在局限性，但虚拟化对实体公共服务的供给产生了深刻影响。在农业社会和工业社会阶段，人们生活在主观世界和客观世界之中，在后工业化的过程中，随着电脑技术的发展和互联网的普及，在主观世界和客观世界之外，人们还生活在虚拟空间当中。主观世界和客观世界是身份明确、权力分化的领域，而虚拟空间则是一个去身份化的空间，个人被转化成虚拟空间里的符号，这使得

---

① 尼葛洛庞帝．数字化生存．海口：海南出版社，1997：21.

② 同①译者前言 3.

每一个人都不比其他人拥有更多的权力，所以，虚拟空间也是一个权力分散的世界。虚拟空间的诞生使得“分权心态正逐渐弥漫于整个社会之中……传统的中央集权的生活观念将成为明日黄花”①。虚拟空间的生成所拆除的不仅仅是权力的边界，还包括地域界线、主权界限等。在网络空间里，每一个活动的主体都有一个统一的称谓——网民，这个称谓与客观世界中的地理空间或国籍无涉，因此虚拟空间也是一个全球化的世界。正如尼葛洛庞帝所预测的那样，“就好像樟脑丸会从固态直接挥发一样，我料想在全球性的电脑过度掌握了政治领空之前，民族国家根本不需要经过一场混乱，就已经消逝无踪。毋庸置疑，国家的角色将会有戏剧性的转变，未来将越来越没有国家发展的空间”②。

权力分散、消除地域的过程就是向虚拟空间的活动主体赋权的过程，这为合作行动的开展构建了一个理想平台。在去身份化的虚拟空间，权力分散的结果就是没有确定的权力主体，换句话说，每一个活动在虚拟空间的主体又都是平等的潜在权力主体。被平等赋权的各主体之间的权力关系不是纵向的等级结构，而是处于同一平面之中的平行权力关系。在匿名化而又权力平等的主体之间，就不再是“命令-执行”的关系。“过去，地理位置相近是友谊、合作、游戏和邻里关系等一切的基础，而现在的孩子们则完全不受地理的束缚。数字科技可以变成一股把人们吸引到一个更和谐的世界之中的自然动力。”③ 在和谐动力的牵引下，自在自为的行动者之间开展的集体行动应该是合作取向的。因而，在后工业社会，“数字化生存的和谐效应已经变得很明显了：过去泾渭分明的学科和你争我夺的企业都开始以合作代替竞争”④。

电子计算机技术的发展和应用，对开展实体公共服务的合作供给来说，只是一个技术条件，后工业社会的社会特征则是推动实体公共服务合作供给的社会基础。历史地看，人类社会在不同的发展阶段具有不同的表现和要求，这对公共服务的供给的要求也不同。从农业社会向工业社会变迁的过程中，社会分化使得人类从简单、确定的农业社会过渡到低度复杂、低度不确定的工业社会，在这种情况下，以政府为核心建构起来的社会治理模式，能够满足社会提出的公共服务需求。到了 20 世纪七八十年代，人类社会开始从工业社会向后工业社会过渡，人们生活在一个高度复杂和高度不确定的社会环境中。后工业社会的高度复杂性和高度不确定性，集中体现为不断增多的危机事件和突发性事件。后工业化进程中爆发的诸多危机事件和突发性事件所产生的威胁往往不只波及某一类主体或某一个区域，这使得后工业社会变成了一个名副其实的全球风险社会，风险社会所带来的社会治理压力也超出了单一主体的承受范围。最终，使得整个国家甚至是整个人类社会都变成了一个息息相关的命运共同体。因此，风险社会的治理必须要在合作的行动框架中来寻求解决方案，公共服务的合作供给变成了不可回避的选择。

需要注意的是，“合作”有广义与狭义之分，在后工业社会阶段谈论实体公共服务合作供给之时，必须要准确地把握合作的含义。一般情况下，只要存在着集体行动，就会涉及人们之间的合作。在最宽泛的意义上，合作包含着互助、协作与狭义的合作三种不同的

---

① 尼葛洛庞帝. 数字化生存. 海口：海南出版社，1997：259.

② 同①267.

③④ 同①260.

形态，从互助到协作再到狭义的合作，组成了合作从低级到高级的形态序列。互助是合作的低级形态，具有感性的特征。农业社会是一个区域化的、未分化的熟人社会，血缘、共同的生活空间或者习俗成为人们交往的纽带。同时，农业社会还是一个生产力低下的社会阶段，在物质财富上大部分的家庭都只能维持生存的自足状态。在这种环境下，某个家庭一旦遇到困难，就难以独立承担，这时具有血缘联系、共同生活空间或习俗的“熟人”就会伸出援助之手，以助其渡过难关。在工业化的过程中，随着社会分化为公共领域、私人领域和日常生活领域，私人领域和公共领域都遵从理性的活动原则，只有日常生活领域为互助行为留下了存在的空间，所以日常生活领域之外几乎看不到互助行为。

从传统到现代是一个从身份到契约的过程。与农业社会相比，工业社会阶段人们之间的关系是一种普遍的契约关系。契约精神能够在工业社会得到普遍的认同，大致可以从两个方面来理解：首先，在工业化的过程中，个人意识觉醒，个人取代了家庭（家族）而成为社会的基本单位。个人意识的觉醒，改变了农业社会中个人依附于家庭（家族）的状况，在抽象的意义上个人变成了一系列权利的集合，为了使每个个体的权利得到有效保障，人们之间需要借助契约来建构规范而稳定的保障机制。其次，工业社会改变了农业社会自给自足的小农经济，取而代之的是机器大工业的生产方式。在机器大工业的生产方式中包含着一条条复杂的生产流水线，个人只是生产流水线上的一个环节或步骤，人们只有通过行动上的配合才能保证流水线的顺畅和完整。特别是经济学中的“理性经济人”假设提出之后，理性的经济人要想使自己的利益最大化，一方面彼此之间会形成激烈的竞争，另一方面又需要通过与别人的合作来实现自己的利益。在这种合作行动当中，在理性计算的基础上其中一部分人以让渡出部分权利为代价来追求自己的利益。因此，以契约关系为纽带的集体行动所遵从的是“竞争-协作”的行动逻辑。但是，参与“竞争-协作”的个体之间不是一种平等自主的关系，在权力的让渡和平衡中形成的是一种“中心-边缘”结构的关系模式——有的人处于集体行动的中心，有的人则处于边缘，“边缘”协助“中心”来促进集体行动的开展。所以，以契约为纽带的“竞争-协作”关系是一种基于理性计算的利益平衡机制，具有工具理性的特征，属于合作的较高级形态。

后工业社会是开放的社会，也是高度复杂和高度不确定的风险社会，在开放的风险社会中，人类社会成为共生共在的命运共同体，这成为高级形态的合作产生的基础。工业社会是一个领域化的社会，每个领域之间有着清晰的边界。在后工业化的过程中，原本清晰的社会界线开始消解，使得人类社会由领域闭合的社会变成了一个普遍开放的社会。此外，后工业社会还是一个高度复杂和高度不确定的风险社会，而且在后工业社会所存在的社会风险具有跨国界、跨区域、跨领域的特征，在风险面前人们的命运息息相关。如此一来，后工业化对社会边界的拆除，为人们的合作提供了一个全面开放的社会环境；同时，社会风险的普遍化，将人类置于命运共存的境地，这种普遍化的风险不是某一个国家、区域、领域所能承受的，中心-边缘结构的竞争-协作行动模式不再奏效。为了应对风险社会可能出现的一切威胁，每个行动者（个人或组织）都需要挖掘出自己的潜能，而人的潜能的发挥不仅需要有一个开放的环境，还需要每个人都是自主自为的。因此，后工业社会阶段的合作既不是感性的互助，也不是基于利益计算的协作，而是多元主体之间平等自主的共同行动，这种形态的合作既是手段，又是目的。

实体公共服务的合作供给中的“合作”就是狭义的合作，即最高形态的合作。后工业社会高度复杂和高度不确定的社会特性决定了，在管理行政中的单中心社会治理模式及其公共服务供给模式已经失去了优势，需要建构多元主体自主合作的行动模式，在这个意义上，多元主体自主合作的行动模式是对中心-边缘行动模式的解构与重构。后工业社会的普遍开放性，为实体公共服务多元主体合作供给模式的建构提供了社会基础，至于在这个全面开放的社会中哪些潜在的主体能够成为实体公共服务供给合作者，则需要根据具体的服务项目和潜在主体的发展建设情况而定。

7.3.3　虚拟公共服务的供给

虚拟公共服务是实体公共服务的另一种存在形态，是利用虚拟化技术将实体公共服务的“原子”转化成“比特”的结果。公共服务的虚拟化是使用计算机和网络技术，将公共服务从过去的以物质和能量为基础的物理空间向以网络为基础的电子空间转化的过程。因此，虚拟公共服务虽然在内容上来源于现实，但由于公共服务的载体、特性不同，公共服务的过程也会发生相应的变化。对实体性的公共服务而言，整个公共服务的过程大致包括“公共服务需求信息的输入—相关部门及其工作人员处理信息—实体公共服务的输出”等环节。与实体公共服务的服务过程不同，虚拟公共服务的过程是：通过电子终端进入电子视窗—选择自己所需的服务项目—服务器响应服务请求—以信息输出的形式输出公共服务。

通过对实体性公共服务和虚拟性公共服务的服务过程的简单描述，可以看出它们之间存在诸多区别。首先，服务的载体不同。实体公共服务的服务载体是以实物形式存在的职能部门，而虚拟公共服务的载体则是包括处理器、硬盘、内存和系统总线的服务器。其次，服务的媒介不同。实体性公共服务的供给，需要借助于服务供给主体和服务对象之间的直接对接，或者通过邮件等中间媒介的联结来完成；虚拟公共服务则是在电子终端和服务器之间，通过网络来“输送-接受”公共服务。再次，服务对时空的依赖程度不同。实体公共服务的“供给-获取”需要在特定的物理空间与时间发生，实体公共服务对服务的时间和空间存在着较强的依赖性；虚拟公共服务则不同，就像尼葛洛庞帝所言：“后信息时代将消除地理的界限，就好像‘超文本’挣脱了印刷篇幅的限制一样。数字化的生活将越来越不需要仰赖特定的时间和地点。”① 因此，对虚拟公共服务而言，只要在有电子终端和畅通网络的地方就可以完成公共服务的“供给-获取”，摆脱了对特定时间和空间的依赖。最后，公共服务的存在形态不同。实体性公共服务都是以具有一定重量、形状、颜色的客观物质来呈现和存在的，而虚拟公共服务则是数字化的信息。

通过对实体公共服务过程和虚拟公共服务过程的对比分析，可以发现虚拟公共服务的供给存在着明显的优势，同时也有一些限制条件。

1. 优势

第一，消除时空的限制。传统的实体公共服务的供给常常会受到时空条件的限制，虚拟公共服务的供给则不然，因为在电脑空间“每个机器之间的距离都一样，除了地球

---

① 尼葛洛庞帝．数字化生存．海口：海南出版社，1997：186．

本身的范围之外，电脑空间完全没有物理边界”[①]。虚拟公共服务对时空限制的摆脱，使公共服务的供给具有常态化、全天候的特征，增加了公共服务的供给和获取的灵活性。

第二，增强了公共服务的可获得性。传统政府给人留下的印象是“官僚”与“高墙”，这使得传统政府在很大程度上具有了封闭性的特征而被形象地称为“黑箱”，政府的封闭性往往会成为民众获取自己所需公共服务的障碍，缩小了公共服务的覆盖范围。电子政府的建设与公共服务的虚拟化，推动着传统政府从封闭走向开放，成为真正的“无墙政府”。在开放的电子政府中，民众在获取所需公共服务时，无须跨越传统政府的障碍，只需要在电子视窗中点击相关服务选项即可。可见，虚拟公共服务的供给增加了公共服务的可获得性，进而充分发挥了政府的公共服务职能。

第三，提高公共服务的供给效率。效率是指单位成本的收益，或者一定收益所消耗的成本。对于公共服务的效率大致可以从物质和时间两个方面来考察。在现实的政府中，大部分的数据和信息都需要经过人工的处理，然后以文件或者其他的实物形式来呈现，最后通过一定的渠道传送出去，这个过程会消耗大量的人力、物力和财力。对虚拟公共服务的供给而言，情况则不然。公共服务虚拟化之后，很多的数据和信息可以借助计算机来进行处理并以电子文档、图片之类的形式呈现，然后通过网络发送到相应的虚拟地址中。可见，供给同样的公共服务，虚拟公共服务的供给所消耗的物质成本更低。此外，当今社会是信息高速公路四通八达的社会，数据信息可以在全球范围之内以光速传播。虚拟公共服务的供给可以通过代表公共服务的“比特”在网上的传输来完成，节约了公共服务供给的时间成本，使公共服务的供给呈现即时性特征。

2. 限制条件

第一，数字化生活的物理障碍。公共服务的虚拟化需要借助于特定的载体与平台，因而虚拟公共服务在供给和获取两个方面都离不开相应的物理设备，甚至可以说公共服务的供给情况，在很大程度上受制于载体和平台的铺设与搭建。对虚拟公共服务的供给来说，最基本的物理条件就是终端的安装使用率和网络的铺设范围，就目前的情况而言，在很多国家和地区这两个基本条件仍然存在很大的空缺，最终成为虚拟公共服务供给的物理障碍。以中国为例，在非网民之中，没有电脑等上网设备的比例为10.7%[②]，互联网接入设备的获取能力差异明显，在广大的农村地区，电脑的持有率低，使得虚拟公共服务的供给在效果和范围上大打折扣。

第二，数字达尔文主义。计算机和网络技术的发展进步，给人们的生活带来了诸多的方便和乐趣，但反观现实却发现，“当我们日益向数字化迈进的时候，会有一群人的权利被剥夺，或者说，他们感觉自己的权利被剥夺了”[③]。由于受经济发展状况、知识水平和年龄结构等因素的影响，在不同的区域和群体之间存在的明显的数字鸿沟，在信息的获取和使用上存在着“优胜劣汰，强则愈强”的“数字达尔文主义”，这限制了虚拟公共服务

---

① 尼葛洛庞帝．数字化生存．海口：海南出版社，1997：268.

② http://www.cnnic.cn/hlwfzyj/hlwxzbg/hlwtjbg/201502/t20150203_51634.htm.

③ 同①257.

的供给。在互联网时代，数字信息已经演变成一种极其重要的资源或资本，数字信息的获取和使用能力在很大的程度上已经决定了人们的生活质量和生活方式。但数字信息获取和使用能力的差异，使一部分人在网络社会中生活得如鱼得水，而另一部分人则被隔离在网络世界之外。

虚拟公共服务不仅是公共服务的一种形态，它还是虚拟公共服务供给方式的隐喻。简单地看，虚拟公共服务就是“虚拟化技术”加“公共服务”，其中起码包含了两个基本信息：（1）虚拟公共服务本身就是一个具有相当技术色彩的概念，需要得要相关技术的支撑；（2）虚拟化技术的运用并没有改变公共服务的公共性，它对公共服务供给的目的和意义并没有影响，进一步说，虚拟化技术改变了公共服务的存在形态，但它对公共服务而言其价值在于对公共服务的“提升”而非“替代”。在传统的社会治理框架下，公共服务属于公共领域，是政府的主要职责，本身并不具有明显的技术倾向，政府以自己垄断公共服务的地位就可以完成公共服务的供给。对政府来说，对专业技术的掌握并非它的优势，相反，研究机构、企业和其他专业性社团在专业技术方面却有突出优势。因此，虚拟公共服务的浓重的技术色彩不仅改变了传统公共服务的形态，也意味着公共服务供给方式的变革。因为虚拟公共服务浓重的技术色彩决定了，在虚拟公共服务的供给上要想取得理想的效果，必须要获得可靠的专业技术保障，而对专业技术的掌握本身又不是政府的优势，在这种情况下，政府必须要与研究机构、企业或者专业性社团进行合作，进而使虚拟化技术与公共服务的结合达到最优。正是在这个意义上，虚拟公共服务本身就是其供给方式的隐喻——虚拟公共服务的合作供给。

虚拟公共服务的合作供给方式，不仅存在理论上的合理性，还具有实践上的可操作性。具体体现在如下几个方面：

（1）服务器的整合与利用。

虚拟公共服务的供给在硬件上需要服务器来提供服务，如若每项服务或每个区域都组装单独的服务器的话，不仅在硬件和服务器管理上会产生巨大的成本，还会影响到服务器的处理能力、稳定性、可靠性、安全性、可管理性。因此，为了降低虚拟公共服务的供给成本，可以通过将不同服务器上的应用移至同一台服务器上、将整个服务或操作系统组合一起运行、将多台低效的服务器集中到数量比较少的服务器上的方法对服务器进行合并，达到降低成本和提高服务器利用率的目的。此外，现在很多 IT 企业都提供虚拟服务器的外租业务，虚拟公共服务的主体只需要租借一个可供自己使用的服务器即可，在虚拟公共服务供给的过程中，主体只需对自己的信息进行远程维护，而无须对硬件、操作系统及通信线路进行维护，这既能保证虚拟公共服务供给具有可靠的技术保障，又能降低服务成本。

（2）虚拟平台的可扩展性保证了公共服务的灵活性。

虚拟公共服务的核心技术就是虚拟技术，虚拟技术本身具有可扩展性，可以根据现实的需要来进行扩展。后工业社会的高度复杂性和高度不确定性在公共服务领域的体现就是，公共服务需求的多样性和不确定性，如果以一个固定的不可扩展的系统为公共服务供给平台的话，会在服务需求和服务平台之间产生巨大的张力，进而无法保障公共服务的供给质量。而以虚拟技术搭建的公共服务供给平台的可扩展性，在技术上可以根据公共服务需求的变化来进行灵活扩展，为公共服务供给的全面性和灵活性提供技术保障。

（3）数据信息资源的开放与共享。

后工业社会是一个拆除边界的社会，公私领域模糊化、知识生产大众化、信息来源多元化等等都是拆除边界的表现。边界的拆除对于数字化生活成为主流的时代而言，个人或组织的数字化也使得其存在的意义随之改变。“在数字化生存的情况下，我就是‘我’，不是人口统计学中的一个‘子集’（subset）……因为古典人口统计学不会关注数字化的个人。”① 在传统的社会环境下，社会角色决定了政府成为最大的信息库，但在社会开放的当下，在信息的收集、存储、处理方面，政府昔日的优势已荡然无存，每一个个人或组织既是信息的集中地，又是信息的传播源。与此同时，信息对于公共服务的影响比以往的任何时候都要大，信息成为社会治理和公共服务的主要依据之一。在这种情况下，政府可以通过向相关的企业寻求（购买）技术来解决信息处理问题，也可以通过“大数据交易所”来获取公共服务所需的信息，在信息资源的流动和共享中改善公共服务质量。

本章小结

公共服务是一个历史范畴的概念，不同学者对其有着不同的理解和认识。根据当前的时代特征和公共服务的实际，可以将公共服务理解成：为了人类的共生共在的行动者，所提供的一切有形或无形的服务的总称。在公共管理学的范畴中，与公共服务联系最为紧密的一个概念是公共物品，既有的关于公共服务与公共物品之间的关系的研究大概形成了三种代表性观点：第一，公共物品就是公共服务；第二，公共服务属于公共物品的范畴；第三，公共物品属于公共服务的范畴。公共服务的类型多样，可以根据其功能、性质、作用空间、公共需求、资本和劳动力投入的比例等进行归类。

在公共服务系统中，公共服务主体呈现出多元化的景象。公共服务包括输入、规划、资源准备与整合、输出、评估与反馈等五个环节。公共服务的实现形式分为单一型和多元合作型。依据公共服务的形态，可以将公共服务的供给分为实体公共服务的供给和虚拟公共服务的供给两种类型。在全球化、后工业化进程中，实体公共服务的供给主要是以政府、非政府组织等主体合作供给的形式来实现的。公共服务的虚拟化是借助电子计算机技术和网络技术来完成的。作为一种新型的公共服务形态及其供给方式，虚拟公共服务的供给既有其优势，也有一定的限制因素。

关键术语

公共服务　公共物品　公共服务系统　公共服务主体　公共服务过程　数字化　电子化　网络化　实体公共服务　虚拟化　虚拟公共服务　合作供给

① 尼葛洛庞帝．数字化生存．海口：海南出版社，1997：185.

复习思考题

1. 简述公共服务的概念。
2. 说明公共服务与公共产品之间的关联性。
3. 简述公共服务的分类。
4. 简述公共服务的过程。
5. 公共服务的实现形式有哪些？
6. 简述公共服务的虚拟化。
7. 什么是实体公共服务的合作供给？
8. 试论虚拟公共服务供给的优势与局限。

阅读文献

1. 布坎南. 民主财政论. 北京：商务印书馆，1993.
2. 奥斯特罗姆. 公益物品与公共选择. 上海：上海三联书店，2000.
3. 萨瓦斯. 民营化与公私部门的伙伴关系. 北京：中国人民大学出版社，2002.
4. 萨拉蒙. 全球公民社会：非营利部门国际指数. 北京：北京大学出版社，2007.
5. 狄骥. 公法的变迁. 沈阳：辽海出版社，1999.
6. 魏伯乐，奥兰扬，马赛厄斯. 私有化的局限. 上海：上海人民出版社，2006.
7. 尼葛洛庞帝. 数字化生存. 海口：海南出版社，1997.
8. 施尔玛赫. 网络至死. 北京：龙门书局，2011.
9. 荣迪内利. 为人民服务的政府：民主治理中的公共行政角色的转变. 经济社会体制比较，2008（2）.
10. 徐小青. 中国农村公共服务. 北京：中国发展出版社，2002.
11. 陈振明，等. 公共服务导论. 北京：北京大学出版社，2011.
12. 李军鹏. 公共服务学. 北京：国家行政学院出版社，2007.

第8章

公共政策及其运行

20世纪50年代，政策科学的产生标志着公共政策成为一个独立的研究领域。当前，公共政策的运行贯穿于整个社会治理中，已经成为现代社会治理的基本工具。在公共管理视野下，公共政策被看成人实现自治与他治融合的工具，是道德与伦理价值重新回归的体现。政策主体一般是指直接或者间接参与政策制定、政策执行、政策评估或者政策监控的个人、团体或组织。在不同的历史发展中，公共政策主体会出现变化。但是，公共政策都体现了政策主体的意志，要实现一定的目标，因而具有明确的方向性和指向性。公共政策的运行是一个过程，包括政策问题的建构、政策方案的设计与择优、政策执行以及政策终结等环节。

重点问题

- 公共管理视野下的公共政策
- 公共政策的概念
- 公共政策的类型
- 公共政策的主体
- 政策问题建构的影响因素
- 政策方案设计的原则
- 政策执行的过程
- 政策终结的影响因素及策略

8.1 公共政策的治理功能

8.1.1 政策科学的形成与演变

正如德利翁和奥弗曼所说的，“政策科学有一个很长的过去但却只有一个很短的历史”①。因为，从政策成为社会治理的基本工具开始，政策咨询一直得到社会治理者自觉或不自觉的应用，然而，政策科学的产生却是 20 世纪的事情。1951 年，拉斯韦尔和拉纳合著的《政策科学：范围和方法的新近发展》标志着公共政策成为一个独立的研究领域。

20 世纪 50 年代到 60 年代中期，公共政策研究并没有得到广泛响应。从政治运行的现实来看，20 世纪 50 年代，政策科学只是作为“政府的婢女”而存在的，它对政府的决策实践并没有产生大的影响。虽然政策计划在外交和国防领域中已经开展了很长一段时间，政策计划委员会也得以在五角大楼的国防部门和战争竞赛中成立，但政策分析的意识却并未确立起来，更不用说得到政府部门的大力推行了。

现代政策科学是社会政治、经济和科技发展的产物，政策科学运动的兴起是时代发展的必然结果。克朗认为，政策科学兴起的主要原因包括公众对一些特殊的政策问题（如战争、种族冲突、环境污染、交通等）的关注度不断增加和对政府处理这些问题的结果不满，如大学生对学院式的课程设置不满以及对现实政策问题的认知欲的增长等。政策科学兴起的直接诱因出现在 1961 年，因为，在这一年，罗伯特·麦克纳马拉接任国防部部长后，带领一批“年轻俊杰”进入国防部领导层，出于对技术分析的崇拜，他们应用了大量的方法来分析军事管理和军事政策问题。当然，这种在“系统分析”的理念下对国防政策展开的分析，仅仅是成本-收益分析、运筹学和线性规划等具体方法的运用。后来，随着 PPBS（planning programming budgeting system，规划项目预算系统）在美国政策分析中得到广泛应用，尤其是当约翰逊总统命令整个联邦政府执行这一系统后，“系统分析”得到了全面推广。可以说，PPBS 的普遍应用直接促成了政策科学运动的兴起。到 20 世纪 60 年代中期以后，公共政策研究迅速成为一个热点，出现了学术界常常提起的公共政策运动。特别是在公共政策研究作为一门科学被确立起来后，一个持续地引起学者们的关注和不断地把研究推向深入的平台被建立了，人们对公共政策相关问题的研究也不断深入。

在政策科学产生之初的 20 年中，政策分析是这门学科的标志，甚至一度主导了政策科学的发展方向。政策分析深受逻辑实证主义的影响，在政策过程中倡导应用专业知识与科学技术。经济学的成本-收益分析以及由运筹学推动的系统分析很快成为政策分析的主导方法。为了独立于政治学和行政学，突出作为一门独立学科的特色，政策科学有意与政治学拉开距离，转而投向经济学的怀抱。特别是在政策分析得到了广泛接受和认可之后，经济学迅速超越其他社会科学，成为政策分析最重要的思想方法来源。经济学家在其理论框架内部创新了量化分析技术，成功地将成本-收益分析植入政策分析，并使之迅速成为政策过程方案设计与评估的主导路径。经济分析方法远远超出了经济政策制定的领域，扩展到了几乎所有领域的政策制定中。政策分析的另一个方法来源是系统分析。爱德华·奎德在《公共决策的分析》一书中指出，“就系统分析理论本身来讲，人们早就感到完全照搬运筹学来分析人类系统是不合适的；当前已经出现了一种不同的系统分析模式，这就是

① 德利翁，奥弗曼．政策科学史//雷斌，等．公共管理学手册．广州：中山大学出版社，2006：22.

政策科学，并且正在为管理科学提供新的工具”①。系统分析取代了运筹学在政策科学中的重要影响，将政策分析引入了自然科学的研究范畴。在系统分析的影响下，政策分析专注于建立模型和技术，从微分方程到排队模式到线性规划再到成本-收益分析，努力实现对经济学、数学中发展起来的技术和方法的应用。从实践来看，虽然系统分析在其他领域并没有取得如在国防部门般的成功，但分析取向很快被联邦官员、州的行政机构以及大量的分析咨询团体所采纳。

到了20世纪60年代，公共政策研究开始以学科的面目出现。在高等学校专业课程设置中，公共政策能够成为一门专业课程，得益于20世纪60年代的公共政策运动。但是，当时的公共政策研究还主要集中在公共政策制定系统方面，到了20世纪70年代，公共政策的研究领域得以扩展，出现了对包括公共政策执行、公共政策评估、公共政策终结在内的多个问题的多角度研究。由此可见，公共政策科学是在20世纪70年代开始成型的。到了20世纪80年代，公共政策研究又出现了一些新的进展，开始进一步转向有关公共政策效率、公共政策信息多元化、公共政策学家与政治家关系等问题的研究。从20世纪90年代开始，公共政策又拓展出新的研究方向，开始更多地关注公共政策的伦理和价值、公共政策与公共管理的关系、公共政策调查等方面的问题。就公共政策科学最新的进展来看，受全球化浪潮的影响，政策转移的问题也引起了人们更多的研究兴趣。

8.1.2 社会治理视野下的公共政策

在人类社会的历史发展中，曾经出现过两种基本的社会治理模式，即农业社会的统治型社会治理模式和工业社会的管理型社会治理模式。农业社会依靠权力来进行治理，因而可以称为“权治”社会，工业社会主要通过法律来进行社会治理，因而可以称为“法治”社会。就制度发展史而言，农业社会的制度属于权力的制度，可以简称为“权制”；工业社会的制度主要是法律的制度，习惯上称作“法制”。权制条件下的管理是直接以权力为根据而实现的管理控制，在管理方式、方法上往往需要有较强的技巧性，权术和权谋是这种管理的必要手段。当然，权制条件下的管理人格也会在一定程度上发挥着重要作用，但是，这种管理人格的制度保障却是极其脆弱的。所以，在一切必要的时候，总要靠权力的强制力来解决问题。法制条件下的管理总是不懈地追求制度设计的科学性和合理性，对于任何问题的解决，都寄希望于管理制度的完善。所以，对任何具有一定程度普遍性的问题，都是通过制定规章和完善制度的方式来解决的。公共政策就是实现工业社会中有效管理的工具。

现代社会是法治的社会，几乎社会生活的一切领域，都是根据法治的精神来进行建构的。社会秩序的获得、生产与生活的正常化、交换与交往的可持续性等，这些都来源于法治，法治就是我们生活于其中的社会的基本特征。从人类社会治理模式的发展来看，法治是一种较高形态的社会治理模式，与那种以权力为基础的权治相比，法治在社会秩序的获得方面更为有效。因为，法治的社会秩序是一种较为稳定的秩序，它不是把社会矛盾积累

① 克朗. 系统分析与政策科学. 北京：商务印书馆，1985：13.

起来，而是把各种各样的社会矛盾和冲突化解为具体的和日常的矛盾和冲突，法治甚至基于人类社会矛盾的客观必然性而把矛盾和冲突法制化，设定了许许多多法律允许的矛盾和冲突途径，通过合法化的矛盾和冲突途径来暴露和化解社会矛盾，避免任何社会矛盾被积聚而成为导致大规模冲突的因素。

在法治社会中，公平与效率是核心价值，而公平与效率需要得到管理秩序的支持，因而法律或者政策成为其实现社会秩序进而达到公平与效率的工具。公共政策为了适应这一目标，采取的方式就是对繁杂的具体事务进行统一规划，通过统一的标准来对行为进行衡量并接受同样的惩罚，将一切不确定的行为以及具体的社会问题都纳入规范，从而实现一种形式上的有序和统一。政策是一种抽象的制度，是基于对具体的具有特殊性的社会问题抽象而来的，在这一过程中，人们用理性建构出政策问题，并设计出政策以解决这些问题。通过政策的制定与实施，社会问题在形式上达成统一并塑造出可控的有序局面。

不过，在管理型社会治理模式中，公共政策仅仅被视为一种管理工具。既然是一种管理工具，那么公共政策就应该服从于效率和公平的要求，体现出与理性的一致性，而现代社会理性的发展是朝向科学理性的，最终是以科学理性来代替理性的全部，因此，公共政策就是通过寻求科学技术的支撑来提升自己的理性。正是在对科学技术的追求中，20 世纪中期，公共政策作为一个专门的学科从政治学和行政学中分离出来。20 世纪 60 年代的公共政策运动可以说是法治在行政领域中的延伸，是法的精神在这一领域中的具体体现。在这一时期，美国率先运用科学化的公共政策工具去处理联邦政府面临的若干大型的、复杂的国策问题，成功地组织起了大规模的专业力量和生产力量，解决了如国防、空间探索等领域的一些问题，从而引起了各国政府的普遍重视。公共政策运动是管理型社会治理的又一个巅峰表现，是工业社会为了寻求理性的治理手段而在规则制定方面的突破。公共政策运动将人们的视野引到了规则制定上，特别是作为其重要分支的政策分析更是强调尽一切可能将量化分析引入政策研究，这种以模型、数据为支撑的学术思潮使合理性的追求也渗透进了政治领域。

在对科学理性的追求中，公共政策的价值理性被工具理性取代，在工具理性的思维中，公共政策完全成为管理的工具。既然它只是实现高效率管理目标的工具，那么价值就无关紧要了，而且价值无法被量化、不易被把握，就容易被视为无关紧要甚至需要被剔除的东西了。公共政策中的道德与价值考量被剥离，公共政策走在了科学的道路上，而放弃了民主。另外，从 19 世纪晚期开始，行政部门不断扩张，第一次世界大战爆发，紧随其后的是经济大萧条，这为行政部门获得政策制定权提供了机遇。第一次世界大战迫使交战国重新运用人力、物力资源，政府大量引用工业组织和管理的新体验和观念，这重塑了工业国家的经济政策框架。随后，“新政”为行政部门的扩张提供了一个难得的机遇。伴随着行政部门的扩张，行政部门不断地从立法部门手中接管制定公共政策的权力，而公共政策从民主转向科学的追求后，也正好需要从行政部门那里寻求更高的效率，这样，公共政策制定的重心发生了转移。布朗洛等在《总统行政管理委员会的报告》中就明确指出，在民主国家中，效率是宪法的基石，“整顿政府只有一个主要的目的，这就是当前在国家政府中建立民主政体的工作，即使政府成为执行国家意志的一个现代的、有力的和有效的工具。正是因为这个目的，政府完全需要现代化的管理手段”①。这样一来，效率与民主统一起来，使行政部门可以在实现民主的名义下追求效率的行动具有了合理性。当行政部门掌握了公共政策的制定权之后，公共政策作为管理工具的特性就体现得更为明显了，在管理型治理模式中，公共政策已经完全成为谋求更高管理效率的工具。

农业社会中的权治与工业社会中的法治都可以被归结为一种控制结构，都实现了治理主体与治理客体相分离且治理主体对治理客体的控制。不同的是，农业社会中的控制色彩体现得非常直接，往往直接通过具有强制性的权力来完成，而工业社会在制度运行中其控制特性转移到了背后，更为隐蔽，但是由于工业社会仍然是建立在管理者与被管理者二分的框架之下且二者处于中心-边缘的结构之中，因此，法律或者政策的实施体现的仍然是控制思维。公共管理不是一种控制定位的管理，而是一种服务定位的管理，对管理主体来说，权力因素和法律因素虽然在一定程度上是必要的，但更为重要的因素是如何发挥主观能动性来有效地服务。因而，管理主体的服务精神会作为公共管理的主观支持力量。公共管理实现的是德治，与从“权治”到“法治”再到“德治”的历史演进线索相对应，人类社会的制度演进也是一个从“权制”到“法制”再到“德制”的历史发展过程。公共管理所拥有的制度体系在性质上是属于德制的，是一种全新的制度类型。在农业社会，人类发明的是一种“权制”的社会治理模式，随着工业文明的出现，人类开始了“法制”社会治理模式的建构，只是到了后工业社会，人类才可能致力于“德制”建设。将服务精神物化的公共管理将会拥有一种全新的制度，它的制度模式可以称作“德制”，这种道德的制度在管理关系中的表现就是：改变了以往管理关系中的那种控制与被控制的关系。

对于公共管理这种社会治理模式而言，自把法治与德治统一起来的那一刻起，政策和道德就不再是工具，而是一种社会活动和社会生活的模式，也是社会生活的基本内容，甚至可以看作人的本质。人生活在这种历史条件下，政策和道德就是其存在的本质。人过着这样的生活：在自己的行动中体现公共政策和道德，并用这些行动去实现公共政策和道德；他在接受那种体现着、凝聚着政策和道德的管理的时候，其实是在实现着自我治理；他在公共管理和公共服务中既是主体又是客体，他在接受管理和服务的时候，是在对这种社会治理模式进行完善，他在促进这种治理模式完善的过程中，获得了提供管理和服务的机会。在公共管理视野中，公共政策是人实现自治与他治融合的工具，是道德与伦理价值重新回归的体现。

8.1.3 基于公共政策的治理

从政府的发展来看，人类社会早期的统治型政府为了实现谋求稳定的社会秩序的目的，就必须实施对社会的有效控制，即通过暴力和以暴力支持为后盾的治理去维护社会稳定。近代以来，随着统治型政府向管理型政府转变，政府功能在内容上出现了多样化的趋

① 布朗洛，梅里亚姆，古利克．总统行政管理委员会的报告//彭和平，等．国外公共行政理论精选．北京：中共中央党校出版社，1997：82.

势，除了维持社会秩序，还要促进经济和社会的发展，因而，通过暴力和以暴力支持为后盾的维持社会秩序的方式不再表现为基本的和主要的政府功能。原先在农业社会“混权”状态下的那种等级压迫的色彩逐渐褪去，行政不再总是与暴力联系在一起，而是更多地通过科学化、技术化的方案来实现对整个社会的控制，即通过组织维护国家制度、执行法律和政策等方式来实现对整个社会的控制。法制条件下的管理总是不懈地追求制度设计的科学性和合理性，对于任何问题，都寄希望于通过管理制度的完善来解决。所以，对任何具有一定程度普遍性的问题，都是通过制定政策和完善制度的方式来加以解决。

与权力相比，公共政策具有确定性、普遍性的特点，所以，从统治型社会治理模式的单纯权力支配向法治的转换，是人类历史的一次伟大的进步。相对于权力的运用，公共政策作用的对象是基于分类而形成的团体，而不是具体的个人，公共政策作用的效果也没有权力的运用那么直接，强制性的色彩要淡很多。但是，在管理型社会治理模式中，政府在总体上的社会控制性质并没有发生改变，政府仍通过制度化、科学化的方式去实现对社会的控制。在某种意义上，管理型政府的社会控制更加精妙、更加隐蔽、更加完善，是通过公共政策的制定和执行去体现出控制上的严密性与科学性。到了 20 世纪，随着法治模式建立起来，随着法律和公共政策系统的逐步完善，政府在法治的前提下努力去引入可以增强控制的新知识，希望从新知识中获得提高控制能力的技术。特别是 20 世纪后期以来，随着新技术革命的迅速发展，政府运用新知识、新技术来增强控制能力和刷新控制技巧已经成为一种主流意义上的追求。科学理性的提升并没有改变管理型社会治理模式的控制性。与统治型社会治理一样，公共政策的制定者与对象被严格分离开来，公共政策的制定主体通过阶级界限的确认而把治理对象隔离开来。在管理型社会治理模式中，仍然是依靠法律与政策对社会整体加以分解，然后进行治理。表面上，公共政策是在进行协调利益矛盾和冲突的工作，而实际上是通过利用这种矛盾和冲突来使整个社会分化；表面上，它总是把利益矛盾和冲突控制在某个平衡点上，而实际上它是用制度化的方式让某一部分社会成员的利益反对其他部分社会成员的利益。公共政策名义上是超越于阶级、阶层和利益集团，包含着对公共性的追求，而实际上却是服务于特定阶级、阶层和利益集团，是维护社会稳定的控制体制。

在管理型社会治理模式中，政策制定的主体将政策对象视为需要控制的对象，而公共政策只是实现社会控制的工具，这是一种自上而下的单向度的政策流程，这在根本上是反伦理精神的。利用公共政策的制定与实施，政策制定的主体得以从形式上控制所谓的政策问题，从而营造出政策对象的配合与服从的表象；而政策对象也寻找一切机会向政策制定系统施加压力，将公共政策视为实现自己利益的工具。政策系统表面上将政策制定主体与政策对象联结起来，实际上是将二者隔离开来，并使彼此视对方为达成自己目的的工具。这就是工业社会中公共政策的制定与实施所造成的，这是一个完全工具化的社会，是一个处处分割追求高效管理的社会，是一个觉察不到明显的控制但是控制又无处不在的社会。

在后工业社会中，公共管理作为一种新的治理模式产生了。公共政策仍然存在，但是整个治理模式发生了变化，公共政策所发挥的作用和功能也改变了。在管理型社会治理模式中，公共政策只是实现高效管理的工具。与此不同，公共管理作为一种服务型的社会治理模式，是能够把德治与法治结合起来的。对这种社会治理模式而言，从把法治与德治统一起来的那一刻开始，法律和道德就不再是工具，而是一种社会活动和生活的模式，也是社会生活的基本内容，甚至可以看作是人的本质。

公共管理所实现的法治与德治的统一，在个人的层面上，意味着他律与自律的统一。只要在每一个社会成员那里都实现了这种他律与自律的统一，那么，作为一种社会治理模式，在秩序供给上所实现的就是把公共政策转化成社会成员对法律和政策的信仰。所以说，在公共管理中，作为理想而存在着的理论追求是：让法律和政策成为社会成员的共同信念，通过法律和政策深入人的内心来实现社会构成的有机化，使人类真正成为一个有着内在联系的共同体，让公共政策不是作为一种外在于人的力量而是作为一种内在于人的力量来保障社会成员个体的安全和其他各个方面的利益。正是这种对法治的理想追求包含着道德的合理性，那种寄希望于把法律和政策转化成人的内在的价值和行为准则的构想其实就是一种要求超越工具理性的愿望。因为，公共政策一旦实现了这种转化，它就不再是强制性和规范性的政策了，而是作为道德价值存在于人的内心之中，是一种源于政策和由政策转化而来的道德规范。

公共管理系统是一个由多元社会治理主体构成的以合作关系为纽带的和以提供公共服务为目标的统一整体。历史上的社会治理活动基本上是由政府垄断的，是基于政府与政策对象分割的。近代以来，虽然政治民主作为政府开展社会治理的基本环境已经被建构起来，但是，公民权利的行使主要被限制在政治途径之中，具体的社会治理过程依然呈现出政府垄断的特征。公共管理应用于非政府组织以及各种各样的社会自治力量迅速成长的20世纪后期，政府垄断社会治理的格局开始受到多元社会治理主体合作治理的要求的冲击，因而，政府自身的组织系统开始融入一个更大的合作治理系统。这样一来，公共管理系统就会表现出政府与非政府组织以及各种各样的社会自治力量之间的层次结构体系，在相当长的一个历史阶段中，政府在这个体系中的中心地位都会保持下去，但是，多元治理主体间的互动会不断地增强。许多原先由政府承担的行政管理职能转由这些非政府组织承担，在这个过程中，政府则更多地承担起公共政策供给的职能。公共管理这场行政改革运动改变了历史的方向，把行政管理的对象性分化转化为主体性分化，开启了“政府公共政策化”和“公共管理社会化”的进程。这时，政府虽然还是专门的公共管理机构，但却不是唯一的机构，在政府之外，也有一些准自治的、半自治的和自治的机构承担公共管理的职能；政府则可以部分地甚至完全地从日常公共管理活动中解脱出来，专心致力于公共政策的制定及监督执行，而公共政策的制定与执行也是依靠与多元主体的合作。

8.2 公共政策的内容

8.2.1 公共政策的概念与分类

1. 公共政策的概念

关于公共政策的界定，学术界没有形成一致的认识，几种比较具有代表性的观点如下：

行政学鼻祖、美国政治学家伍德罗·威尔逊认为，公共政策是由政治家（具有立法权者）制定的并由行政人员（国家公务人员）执行的法律和法规①。这种观点侧重于从政策过程的角度来理解公共政策，并且将公共政策制定的主体限定为政治家，这种看法是有一定的局限性的。

政策科学的创始人哈罗德·拉斯韦尔认为，公共政策是"一种含有目标、价值和策略的大型计划"②。这一定义强调了公共政策的计划性以及目标取向。

美国学者戴维·伊斯顿认为，"一项政策的实质在于通过那项政策不让一部分人享有某些东西而允许另一部分人占有它们。换句话说，不论是为了一个社会还是为了一个范围狭小的社团，或者为了其他任何集团，一项政策包含着一系列分配价值的决定和行动"③。也就是说，政策就是对社会的价值做出权威性的分配。

托马斯·戴伊认为，"凡是政府决定做的或不做的事情就是公共政策"④。这种观点强调政府已经决定要做的事情，而没有将政府计划做的事情包括在公共政策范围内。

在詹姆斯·安德森看来，"政策被定义为一个或一组行动者为解决一个问题或相关事务所采取的相对稳定的、有目的的一系列行动"⑤。这种观点关注政府实际所做的事情，而不是那些仅仅被提出或者打算做的事情。

西方学者的观点虽然各有侧重，但基本上概括了政策的主要含义：政策是由政府或者权威机构制定的计划或者规划；政策是一个过程，具有明确的目的和方向；政策是对社会做出的权威性的价值分配。

实际上，公共政策就是对社会价值做出的权威性分配。政策主体在不同的历史发展中会出现变化，但政策都体现了政策主体的意志，要实现一定的目标，具有明确的方向性和指向性。政策是与措施、办法、规定等密切相关的一系列行政行为，政策是一个活动过程。政策也是一种行为规范，政策总是针对具体的对象或客体，政策规定具有一定的强制性。

尽管政策有不同种类，适用的领域和范围不同，但作为现代社会中的治理工具，公共政策具有以下几个方面的特性：第一，公共性。公共性是公共政策最为本质的属性。公共政策是要解决具有普遍性的社会问题，是面向社会公众的，而不只是针对某一个个体，它代表着政府的行动，是对社会公共价值进行的分配。第二，普遍性。公共政策发生在公共领域与私人领域相互作用的过程中，公共政策是对私人领域中的普遍性要求的回应。公共政策针对的是具有普遍性的社会问题，这些社会问题是对个体千差万别的特殊利益进行抽象而来的，普遍性是公共政策合法性与权威性的来源。第三，强制性。在公共政策制定出来后，政策执行就是有了公共权力的保障，政策就具有了法律的效力，可以由公共部门强制推行。不过，相较于统治型治理中的权力，政策的强制性要温和得多，也隐蔽得多。可

---

① 伍启元．公共政策：上册．台北：台湾商务印书馆，1985：4.

② 林水波，张世贤．公共政策．台北：五南出版公司，1982：8.

③ 伊斯顿．政治体系：政治学状况研究．北京：商务印书馆，1993：123.

④ DYE T R. Understanding Public Policy (6th ed.). Englewood Cliffs, N. J.: Prentice-Hall Inc., 1987: 2.

⑤ 安德森．公共政策制定（第五版）．北京：中国人民大学出版社，2009：3.

以说，政策成为社会治理的基本工具本身就意味着一种治理文明形态的出现，政府是通过政策而不是倚重于权力去开展社会治理的，这反映出来的是社会治理的进步和文明化。第四，权威性。公共性的名义以及公共权力机构共同赋予了公共政策权威性。正是因为具备这四个方面的特性，公共政策能够对利益进行分配，从而实现对社会行为的导向与控制，协调利益关系，塑造公众的看法和观念的作用。

2. 公共政策的类型

根据不同的标准可以对公共政策进行不同的分类。

第一，根据政策对社会的影响，可以将政策分为分配性政策、管制性政策、自我管制性政策以及再分配性政策。

分配性政策（distributive policy）涉及将社会资源或利益分配给特定的人、团体或者社区，如房屋抵押贷款利率优惠政策、义务教育政策等。管制性政策（regulatory policy）是对个人或团体的行动加以限制和约束的政策，减少受管制对象的自由和权力，如枪支管制、色情业管制、对污染企业的控制政策等。自我管制性政策（self-regulatory policy）也涉及对某些事物或团体的限制和控制，但是，自我管制性政策被当作保护和促进自身利益的一种手段。自我管制性政策通常是某一专业或者职业团体主动要求政府立法，以规范行业秩序，维护行业内部利益。再分配性政策（redistributive policy）是政府有计划地在社会各阶层或团体中对财富、收入、权利等进行转移性分配的政策。这是针对财产本身进行的转移，财产可以从有产者流向无产者，也可能是通过小规模经营者向大规模经营者流动。具有再分配性质的政策包括新型农村合作医疗保险政策、城市居民最低生活保障政策等，因为再分配性政策涉及金钱、权利或者权力的再分配，因此往往很难制定和通过。

第二，根据政策所处的空间层次，可以将公共政策分为总政策、基本政策和具体政策。

总政策是一个国家或地区中具有全局性、根本性的政策，决定着国家与社会的发展方向。具体政策是具有明确规定性的政策，可以用来实现更为宏观的政策目标。具体政策往往是在某一具体领域中的政策，产生的效应是最为具体的。基本政策介于总政策和具体政策之间，一般也被称为基本国策。基本政策是在社会生活的各个领域、部门或方面做出总体性规定的实质性政策，通常对关系国家全局利益的某一领域、某一部门以及某一方面的工作的目标和任务做出规定。

第三，根据政策涉及的领域，可以将公共政策划分为政治政策、经济政策、社会政策与文化政策。

政治政策是政府在处理政治问题或者调整政治关系时所采取的行为规范，如外交政策、政党政策、行政区划政策等。经济政策是处理经济问题或者调整经济利益关系时制定的政策，如财政政策、货币政策、产业政策等。由于经济活动在社会生活中具有重要地位，经济政策成为最重要的政策类型。社会政策是在处理狭义的社会问题或调整社会关系时所采取的行动或者行为规范，社会政策以解决社会问题为目标，致力于提高人民的生活水平，增进社会福祉，谋求社会秩序平衡发展。社会政策包括环保政策、社会保障政策、最低收入保障政策等。文化政策是为了促进和调节科学技术以及文教事业的发展而制定的基本准则和规范，包括科技政策、教育政策、卫生政策等。

8.2.2　公共政策的主体

政策主体一般是指直接或者间接参与政策制定、政策执行、政策评估或者政策监控的个人、团体或组织。由于各国社会政治制度不同、经济发展水平以及文化传统都存在差异，因此不同国家的政策主体构成及其作用方式也不同。

安德森将政策制定者分为官方的和非官方的两大类。以美国政治为背景，官方政策制定者指那些拥有合法权威制定公共政策的人或机构，包括国会、政府首脑、行政人员及法官。官方政策制定者又可以分为首要政策制定者和辅助政策制定者。如国会作为立法机关属于首要政策制定者，拥有宪法赋予的直接行动权。国家行政机关则属于辅助政策制定者，在政策过程中要依赖首要政策制定者。不过，在社会治理实践中，政府的行政活动一直处于重要地位，所以，政府在政策制定和执行过程中发挥着重要作用。“行政国家”出现后，行政部门不再是辅助政策制定者，而成为首要政策制定者。非官方参与者包括利益集团、政党、研究组织、媒体和公民个人，其也会参与政策过程，但是由于其通常没有进行政策制定的法定权威，其只是提供信息、施加压力、试图说服，但不会做出决定。尤其是在美国的政治背景中，利益集团发挥的作用是不可小觑的。

格斯顿将政策议程的主要建构者分为四大类：公共官员，指的是选举出来的官员，包括总统、国会、法院、管制机构的成员；公共官僚机构，指的是法定中立的官僚体系；传媒，这是基于印刷和电子传媒对于政策议程设定的影响力；利益集团。格斯顿将政策制定者具体分为：国会、总统、司法部门、官僚、公民。

总体而言，公共政策的主体包括具有法定权威的组织或者领导，也包括参与政策过程的社会组织或个人，不仅包括官方的政策行动者，而且包括非官方的政策行动者。在存在多决策主体的情况下，公共政策往往最终体现为多元利益的整合，最终实现了利益上的相对一致性。

官方的政策行动者是指政治体制内的，行使公共权力的政策过程的行动者，一般包括国家机构、执政党、政治家和官员。具体而言，官方的政策行动者主要是立法机关、行政机关、政党。

立法机关在西方指国会、议会、代表会议一类的国家权力机构，在中国则是指全国及地方各级的人民代表大会及其常务委员会。立法机关是非常重要的政策制定者，它的主要任务就是立法，就是履行制定法律和政策的职能。古德诺在进行政治与行政二分的界定时，将政策制定的职能划分到立法部门中。在西方国家，尤其是在美国，立法机关与行政机关、司法机关三权分立且相互制衡，立法机关通常能够独立地行使立法权。在中国，人民代表大会是权力机关和立法机关，是制定政策以及立法的主要机关。全国人民代表大会享有最高立法权、最高任免权、最高决策权和最高监督权。全国人民代表大会所制定的政策具有权威性和强制性两个特点：权威性是指政策是经过法定的程序制定的，一般是大政方针；强制性是指政策是以国家强制力为后盾的，必须得到执行。

行政机关也是政策制定中的一个重要主体，尤其是在20世纪20年代的发展中，行政权力扩张，出现了“行政国家”，这样，行政机关在政策过程中的地位和作用就更加重要了。在美国，总统的权力非常大，总统不仅是行政部门的领导，而且在立法和决策过程中的权威也很大。这不仅是因为行政机构是政策执行的主导机构，还因为行政机构的发展已经使得政策制定权出现了向行政机构的转移。行政部门可以自己制定法规或政策，例如行政法规，而且也可以使其他机构制定的政策无法发挥作用，这也是其重要作用的体现。在中国，国家行政机关主要包括国务院以及各级政府及其派出机构，其中，国务院是最高行政机关，享有行政立法权、提案权以及全国人大及其常委会所授予的其他职权。行政机关不仅是政策执行的机构，而且可以根据基本国策制定出具体的政策法规。行政机关制定的政策具有具体性和补充性的特征，也就是说，行政机关制定的政策大部分是党和国家权力机关政策的具体化，是根据党和国家权力机关的政策精神进行的具体的政策规划。行政机关制定的政策往往针对的是党和国家权力机关政策没有涉及的地方，是一些补充性的政策规定。

执政党是政策主体中的核心力量。公共政策很大程度上就是执政党的政策，就是要实现执政党的目标。现代社会中的政党常常履行着“利益聚合”的功能，政党努力将利益集团的要求转化为政策。在西方国家，政党的主张能否成为国家或政府的政策是靠选举来实现的，在选举中获胜的政党才能成为直接的政策制定者，把它的纲领、主张转变为公共政策。在实行两党制的国家，为了吸引更多的选民支持，两党就要在它们的“一揽子”意见中尽可能体现选民的利益和要求，并尽量避免与势力强大的社会阶层或利益集团的利益相左。在中国，中国共产党是全国人民的领导核心，在政策的制定、执行、评估中起主导作用。中国共产党在政策过程中的主要作用是政治领导和向国家机关推荐干部，政治领导的主要内容是政策方面的领导，尤其是政策方向的领导，中国共产党会制定出具有综合指导性和根本性的总政策来实施政策领导。在中国共产党领导的多党合作和政治协商制度下，各民主党派不是在野党，而是参政党。政协以及各民主党派都参与到国家重大政策的讨论和决定中来，因而，政协及各民主党派也是我国政策主体中的重要部分。

非官方的政策行动者是指政治体制外的，不直接行使公共权力但会对政策过程施加影响的行动者，主要包括利益集团、社会公众、大众媒体以及各种政策咨询机构等。

通常而言，利益集团是公共政策过程中除官方组织以外的最强有力的参与者。根据美国政治学家阿尔蒙德的定义，利益集团是指“因兴趣或利益而联系在一起，并意识到这些共同利益的人的组合”①。在国家的政策过程中，利益集团不但积极且有力地影响立法机关的公共政策过程，而且也积极地参与到行政部门的决策活动中去。美国学者戴伊曾经就利益集团的影响力做出如下陈述：“利益代表集团的活动主宰着华盛顿的政策制定。各种有组织的利益代表集团广泛施加影响于国会的法律制定、联邦执行机构的规则制定，而且还越来越影响到联邦法院的决策制定。国家是有影响力的利益代表集团的发起人、主持者和财力支持者，就是那些公司企业、银行、保险公司、投资公司、律师公司（事务所）、媒体大王、职业和非职业的商会和各种民众组织。也正是这些组织形成了国家的精英集

① 阿尔蒙德，鲍威尔. 比较政治学：体系、过程和政策. 上海：上海译文出版社，1987：200.

团。”① 利益集团的作用包括提出政策议案、参与政策问题建构、设计政策方案并且在方案选择中施加压力，以使政府的政策有利于自己的利益，利益集团影响公共政策的方式主要有游说、宣传、捐款、抗议等等。在西方国家的利益集团的行动中，政党的作用弱化了，到 20 世纪中期，政党政治基本上转化为利益集团政治。因为，随着利益集团日趋活跃，政党的利益表达机制受到了冲击，事实上已经不再能够成为利益表达的主要渠道了，民众的意愿大多由利益集团组织起来，然后通过有组织的行动作用于政策问题建构。政党依然活跃于政治生活的前台，而在其后，其实是利益集团在发挥主导作用。在描述利益集团的作用时，出现了如“铁三角”“政策子系统”“议题网络”等概念，这些词都表现出利益集团在政策过程中的影响力。

社会公众也对政策过程施加影响，公众是公共政策的对象，但也是最具广泛性的非官方行动者。在启蒙运动时期，人民主权理论确立下来，人民掌握着主权，通过政府的行动来实现普遍性的利益，因而，人民理应是政策过程中的最终权力的拥有者。如果政府的行动脱离了人民的利益，那么人民有权收回权力，为了实现这一点，现代社会是通过代议制来表达人民的意志，进而制定出政策实现人民的意志。而 20 世纪 60 年代之后，为补充制度参与的不足，美国兴起了轰轰烈烈的公民参与运动，公民直接参与政策过程成为一个重要发展趋势。美国的公共政策学家约翰·克莱顿·托马斯对社会公众参与的发展做了一番评价，他指出现在的公民参与正在改变传统的公共管理工作环境，“从前，大多数公共管理者都习惯于在幕后远离公众监督或不被公众关注的环境下工作。但是，在今天，这一工作环境大改变了。公共管理者不得不与公民或公民组织保持密切的接触，与公民一起从事日常公共事务的管理。对于公共管理者来说，公共参与公共管理过程已经成为他们工作生活中的一部分，这是一个不争的事实”②。托马斯又进一步根据公民参与政策过程的程度而把决策分为五种类型③：第一种是自主式管理决策，即管理者在没有公民参与的情况下独自解决问题或者制定政策。第二种是改良的自主管理决策，即管理者从不同的公众群体中收集信息，然后独自决策，公民群体的要求可能会也可能不会得到反映。第三种是分散式的公众协商，即管理者分别与不同的公众团体探讨问题，听取其观点和建议，然后制定反映这些团体要求的决策。第四种是整体式的公众协商，即管理者与作为单一集合体的公众探讨对策，听取其观点和建议，然后制定反映公众团体要求的决策。第五种是公众决策，即管理者同整合起来的公众探讨问题，而且管理者和公众试图在问题解决方案上达成共识。这五种模型的后四种，公众参与的程度逐渐提高，公众参与对公共决策的影响也越来越大。公民参与意味着公民对政策过程的影响力已经从制度转移到行动上，这是指向合作制定政策的方向。

大众传媒指报纸、书籍、电影、广播、电视、互联网等等。大众传媒是现代社会中最普遍的信息传播载体，也是政策信息得以传播的渠道。大众传媒虽然并不直接参与政策过程，但是它却对政策过程产生实际的影响，有时甚至是决定性的影响。哈罗德·拉斯韦尔

---

① 戴伊. 自上而下的政策制定. 北京：中国人民大学出版社，2002：109-110.

② 托马斯. 公共决策中的公民参与. 北京：中国人民大学出版社，2005：10.

③ 同②35.

不仅是传播学理论的奠基人，而且是著名的政治学家、政策学家。在西方国家，大众传媒被称作除立法权、行政权和司法权之外的“第四权力”，对国家的政治生活以及公共管理活动产生非常重要的作用。在公共决策领域，美国著名传播学家施拉姆（Wilbur Schramm）和波特（William Porter）指出：“媒介很少劝说人们怎么想，却能成功地劝说人想什么。”① 同样，美国的一些记者也指出大众传媒拥有安排公共议程的权力。大众传媒对政策制定的影响主要在于它可以及时反映社会中的公共问题，而且通过对政策信息和政策问题进行选择、淘汰、整理以及加工之后再提供给公众，能够引导形成一种强大的公众舆论，从而影响政策过程中的议题安排。大众传媒能够使某一社会问题受到公众的关注进而上升为公共政策问题，影响公众对问题内容及其性质的认知和态度，进而影响政策议程的建立。而且，随着信息技术的不断进步和更新，大众传媒的形式也在不断更新和完善，大众传媒更加突出其直接性、迅速性和广泛性，经由大众传媒产生的公共信息也越来越多，这进一步加强了大众传媒对公共政策的影响。

政策咨询组织或者说智囊团，最早是指战争期间美军讨论战略和作战计划的密室（think box），后来在美欧等国家一般是指独立于政府和企业的从事政策分析和政策研究的非营利性学术机构。其实，智库（think tanks）的出现可追溯到20世纪初，但直到20世纪六七十年代，才呈现出繁荣的景象。20世纪60年代，社会问题变得更为复杂，政府决策对技术专家的依赖日益加重，智库的发展进入了繁荣时期。在这一时期，比较活跃的智库有“美国企业研究所”、“胡佛研究所”、“美国传统基金会”、“当代研究所”、“自由之家”、“哈德森研究所”以及“教育事务研究所”等。智库拥有丰富的专业资源，能够专注地进行中长期战略研究，这是疲于应付日常大量文案工作的政府部门所缺少的。技术专家趁机进一步扩大在政府决策中的影响力，到肯尼迪、约翰逊总统时期，这一智库发展趋势演化成了“技术专家治国”（technocracy）的局面。作为尼克松总统经济顾问委员会主席的经济师赫伯特·斯坦描述了政治过程对智库专家的依赖，“在这个时代，复杂的经济学被应用到了政策讨论的过程中——主要是凯恩斯理论和反凯恩斯理论。因为政府中开始有了经济学家，所以政策讨论的语言变得更为复杂。如果他们打算参加争论，那么每个人都需要一位经济学家。”② 智库常常提出一些观点或者专家意见，形成推动解决公共问题的政策方案。在智库的推动下，“伟大社会”“向贫穷开战”等社会运动纷纷开展。智库对公共政策的作用不仅在于它们为行政组织提供政策建议以及政策方案，更重要的在于政策咨询组织通过它们的专业知识形成对行政组织的权力。实际上，政策咨询组织的政策主张很可能就成为公共政策的蓝本，在这个意义上讲，政策咨询组织实质上就是一个政策规划组织。因此，政策咨询组织在公共决策以至政治决策中发挥着非常关键的作用。另外，政策咨询机构与利益集团以及社会精英有着千丝万缕的联系，戴伊等学者深刻地指出了政策咨询组织的作用机制：“这些机构把社团组织、金融组织、基金会、大众媒体、知识分子和在政府中有影响力的人物联合起来。它们在一些涉及利益的问题上查阅相关大学和有资金支持的研究资料。更重要的是，它们想通过这些研究达成一致，以确定在全国性的问题上

① 施拉姆，波特. 传播学概论. 重庆：新华出版社，1984：276-277.
② 里奇. 智库、公共政策和专家治策的政治学. 上海：上海社会科学院出版社，2010：37.

采取什么行动——提出一些直接的政策和方案来解决存在的问题。这些关键的政策制定机构把制定的政策提案分发到传媒、联邦执行机构和国会手里。其目的是希望为把政策转变成法律寻找根基。”①

从以上的分析中可以看出，公共政策过程并不是一个封闭的过程，官方行动者与非官方行动者开展互动，政策过程就是多方行动者在互动合作中最后达成一致意见的过程。

8.2.3　公共政策的目标

公共政策目标是指公共政策制定与实施所要达到的结果或要完成的任务。政策目标与价值相关。在不同的社会治理模式或者不同的社会制度下，政策目标是不同的。政策目标受到社会发展和社会制度的影响，政策目标是政策规划、政策实施与政策评估的核心。统治型社会治理模式是从属于社会等级差别的，是以统治的形式来实现等级秩序价值的社会治理方式。对于统治型社会治理模式来说，秩序就是最终目标，一切手段都要服从于这一目标。管理型社会治理模式作为统治型社会治理模式的替代出现在人类历史舞台上时，也把秩序的价值作为自己的一项内容，但它不是把秩序作为核心价值，而是以突出公平、效率的方式来获得秩序。这样一来，统治型社会治理模式的秩序价值在管理型社会治理模式中开始退居到次一级的层次上，公平与效率成了管理型社会治理模式的核心价值。在管理型社会治理模式中，公共政策的最终目标就是实现公平与效率。“就终极目标来说，公共政策是要在既实现公平又实现效率的情况下进行资源的重新配置。这就是公共政策的目标，是一个规范性的结论。但这样一个规范性的结论是被广泛接受的。大多数人希望资源得到有效的配置，也同样希望资源的配置是公平的。”② 这就是霍尔库姆（Randall Holcombe）以管理型社会治理模式为观察对象得出的结论。虽然根据近代以来确立的人民主权理论，公共政策的根本目标是实现人民利益，只有符合人民利益的政策才具有合法性与合理性，但是是否实现人民利益则是根据能否实现公平和效率来评判的。虽然管理也包含着服务的内容，甚至在一段时间里，人们已经习惯“管理就是服务”的论断，即突出了管理的服务内涵。但是，只要是管理型社会治理模式，它就是以公平与效率为核心价值的，其他价值都是从属于公平与效率的，是服务于公平与效率的实现的，公平与效率的追求就是管理型社会治理模式中公共政策的根本目标。

公共管理将服务视为其核心价值，本质上是一种服务型社会治理模式。当服务型社会治理模式出现的时候，管理型社会治理模式中的公平与效率的价值也退居到第二个层级上，而服务价值则被提升到核心位置上来了，服务就是服务型社会治理模式中的核心价值。对服务型社会治理模式而言，公平与效率的问题也会存在，在制度、体制和行为中，也会有着公平的问题，也会有着效率的追求。同时，服务型社会治理模式依然需要得到秩序的支持。如果说管理型社会治理模式由于突出了公平、效率的价值，获得了统治型社会治理模式无法企及的那种稳定的社会治理秩序，那么服务型社会治理模式由于突出了服务价值，会使这种秩序达到一个更高的水平。在服务型社会治理模式的价值体系构成

---

① 戴伊. 理解公共政策. 北京：华夏出版社，2004：35-36.

② 霍尔库姆. 公共经济学：政府在国家经济中的作用. 北京：中国人民大学出版社，2012：38.

中，包含着从以往社会治理模式中继承而来的因素，无论这些被继承而来的价值因素在服务型社会治理模式中会表现出何种程度的边缘化、工具化，都是服务型社会治理模式的支持力量，都是为了更好地服务人民。因此，服务型社会治理模式中的公共政策的最终目标是服务。

在服务型社会治理模式中，公共管理的制度、体制、政策等还有服务价值派生出来的次生价值，从而构成以服务为核心的公共管理价值体系。在公共管理的价值体系中，以往社会治理体系中的价值因素，在公共管理体系中也会得到继承和改造，会作为公共管理价值体系的构成因素。抽象地讲，服务价值并不专属于公共管理，在以往的任何一种社会治理体系中，都会包含服务价值，只不过服务价值的具体内涵相对于不同的社会治理体系来说，有着重大区别。但是，总的说来，在以往所有的社会治理体系中，服务价值都属于次生价值，在社会治理的价值体系中处于边缘位置。只有公共管理，才在人类社会治理历史上，第一次把服务价值置于价值体系的核心，作为社会治理的终极价值，并依据这一价值创设公共管理的制度、过程和行为模式，提供在整个公共管理体系中都具有普遍意义的原则和标准。

服务作为公共管理的核心价值或主导价值是人类社会治理发展的结果，这体现了历史的必然。但是，公共管理者对这一价值的获得，是需要在公共管理活动中来系统地实现的。虽然公共管理体系需要通过制度安排和政策实施来为服务价值的实现提供保障，但与管理型社会治理模式不同的是，政策并不是直接地作用于价值实现的过程的。在公共管理中，公共政策的主导思路是赋予公共管理者更充分的自主性，使其具有创造性实现服务价值的能力。如果说公共管理者在职业选择的过程中已经解决了对服务价值的选择问题，那么在其公共管理活动中，就剩下了如何创造性地实现服务价值的问题了。

8.3 公共政策的运行

公共政策的运行是一个过程。将政策过程视为不同阶段的联结，可以形成阶段启发框架，这是一个基础性的公共政策研究框架。根据政策过程的阶段论，公共政策经过了政策问题的建构、政策方案的设计与择优、政策执行以及政策终结等环节。

8.3.1 政策问题的建构

政策问题建构与议程设置是政策过程的第一步，也是整个政策周期运行的逻辑起点。政策问题建构也就是拉斯韦尔的情报（引导决策者注意与政策事务有关的信息是怎样被收集并予以处理的）和提议（处理某一问题的那些建议是怎样形成和提出来的）阶段，位于政策过程的初始阶段；安德森视政策制定过程为一个政策周期——一系列的功能性活动，以问题界定和议程为起点，以政策评估、政策终结、政策改善和政策持续为结点①。一切公共政策都是起因于特定的问题，也都是为了解决特定的问题。成功的公共政策应当首先

① 安德森. 公共政策制定（第五版）. 北京：中国人民大学出版社，2009：序 1.

能够确认出正确的公共政策问题。相反，公共政策过程中最致命的错误就是确认与解决了一个错误的问题。政策问题的确认为政策运行过程奠定了良好的基础。

政策问题建构本身就是一个问题，因为，“事实存在着的问题并不必然导致‘解决’它的行动。实际上，事实并不是不言自明的，对于事实，往往需要解释者。再者，即使某种状况已经被人们所认识到，也不意味着它就必然会成为一个公共问题”①。公共政策问题属于一种社会问题，但不是所有的社会问题都能成为公共政策问题，只有那些客观存在的影响规模较大的或具有普遍性的，经过一定途径反映到政府有关部门，为政策制定者和分析者所认定，进而列入政府的政策议程欲加以解决的社会问题，才是公共政策问题。当一个社会中存在着某些问题，甚至这些问题是非常严重的，也不意味着这些问题就会进入政策制定者的视野之中。也就是说，这些问题并不必然会以政策问题出现。政策问题既具有客观存在的客观性一面，也具有同人的认知、理解、判断、价值观念相联系的主观性一面。进一步地说，即使社会问题已经进入了政策制定者的视野，它会成为什么样的政策问题，也还是一个需要得到界定的问题。帕森斯以人露宿街头的现象为例去说明同一个问题可以导致不同的政策问题：如果将人们露宿街头看成一个无家可归的问题，就会制定提供住房的政策；如果将人们露宿街头看成流浪问题，有关的政策反应可能就是运用法律强制手段，就会动用警察②。所以，政策问题不是自然生成的，而是由人建构的。很多时候，政策问题既可以被区分为经济政策问题、政治政策问题、人口政策问题、教育政策问题等不同领域的问题；也可以被区分为常规性政策问题和风险性政策问题等不同确定程度的问题。确认公共政策问题，就是要明确在什么条件下才能被确认、由谁来确认、确认的具体过程如何以及确认过程会受到哪些因素影响等等问题。而且，对政策问题做出了什么样的建构，还直接决定了后续的政策选择以及政策行为。

公共政策问题在什么条件下才能被确认，即社会问题如何才能被确认为政策问题，主要取决于以下几个条件：一是问题必须是客观存在，已经形成了一种客观情势；二是问题影响有一定的广度与深度，即问题对社会大多数人的生存与发展造成了重大的不良影响；三是出现了公众的强烈的诉求，社会公众已经有了明显的不安和普遍的关心；四是问题属于政府及其有关政策部门职权范围以内应当解决的问题，因为政府及其政策部门解决职能范围之外的问题必然会出现低效或无效。只有在这些条件下，才有可能针对某种社会问题形成一定的政策需要。

社会问题成为政策问题的媒介有如下几种：政治领袖、政治组织、代议制、选举制、行政人员、利益集团、专家学者、公众、大众传媒、危机和突发事件。最主要也是最经常的确认公共政策问题的主体是公共部门，它们会经常基于对某些社会问题的认知和分析以及对现行政策的分析和研究，来确认公共政策性问题。公共部门的信息机构、研究机构以及咨询、预测、统计机构等比较专业化的工作机构，也会按照它们的职业标准和价值观，对发现的社会问题进行评价和分析，并且对那些可能成为公共政策问题的问题进行确认。政策执行部门在执行过程中，发现政策的某些内容不符合实际情况或实际问题的解决得不

①② PARSONS W. Public Policy：An Introduction to the Theory and Practice of Policy Analysis. Cheltenham：Edward Elgar Publishing，Inc.，1995：87.

到理想效果时，也会对这些在执行中反映出来的问题进行分析和研讨，并可能将其中一些问题确认为再次决策的政策问题。不同的利益集团和社会团体都会从自身的利益标准和利益追求出发，对各种社会现象和社会问题进行评价和分析，要求把那些符合公共政策问题的社会问题确认为公共政策问题。各领域的专家学者和权威人士常常根据个人的研究，按照各自领域的知识基础和理念背景，发现并评判社会发展过程中的一些社会问题，从而提出将其中一些重要问题确认为公共政策问题的建议。社会公众在其利益受到一定影响或损失时，也可能会要求将这些问题确认为公共政策问题。新闻媒体在采编、报道等工作过程中，也会发现一些严重的社会问题，也有可能提出把这些问题确认为公共政策问题。不同的主体在公共政策问题确认过程中既有相互支持也有相互冲突，其交互作用而共同成为确认公共政策问题的主体。

社会问题被确认为政策问题并不是一个简单的过程，而是一个对客观事实和社会问题的感性认识上升到理性认识的过程。这一过程可大致分为前后相接、相互关联的问题察觉、问题描述、问题分析、问题界定四个阶段。问题察觉就是指某个社会现象或问题被发觉并被关注的过程。问题描述是指在问题察觉后，力图运用特定的操作性语言（如文字、数字、符号、图表等方式）对问题进行客观、真实、详细、明确的表述过程。以上两个阶段都属于问题确认过程中的感性认识阶段，这些问题能否被确认为公共政策问题，还需要进入理性认识阶段，即进行问题分析和问题界定。问题分析就是对前一阶段描述的问题和相关资料进行去伪存真、去粗取精、由表及里、由此及彼的分析，是对描述的情况进行分析和诊断，目的是抓住问题的本质和关键，进而判定其能否成为政策问题。问题界定是指在完成问题分析之后，对能够成为公共政策问题的那些问题所做的认定，对判定为政策问题的那些问题给予特定的解释，说明为什么这些问题被确认为政策问题，为制定公共政策来解决这些问题提供基础性准备。

在实践中，公共政策问题的确认过程总会受到各种主客观因素的影响和制约，因而也可能造成确认误差，导致对一些政策问题的不正确分析与界定。公共政策学者史塔林（Grover Starling）认为，政策问题诊断或确认可能会受到九个方面因素的影响：

第一，组织结构（organization structure）。组织结构的问题主要为：一是层级节制体系（hierarchy）。在过分层级化的组织中，容易造成信息被隐藏或视寻找新的信息为敌人，这是一种“信息病象”，容易使政策问题认定的工作无法有效地进行。二是专业化（specialization）。专业化的结果造成了各部门的本位主义，使正确的信息无法有效地取得，尤其是地理上的区隔还会造成资源及信息传递上的困难。三是集中化（centralization）。集中化的情形往往使上层的人员信息负载过重，难以获得正确和相关的信息去有效地认定政策问题。

第二，意识形态（ideology）。意识形态指组织成员所共同拥有的一套信仰体系。这种意识形态有其危险性，一是会像“过滤器”一样妨碍真实信息的传达；二是会影响对实际问题的了解，造成认知不相协调（cognitive dissonance），即出现信念与实际状况产生强烈冲突的情况。

第三，无知（ignorance）。由于对专业知识的不了解而相信某些错误的媒体报道。然而，政府往往对传播媒体的报道是非常重视的，如果报道的信息不正确甚至是错误的，就会使政府官员对问题做出错误的诊断。

第四，信息太多（babel）。政府官员接收的信息太多也会造成沟通上的障碍，对问题的探讨产生误差。如果由幕僚人员事先过滤的话，则又容易使重要信息丢失，造成连续错误。

第五，噪声干扰（noise）。当甲想让乙了解某种信息，但乙所得到的和甲的预期不同，同样的原始信息，会产生许多不同的意义。由于接收者的认知和人格结构不同，信息的意义也不同。

第六，时间落差（lag）。即从接收信息到对这些信息做出反应之间的时间差距。现在被忽略的问题，将来可能是严重的问题。

第七，逃避问题（avoidance）。决策者往往逃避其不愿意面对的问题，于是对于问题的真相无法真正了解。

第八，隐蔽问题（masking problem）。提出某些大家已知道的问题来隐蔽事实上重要的问题。

第九，虚假问题（pseudo-problem）。解决了错误的问题，但不会对真正要解决的问题造成伤害。

8.3.2　政策方案的设计与择优

政策过程以政策问题建构为起点，接下来就是方案设计与抉择，也就是政策形成的过程。关于政策形成，学术界也存在不同的观点。德罗尔（Yehezkel Dror）从广义上去理解，认为政策形成应包括整个政策过程，而大多数政策科学家是从狭义上去理解政策形成，指称从问题界定到方案抉择以及合法化的过程，其中最为核心的是后两个步骤。为了解决政策问题，必须设计出可接受的行动方案，或者称政策建议。

政策方案的设计要遵循以下原则：(1) 信息完备原则。政策方案要以信息为基础，方案规划就是政策信息的输入—处理—输出的过程。信息的收集、加工、整理贯穿了方案规划的整个过程。信息越全面，方案设计的科学性越强，拥有充分的、准确的信息是方案设计成功的重要条件。(2) 系统协调原则。政策是与其他政策相联系的。方案设计也要从系统论的观点出发进行综合分析，将整体利益与局部利益相结合，将眼前利益与长远利益相结合，将主要目标与次要目标相结合，要注意政策之间的相互联系、相互影响，使各项政策成为一个相互联系相互支持的有机整体。(3) 科学预测原则。方案设计要解决的是将要发生的事情，因此需要有明显的预测性。没有预测或者预测不科学，设计出来的方案是无法解决问题的。科学预测就是要在正确的理论指导下根据科学的原则和方法对未来情况进行估计，在此基础上设计政策方案。(4) 现实可行原则。政策方案必须要具备现实可行性，是能够具体实施的方案。要根据现有的人力、物力、财力和时间等因素来推断方案的可操作性和可行性。否则，再好的政策也会因为无法实施而缺乏实际价值。(5) 民主参与原则。广大人民充分参与国家公共政策方案的设计，充分发挥主人翁的作用。人民会根据现实生活中得到的经验而对政策方案提出建议，为政策方案设计提供充分的现实基础。(6) 稳定可调原则。政策要有一定的稳定性和连续性，因此，设计政策方案应该考虑与原有政策的衔接或过渡，避免政策大起大落，影响社会稳定。方案设计也要注意有长远眼光，给政策留有余地以供调节，并根据对未来情况做出的预测而准备好应变措施。

沃克对政策方案的寻找归纳了一些标准，认为这样一些要素在方案的设计中是应该注意的。(1) 成本：人们能否负担选择的成本并具有成本效率？(2) 稳定性：能否坚持目标实施下去？(3) 可行性：在既定的时间内实施所选择的概率是多大？(4) 可靠性：如果方案的一部分失灵或者受损，该方案还会继续实施下去吗？(5) 灵活性：该方案能够致力于达到不同的目的吗？(6) 风险性：该方案失败的可能性大吗？(7) 可传播性：选择的对象是否容易为那些不从事分析工作的人所理解？(8) 功效性：方案是否具有表面效度，也就是说，方案看起来是否直接针对所要解决的问题？(9) 简单性：方案是否易于执行？(10) 相容性：选择的方案是否与现行的规范与程序相适？(11) 可逆性：如果选择的方案失败了，那么再追溯那些先决条件的难度有多大？(12) 强韧性：在将来一个不同的环境中，该方案可在多大程度上获得成功①？

政策制定者可能同时要设计出多个问题解决方案，在政策方案设计出来之后，政府就开始了采纳、修改或反对某一政策可选方案的一系列活动。备选方案的比较和评估是指在政策建议阶段所产生的各种政策方案中进行比较，评估优劣，为政策方案的最终确定打下基础。方案的比较是多方面的，关键在于比较和评估标准的选择。沃克提出的政策方案设计的 12 项依据可以被看作政策方案比较和评估的依据。

帕顿和沙维奇把巴达克给出的 4 种制约因素看作通常使用的评估标准，它们是技术可行性、经济与财政可行性、政治可行性以及行政可行性②。

(1) 技术可行性。技术可行性从技术的角度直接论证了方案能否正常运行这一基本问题。这一范畴的重要的标准是效力（效能）。效力标准主要关注政策方案是否会或者是否能够达到政策的预期效果，政策方案在什么程度上实现政策目标，等等。总的来说，效力标准的几个重要因素包括：政策方案的影响是直接的还是间接的，是长期的还是短期的，是可量化的还是不可量化的，以及是充分的还是不充分的。

(2) 经济与财政可行性。一般来说，对政策方案的经济与财政的比较与评估主要集中于该政策方案的成本收益关系方面。如果一项政策方案的成本与收益可以货币化，那么人们就可以进行一些不同类型的比较和评估。首先可以对政策方案进行单独的经济性评估。然后也可以将一项政策与其他完全实现了货币化的政策对照评估，并运用货币化收益与成本之间的差异来选定有利的政策。一项政策方案的成本收益除了是否有形以及更进一步的货币化之外，另外一个特性就是它们是直接的还是间接的。一般而言，一项政策方案都有其直接的成本和收益，也有其间接的成本和收益，显然，这些成本和收益都在比较和评估的范围。

(3) 政治可行性。虽然行政决策是行政领域的活动，但是它也要接受政治的考验。如果一项决策得不到政治官员、社会公众、大众媒体的支持，那么该政策被采纳的可能性就比较小，即使被采纳，执行的难度也可能很大。帕顿和沙维奇认为政治标准与行为者的信念和动机相关联。比如行为者对问题做何种判断？他们的需要或期望是什么？他们的立足

① 帕顿，沙维奇．公共政策分析和规划的初步方法．北京：华夏出版社，2002：180.

② 同①160-168.

点是什么？哪些是可以妥协的？等等。当然，对什么是政治上可行的进行判断非常困难，因为政策方案的政治可行性随着政治情境的变化而发生变化，在一定的政治情境下是可行的，而随着政治情境的变化又可以变成不可行的，因而对政策方案的政治可行性进行判断有一定的风险。

在政治可行性上政策的制定者和分析者们也存在不同的理解。邓恩把政治可行性标准细分为可接受性、回应性、合法性和公正性等，帕顿和沙维奇则把政治可行性细分为可接受性、适当性、回应性、公正性以及是否适合法律标准 5 个方面。但实际上政治可行性的标准也是很难穷尽的，在一定程度上，政治的可行性是变动不居并且具有偶然性的，政策方案的政治可行性也只能根据对政治情境的大致预测而进行大致的判断。

（4）行政可行性。尽管行政决策是在行政领域做出的，也仍然要评估一下其行政可行性。行政可行性不仅是政治决策的一个标准，而且也是行政决策的一个标准。行政决策的行政可行性可以这样理解：行政决策的方案是可以执行的吗？如果一个行政决策在技术上、经济上和政治上都是可行的，但是在政策执行环节却不能得到有效的传递，那么这项政策是存在着很大的不确定性的。在这一问题上，人们经常问：现行的行政系统能否很好地执行政策或者规划？委托人可以控制到什么程度？必须依靠哪些集团和个体？能够避免瓶颈制约和反对意见吗？主要的组织缺陷是什么？有无替代的方案？等等。实际上也可以看出，行政的可行性是对行政的经济性、行政的技术性以及行政的政治性等一系列因素的再思考。就像政治决策一样，行政决策同样也要考虑与行政决策的执行有关的主要制约要素。

不过，政策制定最后的行动不一定会形成法律、行政命令或者行政法规等，也可能没有任何行动，即政策制定者对某一问题放任不管。也就是说，即使是问题被纳入政策议程，也不意味着政府马上会对这些问题采取积极行动。政策形成的过程是在政策过程阶段论中最受关注的一个阶段，产生了较多的理论成果，如德利翁的《建议与赞成》、奎德的《公共决策分析》等。政策采纳之后，接下来就是政策合法化阶段。政策合法化是经过一定的程序赋予所选定的方案法定地位和效力的过程。只有经过合法化过程，公共政策才正式形成。

8.3.3　政策执行

政策方案经过合法化并公布之后，就进入了政策执行与评估的环节。政策执行是将观念形态的政策转化为现实效果的动态的过程，这也是政策目标实现的过程。任何政策方案要变成现实都有赖于有效的政策执行，政策执行在政策过程中具有至关重要的地位和作用。“毫无疑问，如果执行失败了，那么先前所做的一切都没有任何意义了。”[①] 以 1973 年杰弗里·普雷斯曼（Jeffrey Pressman）和阿伦·威尔达夫斯基（Aron Wildavsky）出版的《执行》（*Implementation*）一书为标志，政策执行成为一个特定的研究领域。普雷斯曼与威尔达夫斯基对美国联邦政府的创造就业机会的政策项目的研究掀起了政策执行的热潮，直接导致了一场 20 世纪 70 年代的“执行运动”。对于为什么好的或比较理想的政策

---

① 安德森. 公共政策制定（第五版）. 北京：中国人民大学出版，2009：232.

方案或项目不能取得预期的结果的问题的关注，使得政策执行成为一个至今仍比较热的研究问题。

政策执行的研究途径有3类：自上而下的研究途径、自下而上的研究途径、综合性的研究途径。自上而下的途径也称“以政策为中心的途径”或者“政策制定者透视”途径，这种途径认为政策是由上层制定的，行政人员只是执行政策制定时所设置的各种指示，政策效果取决于政策制定者及其所设置的各种实施指标。自下而上的途径以所有参与政策过程的行动者为出发点，强调政策执行者在政策或者项目中的作用。综合性的途径也称“政策/行动连续统”途径，是自上而下与自下而上两种途径的综合。政策在政策制定者与政策执行的行动者的互动中完成，政策制定者努力限制其他行动者的权力，而其他行动者也会努力规避政策制定者的权力的约束，这是一种以权力为焦点的途径。

在政策方案选择与政策执行中，都会同时开展政策评估。尤其是在政策执行中，政策评估往往被用来总结政策执行的经验教训。政策评估是根据一定的标准或程序，对政策要达到的目标、效益以及价值等方面进行判断的一种行为，并将其作为政策变化与改进的依据。政策评估是检验政策效果和效率的基本途径，评估结果决定了政策的去向，因而也是合理配置资源的手段，有助于公共政策的科学化与民主化。政策评估是政策分析的一个重要方面，费希尔在其《公共政策评估》一书中，甚至将政策评估与政策分析等同起来，原因就在于政策评估使用了大量的定量分析工具、模型和方法。政策评估对公共政策的科学化与民主化来说是不可或缺的一个环节。

政策执行是一个复杂的过程，包含了一系列的环节或活动。政策执行可以分为三个阶段：一是制订计划，二是实施准备，三是具体实施。

1. 制订计划

制订政策执行计划就是根据实际情况，科学、及时地制订出未来行动方案，通过计划对政策目标进行分解，安排人力、物力、财力，确定政策执行的程序、手段及有关的制度等。

制订政策执行计划一般包括六个方面的具体内容：第一，进行政策宣传，即利用宣传工具宣传政策的意义、目标，宣传实施政策的具体方法和步骤。第二，行政工作安排，即分解政策目标，确定政策执行程序。一般而言，政策执行必须在基本原则指导下对总目标进行细化和分解，然后对细化的政策目标加以实现。第三，进行组织安排，即确定政策执行的机构，合理划分职责和权限等。第四，进行人力安排，即确定由谁负责执行，需要多少工作人员。第五，进行物力安排，即确定需要多少财力、物力，做出经费预算。第六，进行时间安排，即确定政策执行所需要的时间范围，确定政策执行的时间期限。

2. 实施准备

根据计划做实施前的多方准备，是政策执行的重要环节。它主要包括：思想准备、组织准备、物质技术准备、法律准备等。

（1）思想准备。政策执行是需要许多人协作完成的工作，政策执行效果的好坏，在很大程度上取决于行政人员的工作态度和劳动积极性。因此，为保证政策执行的顺利进行，应充分调动每一个人的积极性，发挥集体的力量来完成行政管理任务。而要做到这一点，就必须做好执行前的思想动员工作，使所有行政人员都了解决策，理解与接受决策，努力去实现决策的目标。此外，思想准备还包括一个很重要的内容，就是群众的思想动员工作。要利用各种手段充分发动群众，不仅要使群众能理解行政决策的内容和意义，而且要设法将政策执行变为群众的自觉行动。

（2）组织准备。执行政策之前，要考虑到组织机构是否完善，人力条件是否充足。只有这些都准备好了，才能使决策内容通过组织贯彻下去，各项计划和指标都要通过组织机构落实下去，形成职、责、权、利有机结合的组织系统，并制定必要的规章制度，建立简便的工作程序与办事制度，以保证决策执行过程中组织功能的最好发挥。常规性、例行性政策的执行，可由原执行机构继续承担；非常规性或者牵涉面较广的政策，可以通过设立任务型组织等临时机构来进行政策执行。

（3）物质技术准备。在政策执行之前，除了思想、组织等方面的准备之外，还要考虑物质技术方面的准备。物质技术准备主要包括必需的财力（经费）和必要的物力（设备）两方面的准备。应事先计算各个项目所需要的开支，本着以最小的投入获取最大的产出的原则，既要保证政策执行的正常进行，又要避免浪费，以取得最佳效益。物力不是简单的物质条件问题，它是技术条件和技术力量的总称，是技术人才作用于技术设备的现实过程，包括交通工具、通信器材、办公用品等，合理配备技术条件是现代政策执行必须考虑的主要内容之一。

（4）法律准备。现代管理实质上是一种法律管理，因此，政策执行必须要制定管理法规制度，明确政策执行的准则和依据，保证政策执行的正常秩序。这些法规制度包括：第一，目标责任制。这是围绕政策目标的实现而设定执行者应该做什么、怎样做、做到什么地步等问题的规定，设定了目标，落实了目标责任制，有利于政策执行的进行。第二，检查监督制度。为保证认真忠实地执行，必须要对政策执行进行检查和评判，保证目标责任制得以落实。第三，奖励惩罚制度。奖励惩罚制度的建立有助于管理制度形成良性循环。目标责任制、检查监督制度以及奖励惩罚制度三者形成了一个有机整体，相辅相成、缺一不可，共同组成推动政策全面、有效实施的制度。

3. 具体实施

各项准备工作就绪后，就进入了具体的实施阶段，这样才算是真正意义上政策执行的开始。具体的实施首先要进行政策试验。政策试验可以及时发现偏差、反馈信息、修改和完善政策，为政策的全面实施提供经验。政策试验包括选择试验对象、设计试验方案以及总结试验结果三个方面。在试验结束之后，政策就进入了全面实施阶段。具体的实施阶段是由管理工作的若干功能性环节所组成的，这些环节主要包括沟通、协调、控制、指挥等。其目的在于使行政决策在执行过程中做到沟通有效、协调有方、控制有力、指挥有术，确保决策的顺利实施。

8.3.4　政策终结

政策终结是政策过程中的最后一个环节，也是非常重要的一个环节。政策终结是政府对过时的、无效的政策、项目、组织的活动甚至政府部门的职能的取消与废止。应当看到，除了取消与废止外，对旧政策、项目等的修改或调整表面上看是原有政策的延续，而实际上是新政策的出台，是新旧政策的更替过程。因此，政策终结使得政策过程形成了良性循环，其实质是政策自身的扬弃。

作为社会治理的一种工具，公共政策是社会利益分配的重要手段，也是解决社会问题的重要途径。但是，随着公共政策数量的不断增加，在处理社会问题的时候，公共政策之间会不可避免地产生矛盾和冲突。这时就需要通过政策终结来解决具体政策之间的矛盾和冲突问题。政策终结需要从两个方面来认识：其一，政策终结意味着被终结的政策终止使用，或者说被废止了，这时，会有新的政策被制定出来或已经被制定了出来，这可以看作新旧政策的更替；其二，当政策终结时，并没有新的政策被制定出来，或者说，不需要有新的政策出台，终结一项政策只是为了防止这项政策产生负面作用（或消除已产生的负面作用），这时，表面看来政策终结是政策的终止，而在实际上，则是“新政策”在发挥作用，因为，政策终结本身就是一项新政策，政策终结行动意味着一项新政策的实施。通过政策终结，公共政策在结束的同时也有了新的开始，这是自觉运用政策工具的体现。

政策终结是政策过程中的一个重要环节，对此，从事公共政策研究的学者几乎都看到了。如琼斯认为公共政策过程包括政策问题的认定、政策发展、政策执行、政策评估和政策终结等五个环节①；布鲁尔和德利翁认为政策过程包括创意、估计、选择、执行、评估和终止等六个阶段②；拉斯韦尔认为政策过程从功能角度来认识，主要包括情报、建议、规定、行使、运用、评价和终止等七个范畴。虽然学者们的研究视角和侧重点各有不同，但都把公共政策终结作为公共政策过程中的一个不可或缺的环节和步骤。

现代社会治理总会遇到一些规模较大、影响范围较广的问题，这些问题要是直接通过行政行为来解决的话，效率是极低的，效果也是极差的，对于这些问题，运用公共政策这一治理工具去加以解决往往可以取得较好的效果，也更为高效。在今天，作为社会治理的一种工具，公共政策是社会利益分配的重要手段，也是解决社会问题的重要途径。但是，随着公共政策数量的不断增加，在处理社会问题的时候，公共政策之间就不可避免地会产生矛盾和冲突。事实上，在对政策这一社会治理工具的运用中，人们往往较为注重不断地制定新的政策，而在制定新的政策的同时，对旧的政策缺乏认真的分析和评估，甚至旧的政策的去向往往被忽视了，没有认真地把它纳入考虑的范围。结果，在社会治理实践中，一些本来已经失去了生命力的政策，还会被沿用，甚至行政人员根据自己的需要而选择性地运用旧政策，造成了行政行为的随意性和政府形象受损的问题。

具体而言，终结一项错误的或是已完成历史使命的政策，意义重大。从政策终结的结果来看，政策终结有以下几个方面的作用：第一，节省资源。政策终结意味着政策活动的结束，机构、规则以及惯例的运行终止，这样也就减少了人力、物力和财力的无效消耗，从而节省了政策资源。第二，提高绩效。终结旧的、无效的政策一般意味着新政策的启动，也带来了相关机构和人员的更新和发展，这无疑有助于更好地解决问题，促进政策绩效的提高。第三，避免僵化。如果在发展变化了的环境下，继续执行没有及时终结的政策，不仅不能解决问题，而且可能成为解决问题的阻力和障碍，政策终结可以避免政策僵化。第四，优化政策。政策终结意味着政策人员的优化和政策组织的优化，这是政策优化

① JONES C O. An Introduction to the Study of Public Policy. North Scituate: Duxbury Press, 1977: 12.

② BREWER C D, DELEON P. The Foundations of Policy Analysis. Illinois: Dorsey Press, 1983: 18.

的核心内容，优化的政策人员只有与优化的组织配套才能制定出优化的政策。

政策终结并不是一个自然而然的结束过程，而是一种需要采取行动的过程。政策终结必然涉及一系列的人员、机构和制度，因而会碰到许多困难或障碍。德利翁提出了公共政策终结障碍的理论框架（termination obstacles framework），认为阻碍公共政策终结的因素主要有五种：心理上的和知识上的抵触，组织和公共政策本身的连续性，动态的保守主义，反终结的联合体的形成和活动，法律程序上的障碍和终结执行的高成本①。1983 年，他又在与布鲁尔合著的《政策分析基础》一书中对阻碍公共政策终结的因素进行了进一步的总结和归纳，并探索和补充了公共政策终结的内容。

一般而言，政策终结遇到的障碍主要有以下几个方面：第一，相关者的心理抵触。相关者主要包括政策制定者、政策执行者以及政策受益者。他们不愿意看到正进行的政策活动被终止，不愿意利益受损，因而这三类人的心态往往成为政策终结的首要障碍。第二，现存机构的持续性。政策执行机构具有一定的持续性，包括机构的惯性、机构的生命力以及机构的动态适应性，这三个方面的特性使机构为了寻求生存和自我扩张，而成为政策终结的障碍因素。第三，行政机关联盟。在现有政策执行中获益的行政机关往往在政策终结时会结成联盟，共同反对政策终结。它们或者在组织内部要求成员齐心协力抵制政策终结，或者拉拢外部力量抵制终结。第四，利益集团的阻碍。政策是对利益和价值的分配，因而政策终结也会影响到利益集团的利益。这样，反对政策终结的利益集团会通过各种合法或非法的途径阻止政策终结，如游说、行贿等。在西方国家，利益集团的力量非常强大，它们与政治家、政府官员形成“铁三角”，从而能够左右公共政策。第五，程序上的复杂性。政策的制定和终结都要通过一定的法律程序来进行，而程度上的复杂性也往往影响到政策终结的进行。第六，社会舆论的压力。报纸、刊物、广播、电视等会形成社会公共舆论，从而对政策终结产生影响。公共舆论可能引导社会认知，而对政策过程形成巨大的社会冲击与影响，因而可能对政策终结构成阻碍。第七，高昂的成本。政策终结行为本身需要付出成本，另外，现有政策也已产生沉淀成本，成本包括时间、资金或其他无法弥补的资源，这些都会导致政策终结难以推行，由于巨大的投入已存在，人们会因此陷入进退两难的境地，而且政策终结后采取的新政策也无法保证一定会带来更好的效果，这也成为政策终结行动难以开展的原因。

政策决策者在政策终结时，必须采取一定的策略。具体而言，第一，重视说理，通过沟通说理争取支持力量。政策决策者应通过说理工作消除人们的抵触情绪，争取各种支持力量，求得政府机构内外的人们的理解。第二，旧政策终结与新政策出台并举。在终结旧政策的同时推出新政策，可以大大减少政策终结的争议和阻力，削弱反对者的力量。第三，选择有利的时机和地点。政策终结的时间点至关重要，一些政治事件可能使得人们对于政策终结从反对转为支持，也可能使得人们的注意力转移而降低对政策终结的关注度，进而减少终结阻力。第四，传播试探性信息或者“闪电”终结。对于一些政策终结可以在正式采取终结行动之前传播试探性信息，以测定公共舆论对这一行动的态度，也可以提供

① DELEON P. A Theory of Policy Termination//MAY J V，WILDAVSKY A. The Policy Cycle. Beverly Hills：California Sage Publications，1978：279－300.

缓冲器使得公共舆论逐步接受这一政策终结；而对于另外一些政策，需要迅速终结，这就需要政府采取保密措施，突然宣布某项政策的终结，并通过政府强制力量予以执行。第五，处理好政策终结与政策稳定、政策发展之间的关系。需要处理好政策稳定与政策发展之间的关系，被终结的旧政策与其他相关政策的调整之间的关系以及保留原来政策中的合理部分并维持其稳定，实现发展。总之，政策终结是一项难以实施的行动，因而需要采取多方面的策略来保证其顺利实施。

本章小结

政策科学产生于 20 世纪 50 年代。1951 年，拉斯韦尔和拉纳合著的《政策科学：范围和方法的新近发展》出版，标志着公共政策成为一个独立的研究领域。在政策科学产生之初，政策分析一度主导了政策科学的发展方向。20 世纪 60 年代，政策科学运动的产生使公共政策研究成为一个热点。20 世纪 70 年代以后，政策科学的发展逐步向民主化回归，公共政策研究出现了科学化与民主化并立的发展趋势。到了 20 世纪后期，伴随着公共管理的产生，公共政策成为人实现自治与他治融合的工具。

政策是与措施、办法、规定等密切相关的一系列行为或活动过程，也是一种行为规范。政策总是针对具体的对象或客体，政策规定具有一定的强制性。任何一项政策都体现了政策主体的意志，都是为了实现一定的目标，因此具有明确的方向性和指向性。在不同的历史发展时期，政策主体会出现一些变化。公共政策具有公共性、普遍性、强制性和权威性的特征。根据不同的分类标准，公共政策可以分为不同的类型。公共政策的主体可分为官方和非官方两大类。官方的政策行动者是指政治体制内的、行使公共权力的行动者，具体包括立法机关、行政机关以及政党。非官方的政策行动者是指政治体制外的，不直接行使公共权力但是对政策过程施加影响的行动者，主要包括利益集团、社会公众、大众媒体以及各种政策咨询机构等。

根据政策过程的阶段论，公共政策经过了政策问题的建构、政策方案的设计与择优、政策执行以及政策终结等环节。政策问题建构与议程设置是政策过程的第一步，也是整个政策周期运行的逻辑起点。政策问题建构也就是拉斯韦尔的情报和提议阶段，位于政策过程的初始阶段。政策形成主要包括政策方案的设计与择优。政策执行是将观念形态的政策转化为现实效果的动态的过程，这也是政策目标实现的过程。任何政策方案要变成现实都有赖于有效的政策执行，政策执行在政策过程中具有至关重要的地位和作用。政策终结是政策过程中的最后一个环节，也是非常重要的一个环节。政策终结是政府对过时的、无效的政策、项目、组织的活动甚至政府部门的职能的取消与废止。

关键术语

政策　公共政策　政策科学　政策分析　系统分析　PPBS　政策主体
公共政策目标　政策问题建构　政策建议　政策方案　政策执行　政策评估
政策终结

复习思考题

1. 简述政策科学的形成与演进过程。
2. 公共管理视野下的公共政策是什么样的?
3. 简述公共政策的概念与性质。
4. 简述公共政策的分类。
5. 简述公共政策的主体。
6. 简述公共政策的目标。
7. 政策问题建构的影响因素有哪些?
8. 简述政策方案设计的原则与择优标准。
9. 简述政策执行的过程。
10. 简述政策终结的障碍因素及政策终结策略。

阅读文献

1. 雷斌，等. 公共管理学手册. 广州：中山大学出版社，2006.
2. 安德森. 公共政策制定（第五版）. 北京：中国人民大学出版社，2009.
3. 戴伊. 自上而下的政策制定. 北京：中国人民大学出版社，2002.
4. 戴伊. 理解公共政策. 北京：华夏出版社，2004.
5. 帕顿，沙维奇. 公共政策分析和规划的初步方法. 北京：华夏出版社，2002.
6. 张康之. 行政伦理的观念与视野. 北京：中国人民大学出版社，2008.
7. 张康之. 公共行政中的哲学与伦理. 北京：中国人民大学出版社，2004.

第 9 章

公共部门的绩效管理

作为一项组织管理技术，绩效管理最早出现在私人部门中。到了 20 世纪 70 年代，绩效管理得到了广泛推崇，并且被引入公共领域的管理实践，所以出现了政府绩效管理、非政府组织绩效管理等议题。公共部门绩效管理旨在提供高质量的公共物品和高效率的公共服务。绩效考评处于公共部门绩效管理的核心地位，它具有价值导向、规划辅助、监控支持、激励约束和资源优化等功能。公共部门绩效考评常用的方法主要有“3E 评价法”、“标杆管理法”、“平衡计分卡法”和“360 度绩效评估法”。公共管理主体不能完全照搬私人部门的绩效管理方法，公共部门绩效管理具有自身的独特性。与私人部门的绩效管理相比，公共部门绩效管理的历史要短得多，无论是在理论探讨方面还是在实践环节还存在很多不足。公共部门绩效管理的改进应当依赖于“服务”、“公平”和“责任”等公共价值的回归，还需要在绩效管理方面强化法律制度建设，同时，也应强化绩效管理的科学追求，使之更具专业性和透明性。

重点问题

- 绩效与绩效管理
- 绩效管理的基本流程
- 公共部门绩效管理
- 政府绩效管理
- 公共部门绩效考评
- 公共部门绩效管理的改进

9.1 绩效管理进入公共部门

9.1.1 绩效与绩效管理

在汉语中，“绩效”释义为“成绩”“成效”，它是任何组织都不得不关注的重要话题。彼得·德鲁克认为，所有的组织都必须思考“绩效是什么”，因为策略的拟定越来越需要对绩效的新定义。但是，人们对绩效概念的认识存在着诸多分歧。从不同的学科领域出发来认识绩效，所得到的结果也会有所不同。从管理学角度看，绩效是组织期望的结果，是组织为实现其目标而展现在不同层面上的有效输出，它包括个人绩效和组织绩效两个层面。组织绩效是建立在个人绩效实现的基础上的，但个人绩效的实现并不能保证组织也有相应的绩效。从经济学角度看，绩效与薪酬是组织成员与组织之间的对等承诺，绩效是组织成员对组织的承诺，而薪酬则是组织对组织成员做出的承诺。从社会学角度看，绩效意味着每一个社会成员按照社会分工所确定的角色承担其职责。一般而言，管理实践中的绩效有以下五种解释：绩效是完成工作任务，绩效是工作结果或产出，绩效是行为，绩效是结果与（过程）行为的统一体，绩效是“做了什么”（实际收益）和“能做什么”（预期收益）的综合。

绩效管理最早用于对投资项目的管理，后来在企业管理尤其是人力资源管理方面得到了广泛的应用。对于任何一个组织，绩效管理都是一项非常重要的系统化管理技术，因为它关注如何有效地调动组织成员的积极性和创造力、持续地提高组织成员完成任务的能力。“绩效管理”的概念，最早是由美国管理学家奥布里·丹尼尔斯于 20 世纪 70 年代提出的，这个概念一经提出便引发了一场研究热潮。20 世纪 80 年代后期，人力资源管理理论和实践研究得到了人们的重视，绩效管理被引入人力资源管理。

根据赫尔曼·阿吉斯的界定，绩效管理是指识别、衡量以及开发个人和团队绩效并使这些绩效与组织的战略目标保持一致的一个持续过程。这一定义突出了绩效管理的两个特性：其一，持续性。绩效管理是持续性的过程，是一个从设定目标和任务到观察绩效再到提供、接受指导和反馈的永不停止的过程。其二，与战略目标保持一致。绩效管理要求管理者确保组织成员的工作活动和产出与组织目标是一致的，并借此帮助组织赢得竞争优势。因此，绩效管理使组织成员的绩效和组织目标建立起了直接联系，使组织成员对组织做出的贡献变得清晰①。

阿吉斯还对有效的绩效管理进行了较为全面的总结，认为理想的绩效管理体系应该具备 14 项特征：战略一致性、完整性、实用性、有意义性、明确具体性、绩效辨别性、可靠性、有效性、可接受性和公平性、参与性、开放性、可纠正性、要素标准化、伦理性。中国学者倾向于认定“战略一致性”、“有效性”、“系统性”、“动态性”和“影响性”为理想绩效管理体系的必要元素，认为理想的绩效管理体系应当包括：（1）需要同组织战略一致；（2）绩效管理指标应是有效的；（3）绩效管理活动是一个完整的系统而不是一个简单的步骤；（4）绩效管理是一个动态性的过程，尤其体现在沟通和循环过程上；（5）卓越的绩效管理应该对组织的成长以及组织目标的实现具有不可替代的促进作用。

有效的绩效管理体系有益于推进组织良序发展，表现为：强化完成工作的动力；增强组织成员的自尊心，使管理者对下属有更深入的了解，能够更加清晰地界定工作的内容及其需要达到的标准，强化组织成员的自我认知与自我开发，使管理活动更加公平和适宜；

---

① 阿吉斯. 绩效管理. 北京：中国人民大学出版社，2008：5.

使组织目标更加清晰，使组织成员更加胜任，使组织能更好地免受法律诉讼，使组织能更快、更及时的区分绩效优良与绩效不佳的组织成员，上级对组织成员绩效的看法能够更清晰地传达给组织成员，使组织变革更加容易推动。相反，设计质量较低以及执行水平较差的绩效管理体系会带来很多不利的后果：增加人员流动率；使用错误的或者带有误导性的信息；损伤组织成员的自尊心；浪费时间和金钱；损害人际关系；削弱成员完成工作任务的动力；组织成员产生工作倦怠感，工作满意度下降；增加组织遭遇诉讼的风险；管理层产生不合理的需求；绩效评价标准和评价结果不稳定、不公平；组织成员产生偏见；绩效评价等级体系不清晰。

当前，在西方发达工业化国家或地区，绩效管理在企业、政府、社会组织中得到了广泛的运用，并且逐渐经历了一个不断成熟化和制度化的过程。在中国，绩效管理理论和实践均处在探索阶段，即使某些企业或政府部门开始引入和运用绩效管理制度来改进管理，也存在很多亟须完善的地方。绩效管理制度可以追溯到 20 世纪初泰勒在《科学管理原理》中的时间研究、动作研究与差异工资制设计。根据詹姆斯·史密瑟和曼纽尔·伦敦的研究，绩效管理制度的建立和实施应当从属于六个重要的目的（战略目的、管理目的、沟通目的、开发目的、组织维系目的和存档目的），或者说，有效的绩效管理制度应当符合这六个目的的基本要求①。（1）战略目的。绩效管理衔接了组织目标和个人目标，因而强化了实现组织目标的行为。（2）管理目的。对于一系列与组织成员有关的决策（包括工资调整、职位晋升，对于出色表现的肯定、对于绩效不佳者的识别、裁员和提高业绩），绩效管理能够提供有效和有用的信息。（3）沟通目的。绩效管理使组织成员清楚了解他们自身究竟表现如何，哪些地方需要改进，组织和上司对他们的期望是什么，以及上司认为工作的哪些方面是最重要的。（4）开发目的。绩效管理包括反馈环节，即管理者辅导组织成员，帮助他们在工作过程中不断提高绩效。（5）组织维系目的。绩效管理过程会产生技能、能力、晋升潜力和现有组织成员所承担相关任务的经历等相关信息。这些信息有助于在组织层面上进行组织成员队伍规划，预测未来的培训需求以及评估绩效改进，对于评估人力资源干预措施的有效性（如组织成员参加培训后绩效是否有所提升）也是有用的。（6）存档目的。绩效管理产生的一些数据能够用于评估甄选，辅助完成一些重要的管理决策，这些信息对于组织可能面对的法律诉讼特别有用。

9.1.2 绩效管理的基本流程

绩效管理是指组织对计划目标进行设定与实现，并对实现结果进行系统评估的持续性过程。绩效管理的过程通常被看作一个循环，这个循环是一个由“绩效计划与指标体系建构”、“绩效执行”、“绩效评估”、“绩效反馈”和“绩效评估结果的应用”构成的闭合流程（见图 9-1）。

---

① 史密瑟，伦敦．绩效管理：从研究到实践．北京：机械工业出版社，2011：3.

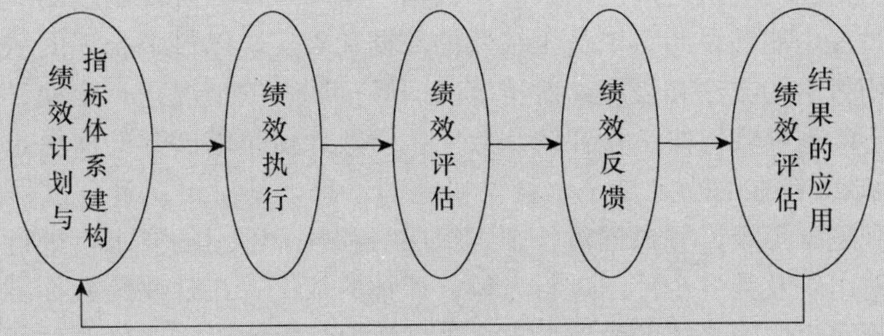

图 9－1　绩效管理的基本流程

在启动和实施绩效管理之前，必须首先明确两个基本前提：一是对组织的使命和战略目标一定要有清楚的了解，二是对当前的职位有清楚的了解。组织的使命和战略目标是其战略规划的结果。组织的战略规划明确了组织未来的角色定位、要实现的目标以及准备采取哪些战略来实现这些目标。一旦战略性目标确定下来，就要在此基础上对目标进行层层分解，使各部门的目标能够支持组织总体使命和目标的实现。职位分析是任何绩效管理体系实施的基本前提，是确定一个特定职位的关键元素的过程，其中包括工作活动、任务、服务和流程等。如果不进行职位分析，很难确定组织绩效管理过程中特定职位到底应当承担哪些职责。

绩效计划作为绩效管理流程的第一个环节，是绩效管理实施的关键和基础所在。绩效计划制订得科学合理与否，直接影响绩效管理整体的实施效果。因为，绩效计划是在绩效管理行为展开前的一种筹划，目的是在绩效管理行为展开后能够获得更好的绩效，而不是停留在分析和关注那些过去的、不能改变的绩效。同时，绩效计划可以在组织内部建立一种科学合理的管理机制，能够明确组织中人员的工作职责、激发他们的工作激情。绩效计划的制订过程分为三个步骤：准备、沟通和制订计划。绩效计划的制订必须遵循“协作性”的原则，即行政领导与行政人员共同讨论以确定组织员工考核期内应该完成哪些工作和达到怎样的绩效水准。如果是行政领导单方面布置任务，行政人员单纯地接受要求，就变成了传统的管理活动，失去了协作的意义。

绩效指标是与组织员工绩效产出有关的评估标准，它与组织员工的工作内容有关。绩效指标相当于一种“标尺”，它明确了组织员工的工作情况和工作态度等。绩效指标体系需要考虑两个方面的问题，即绩效指标的选择和各个指标之间的整合。绩效指标体系的内容是一个完整的体系，可以实现对组织绩效进行不同方面、不同角度的衡量，让组织员工更好地了解当前组织工作的重点，为组织员工未来的工作提供指引。

绩效执行是在绩效计划制订和指标体系建构之后，组织员工开始按照计划开展工作，行政领导对行政人员的工作进行指导和监督，对发现的问题进行及时的协助和解决，并根据实际工作进展状况对绩效计划及时做出适当的调整的过程。在绩效执行的整个过程中，行政领导和行政人员之间要进行持续的绩效沟通。这种持续的沟通能够保证行政领导和行政人员共同追踪进展情况，找到影响组织绩效的因素，及时处理出现的问题，修订工作职责，上下级在平等的交往中交换信息，增进了解，联络感情，从而保证组织工作能够正常开展，使绩效执行得以顺利进行。

绩效评估是指在绩效执行周期结束时，依据组织绩效计划阶段制定的绩效管理目标以及在绩效执行过程中能够说明组织员工绩效的数据和事实，以科学合理的绩效评估指标体系为依据，运用科学的方法和程序，对特定部门履行职责的情况进行全面、客观、公正的评价，目的是不断地提升组织工作业绩和效率。绩效评估赖以展开的前提是绩效目标（也称绩效标准）。绩效标准的确定是一个科学研究的过程，是对组织管理过程中实际取得的业绩进行评价和划分等级，并根据对各个组织层级和各个部门的要求，进行比较而确立起来的标准，是对组织及其各个部门进行考核、评估的依据。在这些绩效标准中，除了对不同的绩效等级规定出明确具体的绩效要求之外，还要规定明确、严格的对产出或结果进行评估的措施。

绩效目标可以从"量"和"质"两个维度进行理解。"量"所表明的是组织管理效率的状况，包括效率比例、频率大小、活动节奏的快慢以及环节多少等内容。"质"所表明的是组织提供产品（或服务）过程中的态度、方法与手段、管理能力以及社会公众满意程度等。

绩效反馈是绩效管理的重要环节。绩效管理的过程并不是为绩效评估打出一个分数就结束了，行政人员及其上级管理者还需要坐在一起进行一次甚至多次面对面的交谈，这种绩效反馈会议也常常被称为"绩效评价面谈"①。在进行绩效评价面谈之前，组织中的领导应当做好面谈计划，收集各种与绩效相关的信息资料，并且在反馈实施过程中注意众多细节处理，尤其需要注意在面谈时选择适当的场合、适当的时机、适当的方式、适当的角度、适当的内容、适当的技巧、适当的肢体语言，以达到最优的面谈效果。绩效评价面谈的主题通常是强调"过去"，是对过去组织的作为以及组织员工的工作绩效进行评价反馈。然而，一次有效的绩效评价面谈同时需要关注现在和未来，既要讨论组织员工因取得了某种绩效成果而可能获得职位或经济的奖惩，又要讨论在下一次绩效评价面谈之前组织对员工工作目标和计划的设定。

当绩效评估完成以后，评估结果不可以被束之高阁，而要与相应的管理环节相衔接，将考核结果运用到日常的管理活动中去。绩效考核结果可以应用到如下方面：

第一，制订绩效改进计划。绩效改进是绩效管理过程的重要一环。传统绩效考核的目的在于对组织员工的工作业绩进行评估，将评估结果作为确定组织员工薪酬、奖惩、晋升或降级的标准。现代绩效管理的目的并不只有这个，而是以组织员工工作能力的不断提高以及绩效的持续改进和发展为根本目的。将绩效考核结果反馈给组织员工，有利于员工科学地认识自身的优缺点，积极地改进工作。

第二，组织培训和学习。根据绩效考核的结果分析来对组织员工进行量身定制的培训，有针对性地培训可以提升组织员工的工作技能，及时弥补组织员工的能力短板，最终既满足完成工作任务的需要又可以使组织员工享受免费的学习机会。

第三，薪酬、职务调整。一般而言，绩效评价越高的组织员工，会获得更多的薪酬奖励，这是对员工追求高业绩的肯定。同时，绩效考核结果也是衡量员工是否能够胜任工作的重要参考依据。经过多次考核后，如果员工的绩效始终没有改善，如果确实因能力不足

① 阿吉斯．绩效管理．北京：中国人民大学出版社，2008：45．

而不能胜任工作，组织领导将考虑调整其工作岗位；如果是员工的工作态度问题，经过多次提醒与警告都无济于事，则组织领导应当考虑将其解雇。

第四，制定人力资源规划。绩效考核结果可以为组织提供总体上人力资源质量优劣程度的确切情况。组织从考核结果中可以获得系统内员工的晋升和发展潜力的数据，便于为组织未来发展制定人力资源规划。

第五，正确处理员工间关系。客观公正的绩效评估，可以为组织员工在加薪、奖惩、晋升、降级、调动、辞退等重要人力资源管理环节提供公平的数据，减少人为因素对管理的影响，因而可以保证组织系统内部员工之间的关系建立在牢靠的基础之上。

9.1.3　公共部门绩效管理的兴起

作为一项组织管理手段，绩效管理最早产生于私人部门，在 20 世纪后期，被逐渐引入公共部门，所以出现了“政府绩效管理”“非政府组织绩效管理”等研究领域。准确地说，政府绩效管理产生于 20 世纪 70 年代，源于西方发达国家将绩效、绩效管理应用于提振政府的治理效能，系统化的公共部门绩效管理方式和方法产生于 20 世纪 90 年代。可以说，绩效管理被引入公共部门标志着公共部门绩效管理的兴起。但是，需要指出的是，绩效管理从私人部门引入公共部门，是需要根据公共部门的特殊性来进行改进和调整的。就当前公共部门的管理实践而言，政府绩效管理总体上要更显成熟。

政府绩效是政府能力的基本体现，包含两部分内容：其一，政府内部的管理绩效；其二，政府在社会、经济管理活动中的业绩、效果和效能。在西方发达国家，政府绩效又被称为“政府业绩”“政府作为”“公共生产力”“国家生产力”“公共组织绩效”等，其字面意义是指政府所做的成绩和所取得的效益，但其内涵非常丰富，既包括政府“产出”的绩效，即政府提供公共服务和进行社会管理的绩效表现，又包括政府“过程”的绩效，即政府在行使职能过程中的绩效表现。政府绩效还可分为组织绩效和个人绩效，组织绩效包括一级政府的整体绩效、政府职能部门的绩效和单位团队的绩效①。总的说来，政府绩效是政府在履行职能、促进公共利益实现过程中体现出的治理能力，是政府实施社会治理、提供公共服务（物品）等活动中的结果、效益、效能的综合体现。

政府绩效主要包括六项内容：（1）政治绩效。即政府在均衡社会利益的合理分配，促进政治权利的不断发展，保障政治生活的平等化、民主化和有序化等方面所体现出来的能力。在市场经济条件下，政治绩效最经常地表现为制度安排和制度创新。市场经济的游戏规则或社会秩序的供应是一种政府制度安排，这是政府核心能力之一，政府制度安排的能力越强，政治绩效就越容易实现。（2）经济绩效。即政府在推进国民经济健康、有序、协调和持续发展方面的表现。国民经济的发展不仅表现为量的扩张，而且要在结构合理的前提下有质的提升，并且在保证各方面协调有序的条件下实现可持续发展。良好的政府绩效表现为政府能够提供推进经济与社会协调发展的宏观经济政策，促成并不断维护经济发展的良好局面。（3）社会绩效。社会绩效所表明的是政府能够在经济发展基础上促进社会的全面进步，维护社会的稳定与发展。其中，安全与犯罪、公平与正义、福利与贫

① 中国行政管理学会课题组. 政府部门绩效评估研究报告. 中国行政管理，2006（5）.

困、稳定与动乱等指标是重要的参数。（4）公共服务绩效。即政府推进社会稳定发展的同时，秉承“为人民服务”的理念，全力提供公共服务和公共产品以及引导社会力量服务于社会发展的能力。（5）文化绩效。文化绩效所反映的是政府在文化发展中的作为，以及在此基础上社会文化自身的变化，如文化的繁荣、整合与创新，其中，主要的衡量指标是精英文化与大众文化的相互补充与相互渗透。（6）生态绩效。即政府在可持续性和包容性发展观指导下，逐步推进环境保护和生态治理的能力。在全球生态恶化的严峻形势下，政府的生态绩效已成为衡量政府治理能力现代化的一项核心指标。

将绩效、绩效管理从私人部门引入公共部门这一事实本身说明，公共部门绩效与私人部门的绩效观有共同点，比如都是为了实现组织目标、优化管理效率等。然而，公共部门的绩效又异于私人部门的绩效。具体来看，公共部门的绩效应包含六个方面的要素：（1）效率。反映为投入与产出之间的关系。绩效的概念必然包含着效率的含义，在公共管理的过程中，效率是一个不可缺少的要素，因而也是公共部门绩效的一个重要方面。（2）经济。要求公共管理主体以尽可能低的投入或成本，提供与维持既定数量和质量的公共产品或服务。（3）效果。反映了公共服务符合和实现政策目标的程度以及对目标群体状态或行为的影响程度。（4）质量。要求公共管理主体提高实施社会管理、提供公共服务的水平，保证服务质量，不断提升服务品质。在这里，公共服务质量的高低是以人民群众的满意度为最终衡量指标的，并辅以差错率、合格率、优秀率、服务便利程度、反应速度等具体指标。（5）公平。在公共管理中，维护社会公平和正义、促进公共利益的实现，是公共管理主体参与社会治理过程中首要的和根本性的职能。（6）责任。近些年来，责任承担的情况也成为评估公共部门绩效的基本要素。公共管理主体的责任有维护社会正义，促进社会经济协调有序、健康地发展等。

公共部门绩效是一个综合性、全局性的问题，公共管理主体行为的每一个环节都对绩效有影响。公共管理的实践经验证明，影响公共部门绩效的外部因素主要有：（1）政治因素。国家的政治稳定，政治生活的民主化、法制化是行政活动正常进行的基本条件，也是公共管理高效化的前提。（2）经济因素。国家经济发展状况是政府绩效的物质基础，也是推动公共部门绩效不断提高的动力之一。（3）社会因素。社会团体、党风、政风以及公民整体绩效意识等是公共部门绩效的重要社会因素，良好的社会风气和优良的文化传统有助于公共部门绩效的提高。（4）地理因素。一个地区的地理环境决定着该地区的交通、邮政、电信等事业的发展条件，也是影响公共部门绩效的重要因素。（5）科技因素。当今社会，科学技术的发展日新月异，科学技术在公共管理中的引入和运用将大幅提高公共管理主体的绩效水平。

影响公共部门绩效的内部因素主要有：（1）组织因素。影响公共部门绩效的组织因素主要包括行政机构的设置和行政职位的设置以及行政管理各环节的衔接状况。在行政机构的设置方面，主要考虑行政机构的功能是否齐全，能否适应社会发展的客观要求，是否事事都有人管，行政机构是否精简，权责是否明确；在行政职位的设置方面，主要考虑是否符合实现行政目标的需要和遵循科学高效的原则；在行政管理各环节的衔接方面，主要考虑能否依据分工-协作的原则，保证行政管理各环节有效地联结起来，形成各司其职、各尽其责的协调局面。这三个方面构成了影响公共部门绩效的组织因素，特别是行政组织的各部门是否尽职、行政管理的各环节联系是否紧密，是关系到能否顺利实现总体行政目标的问题，同时，也是一个能否最大限度地减少内耗、提高绩效的问题。虽然这是一个组织协调的问题，但也反映了组织机构设置和职位设置的状况。(2) 人员因素。在一切管理活动中，人都是最为关键的因素，人员因素对公共部门绩效有直接影响。第一，人与事的关系。能否做到人人有事做、事事有人做，是衡量公共部门绩效的重要指标。第二，行政人员素质。包括领导者素质和一般工作人员素质两个方面。领导者是组织的决定性因素，可以将组织和事业的兴衰系于一身，其政治思想、道德品质、决策能力、指挥能力、用人能力等，都对公共部门的绩效有重大影响。一般工作人员是大量行政业务工作的完成者，其政治思想、工作态度、效率观念、业务知识和技能等方面的素质，直接影响公共部门的绩效表现。

9.1.4　公共部门绩效管理的特殊性

绩效管理从私人部门引入公共部门的管理实践中之后，公共部门的绩效管理就产生了。长期以来，公共部门绩效管理保留了来自其母体——私人部门绩效管理的“效率中心主义”原则，因此，对效率价值的追求一度被看作公共部门绩效管理的显著特性。

以政府绩效管理为例，即使“新公共行政运动”一度强调社会公平，力图用“社会效率”取代“机械效率”，但是，在政府管理中，效率的核心地位始终未被动摇。而且，“新公共管理”谋求通过竞争、外包和私有化等手段来促进绩效，进一步加深了对效率的追求。新公共管理运动推行的政府绩效评估活动贯彻了效率优先的原则，虽然其不再具有明显的命令和控制色彩，表现为对责任和质量的重视，但政府绩效评估在解决效率与“公共性”冲突的问题上不仅没有取得进展，反而使效率与公共性之间的冲突加剧了，甚至回避了政府及其管理过程的公共性问题。虽然关于行政效率的研究要充分体现研究对象的特性，适应公共目标、公共责任、公共环境和公共组织的基本特点的呼声一直未曾中断，但是私人部门管理的方法还是经常不加区分地、自觉或不自觉地被引入政府的绩效管理过程，比如，简单化结果导向、在不确定的环境下过分强调绩效、低估公共服务供给中购买者和供给者相互分离的难度等，都是政府绩效管理中常见的问题。

政府等公共管理主体是可以运用来自企业组织等私人领域的绩效管理方法的。但是，公共管理主体并不是一般意义上的组织，它具有特殊性，有特殊的使命和责任。这就决定了公共管理主体不能完全照搬私人部门的绩效管理方法，公共部门绩效管理具有自身的独特性。如果把私人部门的绩效管理简单地搬到公共部门中来，显然是不行的。

与私人部门相比，公共部门的特性可以归纳为以下三点：第一，公共部门的“公共性”。公共部门的主要目的在于谋求“公共利益”，其动机在于加强服务、便民利民，而私人部门的目的与动机，则在于追求企业或组织的利润，而且其追求的利润是有形的，是可以以金钱计算的。第二，公共部门的权威性。不同于私人部门，公共部门的行为带有权威性和强制性。权威性和强制性给公共部门实现目标带来了很大便利，同时这样的行为更需要规范和约束，因此公共组织的活动具有法律的权威并受法律法规的限制。公共组织的活动必须在宪法或法律的规范下进行。尽管私人部门也要依法约束自身的行为，但在管理活动中更多的是组织规则和管理行为发挥作用。第三，公共部门的目标难以量化。公共组织的目标不仅是满足某一群体的利益，更多的是维护整个公共利益和促进公共利益最大化，但是，公共利益大多是抽象的和模糊的，而私人组织的目标则是创造企业利润，员工的绩效是以其对组织所创造的利润为标准来衡量的，就显得明确得多，并且也容易通过制定量化的绩效目标来进行管理。除此之外，公共部门的独占性、高度受监督性、相互间的依存性等都决定了公共部门的绩效评估拥有其自身的特性。因此，公共部门的这些特殊性决定了公共部门绩效管理与私人部门绩效管理不同。

实际上，公共部门的绩效管理远比私人部门的复杂得多。在私人部门，利润是最大的指标，其投资获利率、资金周转率、总资产获益率、市场占有率等都有清晰的量化指标。而大多数公共部门的产品却是无形的服务，其质和量缺乏确定性和可度量性。另外，公共部门的产出和最终的社会效果之间还存在时间上的滞后性，很难根据产出去评估效果，公共服务的绩效难以定量界定，即使计算机技术也无法结算公共服务产出的效果。同时，很多服务如国防与公安，都是公共部门为作为整体的公众提供的服务，无法衡量每个人从这些服务中所能得到的益处。更复杂的事是没有提供同样服务的竞争单位，因此，就无法取得可比较的成本与收益的数据。即使在非政府组织以及其他社会力量加入公共服务的行列后，公共部门的服务也是很难用量化指标来加以衡量的，多元公共管理主体之间的竞争也主要反映在体制和制度的层面，在具体的管理层面上，还是很难体现出来。

公共部门中的绝大多数组织存在着多重的甚至相互冲突的目标。一些目标与政治统治相关，一些目标与人事管理和行政效率相关，另一些则与财政和政治责任相关。对于这些多重目标的选择和权重排序往往受价值观和权力等因素的影响而很难达成一致。此外，公共部门的目标有很多是抽象的和模糊的，是一些不易量化的软目标，如提高人口素质、实现社会公平等，其衡量标准弹性很大，而且如何把这些笼统抽象的目标转化成可操作的量化的管理目标是非常困难的。由于公共部门的主要目的不是营利，因此，衡量一个公共部门的绩效就显得特别困难。

9.2 公共部门的绩效考评

9.2.1 公共部门绩效考评的功能与体系

在公共管理实践中，公共部门的绩效管理已经成为不断提升公共管理主体实施社会治理、提供公共服务能力的一套完整的管理制度。其中，绩效考评处于公共部门绩效管理的核心地位，它有以下几个方面的主要功能。

第一，价值导向功能。一种管理技术和方法必然包含特定的价值取向，传统的“效率中心主义”是工具理性的产物，也是片面的，绩效管理强调工具理性与价值理性的有机统一，两者的差异突出地体现在评估指标的设计上。评估指标是组织管理价值取向的外化，其运行则为组织管理理念的实现提供了可靠的保障。公共部门绩效管理所倡导的是服务取向、市场取向和社会取向等多元化的价值，要求把多元价值落实到绩效评估指标体系的科学设计之中。在具体的评估过程中，对特定指标和程序的关注也能够体现管理者的价值导向功能。

第二，规划辅助功能。公共管理拥有很强的规划性。规划执行的结果不仅取决于执行的情况，更重要的在于规划的制定是不是在掌握了大量精确、客观信息的基础上做出的，是否具有针对性。通过绩效评估，可以很好地反映上一阶段公共部门的绩效表现，能够掌握精确、客观和真实的信息，从而为下一阶段计划的制订提供逻辑起点和强有力的支持。虽然公共管理主体整体能力的全面提升并不是单纯地通过绩效评估就能够解决的，但是，绩效评估在改善其治理能力方面却能够发挥重要作用，特别是它使公共管理主体的规划制定有了客观的依据。

第三，监控支持功能。根据规划的设定来认真地制订和执行具体层面的行动计划是公共管理工作的另一个重要环节，为了保证计划目标的实现，执行必须有力、可靠，方向应当准确。公共部门绩效评估通过不断收集评估对象的信息，持续反映计划的执行情况，为监控计划执行提供了重要的信息来源，使相关机构或部门可以及时有效地对执行过程中出现的问题进行纠偏，保证执行回到正确的轨道上来。另外，公共管理主体的计划执行过程由于要面对绩效评估的压力，也会更加注重对计划目标以及计划执行的各环节进行自我检视，以求在绩效评估中获得较好的评估结论。

第四，激励约束功能。绩效评估的结果是对特定公共管理主体一定时期工作状况的总结，是同公共管理部门及其成员的具体管理目标紧密相联的，能够反映出管理目标是否得到实现以及实现的程度如何。同时，绩效评估提供的信息也能够在部门内部和部门之间产生一种比较效应，无论是用于横向比较还是用于纵向比较，都会对特定公共管理部门及其工作人员形成一定的压力。同时，特定的绩效评估往往与一定的绩效奖惩联系在一起，评估的结果可以作为奖勤罚懒、奖优惩劣的依据，因而，也起到了特有的激励和引导作用。

第五，资源优化功能。公共部门绩效状况在一定程度上反映的是其资源配置效果，一般情况下，资源配置合理，绩效就高，反之，绩效则低。因此，通过对绩效状况的分析，可以找出问题，分析原因，对现有的资源配置情况做出适当的调整，就能够推动绩效不断改进。公共部门绩效不断改进的过程本身就是一个资源不断优化的过程。在实践上，资源优化的直接结果就是减少浪费和不当支出，从而实现管理成本的降低。

公共管理部门绩效评估功能的良好发挥，依赖于成熟的评估模式和评估体系的构建。西方各国在公共部门绩效管理实践中，基本上建立起了由一系列绩效评估机制构成的系统化的绩效评估体系。衡量一个绩效评估体系是否健全，需要充分考虑以下六个方面的问题。

第一，评估体系的公平问题。就组织内部而言，一个评估体系只有在得到被评估者普遍接受的情况下才有效，只有当评估体系本身具有公平公正的属性，被评估者才会表现出拥护和愿意接受评估的积极性。如果绩效评估体系本身有失公允，就会使处于不公平地位的成员产生抵触情绪，而由这种抵触情绪引发的不合作态度就会以故意制造虚假信息的形式呈现，这可能会使整个评估结果的有效性大打折扣。就组织外部而言，由于公共管理主体涉及多元的社会治理力量，并且每一种治理力量在社会治理中面对的环境都有差异，如果用完全统一的评估指标体系去衡量所有的社会治理力量的绩效表现的话，就会出现形式上的公平公正却掩盖了实质上的不公平。所以，应该根据公共管理主体的具体职责以及所处的环境，既运用统一的原则和要求，又结合实际情况，分别制定具体标准。因此，既应该建构一些比较通用的、统一的评估指标体系，同时又应因部门情况的不同而增设一些特殊的绩效评估指标。

第二，评估主体的多样化问题。就绩效评估而言，与私人部门的单一评估主体不同，公共部门绩效评估主体显然要复杂得多。事实上，公共部门的绩效评估如果是单一主体的话，往往会造成极大的不公平和不公正问题。比如，如果一个组织的绩效评估仅仅由内部评估主体做出的话，由于评估主体与各个部门的平时联系以及利益关联等原因，就会受各种因素的影响，这些影响因素决定了绩效评估可能会在各部门之间寻求一种相互妥协的评估结果，这实际上是评估结果的最大不公正。相反的情况是，如果只有外部的评估主体，它们可以超然于各利益方之外去进行客观的评估，但是，由于对组织内部的实际情况并不充分了解，往往会形成虽然客观却不正确的评估结果。所以，公共部门的绩效评估需要把内部的和外部的评估主体结合起来，组织内部的评估既包含上级部门所开展的自上而下的评估，也要有本级部门的评估活动，甚至需要有一个内部的相对独立的部门去专门从事评估工作。来自组织外部的评估主体主要有权力机关、政党组织、社会公众、舆论传媒和专业的评估组织等。

第三，评估内容的全面性问题。绩效评估是公共部门绩效管理的一个重要环节，是服务于公共部门绩效管理的优化的，如果评估内容不能做到全面的话，就会给整个绩效管理造成误导。所以，绩效评估的全面性一方面能够为公共部门进行全方位的绩效管理提供依据，另外，也应有利于组织成员个人的发展。当然，评估的全面性并不意味着评估指标的面面俱到，更不意味着评估指标越多越好。一般来讲，绩效评估指标的项目数应该与部门的职责内容相符合，即工作职责简单，所需设立的绩效评估指标就少，反之则多。

第四，评估的可操作性问题。绩效评估也需要遵循有限理性的原则，因为，绩效评估不可能做到面面俱到、无所遗漏。因为公共管理主体类型繁多而且职责各异，所以绩效评估指标体系的设计是复杂和烦琐的。在设计之初，为了保障绩效评估体系的科学化，体系中每个评估指标及其权重的设计都需要经过大量的计算。但是，在绩效评估体系确立之后，日常工作中的绩效评估体系运行就要求尽量简便可行，容易操作。这种简便的评估体系应该有可获得的、可量化的数据资料，还应该在设置时尽量避免形成庞大的评估指标群或层次复杂的评估指标树，既要使评估指标具有尽可能高的信度和效度，又要减少绩效评估工作的复杂度。

第五，评估的动态性问题。公共部门的绩效评估体系应当与社会经济的发展相适应。绩效评估活动也是一个动态的过程，是不可能用一套评估体系、指标和方法而反复进行评估的，而是需要做到不断地进行更新。另外，公共部门绩效是一个动态的积累过程，时时受到社会经济以及政治环境因素的影响，而且，公共管理实践活动是不易在较短的时间内实现其真实价值的，一旦发现对于绩效评估有价值的新的因素和新的数据，就应当及时地将其纳入绩效评估的指标体系，或者，对原有的指标体系进行序位和权重的调整，以使绩效评估能够做到与时俱进。总之，公共管理主体及其管理活动的复杂性决定了其绩效评估过程必须随时准备考虑新的因素，让绩效评估本身拥有动态性的特征。

第六，评估工作的独立性问题。绩效评估的结果应当具有科学性和权威性，它不应因任何个人的主观意志而进行改变和调整，在公共部门中，这种科学性和权威性主要是一个如何避免权力意志的干扰的问题。因而，绩效评估本身应被看作一项相对独立的工作，特别是部门内部的评估主体所开展的绩效评估活动，更应避免领导权力和权威的干扰，不仅领导部门以及领导者要做到充分放权给绩效评估主体，尊重评估主体活动的独立性，而且，评估主体自身也应本着客观公正的态度去开展绩效评估，特别是需要避免猜度领导意志的情况出现。只有这样，评估的结果才能做到客观、公正，成为整个绩效管理的依据。

9.2.2　公共部门绩效考评的类型

公共部门绩效评估的内涵丰富，涉及面广泛，而且其类型也是多种多样的。从现实情况看，根据不同的标准，大致可以把公共部门绩效评估分为以下几种类型。

(1) 根据评估活动涉及的范围，可以把公共部门绩效评估分为普适性的绩效评估、具体行业的组织绩效评估和专项活动的绩效评估。

普适性的绩效评估是作为组织内部管理机制或管理技术中的一个环节而存在并发挥作用的，也就是说，它并非单独存在，而是渗透于日常的具体管理过程中的，在以往的实践中，它是以目标责任制、社会服务承诺制、效能监察和建设、行风评议和干部实绩考核等形式表现出来的。具体行业的组织绩效评估主要是指在某个行业内部所进行的反映了本行业特色的绩效评估，一般是由政府主管部门设立评价指标体系并组织对所属企事业单位的定期评估。实践中的例证包括卫生部为医院设立的绩效评估体系，教育主管部门为各级各类学校设立的绩效评估体系等。因为每一个行业都有明显不同于其他行业的生产和经营内容，组织形式也有着很大差别，对成员的要求也不尽相同，所以，普适性的评估在被运用到具体某个行业之中时，必须与其自身的特殊性结合起来，形成适应本行业特点的评估体系。专项活动的绩效评估往往是针对某一专项公共管理实践活动的某一方面所进行的评估。一般说来，主要是针对公共管理主体在一定时期内的特定活动进行的评估，如大型基建工程、大型社会活动等。

(2) 根据评估主体的来源，可以把公共部门绩效评估分为内部评估和外部评估。

在绩效评估过程中，如果评估主体来自某一公共管理主体的内部，就属于内部评估，相反，由外部主体所进行的评估称作外部评估。公共部门的内部评估是指由某一公共管理主体根据自己组织实施的绩效评估。例如，政府绩效评估主要是以这种形式出现的，一般是由评估对象的上级主管部门对其进行评估，因此，具有简便易行、操作性强的特点，便于上级政府部门对下级各单位情况的掌握以及控制。但是，内部操作的特点也使得这种评估常常在客观和公正方面受到质疑，因为上级部门的价值偏好、对人情关系的体验等都会影响评估结果。外部评估一般有两类，包括广泛的群众评估和第三方评估，后者则又可以分为受委托的第三方评估与独立的第三方评估。广泛的群众评估具有涉及范围广泛的特点，但是，它所需求的信息量大，通常反馈时间需要较长的时间，耗费成本也会较高，其结果也不易把握。无论是内部评估还是外部评估，只要评估活动是由单一主体做出的，都是单一主体的评估。与之相对应的是多元主体的评估，多元主体评估是指由来自某一公共管理主体内外的多个主体联合起来，共同对特定的评估对象进行评估的一种形式。多元主体评估能够较好地克服单一主体评估中出现的问题，因此，它为越来越多的专家所推荐。总的说来，在具体的操作中，如何避免主体的身份差异带来的不良影响，是一个必须正视的问题。

（3）根据评估指标的设计情况，可以把公共部门绩效评估分为通用指标评估与业绩指标评估、综合指标评估与单项指标评估①。

通用指标评估与业绩指标评估是按照评估指标可比性程度所做的类型划分。通用指标是指在公共管理部门范围内，各个部门、各个组织有一个统一的评估指标体系，而业绩指标则是指每一个特定的公共管理主体根据自身的职能要求而设定的特定的指标。以政府绩效评估为例，通用指标评估以政府所有的组织为评估对象，即政府中的所有部门都必须接受这些指标，而业绩指标评估则以各个不同的政府组织为评估对象，这些具体的业绩指标是根据不同的政府组织以及政府中的不同部门的特点而制定的。综合指标评估与单项指标评估是按照评估内容而做出的类型划分。综合指标往往是对某个公共管理主体的职能进行全面的指标设定，单项指标则是对某个公共管理主体的某一项或某几项特定职能所做出的指标设定。比如，对某个政府组织有关精神文明或社会治安等内容进行评估就是一种单项指标评估。综合指标评估和单项指标评估所涉及的评估对象既可以是某个公共管理主体，也可以是某几个公共管理主体。

（4）根据评估方法或者技术的运用，公共部门绩效评估又可以分为基于目标管理的绩效评估，基于关键绩效指标的绩效评估，基于平衡计分卡的绩效评估，基于标杆管理的绩效评估和基于素质的绩效考核。

目标管理是通过确定目标、制定措施、分解目标、落实措施、安排进度、组织实施和考核等来达到管理目的，一般表现为公共管理主体的自我控制。基于目标管理的绩效评估主要包含“制定和分解目标”“实现目标过程中的管理”“目标成果评价”等基本内容。基于关键绩效指标（key performance indicator，KPI）的绩效评估是公共管理主体结合自身的管理和发展实际，建立 KPI 体系来对系统内人员进行量化目标管理的措施。基于平衡计分卡（the balanced score card，BSC）的绩效评估主要是从财务、顾客、内部业务流程、学习和成长四个逻辑相关的角度制定相应的绩效指标，并根据所制定的绩效指标去考察公共管理主体实现其远景及战略目标的程度。基于标杆管理（benchmarking）的绩效评估是公共管理主体将自身的关键业绩行为与基准部门（最强的竞争性组织或领先或最有名望的组织）的关键业绩行为进行考核比较，分析这些基准机关的绩效形成原因并在此基础上确定本部门绩效改进的最优策略。基于素质的绩效评估将素质与绩效联系在了一起，认为素质是影响公共管理者绩效水平的根本因素，强调绩效考核要以素质为基础，根据胜任某一岗位的素质要求对行政人员素质进行考核。

9.2.3 公共部门绩效考评的方法

绩效评估的一系列功能都必须通过一定的评估方法的运用才能够实现。在私人部门中，关键绩效指标法、目标管理法和平衡计分卡法等现代评估方法都是得到普遍使用的方

① 卓越．公共部门绩效评估的对象选择．中国行政管理，2005（11）．

法。在某种意义上，当前公共部门所进行的绩效评估基本上是借鉴私人部门的绩效评估方法，只是在引入公共部门后进行了一定的改造，特别是在评估指标体系的制定方面，更多地基于公共部门的实际而进行设计。目前，公共部门绩效评估常用的方法主要有“3E 评价法”、“标杆管理法”、“平衡计分卡法”和“360 度绩效评估法”。

第一，3E 评价法。3E 评价法是率先由美国会计总署提出并加以实践的一种绩效评估方法，目的是更好地控制政府财政支出从而节约成本。所谓“3E”，就是指经济（economy）、效率（efficiency）、效果（effectiveness）。所谓“经济”，是指以最低可能的成本（供应与采购）投入维持既定的公共服务（产出）品质，它强调在提供高品质公共服务的前提下尽可能降低供应和采购成本，重心在于更多地关注投入的数量。所谓“效率”，是指投入与产出之比例，特别体现在追求尽可能少的时间投入和尽可能多的公共服务产出，所以，“效率”注重的是一种比例关系。所谓“效果”，是指公共服务实现目标的程度，所衡量的是公共部门提供的公共产品和公共服务能够达到的程度，更多地强调结果的满意程度。随着经济与社会的发展，3E 评价法也暴露出一系列的问题，在进一步补充和完善的过程中，又加入了“公平”（equity）指标，发展为“4E”。

第二，标杆管理法。20 世纪 70 年代，“标杆”的概念开始用于商业领域中。到了 20 世纪 80 年代初，为了应对日本佳能、NEC 等公司的竞争威胁，美国施乐公司最先发起向日本企业学习的运动，通过对经营战略、战术的改进，很快收到成效。这使美国施乐公司成为商业标杆管理流程的领导者，并把标杆管理定义为一家公司与其他主要竞争对手之间的比较。随后，摩托罗拉、IBM、杜邦、通用等公司纷纷仿效施乐公司采用标杆管理法，在全球范围内寻找行业内外管理实践最好的公司进行标杆比较并努力超越标杆企业。所以，“标杆”一词在管理学中成了“优异典范”的代名词，泛指一个公司通过将自身和其他公司进行比较来实现超越的活动。经典的标杆管理法的实施步骤由施乐公司的罗伯特·开普首创，他将标杆管理活动划分为五个阶段：(1) 计划。确认对哪个流程进行标杆管理，确定用于做比较的组织，决定收集资料的方法并收集资料。(2) 分析。确定自己目前的做法与最好的做法之间的绩效差异，拟定未来的绩效水准。(3) 整合。就标杆管理过程中的发现进行交流并获得认同，确立部门目标。(4) 行动。制订行动计划，实施明确的行动并检测进展情况。(5) 完成。处于领先地位，全面整合各种活动，重新调整标杆。在 20 世纪 80 年代的全球性行政改革运动中，标杆管理被引入政府和非政府组织等管理，成为推动绩效改进的重要管理工具。其中，政府中的标杆管理是一个帮助组织（部门）发现其他组织（部门）更高绩效水平的过程，标杆管理会使组织尽量了解有更好绩效的组织是怎样达到那种水平的，从而使产生那种水准的做法和程序得以运用到本组织（部门）中。实际上，在政府的绩效管理中，标杆管理是被作为一个系统的、持续性的评估过程而加以运用的，是组织（部门）将自身的服务、产品与管理模式等情况与标杆组织（部门）进行比较从而借鉴先进经验的活动，目的是改善自身的不足和提高竞争力并实现对标杆组织（部门）的超越。

第三，平衡计分卡法。平衡计分卡的概念是美国哈佛商学院的罗伯特·卡普兰和戴维·诺顿于 1992 年在《哈佛商业评论》上发表的文章《平衡计分卡：业绩衡量与驱动的新方法》中首先提出来的，在 1996 年出版的《平衡计分卡：把战略转化为行动》中，他们又对平衡计分卡做出了系统阐述。平衡计分卡是一种着眼于组织发展战略有效性的管理理念和系统管理方法。它强调从财务和非财务的角度综合评估绩效。该方法通过四个层面来管理部门的绩效：顾客（customer）、财务（financial）、内部业务流程（internal business process）和学习与成长（learning and growth）。平衡计分卡在政府等公共部门的适用性是由平衡计分卡自身的特点决定的。第一，平衡计分卡基于平衡的理念平衡公共部门的短期绩效与长期绩效、竞争与合作、稳定和发展等之间的关系。第二，平衡计分卡把发展作为核心，将部门战略目标转换为绩效评估指标，利用具体的规划，将部门的行为、结果等和目标做比较，进而完成既定目标，提高部门的绩效水平。在公共部门引入平衡计分卡时，根据公共部门的发展战略，形成了适应公共部门绩效管理要求的平衡计分卡模型（见图 9－2）。

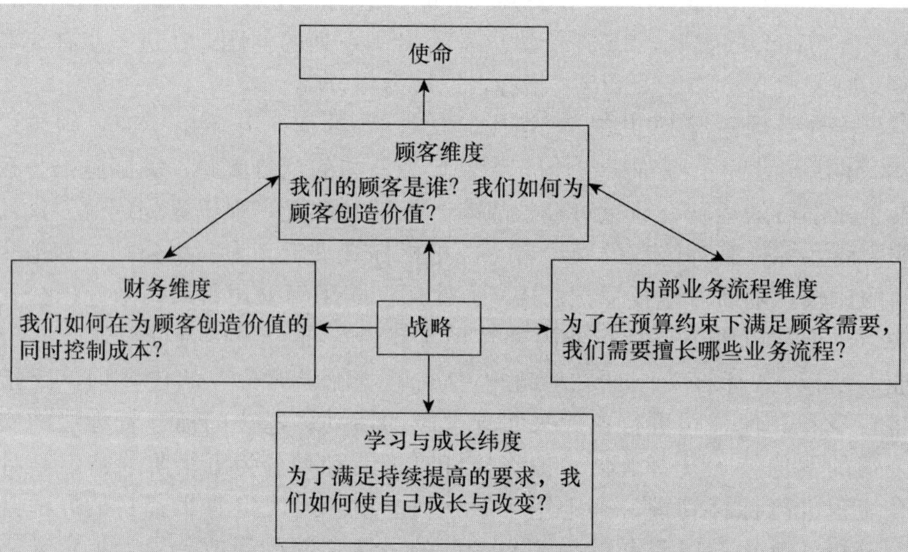

图 9－2　公共部门的平衡计分卡模型

资料来源：尼文．政府及非营利组织平衡计分卡．北京：中国财政经济出版社，2004.

第四，360 度绩效评估法。360 度绩效评估法又称“全方位评估法”，最早由英特尔公司提出并加以运用，体现了组织调查、全员质量管理、发展回馈、绩效评估以及多元评估系统等组织绩效原则。通过这种评估方法，被评估者不仅可以获得多角度的反馈，还可以从中更加清楚地了解自我，便于今后自身绩效的提升。360 度绩效评估法有效地体现了公开、公平、公正的精神。360 度绩效评估法从多个角度、多种渠道收集、反馈被评估者的信息，使评估结果尽可能公正而且全面。也就是说，要从不同层面的人员中去收集评估信息；在对组织成员进行评估时要求从多个视角进行；评估人员由被评估者本人以及与他有密切关系的人组成，包括被评估者的上级、同事、下级、客户（包括内部客户和外部客户）以及被评估者本人等。所以，360 度绩效评估法属于一种综合性的评估方法。

9.3　公共部门的绩效管理实践：以政府绩效管理为例

9.3.1　西方国家的公共部门绩效管理

西方国家从 20 世纪 70 年代开始把绩效管理引入政府，到了 90 年代，基本形成了一整套适应于公共部门的绩效管理方式方法。值得说明的是，相较于非政府组织等公共组织而言，政府的绩效管理实践更加呈现出系统和成熟化，因此，在介绍和考察中西方国家公共部门绩效管理实践的时候，我们将主要以“政府绩效管理”为考察线索。

在学术界，学者们把公共部门绩效管理实践追溯到较早的时期。美国行政学家尼古拉斯·亨利甚至把政府中的绩效管理划分为五阶段，在《公共行政与公共事务》一书中，他认为美国公共部门绩效管理经历了效率时期、预算时期、管理时期、私有化时期和重塑政府时期。

第一阶段（1900—1940 年）为效率阶段，以建设好政府为目标。20 世纪初，美国政府改革关注的是效率。政府改革的目的在于创立一个好的政府，更有效率和更加廉洁是好政府的核心要求。1906 年，纽约市成立了市政研究局，专门负责探讨政府效率的提高问题。1912 年，美国联邦政府成立了经济与效率委员会。1928 年，美国公共部门绩效测量的发起者——全国市政标准委员会正式成立。

第二阶段（1940—1970 年）为预算阶段，以控制开支为目标。凯恩斯主义的兴起和罗斯福“新政”的实施，使得政府职能进入了迅速扩张时期，政府开始了一系列对经济社会发展的积极干预措施。机构的增设导致政府雇员数量迅速增加，同时，政府财政负担变得沉重，而行政效率却没有明显提高，人员和管辖权的冲突甚至导致了联邦政府工作的混乱、重复和浪费的现象。因此，在这一阶段，政府开支过大引起了社会的高度关注，公众要求政府控制开支。通过预算的方式推动政府绩效就成了这一阶段的基本特征。

第三阶段（1970—1980 年）为管理阶段，以效率和效益为目标。20 世纪 70 年代是美国进行测量、评价以及提高生产力的重要十年，政府绩效管理受到了重视。1973 年布雷顿森林体系崩溃，美元的国际地位急剧下降，美国的对外贸易开始从顺差变为逆差。美国政府在这一改革过程中更加关注效率和效益的管理问题，而对效益问题的解决，主要放在了革除政府中权力滥用和浪费行为上，进而又把效益的提高寄托在效率上。1973 年，尼克松政府颁布了《联邦政府生产率测定方案》，制定了 3 000 多个绩效指标，力图使公共组织绩效评估系统化、规范化。1974 年，福特总统要求成立一个专门机构，对所有公共机构的主要工作进行成本-收益分析。

第四阶段（1980—1992 年）为私有化阶段，以精简政府为目标。里根总统就职之际，美国经济正处于严重衰退期，他把症结归结于联邦政府规模过度膨胀、对于私有企业控制过多。在“经济复兴计划”中，里根政府主要通过私有化的途径来阻止联邦赤字的增长、降低税收及节约成本开支。“私有化”更为深远的意义是缩减联邦政府自身的规模和职责。

里根政府曾经任命彼得·格瑞斯领导格瑞斯委员会对成本控制进行调查，以求吸取私人部门的经验去改变政府中的浪费等问题，同时，也在解决政府如何履行职能以及如何提高公共产品和服务供给的问题上产生了很好的效果。

第五阶段，（1992 年至 20 世纪末）为重塑政府阶段。20 世纪 90 年代，由于受到国内外各种因素的影响，美国公民对政府的信任度下降，出现了“信任赤字”的情况，政府面临着更为巨大的改革压力。这一时期的行政改革寻求从企业界获得借鉴，倡导建立一个顾客至上和追求实际效果的“企业家政府”以适应迅速变化的社会环境。《国家绩效评论》（National Performance Review，NPR，又称《戈尔报告》）是克林顿时期行政改革和政府绩效管理的纲领性文献，其主题是改变过程的繁文缛节，将政府的管理转变为结果导向的管理，创造一个“花钱少而工作好”的政府。

英国公共部门在绩效管理的问题上也大致经历了同样的过程，特别是自撒切尔夫人上台之后，英国公共部门绩效管理实现了系统化、规范化和经常化。标志性的事件有：（1）1979 年，撒切尔夫人任命了雷纳爵士为首相的效率顾问，负责行政改革的调研和推行工作，对中央政府各部门的运作情况进行全面的调查、研究、审视和评价，拟定提高组织经济和行政效率水平的具体方案和措施。这就是英国的“雷纳评审”。（2）1980 年，英国环境大臣赫素尔廷在环境部率先建立了“部长信息管理系统”，它是一个融目标管理和绩效管理等现代管理方法和技术于一体的信息收集和处理系统，其作用在于使高层领导能随时了解到：部里正在做什么事情？谁负责这些事情？谁定的目标？这些目标是什么？对它是否实施了有效的监测和控制？也就是说其目的在于向部长即时提供全面的和规范化的信息（这些信息的主要内容是部门活动的直接产出），从而为部门的绩效管理提供了系统、可靠的信息基础。（3）1983 年，英国卫生与社会保障部第一次提出了较为系统的绩效评估方案，这一方案包括近 140 个绩效指标，应用于卫生管理部和卫生服务系统的绩效评估。（4）1984 年，财政部在关于各部财政管理改革的白皮书中，把组织绩效评估与目标管理、人事管理联系起来，强调它对改善管理和提高效率的重要意义，并指出拟定更多绩效指标的必要性。（5）1991 年，首相约翰·梅杰宣布实施《公民宪章》并与“下一步行动”计划、效率评审、政府签约外包和市场检验等改革措施相配套。该运动通过提高服务质量、引入市场机制、进行机构改革、实行分权或放权战略，以及改变公务员的价值观念、行为规范等措施来提高公共部门提供的公共服务和公共产品的质量。

从西方国家公共部门绩效管理实践看，其发展历程大致呈现出了五个基本特征。

第一，阶段性和持续性相结合。西方国家公共部门绩效管理的实践大体上经过了几个阶段。然而，在其发展过程中，并不因政党的更替而中断，改革被予以高度重视并持续推行。如英国、美国、新西兰与澳大利亚的政党制度都是两党制，其公共部门绩效管理改革实践呈现出以政党轮换为推动力的情况。

第二，突出经济、效率和效果。西方国家公共部门绩效管理在“经济”的意义上关注财务绩效和市场绩效，主要通过财务管理改革、压缩层级、精简机构和人员等改革措施节省公共开支，减少政府成本；在“效率”的意义上关注投入、产出比率或运作绩效；在“效果”的意义上重视行政产出带来的社会效果，即把质量和顾客放在首位，重视产品绩效（质量）和服务绩效（顾客满意）。事实上，绩效管理实践也引发了一系列转变：

（1）从由以资源利用和管理者个人责任为特点的内部控制机制到关注外部顾客需求、提高质量的外部驱动机制；（2）从注重内部竞争到注重外部竞争；（3）组织关注重点由内部效率最大化较变为外部效益最大化。

第三，权变性与全面性相统一。西方国家公共部门绩效管理注重过程的权变性，总的说来，西方国家公共部门实施绩效管理的过程是一个不断完善、不断深化，有层次、有步骤，节节推进、螺旋上升的动态过程。同时，各国公共部门的绩效管理既注重从各个方面提高绩效，又注重对影响绩效的不同因素加以整合，从而形成绩效合力，取得整体最优的效果。其中主要包括：通过制度化和领导重视的双向合力保证公共部门绩效管理实践得以推行；将组织、技术、专家等资源整合为一个专门机构，由该机构负责推行改革。

第四，重视对各部门绩效管理过程实施监督。例如，美国由联邦政府"管理与预算总局"审批各部的年度绩效计划，由"总审计署"自主选择项目活动，独立对政府机构进行绩效评估，并向国会和公众公布结果；在英国，"英国审计办公室"负责监督中央的绩效评估，"审计委员会"负责监督地方；新西兰和澳大利亚则设置全国性的统一机构进行监督。

第五，以"绩效协议"的形式保证高绩效。例如：英国、美国、新西兰通过在各部部长与执行机构负责人之间签订"绩效协议"，给予各部更大自主性，明确各自职责；澳大利亚的内阁和部长签订的"绩效协议"也达到了同样的效果。

9.3.2　中国政府的绩效管理实践

在行政改革过程中，中国政府也提出了打造"办事高效、运转协调、行为规范的行政管理体系"的战略目标。为此，中国政府在变革观念、转变职能、调整组织结构、改革行为方式的同时，借鉴和引进了国外流行的新的管理机制、管理技术和工具，努力提高政府的效能。政府绩效管理也正是在此背景下进入了中国政府管理实践中。中国在引进西方国家的政府绩效管理经验的同时，也根据自身的情况做出了诸多创新，表现出了政府绩效管理的实践探索过程，形成了多种类型的绩效管理模式。对此，中国行政管理学会在"政府绩效评估研究报告"中将其概括为三种类型，即普适性的绩效评估、行业性的组织绩效评估、专项绩效评估。一些地方通过不断探索，提炼出一些颇具特色的模式，如"青岛模式""烟台模式""福建模式"等。如此多样化的实践探索也表明中国政府绩效管理仍处于争鸣阶段。从做法上看，各地政府所做的探索主要反映在以下几个方面①。

第一，基于目标责任制的政府绩效评估。20 世纪 80 年代，目标责任制成为政府机关内部的一种管理技术。伴随行政管理体制改革走向深入，目标管理的思路和原则逐渐扩展到针对行政首长的目标责任制。由于行政首长的目标责任与所在政府层级或部门的目标责任是基本一致的，对行政首长目标完成情况的考核实际上等同于对整个组织绩效的评价与考核。所以，目标责任制得到了推广，被广泛地应用到各层级政府、政府部门和政府工作的诸多领域。如 2002 年开始施行的《青岛市目标责任制管理实施细则》，明确了两大类政

---

① 中国行政管理学会联合课题组．关于政府机关工作效率标准的研究报告．中国行政管理，2003（3）．

府机构目标责任的内容：一是市委、市政府部署的重点工作任务，具体包括经济社会事业发展、党风廉政建设、精神文明建设、维护社会稳定等方面；二是有关职能部门的目标和责任，具体包括年度重点工作目标、经济责任、重点建设项目、公务员管理与队伍建设等，还包括部门在履行职能过程中的依法行政、政务公开、工作效率、服务态度和服务质量等方面的要求。从全国情况看，各地都把工作目标和责任进一步分解为详尽程度不等的具体指标体系，并给不同类指标赋以不同的权重。目标完成情况监测和考核是政府绩效管理在目标责任制中的主要体现方式。青岛市主要采用监控督查和年终考核两种形式，监控督查又分为日常监控、季度调度和半年督查。年终考核由市目标管理委员会统一领导，市目标考核办公室具体实施，参与考核的单位和部门进行了明确的职责分工。考核结果分为优秀、良好、合格、基本合格、不合格五个档次。完成年度工作目标的优秀单位将受到精神和物质奖励，对当年未完成工作目标的单位的主要领导实行诫免，连续两年未完成工作目标的单位，其主要领导被降职、免职或责令辞职。为了突出某些工作的重要性，考核时实行了一票否决制。

第二，基于社会服务承诺制的政府绩效评估。1994 年 6 月，山东省烟台市建委借鉴英国“公民宪章运动”和中国香港地区建设“公共服务承诺制”的经验，率先在烟台市建委系统实施社会服务承诺制。社会服务承诺制的基本内容是：公开办事内容、办事标准和办事程序，确定办事时限，设立监督机构和举报电话，明确赔偿标准。作为一种公共服务的质量改进机制，社会服务承诺制实际上包括三项核心内容：顾客协商和顾客真实需求的确认，设立和公开服务标准并根据这些标准评价实际工作结果，在未达标准时承担责任并采取有效的改进措施。显而易见，组织绩效标准设立和绩效评价是服务承诺制度的一个组成部分。但是，社会服务承诺制中的绩效评估属于合格评价，即评价是否达到预先确定的标准，与一般意义上的绩效评估略有不同。1996 年 7 月，在总结烟台市社会服务承诺制经验的基础上，中宣部和国务院纠风办决定，“把宣传和推广社会服务承诺制度，作为今年下半年加强行业作风和职业道德建设，推进社会主义精神文明建设的一项重点工作，建设部、电力部等八个部委将先行一步，推广社会服务承诺制度”。随后，社会服务承诺制度在全国范围和多种行业普遍推开。

第三，基于效能监察的政府绩效评估。1989 年 12 月举行的第二次全国监察工作会议明确指出，行政监察机关的基本职能既包括效能监察，又包括廉政监察。所谓效能监察，就是纪检监察机关及其受纪检监察机关委托的组织，在政府的领导下有计划、有目的地针对行政管理的效率、效能以及国有企业生产经营管理的质量、效果、效率、效益等情况开展的监察监督活动。简言之，效能监察的主体是党和政府的纪检和监察部门，监察的对象是党政机关和国有企事业单位，监察的内容是管理和经营中的效率、效果、效益、质量等。效能监察的特殊之处在于它的问题导向。这种问题导向既表现在效能监察的侧重点上，又表现在效能监察的工作方式和结果上。就侧重点而言，效能监察虽然涵盖效率、效果、质量等方面，但侧重于查找履职和管理中存在的问题。侧重点上的问题导向，决定了效能监察采取立项检查、立案调查、受理投诉等方式开展工作。从结果利用的角度来看，效能监察体现了纪检监察机关作为行为主体的特征。作为政府绩效评估的一种特殊形式，效能监察与一般意义上的绩效评估有所不同：（1）效能监察以发现组织中存在的违纪、违规行为和浪费、低效、低质量等为着眼点，而组织绩效评估则着眼于组织绩效的客观、准确的评价；(2) 由于问题导向，效能监察必然选择中心工作、热点问题和问题比较多的领域和环节立项，覆盖面比较小，而组织绩效评估则是对组织绩效的系统全面的评价。

第四，基于效能建设的政府绩效评估。效能建设是在拓展效能监察活动基础上形成的新的思路和新的运作机制。效能建设发端于 20 世纪 90 年代中期福建省漳州市等地，后来在福建省委、省政府的指导和推动下，在福建全省乡镇以上各级机关和具有行政管理职能的单位全面展开。机关效能建设是指，在党委、政府统一领导下，强化各级机关的效能意识，以提高工作效率、管理效益和社会效果为目标，以加强思想、作风、制度、业务和廉政建设为内容，科学配置机关管理资源，优化机关管理要素，改善机关运作方式，改进机关工作作风，按照廉洁、勤政、务实、高效的要求，构筑机关效能保障体系的综合性工作。效能建设和效能监察既有联系，又有区别。两者的区别在于：从主体上看，效能建设的主体是党委、政府和各单位各部门，也包括纪检监察机关，效能监察的主体仅是各级纪检监察机关；从对象上看，效能建设的对象是党政群机关和有行政管理职能的企事业单位、部门，效能监察的对象仅局限在纪检监察机关的监察对象；从运作机制上看，效能建设的特点是在党委统一领导下，党政齐抓共管，纪检监察组织协调，部门各负其责，群众广泛参与，而效能监察基本上是纪检监察机关的“孤军奋战”；从着力点方面看，效能建设以增强内在约束力为主，辅之以外在约束力，效能监察是一种外在的约束力。

2011 年 6 月 10 日，为总结政府绩效管理制度探索的经验并加以全面推广，国家监察部印发了《关于开展政府绩效管理试点工作的意见》，选择部分国务院部门和地方开展绩效管理工作试点，明确了试点工作分两个层面进行：第一层面是国务院部门，探索部门推行政府绩效管理的新路子，为此选择了在国土资源部、农业部、质检总局开展机关工作绩效管理试点；在发展改革委、环境保护部和财政部分别开展节能减排政策落实情况和财政预算支出专项绩效管理试点。第二层面是地方政府，重点围绕建立健全领导体制和工作机制、完善绩效考评指标体系、创新评估手段、强化结果运用等进行实践探索，为提高地方政府绩效管理水平积累经验，为此选择了工作基础比较好的北京市、吉林省、福建省、广西壮族自治区、四川省、新疆维吾尔自治区以及杭州市、深圳市，开展地方政府绩效管理试点。2011 年 6 月 28 日，政府绩效管理工作部际联席会议在北京召开，正式拉开了中国政府绩效管理试点工作的帷幕。至此，中国政府绩效管理工作虽然整体上还处于探索阶段，但已从各级党委、政府及部门自行探索发展到制度化的试点，绩效管理开始走上制度化、规范化发展的轨道。各试点地方与部门主要在以下方面展开了探索：建立了政府绩效管理领导体制、工作机制和组织体系，逐步建立了政府绩效管理的相关规章制度，探索和初步形成了政府绩效管理运行机制和方式方法，探索构建了政府绩效管理的评估指标体系①。

9.3.3　公共部门绩效管理的反思与改进

与私人部门的绩效管理相比，公共部门绩效管理的历史要短得多，理论探讨也明显不

① 蔡立辉，等. 政府绩效管理理论及其实践研究. 学术研究，2013 (5).

足。就对公共部门绩效管理的研究而言，现有的成果大多是在对私人部门绩效管理的改编和修订中产生的，直接针对公共部门的特点而进行的研究还非常少。直到今天，人们关于公共部门绩效管理的一些基本概念、管理程序、管理方法和技术等的观点，仍存在着较大的分歧，对公共部门绩效体系的一些设计都明显地带有私人部门绩效管理的痕迹，因而缺少针对公共部门的科学性和系统性。这种理论上的缺乏在很大程度上制约了公共部门绩效管理实践的发展。

从绩效管理的制度基础来看，由于公共管理还处在生成的过程之中，传统的公共行政模式还没有得到根本性的改变，政府的职能配置、组织结构和运行机制等各个方面都依然停留在原有的行政模式基础上，使绩效管理的效用难以得到有效发挥。西方国家政府绩效管理，是普遍建立在新公共管理和政府再造实践的基础上的。以新公共管理为指导的当代西方国家行政改革使得政府和公共部门的制度基础发生了根本性的变化。当代西方国家公共管理中所蕴含的分权化管理、责任机制、结果为本、顾客导向等理念及方法，都为公共部门绩效管理和评估提供了有效应用的制度基础，而且绩效管理也反过来为这些新的管理理念的落实提供了有效的技术支持。可见，新的管理理念有助于突破传统行政体制弊端所形成的困境，能够解决绩效管理中“评估什么”“谁来评估”“怎样评估”等问题。但是，新公共管理也造成了政府根本性价值迷失的问题，它虽然方便了绩效管理的落实，对于诸如公共行政的精神、行政人员的道德、民主行政等方面的治理要求，却无法满足，更不用说体现在绩效管理过程之中了。所以，公共部门还需要通过进一步的改革去营造绩效管理的环境，同时，也在公共部门的绩效管理方面实现全面的创新。

由于绩效管理在公共部门中的实践还相当短暂，实施绩效管理的制度保障方面还不完善，实际上，世界各国都明显缺乏统一的法律、法规和相关政策去为绩效管理提供法定依据，许多国家的公共部门绩效管理和绩效评估活动都处于一种自发状态，更多地表现为政府相关部门或领导人的推动，属于一种管理理念和管理行为层面的努力。当然，在 20 世纪 80 年代以来的这场持续的行政改革浪潮中，各国政府都意识到提高行政效率的意义，因而，在推行绩效管理方面有着很大的动力，但是，政府部门推行绩效管理的行动所表现出来的积极性明显不足，除了美国等少数国家已经有了关于绩效管理的立法之外，绝大多数国家在这方面还是空白。这种状况所造成的结果是：（1）绩效管理活动难以在政府部门全面系统地推进，也缺乏整体的战略规划；（2）一些政府部门以及地方政府的绩效管理带有盲目性和随意性，缺乏科学有效的方法；（3）绩效管理活动缺乏可持续性，经常采取“运动式”方法，往往流于形式；（4）绩效管理的实施方法互不统一，难以相互比较而进行经验交流。

从当前绩效管理的实践来看，主要存在这样几个方面的问题：

其一，存在着绩效评估结果的主观性问题。公共选择理论的代表人物——布坎南和图洛克认为，经济领域中个人行为的出发点是“自利”，政治领域同样如此，政府行为动机也是自利的。为了实现自身利益的最大化，理性经济人会运用其所具有的信息而努力追求其利益。以政府绩效管理为例，它在本质上是对政府机构及其人员业绩的考核和监督，因此必然要触及或影响被评估者的利益，那么被管理者就可能会想方设法隐瞒真实信息。这样一来，绩效评估结果的准确性就会大打折扣。除此之外，在绩效评估中，无论是部门评估还是个人评估，领导的意见在评估中都可能发挥关键作用。即便领导能较好地控制私人情感对评估的影响，不同领导对原则性指标的理解也会呈现相当大的差异，这就可能使绩效管理的结果带有很大的主观性，导致对相同的成员及其相同的行为做出完全不同的评价，即得出不同甚至是完全相反的结论。

其二，存在着公共部门绩效管理信息系统尚不健全的问题。公共部门绩效管理需要大量的信息作为支持。信息的筛选、输入、加工、输出和反馈的动态循环直接关系到绩效管理能否达到预期目标。从目前公共部门绩效管理现状来看，无论是西方发达国家，还是广大发展中国家，都相对缺乏健全的公共部门绩效管理信息系统，这无疑给绩效管理工作造成严重障碍。公共部门绩效管理中的困难主要体现为绩效管理所需信息难以收集，需要花费大量的人力、财力和物力。在管理过程中，由于信息系统不完善，管理中常常出现政府与公众沟通不畅的现象，导致评估质量的降低。因此，建立包括信息系统的审核制度和使用机制在内的快速有效的绩效管理信息系统，对公共部门绩效管理的发展十分必要。

其三，公共部门绩效评估指标体系有待完善。对整个公共部门的工作来说，建立全面、公平、公正的绩效评估指标体系不可或缺。但是，在公共部门的绩效管理中，普遍存在着这样两个方面的评估指标确定的问题：首先，公共部门绩效评估指标体系权重设置问题。很多发展中国家中，公共部门绩效管理过多地以数量化的经济指标为主，过分强调了经济总量的增长要求，只关心国内生产总值、财政收入、税收等经济指标的增长，而对一些与国计民生紧密相关的指标，如居民的实际收入、人均住房面积、医疗水平等并不十分关注。在这种只侧重经济指标增长的指标体系下，会使一些公共部门及其工作人员为了完成任务指标积极干预经济活动，忽视对公共服务和物品提供状况改善的努力。长期如此，则会使得密切关系执政基础的国计民生指标没有发展，最终也会影响经济指标的发展，甚至对政府的合法性产生威胁。其次，公共部门绩效评估指标体系的统一化问题。由于各地存在具体的差异，即使是同一级地方政府，也不能采取完全一致的绩效评估指标体系来衡量。如果用同一指标体系来引导各地政府，会导致一个国家的所有地方政府都朝着一个模式发展，而不能做到因地制宜。“一刀切”“一盘棋”的局面在当代绝不能给各地带来一致的效果，也无法反映各地政府的真实绩效。因此，不同地方在发展战略方面应当有所区别，不该用同一绩效指标体系去衡量所有地方政府。

对政府等公共管理主体来说，当前的问题不是要不要开展绩效管理的问题，而是一个如何对之加以改进的问题。公共部门绩效管理的改进依赖于“服务”、“公平”和“责任”等公共价值的回归，还需要在绩效管理方面强化法律制度建设，同时，也应强化绩效管理的科学追求，使之专业化、透明化。

第一，应建构以“公共精神”为基础的公共部门绩效管理。在人类后工业化进程不断加快行进的当下，公共管理兴起并取代了公共行政，公共管理在本质上是一种服务型的社会治理模式，旨在推进社会的合作治理局面的形成。因此，公共管理主体应当充分彰显“公共精神”，相关绩效管理活动将坚持以“服务”“公平”“责任”等公共精神为理念支撑。具体地说，公共管理主体将绩效评估作为提升自身服务能力的手段，并在绩效评估环节中建立关于公众满意度的绩效指标，坚持外部评估和内部评估相结合的绩效评估机制，以求客观公正地进行绩效评估。

第二，注重公共部门绩效管理相关法律制度的建立。公共部门绩效管理缺乏高位阶立法的支持是其走向主观性、随意性和盲目性的直接原因。因此，推进公共部门绩效管理依赖于法制建设。公共部门绩效管理实现法制化的标志有：（1）绩效管理权力法定化，明确绩效管理所涉及的主客体的职责和权利；（2）绩效执行程序公开化，做到执法有据，符合法律程序；（3）绩效管理规范化，依法推进公共部门绩效管理是法制建设的必然结果；（4）绩效管理监督体制化，需要做到“同体监督”和“异体监督”相结合，发挥内外监督的合力效应。总之，推进法制建设是公共部门绩效管理的前提和基础。

第三，推进公共部门绩效管理的专业化和透明化。当前公共部门绩效管理的核心技术基本上来源于私人部门，私人部门的绩效管理技术在运用到公共领域中的时候，必然会存在着“水土不服”的问题，因而，公共部门绩效管理需要立足于自身特有属性和具体情境来创造和运用适合于自身的专门的绩效管理技术，以推进绩效管理的专业化。同时，公共管理主体有义务向公民提供其活动的信息，这成为一个社会共识。近些年来，一种旨在满足公民知情权的信息公开制度也已经成了公共管理的重要内容。公共部门绩效管理必须建立起一整套健全的信息公开制度，从而使公民和社会团体易于获取和掌握政府活动的充分信息，以便提供外界评估政府绩效所需要的信息资料，保证社会团体和公民通过绩效评估监督公共管理主体的要求能够得到实现。

本章小结

绩效管理是当代组织管理中一种非常重要的管理方法和技术，对于提高组织和个人绩效水平至关重要。绩效管理活动是一个动态而完整的管理过程。这种动态性表现在沟通和循环过程上，在不断改进和积累经验的过程中，组织逐步完善自身去实现卓越的绩效目标。完整性表现在绩效管理是由绩效计划与指标体系建构、绩效执行、绩效评估、绩效反馈及绩效评估结果的应用等复杂环节组成的系统过程，每个环节紧密衔接才可实现有效的绩效管理目标，发挥绩效管理对组织成长不可替代的促进性作用。

20 世纪 70 年代，在全球性的行政改革进程中，绩效管理被引入公共部门。公共部门实施有效的绩效管理有利于公共部门提高资源利用的效率和效果，实现绩效改进的目标。绩效管理中的核心与关键环节是绩效评估，通过绩效评估可以为组织的绩效管理提供很多基本信息和资料，从而帮助组织获得理想的绩效水平。绩效评估赖以展开的前提是明确绩效目标。在这方面，公共部门的绩效目标有其特殊性，因此也决定了公共绩效评估更加注重评估的公平性，评估主体的多样化，评估内容的全面性、可操作性及动态性等因素。在操作环节中，3E 评价法、标杆管理法、平衡计分卡法和 360 度绩效评估法成为公共部门较常用的绩效评估方法。

公共部门有着许多不同于私人部门的特征，所以，绩效管理被引入公共部门的时候，遇到许多困难。另外，公共部门绩效管理发展时间尚短，应用领域并不清晰，因而，公共部门绩效体系设计还带有私人部门的痕迹，从而制约了公共部门绩效管理实践的发展。公共部门绩效管理的改进应当依赖于“服务”、“公平”和“责任”等公共价值的回归，在强化相关法律制度建设的同时，也应强化绩效管理的科学追求，使之专业化、透明化。

关键术语

绩效　绩效管理　政府绩效管理　绩效考评　普适性绩效评估　行业性绩效评估　专项绩效评估　绩效改进　关键绩效指标法　平衡计分卡法　标杆管理法　3E 评价法　360 度绩效评估法　雷纳评审　公民宪章运动　目标责任制　社会服务承诺制

复习思考题

1. 解释不同学科视阈下“绩效”的含义。
2. 简述绩效的三种主要观点及其实践应用。
3. 简述绩效管理的含义及其特性。
4. 简述绩效管理的基本流程。
5. 简述公共部门的绩效与私人部门绩效的差异。
6. 简述公共部门绩效管理的独特性。
7. 什么是绩效评估体系的健全性？
8. 简述公共部门绩效评估的类型。
9. 列举公共部门绩效评估的主要方法。
10. 西方国家政府绩效管理实践的特征有哪些？
11. 试论中国政府的绩效管理实践。
12. 试论如何改进公共部门绩效管理。

阅读文献

1. 张康之. 公共管理学. 北京：中国人民大学出版社，2010.
2. 张康之，张乾友. 公共行政学. 北京：中国人民大学出版社，2016.
3. 中国行政管理学会联合课题组. 关于政府机关工作效率标准的研究报告. 中国行政管理，2003 (3).
4. 阿吉斯. 绩效管理. 北京：中国人民大学出版社，2008.
5. 史密瑟，伦敦. 绩效管理：从研究到实践. 北京：机械工业出版社，2011.
6. 尼文. 政府及非营利组织平衡计分卡. 北京：中国财政经济出版社，2004.
7. 中国行政管理学会课题组. 政府部门绩效评估研究报告. 中国行政管理，2006 (5).
8. 方振邦，罗海元. 战略性绩效管理. 北京：中国人民大学出版社，2010.

第 10 章

公共危机管理

人类社会发展与文化、生态、经济、政治和精神环境不可分割，然而自 20 世纪七八十年代以来，人类社会在文化、生态、经济、政治及其精神领域抵御风险的能力呈现减弱趋势。这不仅意味着社会治理能力的退化，而且预示着一个新型的风险社会的到来。当前，人类正处在一个风险社会中，各种风险因素增加，风险事故发生的引致条件不断增多。当潜在风险因素失去控制，危机就产生了。危机对社会公众的生命、健康与财产安全构成了严重的威胁，其演进路线与发展方向具有不确定性，需要管理者在紧迫的时间、巨大的心理压力下迅速地做出决策，有效地加以应对。有些危机虽然起始于私人领域，却极易于渗入公共领域，并演变为公共危机。公共危机具有系统性与复杂性的特点，因而，综合性成为现代公共危机管理最基本的特征。公共危机管理可分为减缓或预防、准备、响应以及恢复四个阶段。无论哪个阶段的危机管理，机制建设都至关重要，包括回应性机制与合作机制。按照危机演进的时间顺序，公共危机管理的回应性机制可分为事前的前置机制、事中的应对机制和事后的延展机制，这三种机制从属于时间序列架构，在实践中被各国政府采纳。公共危机管理中的合作机制既贯穿于这种时序安排，又超越此种常规机制，表现出一种网络特征，是人类在后工业化过程应对公共危机的新视角与新思路，强调行动主体的自主性、能动性及创造性，是一种需要努力培育的共同行动模式。

重点问题

- 公共危机的概念
- 公共危机管理的价值
- 公共危机管理的原则
- 公共危机管理的回应性机制
- 公共危机管理的合作机制

10.1　公共危机管理的理论

10.1.1　公共危机的概念与类型

20 世纪七八十年代以来，各种影响国家安全、公共安全、环境安全与社会秩序的不确定、不稳定因素日益增多，各种危机频繁发生且影响广、危害大，而且不同类型的危机正在强化着彼此间的联系甚至相互转化。例如，吉化双苯厂发生爆炸事件，这本来是企业自身的危机，但由于消防队员将含苯的残留物冲到松花江污染了江水，使企业危机演变为公共危机，又因为松花江是中俄两国的界河，俄罗斯方面对水污染事件提出严重抗议，国内的公共危机又升级为国际危机。种种迹象表明，在国际因素与国内因素的共同作用下，公共危机管理不仅关系着社会的和谐稳定，也考验着政府的执政能力。公共危机管理已经成为公共管理中的一项重要课题，也是公共管理者必须掌握的一项基本技能。

1. 公共危机的概念

在中西方语境中，“危机”似乎都是一个贬义词，所以，现代社会中的组织和个人都在极力远离危机，避免成为危机的主语或修饰语。即便如此，在社会治理中还是存在着各种类型的危机，如企业危机、政府危机、公共危机等。研究危机离不开对危机产生根源的剖析，可以说，风险是危机爆发的潜在诱因。“风险”这个词似乎在 17 世纪才出现在英语中，它可能来源于西班牙语，意思是遇到危险或者触礁①。“这个概念的诞生是随着人们意识到这一点而产生的，即未能预期的后果可能恰恰是我们自己的行动和决定造成的，而不是大自然所表现出来的神意，也不是不可言喻的上帝的意图。”② 上述判断突出了现代性与人相关的阴暗面。

从更广泛意义上理解，风险是在一定条件下，某种自然现象、生理现象和社会现象是否发生及其对人类社会是否造成损失和损失程度的客观不确定性。风险强调的是不确定性，包括结果和损失的不确定性，揭示的是实际结果与预期结果的偏差，或者说实际结果偏离预期结果的概率。事实上，风险与危机并无本质差别，唯一的区分体现在“程度”上。一般认为，没有爆发的危机为风险；当风险聚集到一定程度而爆发，就会呈现为危机，因而，失去控制的风险就是危机。荷兰危机管理学家乌里埃尔·罗森塔尔认为，危机是指“一个系统的基本结构或基本价值和规范所受到的严重威胁”，“由于受到时间压力和处于高度不确定状态，这种威胁要求人们做出关键性的决策”③。从这个概念来看，危机具有三个基本的构成要件，即“威胁”“不确定性”“紧急性”。危机对人们的生命、健康与财产安全构成严重的威胁，其演进路线与发展方向具有不确定性，需要管理者在巨大的时间和心理压力下迅速地做出决策，有效地加以应对。

汉语中的“危机”一词包含着“危险”与“机遇”两个方面的含义。从辩证法的角度

①② 吉登斯. 现代性的后果. 南京：译林出版社，2011：27.

③ ROSENTHAL U. Crisis Decision Making in The Netherlands. Netherlands' Journal of Sociology，1986（22）：103－129.

看，任何坏的事情都有向好的方面转变的可能性。但是，化“危险”为“机遇”并不是一个自然而然的过程，它是需要特定的条件的，其中很重要的一点就是人们必须从危机之中学习如何应对危机。在这一过程中，人们都会给“危机”以“坏的价值”的判定。危机被看作“人们不希望产生的、没有预料到的情景：当谈到危机时，通常是指坏事降临在一个人、一个群体、一个组织、一种文化、一个社会或整个世界头上。人们必须紧急行动，确保这种威胁不会变为现实”①。

政府危机通常是指政府自身的危机。由于政府属于公共机构，政府自身的危机也很容易引发公共危机。公共危机强调危机影响范围广大，对社会基本价值或行为准则构成了严重威胁，需要政府与其他社会治理力量一道在时间紧迫与不确定性极强的情况下做出决策。

公共危机比政府危机的外延宽泛，强调多元社会治理主体的角色担当，是多元社会力量发展壮大以及政府治理能力不足的必然要求与结果，是公共管理学科与实践的新构成。公共部门危机很多时候与公共危机混用，前者从主体上更侧重于探讨公共部门在危机管理中的功能与地位。公共危机管理区别于常态管理，是对公共危机的管理，管理主体既有政府部门、非政府组织，也包括企业等私人部门，甚至公民个人也涵盖在内②。

在中国政府的文件中，“公共危机管理”一词也被表述为“突发事件应急管理”。那么，“危机”与“突发事件”之间是什么关系？一般说来，“事件”指“历史上或社会上发生的不平常的大事情”。“突发”二字意味着时间上的紧迫性和后果的严重性。2007 年颁布并实施的《中华人民共和国突发事件应对法》（简称《突发事件应对法》）是这样界定“突发事件”的：“指突然发生，造成或者可能造成严重社会危害，需要采取应急处置措施予以应对的自然灾害、事故灾难、公共卫生事件和社会安全事件。”③ 这种对突发事件的界定近似于国外所说的“紧急事件”，往往是可能诱发危机的“事情”，是一个“点”，而危机则指某个系统所处的情境或状态。

不过，“危机”与“突发事件”往往交织在一起：一个系统内蛰伏的危机因素积聚到一定的程度后，就可能引爆某个突发事件，这样一来，突发事件的出现就成了危机开始的标志。在这种情况下，危机因素如果能够被遏制，突发事件就不会发生。与此同时，一个突发事件也可能会引发一场危机。这时，突发事件是危机开始的诱因。在这种情况下，突发事件如果能得到有效的控制，危机就不会爆发。此外，一场危机中可能会出现多个突发事件。同时，突发事件也可能会对危机起到推波助澜的作用。实践中，往往会以典型突发事件指称危机。因此，“公共危机管理”与“突发事件应急管理”基本上是一个概念的两种表述方式。国际上，日本、欧洲等国家和地区的学者习惯于使用“危机管理”，而美国、澳大利亚、新西兰等国家和地区的学者习惯于使用“应急管理”。

---

① BOIN A，HART P，STERN E，SUNDELIUS B. The Politics of Crisis Management：Public Leadership Under Pressure. Cambridge University Press，2005：2.

② 张小明. 从 SARS 事件看公共部门危机管理机制设计. 北京科技大学学报（社会科学版），2003（3）.

③ 中华人民共和国突发事件应对法. 北京：中国法制出版社，2007：3.

2. 公共危机的类型

公共危机的类型划分是提高危机管理效果的必然要求，有利于界定危机的本质与范围，加快确认和描述可能引发紧急事态的灾害风险，为后续危机管理提供及时参考。正是由于公共危机类型多样，不同类别危机需要采取相应的预防和控制措施，因此，分类处理、部门协调成为危机管理体系的应有之义。

标准依据不同，公共危机的归类就有所不同。(1) 依据发生领域，公共危机可分为政治危机、经济危机、自然危机、社会危机、文化危机等。(2) 依据发生范围，可分为国际危机、国内危机、区域性危机等。(3) 依据产生原因，公共危机可分外生型危机、内生型危机、内外双生型危机①。外生型危机是指外部原因所引发的危机，内生型危机指由组织内部管理不善所引发的危机，内外双生型危机是指外部环境变化和内部管理不善共同作用所产生的。(4) 依据事件发展的先后顺序，公共危机可分为原生性危机、次生性危机及衍生性危机。原生性危机是致灾因素直接造成某类受灾体的破坏与伤亡，如台风；次生性危机是指原生性危机诱发的危机，如台风摧毁了房屋，房屋倒塌引起火灾，火灾造成的灾害就是次生性的；衍生性危机是致灾因素对社会结构、组织功能的破坏，造成人群与组织的伤亡或瓦解，直接或间接造成生产、经济停顿等类经济损失，如台风使社会秩序混乱，出现哄抬物价、偷盗抢劫等犯罪行为，人民生命财产再度受到威胁。(5) 以事件发展为横坐标、以终结的速度为纵坐标，乌里埃尔·罗森塔尔将公共危机分为龙卷风型危机、长投影型危机、腹泻型危机及文火型危机。龙卷风型危机指来得快去得快的危机，如劫持人质危机；长投影型危机往往突然爆发，虽然持续时间不长，但影响深远，2003 年中国遭遇的 SARS 危机属于此类；腹泻型危机酝酿时间长，爆发后结束得快，如军事政变；文火型危机来得慢去得也慢，如巴以冲突。(6) 根据危机情境中主体的态度，危机管理学者斯塔林斯等人将危机分为冲突性危机和一致性危机两大类，前者指利益相关者诉求不同所产生的危机，后者指利益相关者有同质化诉求，当然二者之间并非不可逾越，换个角度看，同一危机的划分类别可能就会改变。

结合中国突发事件应对体系中对突发事件的划分，依据发生机理、过程、性质和危害对象不同，公共危机可以被划分为四大类：自然灾害、事故灾难、公共卫生事件和社会安全事件。自然灾害主要包括：干旱、洪涝、台风、冰雹、冻害、沙尘暴等气象灾害，地震、山体滑坡、泥石流、火山喷发、地面沉降等地质灾害，风暴潮、海啸、赤潮等海洋灾害，森林草原火灾，农作物病虫害等生物灾害。事故灾难主要包括：铁路、公路、民航、水运等交通运输事故，工矿商贸等企业的安全生产事故，城市水、电、气、热等公共设施、设备事故，核与辐射事故，环境污染与生态破坏事件等。公共卫生事件主要包括：传染病疫情，群体性不明原因疾病，食物与职业中毒，动物疫情及其他严重影响公众健康和生命安全的事件。社会安全事件主要有：恐怖袭击事件、经济安全事件、民族宗教事件、涉外突发事件、重大刑事案件、群体性事件等。

在现代社会中，致灾因素具有突出的连带性、耦合性与叠加性，表现出链状群发甚至网状群发的特点，危机的属性也随之转移。公共危机的不规则性、不稳定性及随机性、扩

---

① 刘刚. 危机管理. 北京：中国人民大学出版社，2013：9.

散性与连锁性使得危机类型在不同的时间序列上呈现不同形态，突变与渐变并存，这就要求将公共危机演变看作一个系统，关注系统性风险，并以系统的眼光来关注公共危机。除了从系统角度认知危机类型外，为了把握危机的整体性，还需要认识其模糊性和多样性。在实践中，要提倡相关部门之间的协同与合作，形成应对公共危机的强大合力。

10.1.2 公共危机管理的价值

作为工业化的产物，现代风险不仅有全球化的趋势，还有不可预知的特征。现代风险往往具有高度的不可预测性及不确定性，这对人类在风险问题上的预测、预警能力及处置、干预能力提出严峻挑战。人类的理性是有限的，思维也存在着各种盲区。许多风险和危机防不胜防。一些公共危机的发生概率虽小，但其却可能造成极大的损害。因而，在强化防范意识的同时，需要具备可以综合性地应对各种危机的能力和实力，在公共危机管理过程积极履行政府职能、促进文化创新、引导社会变革，从危机中捕捉积极进步的机会与力量。

1. 治疗文化创伤，促进组织文化创新

"9·11"事件使各国政府都在重新思考如何应对恐怖袭击等突发事件，给美国民众带来的创伤刻骨铭心。事后很长一段时间，美国政府所做的都是在治疗民众的文化创伤。21世纪以来，从"9·11"恐怖袭击到俄罗斯人质事件，从非典肆虐到印度洋海啸席卷沿岸，从三聚氰胺事件到列车追尾再到航班失联等，各种突发事件严重威胁人类安全及社会秩序。突如其来的灾难给人们造成心理恐慌和使人们安全感失衡，加上危机状态下信息传播中夹杂着诸多谣言，各种信息之间的连锁反应加剧了受众的脆弱性。各种损伤带来的心理和生理冲击、文化和道德的变化，使组织易于陷入恐惧状态。因此，需要采取措施实现心理和精神的恢复、信心的恢复、价值观和行为的恢复、政府及组织形象等的恢复。

公共危机自始至终都处于不断变化的过程之中，人们很难根据经验对其发展方向做出常识性的判断。特别是，在全球化背景下，由于各种因素交织与互动，不断地出现前所未有的新型公共危机，都显示出不确定性的特征。公共危机如果得不到有效的遏制，就有可能产生"涟漪效应"，进而产生次生性、衍生性灾害。因此，在危机决策的过程中，需要在经验决策的基础上，注重科学决策，同时发挥危机管理人员的创新能力。特别是在今天，人们面对的公共危机往往是前所未有的，不确定性很强。危机管理者不仅要有丰富的实践经验，也要具备较强的创新精神和创新能力。创新精神与创新能力根植于危机管理组织宽容的组织文化。当前，危机管理中鼓励创新、迅速反应的组织文化亟待构建。这是因为危机的演化瞬息万变、不确定性极强，必须鼓励组织成员根据实际需要，打破常规，大胆创新，务求响应的迅速和高效。在一定情况下，危机管理者可以行使行政紧急权，特事特办，简化应急处置程序，以迅速控制事态发展，挽救更多的生命和财产损失。当然，组织文化应为危机管理者提供正确的行为目标，既要维护公共秩序，保证公共安全，又要维护公民权利，保障基本人权，防止行政紧急权力被滥用。

2. 查悉管理漏洞，升级政府形象

公共危机管理是"十字路口的选择"，有风险，也潜含机遇。危机会妨碍政府管理基本目标的实现，要求管理者在极短时间内回应并做出相关决策，但危机也是发现组织存在问题的一次机会。政府通过危机管理认识到组织设计与运行中的不足及缺陷，并对症采取医治措施，能够矫正现存弱点。如果政府认真吸取教训，这种业已发生的危机就会对组织未来的发展起防疫的作用，有利于组织避免类似危机再次影响组织正常运行。同时，随着大众传播业的发展，信息传播渠道的多元化、传播范围的全球化，处于危机中心的组织往往成为公众的关注焦点、媒体争相报道的热门话题。政府在危机事件中的一举一动都受到公众及其利益相关者的关注，政府的危机管理会向全社会传递事态进展和政府自身的态度，有效的危机管理有助于维护政府形象，在危机管理中表现突出，甚至可以提升政府形象。政府若对危机管理不当，不仅难以有效解决问题，而且会损伤政府形象，让民众失望。如果没有做好危机处理，在恢复期间，政府要想向公众、企业、媒体及其他社会组织再次证明自己的信用，重新获得信任，则要花费很长时间和很大代价。实践中，危机管理中有较多悲观色彩，忽视了危机的机会性，因而组织在危机管理中消极被动，影响危机应对效果。

一般而言，危机紧急处理结束后还要注重恢复，恢复是危机管理中维护政府形象的大好时机。恢复过程可以采取多种措施改善政府在社会公众心中的形象：其一，最大限度地防止灾害结果的升级；其二，弥合或弥补社会、情感、经济和物理的创伤与损失；其三，抓住机遇，进行调整，满足人们对社会、经济、自然和环境的需要；其四，减少未来社会所面临的风险①。也就是说，恢复就是要尽量减轻灾害的影响，使社会生产生活复原，推动社会进一步发展，提高社会的公共安全度，增强公众对政府危机应对能力的信心，引导公众继续积极努力奋斗，争取回归正常的工作生活状态。

3. 履行政府职能，增强合作治理

从表现形式上看，公共危机具有偶发性。但是，偶发性背后往往具有一定的必然性。不仅如此，各类公共危机还具有很强的人为性。因而，在加强公共危机管理的同时，绝不能忽略公共危机偶发性背后的必然性和人为性，需要及时消除可能诱发公共危机的社会不和谐因素。政府存在的首要意义就是确保社会公众的生命、健康与财产安全。政府在公共危机管理中发挥着不可替代的作用。公共危机管理所提供的产品是公共安全，具有效用的不可分割性和受益的非排他性。在一切公共产品中，公共危机管理是最能体现其公共性的一项管理活动。公共危机管理就是政府履行社会管理和公共服务职能的具体体现，是增强政府合法性的必然要求及选择。

公共危机对公众的生命、健康与财产安全构成严重的威胁，对社会的安定造成极大冲击。它需要政府在尽可能短的时间内有效地调集全社会所蕴藏的人力、物力与财力资源，及时应对，以遏制、消除公共危机的后果，但社会复杂性与不确定性的增强，使得政府在各方面的控制能力削弱。在社会治理主体多元化的条件下，非政府组织以及各种各样的社会力量都有可能，也有必要加入危机管理过程，与政府一道去应对危机。另外，在危机预警等方面，非政府组织和各种各样的社会力量能够发挥重要作用。非政府组织、社区等新兴社会力量是人类社会后工业化进程的产物，是政府控制能力削弱的体现。如若政府的决

---

① NORMAN S. New Zealand's Holistic Framework for Disaster Recovery. The Australian Journal of Emergency Management，November 2006，21（4）：16.

策层认识到，与其加强控制不如探索非控制导向的治理模式，发挥自觉引导作用，促进社会自治力量拥有更多自主和自由，获得更充分的合作共同体性质，与政府一道平等合作共同治理社会①，就实现了对现有危机管理思路与机制的根本超越。

10.1.3 公共危机管理的原则

公共危机事件种类繁多、变动不居、危害严重，每种自然灾害或人为事故都有不同的致灾因素，也由一系列不同的阶段组成，但从总体上审视公共危机的基本特征，蕴含着一些普遍性、规律性的应对原则。

1. 预防为主，防救结合

在现代社会，公共危机具有系统性与复杂性特点，公共危机管理体现为一项综合性的社会治理活动。因而，公共危机管理应当本着未雨绸缪的精神，实现预防与应对的结合、常态与非常态的结合、政府力量与社会力量的结合、科学管理与艺术处理的结合。

公共危机管理要以预防为第一要务，要实现预防与应对相结合。因为，即使是成功的应对与处置，也难以完全消除公共危机的全部影响。公共危机通常是平常积累起来的问题、矛盾和冲突因长期不能得到有效解决，在突破一定的临界点后的突然爆发。它看似偶然，实则是必然的。公共危机的发生需要应急管理人员在紧张的时间和巨大的心理压力之下，迅速调动可以掌控的一切人力、物力和财力，进行有效应对，控制事态发展，消除不利的后果与影响。最为重要的还是贯彻以预防为主的原则，防微杜渐。同时，要按照“藏富于民”“不求所有，但求所用”的思想，以利于开展应急社会动员时能够迅速调动起有效应对危机的资源。公共危机发生时，应急需求会急剧膨胀；公共危机过后，应急需求会突然缩减。一般来说，一个理性的政府不会在平时储存过多的应急人力、物力和财力，这样会造成不必要的浪费。但是，如果建立起高效、快捷的社会动员机制，就能够实现公共安全效益与经济效益的“双赢”。

公共危机可能会使社会公众在健康、生命和财产方面遭受重大的损失，干扰、破坏社会正常运行的秩序，甚至使政府的合法性面临挑战。而且，公共危机往往会突破地域限制，向更广的地理空间扩散，在许多情况下，公共危机不仅会造成大量的直接的危害，而且会引发次生灾害，形成一个灾害的链条，因此，构建一个防范和应对公共危机的社会网络是很有必要的。公共危机管理要以科学理念为指导，以科学技术为支撑，采用科学的预防及解救方法，快速响应，高效处置。在公共危机管理的实践中常会发现：一类公共危机有可能引发另一类公共危机；从地理区域上看，同一类公共危机可能扩散到一定的行政管辖区域之外。同时，随着公共危机信息的逐渐清晰，伤亡人数与损失程度有可能上升，因此救治资源的储备与动员相当关键。在危机管理的过程中，一定要贯彻系统整合的思想：对于管理对象，危机管理要能够调整、覆盖各类公共危机，体现协调、合作的思想，避免水平方向的碎片化；在应对层次上，危机管理要建立不同层级政府、组织之间的合作机制，避免垂直方向的碎片化。

---

① 张康之. 合作的社会及其治理. 上海：上海人民出版社，2014：163-165.

2. 系统整合，分类分级

公共危机可以依据性质、社会危害程度、影响范围等因素划分为不同的等级。公共管理者要根据对危机级别的判定来配置相应的资源，避免响应不足和响应过度。在中国，自然灾害、事故灾难、公共卫生事件一般被分为四级，即Ⅰ级（特别重大）、Ⅱ级（重大）、Ⅲ级（较大）和Ⅳ级（一般）。由于公共危机处于不断演进过程中，所以，分级也是动态的。在实践中，当危机情势不够明朗时，分级一般遵循“就高不就低”的原则。另外，社会安全事件是不分级的，因为社会安全事件的演进呈现非线性的特点，会出现“蝴蝶效应”。

作为管理的一种形式，公共危机管理需要体现出分类管理、分级负责的原则，明确应对不同类别、级别公共危机的责任主体，也就是要根据公共危机的类别确认主责部门。如自然灾害对应的是主管民政、地震、防汛抗旱等公共事务的部门，事故灾难对应的是安全监督部门，公共卫生突发事件对应的是主管卫生、防疫等公共事务的部门，社会安全事件对应的是主管公安、外事等公共事务的部门。但是，现代社会的系统性、复合性风险日益增多，即使是同一类公共危机的处置，也需要多个部门的协调与配合。例如，生化恐怖袭击事件发生后，公安部门负主责，医疗卫生、安全生产等部门的应急救援队伍应协同处置。危机管理需要跨部门，甚至跨地域调动资源，因而必须形成高度集中、统一领导的指挥系统，实现资源的整合，避免各自为战，确保政令畅通。同时，响应要坚持分级负责的原则，即按照危机的分级及应急预案的要求，由相应级别的应急指挥机构做出果断决策。

公共危机分级的主要意义在于：规定公共危机的管辖范围。在中国，一般和较大的公共危机分别由县和地级市人民政府领导，重大公共危机由省级人民政府领导，特别重大的公共危机由国务院统一领导（见表 10－1）。这是由中国应急资源的配置特点所决定的：政府的行政级别越高，所掌控的危机管理资源越丰富，处置能力也就越强。

表 10－1　　公共危机的分级与责任主体

级别	颜色	响应主体
特别重大（Ⅰ级）	红色	国务院
重大（Ⅱ级）	橙色	省政府
较大（Ⅲ级）	黄色	地级市政府
一般（Ⅳ级）	绿色	县政府

但是，公共危机往往不限于特定的行政区域，且其所造成的影响和损失评估结果也会不断更新，从而使响应的级别不断扩大升级。不论是哪一级别的公共危机，所对应行政主体的下级政府必须参与。中国的公共危机管理贯彻的是“以属地为主”的原则。不论发生哪一级别的危机，属地政府都要及时展开先期处置，以防止危机事态进一步扩大升级，尽可能地减少危机给社会公众生命、财产和健康安全带来的损失。属地是危机事发地，属地政府熟悉当地的情况；属地政府可以在第一时间内赶赴危机现场，有助于把危机消灭在初始状态。这就涉及上下级政府之间的府际协调问题。对公共危机进行分类、分级，有助于划清责任主体，实现分类管理、分级负责。同时，加强整合，使公共危机管理体现出综合性特征，从而构建起综合性的公共危机管理体系。具体而言，综合性的公共危机管理体系

是一个“工”字形结构：第一，就危机管理的主体来说，它包括政府、军队、非政府组织、企业和个人等，体现了全社会共同参与、合作治理的原则；第二，就危机管理的客体来说，它包括自然风险、技术风险与人为风险，涵盖了自然灾害、事故灾难、公共卫生事件和社会安全事件四大类危机，体现“全风险”的原则；第三，就危机管理的过程来说，它包括预防、准备、响应、恢复重建等阶段，体现了“全过程”的原则。简言之，综合性就表现为公共危机管理的全参与、全风险和全过程。

3. 政府引导，社会参与

现代公共危机管理的综合性特征要求，危机管理不仅要强调事后的响应与恢复，更要强调事前的预防；不仅要强调单灾种应对，也要强调多灾种的综合应对；不仅要凸显政府的力量，也要体现政府、企业与第三部门力量的组合。危机往往因其涉及范围广、社会影响大，超出了某个政府部门，甚至某级地方政府的控制能力，需要开展社会动员、实现协调联动。一是整合政府、企业和第三部门力量，形成共同治理突发事件的网状化格局，发挥整体效能；二是危机发生地政府同周边地区政府建立同声相应的应急互助伙伴关系，统筹调动人力、物力、财力资源；三是要充分发挥武装力量在应急救援中的突击队作用，体现军民结合、平战结合的精神。

危机管理者要充分利用和借鉴各种高科技成果，发挥专家的决策智力支撑作用，避免不顾科学的蛮干。同时，也要充分利用专业人员的专业装具、专业知识、专业能力，实现公共危机的专业化处置。公共危机的救援可以是综合性的，但处置必须尊重科学，体现专业处置的原则。否则，突发事件的危害就有可能进一步扩大，甚至伤及应急救援者。危机种类繁多，处置方案有别，如泥石流、地震等突发性自然灾害的救援对专业性有较高要求，因此武警、消防等武装力量的及时援救至关重要，这就要求危机管理中军民结合、平战结合。武装力量往往在重大公共危机管理中发挥骨干和突击作用，成为各国应对公共危机的最后一道屏障。平时训练、急时应急、战时应战，这是世界大多数国家在公共危机管理中通行的做法。成功的危机管理应该能够调动全社会的人力、物力和财力，构成一个危机管理的网络，实现全民共同参与，形成自救、互救与共救并存的局面。这是因为，公共危机管理的对象不是单一风险，而是多种风险。它要求危机管理必须建立起以政府为引导的管理网络，将政府、市场与非政府的力量协调起来，形成一种强大的合力，应对不同类型的风险。显然，在经济全球化进程加速发展的今天，由于科学技术的突飞猛进和人类生活方式的急剧转变，影响公共安全的新矛盾、新问题日益增多。同时，由于社会联系愈发密切，各类风险的扩散性及相互渗透性提高。在各种突发、频发的自然、技术与人为风险面前，那种“撞击-反射”式、分部门、单灾种的危机管理往往会顾此失彼、应对不力，而综合性的危机管理则显示出优势。同时，在应对任何一种风险时，政府都要调动全社会的力量，经过预防、准备、响应与恢复重建等阶段，完成对公共危机的全过程管理。同时，公共危机管理要发挥政府的引导作用，有效地动员企业及社会蕴藏的人力、物力和财力，形成应对危机的合力。在恢复重建过程中，政府要组织、协调有关部门，调动各种资源，尽快恢复灾区的生产、生活秩序，消除灾害带来的影响。同时，政府在恢复重建阶段要积极开展社会动员，鼓励灾区社会公众开展灾后的自救互救，号召其他地区的社会公众向灾区提供支援。除此之外，政府、企业、非政府组织、社区、公民个人等要增强公共安全和风险防范意识，提高全社会的避险救助能力。

公共危机会产生多种威胁，造成多种损失，处置与响应可能会面临多重价值目标的选择。公共危机管理者必须坚持以人为本、减轻危害的原则，关注公共利益，真诚关心利益受损者，平衡相关利益者关系。在具体的危机应对过程中，首先需要坚持“先救人，后救物”的原则，将人的生命安全置于至高无上的地位，把挽救生命与保障人们的基本生存条件放在首要位置，而不是舍本逐末。同时，突发事件现场安全情势很不稳定，必须高度关注应急救援人员的人身安全，有效地保护应急响应者，避免次生、衍生灾害的发生。其次，由于危机恢复要消耗大量资源，而多数资源是有限的，所以需要兼顾安全效益与经济效益。公共危机管理要以较小的经济成本，实现最大的公共安全效益。再次，由于事态发展的不确定性以及相关公众的恐慌心理，信息公开成为营造良好应对氛围的必然要求。公共危机管理要满足社会公众的知情权，做到信息透明、信息公开，但是，涉及国家机密、商业机密和个人隐私的信息除外。不仅如此，危机管理者还要积极地对社会公众的舆情进行监控，了解社会公众所思、所想、所愿，并对舆情进行有效的引导。

10.1.4　公共危机管理的过程

在全球化、后工业化的过程中，人类进入了一个危机事件频发的历史时期。鉴于科学技术的发展，人们转变了被动地应对风险与灾害的局面，开始积极地预测风险，化解风险，主动应对，处置灾难，探索进行有效治理的途径。因而，危机管理既是社会治理中的一个时代课题，又表现出人类面对各种各样的危机事件积极行动的进取精神，蕴藏着内在的处理逻辑。一般而言，公共危机管理的过程包括四个阶段，即减缓（mitigation）或称预防（prevention）、准备（preparedness）、响应（response）、恢复（recovery），它们也分别代表危机管理中的四种活动。

1. 公共危机管理中的预防

“预防”或“减缓”，是指减少影响人类生命、财产的自然或人为风险，包括实施建筑标准、推行灾害保险、管理土地的使用、颁布安全法规等措施，减少公共危机发生的可能性或限制公共危机的影响范围或程度。例如，政府采取严格的法律措施，禁止在灾害易发地带构建房屋。预防是公共危机管理的基石。国际安全科学领域里有一条“海恩法则”：每一起严重事故的背后，必然有 29 次轻微事故和 300 个先兆，而这些征兆的背后又有 1 000 个事故隐患。公共危机管理要实现从被动应付向主动应对、从结果导向到原因导向的发展，大力推行风险管理的理念，不断地将公共危机管理的关口前移。

公共危机的预防主要包括以下三个方面的内容：

第一，加强预测预警。预测预警是一项科学监测、数据加工和事件预报的活动，它把科学的信息转化成公众可以理解的警报，通过最大限度地传播警报，使社会公众及时采取响应行动。预测与预警是公共危机预防的两大关键性环节。预测是在公共危机发生前预先进行的有效监测，它包括危险源排查、危险源监测、风险评估三个步骤。危险源排查就是对可能引发风险及危机的危险要素进行辨识、筛选与甄别。从公共危机演进的过程来看，危险源排查是危机管理在事发前最为基础的一个环节。危险源监测是指在公共危机发生前对各种可能引发危机的重点危险源及其表象进行实时、持续、动态的监视和测量，收集相关的数据和信息。风险评估，即根据危险源监测的结果，结合脆弱性分析，确定风险的大小，并判别公共危机发生的可能性。“预警”也就是“预先警告”，最早源于军事领域，主要是指通过各种手段提前发现、分析和判断敌情，并将其威胁程度报告给指挥部，以提前采取措施应对的活动。后来，“预警”一词逐步被人们应用到政治、经济、社会、自然等多个领域。在公共危机管理中，预警主要是指在危险要素尚未转变为公共危机之前，将有关风险的信息及时告知潜在的受影响者，使其采取必要的避险行动，做好相应的准备。

第二，降低社会的脆弱性。为了确保社会公众的安全和减少社会公众所面临的各种风险，危机管理者既要尽可能地排查、消除危险要素又要降低社会的脆弱性。脆弱性是衡量社会在危险要素产生作用的条件下是否会遭受危害的指标。在城市里，它主要与以下因素相关：经济、社会的集中程度，城市系统的复杂性和相互关联性，城市的地理位置，城市的环境保护情况，城市的结构性缺陷（如建筑问题），政治和制度缺陷等。在乡村中，脆弱性相对较强，主要是因为农村经济、社会发展滞后，社会公众的防灾、减灾意识薄弱，建筑、设施的抗毁损能力低。相对而言，风险要素比脆弱性更不可控制。这就要求危机管理主体在以下两个方面开展公共危机的预防：一是规避风险，要对危险要素进行监督、分析、控制；二是寻求安全，降低社会系统的脆弱性。后者比前者更能凸显人的作为。如果能够降低脆弱性，就能够避免许多公共危机带来的不必要的损失。比如，在城市化进程中，为了从源头上预防公共安全危机，就需要加强对在役建筑的风险排查，并采取相应的防灾、减灾措施，同时，落实新建建筑物的安全规划。

第三，提高社会的恢复力。恢复力（resilience）一词来自拉丁语“resilio”，意思是“反弹”。从机械意义上说，恢复力意味着一种物质具有一定的张力，在重负之下不会折断或变形，具有一定的弹性。“从 20 世纪 70 年代起，这个概念被赋予了更多的意思，指承受压力的系统有能力恢复，回到最初的状态。”① 生态学家用这个概念描述系统在经过暂时的扰动之后恢复平衡状态。在国际上，一些从事生态学和生态经济学研究的科学家还组织了一个“恢复力联盟”（Resilience Alliance），认为“恢复力”的含义有三个：系统可以吸收扰动的水平，系统自组织的能力，系统建设、增强学习能力与适应能力的程度②。在公共危机管理领域中，恢复力主要是指一个社会“快速、有效地对灾害进行响应、从灾害中复原的能力”③。在公共危机预防的过程中，必须着眼于未来防灾减灾的需要，增强灾区的恢复力。增强恢复力的主要途径是：增强灾区对未来灾害的控制力和承受力，降低灾区的脆弱性。为此，需要采取以下措施：实现人与自然、人与社会、人与人之间的关系和谐，减少引发公共危机的致灾因素；推行与自然合作而非征服的理念，避免在灾害易发区建设房屋或基础设施；对于不能规避、不得不建在灾害易发区的建筑或基础设施，实行更加严格的设计与建筑安全标准，严把建筑施工的质量关，增强其抗毁损的能力，并采取严密的防护性措施；增强应急响应能力，完善应急救援体系，在公共危机发生后有效应对，

---

① KLEIN R J T，NICHOLLS R J．THOMALLA F. Resilience to Natural Hazards：How Useful is the Concept. Environment Hazards，2003（5）：35.

② Ibid.，40.

③ MCENTIRE D A．Disaster Response and Recovery：Strategies and Tactics for Resilience. New Jersey：John Wiley & Sons，Inc.，2007：27.

尽可能减轻灾害的影响；建立良好的应急保障体系，确保用于灾后恢复重建的人力、物力、财力等资源充裕。

2. 公共危机管理中的准备

公共危机管理中的准备，有利于在公共危机发生后保护公众的生命和财产，有利于社会快速地恢复到正常状态。准备活动的核心是事先必须制订周密、详尽、具体的应急预案，确定具有可操作性的程序，储备充足的应急资源。具体地，公共危机管理中的准备主要包括以下四个方面：建立可以有效应对公共危机的应急救援队伍；编制公共危机应急预案，为公共危机管理勾画出“行动路线图”；构建公共危机管理的保障体系，在应急法律、应急资金、应急物资、应急避难场所、应急通信等方面做好准备；开展公共安全教育，塑造公共安全文化，提高全社会预防和应对公共危机的意识。

第一，应急救援队伍的建设。应急救援队伍是公共危机管理的基本要素，为了有效地应对公共危机，应急救援队伍建设需要体现这样几项原则：(1) 综合应急的原则。具体措施是：建立综合性应急救援队伍，实现部门性专业救援队伍的一队多能，促进专业救援队伍与兼职救援队伍的有机结合。(2) 分工合作的原则。具体措施是：打造具有特色专长的专业救援队，突出其各自在专业领域里的优势，同时锻造其多种应急救援能力。在公共危机的处置过程中，以部门性专业队伍为主力，以其他部门专业性队伍为补充，综合性应急救援队伍为总预备队，兼职救援队伍为外围。(3) 军民结合的原则。具体措施是：发挥军队、武警、民兵预备役部队在抢险救灾、处突维稳中的巨大作用，开展应急救援技能训练。(4) 社会参与的原则。具体措施是：政府扶植企业，特别是大型国有企业的专业救援队，鼓励以志愿者为主体的兼职应急救援队伍的发展。

第二，应急预案的编制。通俗地讲，应急预案就是处置公共危机的应急计划。它是危机管理者和相关社会公众在应急管理活动中的行动方案。应急预案的基本内容包括：对紧急情况或事故灾害及其后果的预测、辨识、评价；应急各方的职责分配；应急救援行动的指挥与协调；应急救援中可用的人员、设备、设施、物资、经费保障和其他资源，包括社会和外部援助资源等；在发生紧急情况或事故灾害时保护生命、财产和环境安全的措施；现场恢复；其他，如应急培训和演习规定、法律法规要求、预案的管理等①。编制应急预案的主要意义在于：(1) 明确公共危机管理相关主体的责任范围和角色期待与分工，保证公共危机管理活动有条不紊地进行。公共危机管理的主体是多元化的。如果没有预案，各相关主体就可能发生角色冲突或推诿扯皮，贻误时机。(2) 有助于辨识潜在风险，避免或防止公共危机扩大或升级，最大限度地减少危机给社会公众的生命、健康和财产造成的损失。(3) 有助于将公共危机处置与响应的步骤与措施“格式化”，提高应对效率。(4) 有利于培养全社会居安思危的忧患意识，塑造预防为主的安全文化氛围。当然，其前提是让社会公众参与预案的制订或向社会公众广泛宣传预案。

第三，应急保障体系建设。依法治国理政是中国政府的一个基本理念。在塑造法治政府、责任政府的过程中，中国必须建立强有力的应急法律体系，使应急行为有法可依、有法必依、执法必严、违法必究。目前，中国已经站在国家安全与公共安全的高度，出台了

① 刘铁民. 应急体系建设和应急预案编制. 北京：企业管理出版社，2004：21.

一部公共危机管理的“基本法”——《突发事件应对法》。这部法律的出台标志着中国公共危机管理法制化进程取得了巨大的进步。长期以来，中国危机管理的相关法律、法规通常是调整某个单一灾种的部门法，如《中华人民共和国消防法》《中华人民共和国防震减灾法》等。这已不能适应现代危机管理对多灾种综合性应对的要求。《突发事件应对法》的颁布和实施有力地扭转了这一局面，因为它具有以下两个明显的特征：《突发事件应对法》既规定行政部门在紧急状态下可以行使行政紧急权，又维护了公民权利，防止政府滥用紧急行政权，力求在二者之间形成一种平衡；《突发事件应对法》综合性地应对自然灾害、事故灾难、公共卫生事件和社会安全事件，而不是调整其中的某一类公共危机。目前，“我国已相继制定突发事件应对法以及应对自然灾害、事故灾难、公共卫生事件和社会安全事件的法律法规 60 多部，基本建立了以宪法为依据、以突发事件应对法为核心、以相关单项法律法规为配套的应急管理法律体系，突发事件应对工作进入了制度化、规范化、法制化轨道”①。

第四，加强公共安全教育。公共安全教育是公共危机管理的一项重要工作。社会公众能否采取及时、有效的逃生行动，能否做到临危不惧、临危不乱，在很大程度取决于他们对于风险的认知深浅，取决于他们是否有足够的自救、互救意识和技能。因此，开展公共安全教育对于公共危机的准备来说是不可缺少的，可以从多方面提高社会及公众的风险应对能力。其一，增强忧患意识。公共安全教育可以向社会公众传授有关公共危机的知识，增强防范公共危机的意识。其二，提升风险认知能力。因为人是受意识支配的动物，如果不能对风险有正确的认知，人就不会采取正确的避险行动，公共安全教育可以使人树立正确的风险意识。其三，提高自救与互救技能。公共安全教育可以培养社会公众危机状态下自救与互救的技能。其四，增强公众批判力。公共危机发生期间，各种流言蜚语很容易滋生，如果社会公众缺少公共安全教育，就很容易听信谣言或流言，甚至采取非理性的过度响应的行为。其五，塑造公众良好的心理素质。公共危机发生后，人最需要的是镇定、信心和勇气，但镇定、信心和勇气不是与生俱来的，而是与公共安全教育分不开的。只有接受了适当的公共安全教育，社会公众才能做好应对危机的心理准备，关键时刻才能及时应对。

3. 公共危机的响应

响应是公共危机管理的核心环节。有时，即使采取了严密的防范措施，也不能完全避免公共危机的发生。当公共危机发生后，危机管理要在精心准备的基础上，根据危机的性质、特点和危害程度，及时组织有关部门，调动各种应急资源，对危机进行有效的响应与处置，以降低社会公众生命、健康与财产所遭受损失的程度。响应行动既要减少危机的初始影响，也要减少危机有可能引发的二次影响。减少危机初始影响的行动包括“确保受影响区域的安全，疏散危险地带人员，对伤者进行搜救，提供应急医疗救护，为被疏散者和其他受害者提供避难场所”。此外，危机管理者还要在相应阶段防范和处置二次灾害，如“震后扑灭城市火灾、防止有害物质泄漏，洪水发生后识别供水系统受到的污染或其他公

① 华建敏. 我国应急管理工作的几个问题. 人民日报，2007-12-27.

共卫生威胁，有害物被排放到水库中后识别受污染的野生动物或鱼类”①。

公共危机响应程序包括十个重要环节：

第一，接警与初步研判。危机管理部门及“110”“119”“120”“122”等单位的值班人员在接到事发地有关部门或社会公众的报警后，应详细询问、记录有关情况，其中包括事件发生的时间、地点、性质、规模及人员伤亡或财产损失情况。之后，接警人员应视危机的严重程度，向相关部门及时报告。有关部门在接到报告后，应尽快组织相关工作人员，对危机的级别和管辖范围进行初步的研判。在危机超出自身管辖权范围时，应迅速向上级机关报告。

第二，先期处置。不论是哪一级的突发事件发生，事发地在迅速上报的同时，应派人员迅速赶往危机现场，核实、观察有关的情况和发展态势，并就近组织应急资源进行先期处置，防止危机扩大升级。与此同时，现场工作人员应当边处置、边汇报，不断将危机的最新信息传递给管理部门。

第三，启动应急预案。危机的级别被确定后，按照分级响应的原则，拥有相应管辖权的部门应启动应急预案，调集应急救援队伍、应急救援物资，派出应急协调人员和专家赶赴突发事件现场，并成立危机管理现场指挥部。交通部门应全力保障救援队伍和救援物资尽快到达事发现场。当然，在危机继续扩大、升级的情况下，所启动预案的级别应相应地做出调整。

第四，现场指挥与协调。现场指挥部应由有关部门、军地领导、专家学者联合组成，履行对危机处置进行协调的职能。指挥部选址应遵循安全、就近的原则。现场指挥部应根据危机的现状和趋势，科学、合理、果断地确定应急救援方案。现场指挥部一经确定，就必须被赋予现场救援的完全管辖权。

第五，抢险救援。在应急救援的过程中，各相关部门应各司其职、密切协作，有关队伍服从指挥、相互配合。警察应封锁现场，设立警戒区域，进行交通管制，维护现场秩序，确保道路交通的畅通，并防止刑事犯罪的发生；医疗卫生部门应派出医护人员赶赴现场，救治、转运伤员；环保部门应对事故现场进行环境监测；专业救援队伍应携带专业救援装具赶赴现场救援。必要时，武装力量也可投入应急救援之中。

第六，扩大应急。在进行危机处置时，如果事态恶化、难以遏制，危机现场指挥部应启动扩大应急机制，及时向上级政府请求支援，加大应急救援队伍、物资、装备、资金等方面的投入力度，防止危机进一步恶化。

第七，信息沟通。危机管理现场指挥部应将危机的发展情况和处置的信息及时上报给有关政府部门，并建立新闻发言人制度，将处置的最新信息发布给社会公众，以避免谣言和流言，做好社会舆论的引导工作。

第八，临时恢复。救援活动结束后，环保部门也要对受危机影响地区进行监测，卫生防疫部门要对疫病的流行进行监控，防止次生、衍生灾害的发生。同时，有关部门要清理现场和废墟，进行人员清点和撤离，解除警戒，开展善后处理和事故调查等。

第九，应急救援行动结束。现场指挥部撤销，应急预案关闭，应急救援行动结束。当

---

① PERRY R W，LINDELL M K. Emergency Planning. New Jersey：John Wiley & Sons，Inc.，2007：7.

公共危机的威胁和危害得到控制或消除后，履行统一领导职责及组织处置工作的管理部门应当即刻停止已采取的应急处置和危机响应措施。

第十，调查评估。对公共危机的起因、性质、影响、责任、经验教训等问题进行调查评估，并依法追究相关责任人的责任。特别需要强调的是，调查评估主要是一个学习的过程，而不是一个责任追究的过程，因而应防止“重问责、轻学习”的倾向。

4. 公共危机后的恢复

公共危机的发生扰乱了社会生产生活秩序，给社会公众的生命、健康和财产造成了巨大的损失。当危机事态得到有效控制后，公共危机管理也就从以抢险救灾为主的阶段转为以恢复为主的阶段。所谓“恢复”，是指按照最低运行标准将重要生活支持系统复原的短期行为，也指推动社会生活恢复常态的长期活动，如清理废墟、控制污染、提供灾害失业救助、提供临时住房等。恢复开始于危机响应行动即将结束时。恢复的近期目标是恢复灾区的基础设施。基本的基础设施包括供水、污水、电力、燃料、电信和运输系统，最终目标是使危机影响区域的生活质量恢复到灾前的水平。

就恢复的内容而言，要着重于消除公共危机的影响：

第一，消除公共危机的社会影响。恢复需要使社会生活重新获得秩序，为社会公众提供基本的民生保障，使整个社会呈现常态运转的态势，如修复卫生设施、为灾民提供临时住宅和必要的生活物品等。在此过程中，恢复要注意以下问题：一是严防次生灾害的发生，确保灾区民众的安全，如在拆除受损的建筑物时设立警戒线；二是保障灾后需求突然膨胀后重要物资的供应，如药品等；三是特别关注老人、儿童、残疾人等弱势群体，满足其特殊的需要。

第二，减轻公共危机造成的环境影响。危机的环境影响可分为两类：人工环境影响和自然环境影响。从人工环境的角度看，恢复要完成的任务包括：修复或重建居民住房，尽快使灾民安居乐业；修复或重建商业设施或工业生产设施，确保商业和工业生产运转的持续性，保持受灾地区的经济活力和发展的连续性；恢复或重建农村基础设施，保证农业生产的顺利进行；恢复或重建关键性的公共设施，特别是从功能及象征意义两个角度看特别重要的设施，如灾区的地标性建筑；恢复或重建“生命线”设施，使水、电、气、热、通信、交通等基础设施及服务支撑系统的问题优先得以解决。从自然环境的角度看，危机的影响主要包括生物多样性和生态系统受到严重的影响。灾难或灾害可能会使一些珍稀动物失去栖息地和赖以维持生命的食物，污染事件可能会损坏地方的生态系统，令某些物种濒临灭绝。此外，废物的处理及污染的管理是一个必须面对的挑战。特别是，在恢复的初期，危机及其应对活动所产生的废物和污染问题必须妥善加以解决，严防重大灾情、疫情。

第三，降低公共危机的经济影响。危机对经济的直接影响非常大，间接影响难以评估。危机的经济影响可以从个人、企业、政府三个层面加以审视。个人在恢复重建中需要得到支持和帮助以维持生计，如确保就业安全等。同时，民众也可以通过购买行为，拉动地区消费为灾区所在地经济的增长做出贡献。在恢复重建中，有关部门要帮助企业尽快恢复或重建生产设施，最大限度地保护企业的财产安全，也要为企业提供有关决策与规划的信息，还可以通过刺激消费者信心增长的方式帮扶企业。此外，政府在恢复重建过程中要发挥对宏观经济的调控作用，对灾区企业实施税收减免政策，为个体经营者提供小额贷款。同时，中央政府还可以为灾区企业积极拓展海外市场创造条件。

第四，消除公共危机的心理影响。危机往往会给一定数量的社会公众造成负面的心理影响，甚至造成严重的心理创伤。对此，有关部门在恢复的过程中，要为这部分社会公众提供心理咨询服务，开展心理危机干预，进行心理辅导。

公共危机后的恢复大致要经过准备、计划、实施、验收、反思五个阶段。准备阶段的核心工作是建立危机恢复重建领导小组，主要负责对受灾地区的状况进行全面的评估，并做出损失评估报告。计划阶段的重点任务是危机恢复重建领导小组根据第一阶段损失评估情况，制订具有针对性的恢复重建计划，并向执行部门和社会公众公布。实施阶段则为恢复重建动员、准备、整合各种资源；实施恢复重建计划。验收阶段主要对恢复重建工作进行验收与评估。反思阶段，人们要站在应急管理整体的高度，对恢复重建工作进行反思，并将经验及教训纳入未来防灾、减灾的规划中。积极的恢复重建应当体现出未雨绸缪的思想。也就是说，恢复重建并不是开始于灾后，而是始于公共危机应对的前期，在危机发生时，危机管理部门就要根据风险评估的情况，考虑制订灾后恢复重建计划。

10.2　公共危机管理的回应性机制

公共危机管理的机制是指人们为及时、有效地预防和处置公共危机而建立起来的工作制度、规则与程序。公共危机管理的回应性机制源于危机管理的经验总结与提升，是对公共危机管理的一种时间序列的提炼与安排。回应性机制主要包括：预测预警机制、信息报送机制、决策机制、处置机制、信息发布机制、社会动员机制、恢复重建机制和调查评估机制。依据它们在公共危机管理过程中的时间先后，可以将其归纳为公共危机管理的前置机制、应对机制和延展机制。

10.2.1　公共危机管理的前置机制

1. 预测预警机制

预测预警机制的主要功能在于：预测可能发生的公共危机及其危害程度，督促社会公众做好应急准备，启动应急响应，最大限度地降低危机所导致的损失，为有效地应对危机赢得宝贵的时间。预测预警的关键点主要包括：获取丰富的实时数据以支撑预警；根据数据，判断报警的临界点；采用受众容易接受的标准化预警术语；通过多种通信渠道，将警报发送给处于风险中的民众及有关应急响应者；教育、培训公众，使其有能力采取适当的行动；定期评估预测预警的效能；等等。

以往，人们特别强调预测预警中的技术因素，突出科学知识与技术的重大作用，表现出很强的科技中心导向。但是，预测预警还具有不容忽视的制度和社会维度上的作用。如果警报的内容不容易为人所理解，如果人们的风险意识薄弱或决策产生偏差，人们就不会采取适当的行动，预测预警的目的也就无从实现。而且，先进的技术也是要为人服务的。所以，在建设预测预警机制时，需要以人为核心。具体地说，构建预测预警机制，应较好地体现三个原则：

其一，及时性原则。预测预警机制的功能就在于：在危机发生之前就识别出各种威胁，并在此基础上采取适当的措施发出警报，敦促社会公众采取行动。预测预警机制如果不能及时发现潜在的风险并传递相关的警情，也就不能为提前采取响应措施赢得宝贵的时间，其存在也就失去了意义和价值。

其二，准确性原则。准确性原则要求危机预测预警机制必须从客观实际出发，尊重历史和现实资料，分析相关因素之间的本质联系以及突发事件的演化、发展趋势，进行准确的预测和报警。警报一旦发出，公众采取应对措施，就会产生一定的成本。如果预警不准确，付出的成本就不会带来预期的收益。长此以往，社会公众对预测预警的信任度就会降低，进而导致人们对预警信息熟视无睹，预测预警机制就会变得名存实亡。

其三，全面性原则。全面性原则要求预警信息涵盖所有的利益相关者，而不能顾此失彼。在突发事件中，损失的降低程度通常与获得警报的人数成正比。为此，在预警信息的传播中，需要调用多样化的信息传递渠道，不仅要运用现代化的信息手段，如电视、广播、互联网、手机等，也要兼顾传统的预警方式，如使用高音喇叭、鸣锣敲鼓、奔走相告等。同时，传播预警信息要特别关注弱势群体，如鳏寡孤独者、残疾人、语言不通的外国人、老人、妇女、儿童等。

预测预警的效果可以用一个公式来表示：预测预警的效果＝及时性×准确性×全面性。换言之，预测预警的效果与及时性、准确性和全面性成正比关系。预测预警越及时、越准确、越全面，则预测预警的效果越好。所以，预测预警必须依靠科学，但更要以人为本。科学是手段，人的需要才是目的。在构建预测预警机制时，应当以公众的需求为转移，以最终效果为导向。预测预警多一些人性化的关怀，其效果将会更加突出。

当前，危机预测预警机制的构建和运行都离不开政府。但是，预测预警机制要为社会公众的参与预留一定的空间。社会公众的参与不仅可以分担政府在预测预警方面的负担，而且还可以促进人防与技防相结合，提高预测预警的效率。同时，非常态下的精确预警要以常态下的持续监测为基础，预测预警的最终效果还要取决于公众是否接受了报警信息并采取了响应行动。这又是与人们在正常状态下接受公共安全教育的程度、社会的准备与响应能力分不开的。因而，需要处理好常态与非常态的关系，在平常状态下就应当为迎接非常态的挑战做好准备。

2. 信息报送机制

及时、准确、全面的信息报送，有利于把握公共危机的态势，进而适当地投放人力、物力和财力以及有效地进行决策。信息报送不仅是公共危机管理中的一项前置机制，而且是贯穿于整个公共危机管理的全过程中的，在公共危机处置的过程中，信息报送同样是公共危机处置的决策以及其他行动的基础。

信息报送是政府及其有关部门、专业机构、监测网点及公民、法人或其他组织在危机管理的过程中收集、报告、传递危机信息的活动。对于政府及相关部门而言，公共危机信息报送可通过政务专网应急平台信息报告系统、电话、传真、报送文件等形式进行。信息报送过程可以分为初次报送、阶段报送和总结报送三个阶段。当危机发生，要进行初报；如果危机演化、产生次生和衍生灾害或危机处置取得新的进展，要及时地续报；处置结束后，要进行终报。在不同的阶段，信息报送内容的侧重点是不同的。初次报送强调内容的时效性。信息报送责任主体如无特殊原因，应在获得危机发生的信息后立即报告给上级政府的危机管理部门，并说明具体原因。初报的内容包括：报告单位，报告人姓名，信息来源，接报时间，发生的时间、地点、类别和简要情况。阶段报送要求“及时续报”，强调内容的连续性。信息报送责任单位要将危机的基本态势、危机响应情况、事件发展趋势和建议及时报告给上级政府危机管理部门。对性质严重、情况复杂、当天不能处置完毕的危机，要实行“日报”制度，必要时随时续报。总结性报送要求信息报送责任单位向上级政府应急管理部门报送正式文件，并附全部附件。主要内容包括：危机的基本情况，包括危机发生的时间、地点、原因、性质、涉及的人员、财产和事件分类、分级等情况；信息报告情况，包括接报时间、初次报告时间和阶段报告等情况；应急处置情况，包括预案启动时间、数量、名称等情况，开展应急处置的领导、部门、人员和设备，以及接报和到场时间、领导的指示，采取的主要措施的情况，人员伤亡和财产损失情况，事态影响的范围、控制和发展状况；善后处理情况，包括死者抚恤、伤者救治、受灾人员安置等情况，受损财物的赔偿补偿、恢复重建等情况，相关责任单位、责任人的处置、处理和相应的措施等情况。

此外，新闻媒体由于具有议程设置作用，有时也可以发挥信息报送的功能。危机管理部门可从新闻媒体的报道中获取有关被恶意瞒报的危机信息，对其中所反映的重要情况及时核实，并采取相应的应对及处置措施。基层社会单元可以结合实际情况，积极探索在企业、社区、农村、学校等基层单位建立专职或兼职信息报告员制度，建立风险隐患报告的激励等机制，以保证信息报告员在第一时间获得危机信息，并在第一时间将信息传递给有关部门，为快速开展危机决策提供依据。在信息报送中，社会公众的参与是必不可少的。政府可结合实际情况，通过统一公开的危机举报电话、短信平台、电子信箱等有效途径，接收社会公众有关危机信息的报告，并在核实后进一步报送给相关部门。

10.2.2　公共危机管理中的应对机制

在公共危机已经出现的时候，直接在应对公共危机的过程中发挥作用的机制主要有决策机制、处置机制、信息发布机制和社会动员机制。这四种机制在公共危机管理中紧密联系、共同发挥作用。

1. 决策机制

公共危机管理决策机制的重心体现在对决策者的能力和素质的要求上。在公共危机管理的过程中，管理者要在巨大的时间压力、心理压力之下做出决策。因为，危机决策是一种非常规决策，它是在信息高度不确定的状态下进行的，是一种挑战大、难度高的决策。也就是说，危机决策者所处的环境与常规决策者不同，由于信息来源于多个渠道，既模糊不清，又残缺不全，且变动不居，而且，决策者面临着巨大的时间和心理压力，这就要求危机决策者应当具有特殊的素质：

其一，需要具有决断与创新能力。危机通常是突然发生的，而且会对社会公众的生命、健康与财产安全造成严重的威胁。在危机的起因、演进和未来的发展不明的情况下，决策者不能通过民主协商的方式反复斟酌，必须当机立断，做出抉择。在紧急状态下，决策者是具有较大的自由裁量空间的，决策是否正确不仅取决于决策者的经验，还取决于决策者的胆识和创新精神。

其二，需要前瞻性的推断能力。危机决策关系社会公众的生命健康与财产安全，也关系决策者自身的前途与命运。但是，决策者掌握的信息和时间都非常有限，而且决策的后果也难以预料，这就需要决策者在处置突发事件的既有经验基础上具有前瞻性的推断能力。

其三，灵活应变能力。危机情势会不断地发生变化。这要求危机决策者能够灵活、机动地驾驭危机情势，具有很强的权变决策能力和灵机决断能力，做到临危不惧、处变不惊、多谋善断、灵活果敢。

2. 处置机制

公共危机的处置机制主要由七项措施构成，它们是：

其一，救助性措施。危机处置要坚持“以人为本”的原则，将社会公众的生命安全放在首位。危机即将发生或已经发生时，危机管理部门必须有效地组织人员对伤者进行救治，组织已受到影响或可能受到影响的社会公众进行安全疏散，并予以妥善的安置。

其二，控制性措施。危机发生后，管理部门应当对危险源、危险区域和所划定的警戒区逐层实施有效的静态控制，同时进行交通管制以实施有效的动态控制。这样，处置活动就会有一个比较有利的外部环境，危机的扩散和升级就能够得到有效的遏制，应急救援队伍、装备和物资也能够顺利地到达事发现场。

其三，保障性措施。危机发生后，基础设施部门应当及时修复被灾害损毁的公共设施，如公路、机场、码头、铁路等。基础设施的修复不仅有助于恢复社会生产、生活的正常秩序，稳定社会公众情绪，还可以为应急救援队伍、装备和物资的运输创造有力的保障条件。此外，在应对危机的过程中，危机管理部门还要确保食品、饮用水、燃料等基本生活必需品的供应，使社会公众有水喝、有饭吃、有地方住、患病可及时得到医治，实现大灾之后无大疫。这些都是受灾时民生保障的基本措施，可防止受灾地区社会矛盾激化。

其四，预防性措施。在危机处置的过程中，危机管理部门不仅要着力减轻已经造成的损害结果，还要对有关的设备、设施以及活动场所潜在的风险进行排查，并采取有效的预防性措施，防止社会公众蒙受新的损失。同时，危机管理部门还要注意防止各种次生、衍生事件的发生，比如自然灾害引发的群体性突发事件。

其五，动员性措施。危机处置不能缺少强有力的资金、物资和人力保障。危机管理部门需要启用本级政府的财政预备和应急物资储备。必要时，危机管理部门可紧急征用企业、社会所储备的物资、设备、设施、工具。当然，处置活动结束后，政府应给予被征用单位适当的补偿。这样，紧急征用活动才具有可持续性。

其六，稳定性措施。危机发生后，商品供应可能出现短暂的奇缺。一些人可能会囤积居奇、哄抬物价、制假售假，扰乱市场秩序。还有些不法分子趁火打劫，可能利用危机造成的混乱局面进行违法犯罪活动。这些都会造成不必要的社会混乱，干扰处置工作的开展。危机管理部门应协调国家执法机关，采取有效的稳定性措施，严厉打击违法犯罪活动，为危机处置创造一个良好的外部环境。

其七，协调性措施。在处置公共危机的过程中，协调联动至关重要，部门分割、条块分割、地域分割、军地分割的局面必须被打破。如果公共危机危害程度高、影响范围广、处置难度大、需要不同部门及多种力量进行合作处置，危机管理者应建立规格较高的危机协调中心，促进各方的合作。为此，危机管理者在平时就要鼓励各相关部门及力量签订互助协议，磨合协同机制。

3. 信息发布机制

危机的信息发布是由法定的行政机关依照法定程序将其在行使危机管理职能的过程中所获得或拥有的危机信息向社会公众公开的活动。信息发布是保障公民知情权的需要，还是对政府权力行使进行民主监督的需要，也是提高预防与处置危机效率的需要。信息发布的主体是法定行政机关，即法律、法规所规定的信息发布部门；信息发布的客体是广大的社会公众；信息发布的内容是有关公共危机的信息，主要指公共信息，涉及国家秘密、商业秘密和个人隐私的政府信息不在发布的内容之列；信息发布的形式是行政机关主动地向社会公众公开，而且以便于公众知晓的方式主动公开。

在信息发布中，必须遵循的基本原则包括统一性原则、真实性原则、及时性原则、连续性原则、公众导向原则。信息发布的方式多样，但不同方式发布的信息内容必须具有一致性，做到数据统一、口径一致。真实性是信息发布的生命力所在。缺少真实性保障，信息发布没有任何意义，而且，政府的形象会受损，公信力会下降，小道消息将充塞信息空间，出现流言、谣言盛行的情况，而社会则可能会陷入过度恐慌的状态。信息的价值随着时间的流逝而递减。信息发布必须迅速及时、快捷、高效，否则，它就不能起到应有的作用。信息发布要注意保持连续性，定期或不定期地向社会发布危机处置最新进展情况。在确保国家安全、公共安全、经济安全、社会稳定的前提下，危机管理部门要尽可能多地提供公众亟须获取的信息。同时，在信息发布的形式与技巧方面，也要考虑公众的可接受性与理解能力，如尽量使用通俗易懂的语言等。

4. 社会动员机制

危机的社会动员是指为成功预防和应对非战时状态下的危机而有效地调动政府、市场以及其他的非政府组织中的人力、物力与财力的活动。从本质上看，社会动员是政府资源与非政府资源以危机管理为导向的整合，也是社会应急潜力向社会应急实力的转化。从动员规模上看，危机社会动员可以分为局部动员和整体动员。局部动员是指针对某一范围内的部分地区所实施的社会动员，而整体动员则是在某一范围内的整个地区所实施的社会动员。从动员对象上看，危机社会动员可以分为应急人力动员、应急物资动员、应急财力动员、应急避难场所动员、应急交通运输动员等。从动员时序来看，危机社会动员可分为前期动员、中期动员与后期动员三类。

危机管理是社会管理与公共服务的重要内容，在大力倡导法治的今天，危机管理部门更要实现依法动员。所谓的依法动员，就是要以国家现行的法律、法规为依据，确保社会动员行为的合法性，在有效处置危机的同时，使社会公众的权益得到最大程度的保障。其一，社会动员要充分贯彻人权保障的原则，为维护公共秩序、确保公共利益，政府可以在社会动员过程中行使行政紧急权，但不能滥用行政紧急权。其二，社会动员要遵循有条件的强制性原则。社会动员有时要牺牲局部利益以保障整体利益、牺牲某些人的利益以保障大多数人的利益、牺牲眼前利益以保障长远利益。因而，社会动员要以法律为依据，以政府的合法强制力为最终保障。这种强制性也是应急法制中“比例原则”的具体表现：“比例原则要解决的重要问题就是自由裁量权的行使。我们知道，即便是最完美的法律也难以穷尽在突发危机状态下的复杂情况，当为了挽救突发危机需要采取必要的行政措施而又没有法律的授权，应该允许政府有一定的自由裁量权，决定行使必需的紧急权。这种‘超出法律范围’的行政自由裁量权必须在一定的比例范围之内，以必要性为限。”① 其三，社会动员需要辅以合理补偿的措施。在市场经济条件下，对于危机社会动员（尤其是强制性社会动员措施）给企业、家庭及公民个人带来的物质、经济损失，政府应该在进行科学评估的基础上，给予合理的补偿，以保护社会力量参与危机管理的主动性和积极性。

10.2.3 公共危机处置的延展机制

在应对公共危机取得了阶段性成果，即公共危机状态得到基本消除的情况下，就需要正式启动公共危机处置的延展机制，它主要包括恢复重建机制和调查评估机制两个方面。

1. 恢复重建机制

建立恢复重建机制的首要目的是消除公共危机的消极影响。危机发生后，即便是危机管理部门有效地组织了各种社会力量积极应对，其所造成的社会、环境、经济和心理影响也不能完全消除。在这种情况下，政府必须稳定社会秩序，组织群众生产自救、群体互救，重建家园，使灾区的生产生活恢复正常，百姓安居乐业，最大限度地消除危机的不利影响。

恢复重建必须要避免二次灾害的发生。危机处置结束后，次生、衍生灾害发生的可能性并没有完全消除：灾害链可能会在现场处置结束后继续延伸，引发新的危机；处置措施不当也可能引发二次灾害，如在暴风雪灾害中大量使用融雪剂可能会导致路边树木花草的枯死以及道路两边水源的污染；危机结束后因灾致贫、因灾致病或因灾致残者如得不到妥善的救济，生活陷于潦倒状态，可能会产生严重的反社会倾向；危机过后，如果心理干预不及时，则会产生影响社会和谐与稳定的因素，这将成为诱发危机的隐患。

恢复重建机制中还应包含一项内容，那就是促使人们总结教训，加深对公共安全问题的认识，进而提高全社会的抗风险能力。在恢复阶段，人们将对危机及其应对进行深刻的反思，并将反思的结果体现在应急减缓与准备计划中。恢复重建不仅仅标志着危机应对的结束，更为重要的是要以恢复重建为契机，增强社会公众风险防范意识，提高突发事件的应对能力。此外，在恢复重建阶段，政府需要有效地整合各种社会资源，提倡相互支持、自救互救，增强社会凝聚力与民族凝聚力。

恢复重建要着眼未来，要为社会经济的发展创造机遇。危机本身是需要着力加以预防、应对的，它所造成的影响总体来说是负面的和消极的。但是，如果人们善于化危害为转机，那么，恢复重建就可以促进经济社会的发展。这主要取决于“两个效应”：一是学习效应。灾害可以使人们学到比平时更多的东西，使灾害中所损失的在社会发展中得到加倍的补偿。二是后发效应。灾害可能会为灾区经济社会创造重新谋划、重新发展的机遇。如果人们把握适当，就可以实现经济社会发展模式的更新换代，进而体现出后来居上的

---

① 刘宪权，朱德才．和谐社会视野下突发危机应对机制的建立．现代法学，2005（6）．

态势。

在恢复重建机制中，应遵循以下行动原则：（1）全面恢复，突出重点。恢复重建不仅要整体规划，全面消除灾害对社会、环境、经济乃至社会公众心理的影响，也要分步实施，首先对灾区的生命线系统进行恢复。（2）公平公正，关注弱者。在恢复重建中，一定要遵循公平公正的原则，对灾区社会公众进行救助。不同的地区、不同的人群面对同样的灾害，因为脆弱性高低不一，其受损程度是不同的。因此，老人、儿童、残疾人等弱势群体、经济欠发达地区、受灾严重地区在恢复重建中得到的救助应该更多。（3）生产自救，多样补偿。在恢复重建中，既要鼓励灾区民众自力更生，自觉地展开生产自救，避免出现一味依赖政府救助的倾向，同时，也要启动社会化的补偿机制，通过商业保险、社会保险等多样化的补偿形式，使灾区尽快地恢复生产、生活秩序。科学合理的灾害损失补偿可以发挥四方面作用：保证受灾人民的基本生活条件，避免灾民因灾陷入困境；保障社会再生产的顺利进行，避免生产因灾中断；恢复被灾害打乱的生活与工作秩序，避免社会失控；增强抵御各种灾害的能力。（4）面向未来，寻求发展。在恢复重建的过程中，不能仅仅消除某一次危机的消极影响，还应该总结经验、汲取教训，增强社会防灾、减灾的能力。同时，还要善于抓住机遇，放眼未来，使灾害成为灾区经济社会发展的新起点。

2. 调查评估机制

公共危机管理中的调查评估是对危机及其预防和处置所进行的考察，目的是获取必要的相关信息，并在此基础上开展评价与判断。根据组织活动形式，可以将调查评估分为非正式调查评估和正式调查评估；根据调查评估主体，可以将调查评估分为内部调查评估和外部调查评估；根据调查评估的目的，可以将调查评估分为对危机原因的调查评估、对危机过程的调查评估、对危机结果的调查评估、对危机影响的调查评估等。

无论是哪一种形式的，也不管是由谁来实施的以及针对哪一个方面的调查评估，都需要遵循如下几项基本原则。（1）客观性原则。调查评估是一项严肃的工作，必须具备客观性，即通过调查获得的数据和通过评估得出的结论必须与事实相符合，从而使危机的起因、性质、影响等因素在调查评估的过程中得以真实再现，而不能有任何的篡改和歪曲。不符合客观性原则要求的调查评估是没有意义的，也不可能有说服力和公信力。（2）独立性原则。调查评估的主体要具有独立性，其任务只能是如实调查危机的事实和影响，客观地评估危机管理部门工作的绩效，而不能为其他外部因素所扰动。独立性原则是客观性的重要保证，没有独立性，调查评估就难以实现客观性的要求。（3）规范性原则。规范性是指调查评估的程序、指标、标准、内容、结果等应形成相对稳定的模式，而不能随意更改。其意义体现在三个方面：一是可以减少调查评估的成本；二是可以保证调查评估的质量，避免出现避重就轻的现象；三是可以增强横向和纵向的可比性、规范性，有利于不同区域、层级的政府对调查评估的结果进行比较。（4）公众参与性原则。在调查评估过程中，要采取多种措施，尽可能地吸纳社会公众作为调查评估的主体。（5）目标导向性原则。调查评估的终极目的是提高危机管理的效能，而不仅仅是分出优劣、奖勤罚懒。当然，在危机管理调查评估的过程中，责任的调查与追究是一个重要内容，但它只是实现危机管理效能提高的一个手段，而不是主要目的。

调查评估是一项复杂的系统工程，在实施评估之前，人们需要进行周密的组织和准备工作。准备阶段不仅是调查评估工作的基础和起点，也是调查评估顺利进行的重要保障。充分的准备工作可以保证调查评估工作有计划、有步骤地开展，避免主观随意性和盲目性。调查评估是一个理论与实际相结合的研究过程，它对调查评估人员的专业素养要求很高，调查评估人员的专业素质将直接影响调查评估的质量。因此，必须选择适当的调查评估人员，构建具有高水准的调查评估队伍。在选择调查评估小组成员时，要坚持独立、公正的原则，从源头上保证调查评估的公信力。此外，从技术上说，调查评估组组长和组员总数应为奇数，在出现分歧时有利于投票表决。在开始实施调查评估前，还应制订切实可行的方案，作为调查评估的依据和内容。在实施调查评估时，要遵循调查评估方法的基本程序，以保证其科学性。调查评估的最后一个环节就是要写出书面调查评估报告，阐释危机发生的经过，做出相关的价值判断，提出改善危机管理的政策建议。调查评估报告需提交有关领导和实际部门或通过某种方式加以公开，作为以后开展危机管理工作的参考。

10.3 公共危机管理的合作机制

公共危机管理的回应性机制是建立在工业社会的理性之上，以分工与协作为基本的行为关系，短时期内能够较好地应对某些危机，但当危机的不确定性与复杂性递增时，将会暴露出保守性与滞后性。20 世纪后期，公共危机呈现出总体性和高度复杂性的特征，惯常的事务能够跨越职能和空间的界限迅速升级和迁移，形成威胁政府和社会核心价值的严重危机，这就要求在全社会的意义上促进合作行为的普遍化。相应地，公共危机管理需要建立起一种适应新时代要求的合作机制。

10.3.1 公共危机管理合作机制的释义

“危机”事件是“风险社会”的必然产物。20 世纪 80 年代，德国社会学家乌尔里希·贝克（Ulrich Beck）提出“风险社会”理论。后来，英国社会学家安东尼·吉登斯（Anthony Giddens）又丰富和完善了这一理论。贝克所讲的风险社会是后工业化过程中的一种社会现象，即各种自然与人为的事故与灾难频繁发生，如自然灾害、核事故、传染病、恐怖主义袭击等。的确，在当今社会历史阶段中，社会风险出现了许多新的特征，如风险的扩散性与影响的全球性、风险的不可预知性、风险的平等性等。如今，世界各国之间的经济社会联系越发密切，呈现出某种“一荣俱荣，一损俱损”的态势。在应对重大公共危机方面，人类必须同舟共济、彼此合作、风险共担。在未来很长的时期内，政府仍将是危机管理的核心主体，然而，当社会危机事件频发、流动性急速增强时，仅仅依靠政府来化解危机是不够的。在这种情况下，政府必须充分吸纳广泛的社会治理力量参与危机事件管理之中，打造出一种足以适应时代发展的公共危机管理的合作机制。

公共危机管理回应性机制中的前置机制、应对机制、延展机制是从属于时间序列架构的。公共危机管理的合作机制既贯穿于这种顺序安排，又超越此种常规机制，体现出一种网络特征，是公共危机管理的新视角与新思路，提出了危机管理的发展方向，强调行动主体的自主性、能动性及创造性。公共危机管理合作机制是人类走向后工业社会的一种制度创新，是超越农业社会互助形式以及工业社会协作机制的全新的体系安排，是以社会组织及个体的共生共在这一事实为前提的，告别了个人主义思想与理论，是当下时代必须担负的构建任务，即负责任的共同行动方式和系统结构。需要说明的是，合作制机制与回应性机制相互关联，回应性机制所构建的流程体系及方案措施可以为合作机制的展开所用，但是回应性机制是一种被动的机制，是个体自主性尚未得到彰显的机制，是短期内各国政府应对危机管理的习惯使然。而合作机制是在把握了人类社会走向和风险社会特征基础上，自觉主动地纠正当前危机管理中的合作不足和表面合作的积极尝试。

从现实来看，即使在危机发展的某个关键节点，不同群体及部门间出现了合作行动，但这种合作是短暂的，难以持续，因为缺乏一种合作机制来促进持续的合作行动。就当前中国公共危机管理实践而言，就出现了协调机制不完善，缺乏合作机制的问题。从体制建构来看，由于行政体系的条块分割、地域隔阂等原因，危机管理整合能力被分散，这造成各级联动单位各自为战、信息封锁，呈现内部化、碎片化管理模式，合作协调机制的缺失严重制约危机管理效果。

目前，一些学者正在探讨建立公共危机管理中的合作机制，然而，他们大多是以工业社会契约关系下的“分工-协作”为研究对象，关注的是多元线性结构下的协作，也就是说，这些学者正在创建的公共危机管理合作机制实际上是“协作机制”。协作是建立在工具理性基础上的，发生在结构化系统之中，较容易进行科学化和技术化建构。在后工业化进程中，社会深层的不确定性与复杂性把危机事件推展出来，使公共危机管理成为一种常态管理。基于协作的公共危机管理在应对不确定性快速增长时，会遭遇制度成本上升的问题。制度成本的增长不可能是无限的，当社会复杂性与不确定性增长到某个临界点的时候，通过制度去控制复杂性与不确定性可能会变得无效。因此，需要我们改变制度建设的思路，不应把制度看作控制复杂性与不确定性的物化设置，而应当把制度看作存在于复杂性和不确定性之中的和适应复杂性和不确定性条件下人的行动及共同行动要求的制度，这就是合作的制度①。合作的制度作为反映社会价值判断和价值取向，调整社会主体交往活动及社会关系的规范性体系，具有宏观性与根本性。公共危机管理合作机制从属于这种合作制度，致力于通过制度系统内部要素相互作用实现特定功能，具有灵活性与易变性，各组织部分与环节相互促进、相互作用，是应对全球风险社会的实际需要。

10.3.2　公共危机管理的合作格局

近年来，由于公共危机事件的频繁发生，公共危机管理已经走出专业教科书而被人们所熟知。公共危机管理过程离不开全体利益相关者的危机决策，而危机情境中的主体态度与行为选择却可能出现“一致性”或“冲突性”。一致性指的是危机管理中利益相关者具有相同的诉求，能够对危机管理方略达成一致；而冲突性指的是利益相关者的诉求与主张不同。为了实现危机决策中的“一致性”，工业社会危机决策的惯用思路是采取“利益交换”的原则，来换取具有不同偏好和诉求的利益相关者的一致认可，但随着后工业社会的

---

①　张康之. 合作的社会及其治理. 上海：上海人民出版社，2014：185-187.

到来，风险社会暗喻着人类的平等性，所有人都平等地出现在风险覆盖的界域内，“简单地计算利益是否一致”逐渐显露出“不成熟”。承认人类的相互依存，成为决定公共危机管理格局的最深刻动因。

公共危机管理的合作格局是公共危机管理合作机制的主体性要件，反映多元公共危机管理主体间力量互动平衡的态势，从根本上反对政府的控制追求，要求政府扮演好引导者角色。因为社会的高度复杂性与不确定性加剧了政府的控制失灵，政府的控制能力不足导致局面更加严重，因此如果继续追求控制取向，将会使政府陷入与社会全面对立的境地①。如果控制对象是不可控制的，那么反弹回来的就是危机。而当这种不可控制的局面已经出现时，政府必须做出终结控制的准备，需要在与社会的合作治理中发现自己的价值，在合作治理格局中扮演引导者的角色，促进社会力量逐步发展，使社会生活逐步获得自主和自由。政府的社会控制意识与行动弱化，转而为社会生活提供基本原则，为多元社会力量确立制度框架，都可以看作政府扮演引导者角色的演练。公共危机治理格局中政府引导角色的确立，改变了传统社会中治理者与被治理者相分离、相对立的图式，能够缓解集权政府在多种情况下的紧张与矛盾，避免政府与社会的紧张关系演化为冲突危机事件。公共危机治理格局中，政府起引导作用，政府与非政府组织、社区、企业与公众个人等参与危机治理中的所有相关方是平等关系，并不存在中心与边缘的划分，发号施令与服从命令的关系也已消亡，所有的合作行动既是行为目标也是行为过程。在公共危机管理的合作格局中，就政府与社会的关系而言，既不是社会的放任也不是政府的控制，而是把社会中的自主与自由凝聚到危机管理这一共同方向。

在公共危机管理的实践活动中，人与人之间的合作行为，会呈现出逐渐减少的趋势，例如，在重大灾害与危机面前，人们能表现出高度的信任与合作，但灾后恢复中，信任关系与合作行为却容易瓦解。这是由当下的组织设计对人性积极方面的压抑和破坏决定的。因此，公共危机管理合作格局的持续，首要的任务是终结普遍存在的“组织就是控制体系”这一观念，需要根据合作理念重建组织，促进组织结构的非中心化。合作格局的建立离不开对合作本性的认知，合作本性并不是先定的，而是人类文明发展的结果。合作以信任为基础，合作主体秉持合作理性，在理性把握主体与客体二分前提下实现的重新融合，是对主体与客体二分的超越，“他人”与“我”的共在既是生存需要，也是自我实现的路径②。工业社会进程中，人的异化使个人与他人对立，加之社会的组织化使人无所不包地被组织编织起来，人消失了。正是人与组织间的根本矛盾和冲突，把人类引入了风险社会状态，受合理性思维惯性支配，人们在进一步强化或优化组织的机械功能方面应对危机事件，却在高度复杂性与不确定性的现实中越陷越深。因此，需要用新的体制方案替代官僚制组织，合作制组织就成为公共危机管理合作格局得以形成的保障。合作制组织是一个开放的组织，成员在对组织做出承诺并接受组织规范的同时，仍拥有自治和自由，区别于控制导向的组织对成员自由的剥夺。合作制组织在形式上是变化的，会随着目标、任务、环境而变动。虽然危机具有不确定性，但合作制组织却能维持一种稳定的合作秩序来应对危

① 张康之. 论政府行为模式从控制向引导的转变. 北京行政学院学报，2012（2）.

② 张康之. 论共同行动中的合作行为模式. 社会学评论，2013（12）.

机，通过更大的自觉性与主动性去创造性地确立合作的目标及行动，合作制组织的成员与环境保持着积极的关系，坚持共生共在的前提以确保合作格局持久有效。

10.3.3　公共危机管理合作机制的运行

公共危机管理合作机制的运行路径，包括：开放的信息交流、互惠的决策权分享、自愿的资源共用。任何一个环节都离不开合作性质的共同行动，因为只有通过合作才能保证公共危机管理合作机制顺利运行，才会形成有效的公共危机管理能力。

1. 开放的信息交流

危机的突发性及紧迫性要求收集、分析、汇总危机信息时，必须遵循及时、准确且全面的原则，而危机的不确定性，又制约着信息获取、交换与传播的及时、准确与全面。从构成元素看，信息交流机制包括信息源、信息通道、信息接收者三部分。政府信息部门、新闻媒介、非营利组织、评估专家、特定企业等在信息交流机制中是公共危机的信息源，政府处于枢纽地位。然而，模糊性与复杂性的危机信息洪流容易在各种简报、电话呼叫、传真、通讯社的报告、传闻中丢失关键信息。公众在信息交流机制中扮演信息接收者角色，当然在与信息源的互动中也会转化为信息通道并生成新的信息源。信息通道既包括电视、报纸、官方新闻发布会等大众传媒形式，又包括非正式的小道消息。

信息源、信息通道与信息接收者都受到信息处理和现实检验的限制，各自的行为动机受到地位和角色的影响，“重要的是他们清楚意识到信息是公共组织内部及其之间明争暗斗的关键资源。当突发事件降临时，与他人共享决策信息并不是他们首要关注的事情或者第一反应”①。危机管理中各个机构掌握的关于危机的信息如果不能及时集合起来，可能影响危机走向。特别是当组织为了吸引上级官员注意力、名誉、影响范围而竞争时，共享信息和对危机共同的意义感知将难以实现。面对后工业社会的风险复杂化现实，决策者必须积极地为分离的、封闭的、相互竞争的各个机构共享和交换信息创造动力，只有合作才能有效整合信息，优化危机应对效果。合作机制要求各个部门怀有相互配合的意愿，摒弃工业社会的个人计算式的工具理性，考虑人类生活的总体性。风险社会的风险与危机的无处不在，将信息源、信息通道、信息接收者置于共同的危险环境中，谁都难以作为旁观者将危机当作外在压力。国家与政府、大众传媒以及公众经由危机链接而变得更加休戚相关，任何人都可能成为任何人的救星或灾星，只有人们联合起来才能避免失败。然而，这种联合是以公共危机信息共享和关键的危机信息自由流通为前提的，因为只有开放信息才可能增强信任，巩固合作的基石，扩大合作的范围，提升危机管理的效用。

2. 互惠的决策权分享

危机通常是因决策者的核心价值观念受到严重威胁或挑战、有关信息很不充分、事态发展具有高度不确定性和需要迅捷决策等不利情境的汇聚而造成的局面②。在动态的和反复无常的背景下，危机干预的机会稍纵即逝，行动的决策必须迅速做出，否则就会失去影响事件进程的机会。就不同组织在公共危机发展的不同阶段介入危机管理的时间而言，属

---

① 伯恩，等. 危机管理政治学：压力之下的公共领导能力. 郑州：河南人民出版社，2010：47.

② 薛澜，等. 危机管理：转型期中国面临的挑战. 北京：清华大学出版社，2003：25.

地政府可能是第一位的，某些授权组织也可能做出快速响应，它们的决策关乎公共危机管理的全局。然而，在风险应对决策的过程中，却有可能面临决策权之争的问题。“危机决策是一项包含了棘手的价值权衡和政治风险的艰难工作。”① 危机很少与组织或政府管辖范围一致，不同部门之间协调难度和紧张关系在危机期间会加剧。正如2004年海啸应急反应运作中的部门协作并非由领导强加，而是通过非正式的渠道、行为规范和协定等方式达成的②。这个例子在某种意义上蕴含着两层意义：(1) 官僚制组织与危机管理之间的冲突性——政府官僚制组织的设计以符合公平、合法和效率等价值为原则，而危机管理却要求简练、灵活和打破规则。(2) 合作机制是公共危机管理的必然选择。“非正式的渠道、行为规范和协定”扬弃了正式的危机管理部门的控制导向，彰显了合作的力量在公共危机管理中的强大，宣示了合作机制是以合作意识为核心价值观念，以合作精神为行为指南，在应对危机过程中根据现实需要做出负责任的决策的。因而，只有将合作作为日常行为模式，才能够克服官僚制组织中层级节制、非人格化决策所产生的低效与不负责任，才能促使危机管理的参与方为了合作目标的实现，积极回应社会需求，坚持公共利益导向，进而做出公正有序的决策。

大量关键的危机决策既不是由个别领导，也不是由高层决策者组成的临时性小组制定的，而是来自决策制定和协调中的各参与主体。在公共危机管理中，改变政府垄断决策权、增进其他社会治理力量的决策权，已然成为一种趋势。政府领导者不再是全能的决策者，而是有效的政策制定和执行的设计者、促进者和保护者。这也是公共危机管理合作机制所蕴含的决策权分享的基本要求。

3. 自愿的资源共用

公共危机爆发时，公共资源的供求差距非常大，形式模糊且易变，思考、商量和政策获得认同的时间都非常紧迫③。为了防止危机管理中的资源分配出现机构或人员的错误沟通以及不必要的重复与冲突，合作是非常关键的。可以说，有效的危机应对要求政府机构间、政府与多元社会治理力量之间在资源使用中进行合作。近年来，非政府组织等社会治理力量的成长，正在塑造一种多元化的社会治理格局，这是公共危机管理中的资源共享实现的主体保障。

应急资源是对国家和社会资源的总动员和利用，依法调用是最低层次要求。随着政府引导性规范的增多，应急资源使用中参与个体的自愿行为就会增多，而自愿行为的社会效能就会以合作形式出现④。危机治理过程，对及时救治伤员、恢复秩序的资源需求是客观存在而且非常紧迫的，当人们认识到这种共同利益时，就会通过行动使其显性化。政府储备的救灾资源、非政府组织的专业化资源、来自公众与其他社会组织的社会资本对战胜危机都有重要贡献，这要求政府应树立应急服务意识，秉持合作理念，与其他社会治理力量通力合作以实现资源共用。

---

① 伯恩，等. 危机管理政治学：压力之下的公共领导能力. 郑州：河南人民出版社，2010：17.

② 同①83.

③ 同①.

④ 张康之. 社会治理的历史叙事. 北京：北京大学出版社，2006：283.

本章小结

近年来，人与自然的矛盾、人与人的矛盾越来越多地以危机事件呈现出来，而且极易演化为公共危机。在这种情况下，公共危机管理已经成为公共管理中的一项重要课题，也是公共管理者必须掌握的一项基本技能。

公共危机比政府危机的外延宽泛，强调多元社会治理主体的角色担当，是社会多元力量发展壮大以及政府治理能力不足的必然要求与结果，是公共管理学科与实践的新构成。对公共危机进行类型划分，有助于界定危机的本质与范围，加快确认和描述可能引发紧急事态的灾害风险，为后续危机管理提供及时参考。公共危机的复杂性与不确定性增强，决定了危机管理者必须要具备系统性的思维，实施综合性的危机管理。公共危机管理既要坚持预防为主、防救结合，系统整合、分类分级，政府引导、社会参与等原则，也要注重横向协同与纵向协调，避免部门分割、条块分割、地域分割和军民分割。从时间序列来看，公共危机管理是一个动态的、闭合的流程，由四个阶段构成：减缓或预防阶段、准备阶段、响应阶段和恢复阶段。前两个阶段发生于事前，响应阶段发生于事中，恢复阶段发生于事后。

公共危机管理的机制是指人们为及时、有效地预防和处置公共危机而建立起来的工作制度、规则与程序。当前的公共危机管理机制是回应性机制与合作机制并存，但是，从长远发展角度来看，合作机制将会逐步取代回应性机制，成为后工业社会中公共危机管理的最基本的运行机制。按照公共危机演进与发展的顺序，公共危机管理的回应性机制可分为事前的前置机制、事中的应对机制和事后的延展机制。公共危机管理的合作机制是人类走向后工业社会的一种制度创新，是超越农业社会互助形式和工业社会协作机制的全新的体系安排，它的运行路径包括开放的信息交流、互惠的决策权分享、自愿的资源共用等。

关键术语

风险　　公共危机　　突发事件　　防救结合　　分级管理　　社会参与　　应急准备　　危机响应　　灾后恢复　　危机预测　　危机预警　　信息报送　　应急决策　　危机处置　　信息发布　　社会动员　　调查评估　　合作机制　　开放的信息交流　　互惠的决策权分享　　自愿的资源共用

复习思考题

1. 简述公共危机的概念。
2. 公共危机与突发事件的关系是什么样的?
3. 简述公共危机管理的价值。
4. 简述公共危机管理的基本原则。

5. 简述公共危机管理的四个阶段。
6. 简述预测与预警的关系。
7. 简述公共危机响应的重要环节。
8. 简述公共危机恢复的内容与过程。
9. 简述危机前置机制、应对机制与延展机制的内容。
10. 简述公共危机管理的合作机制。
11. 公共危机管理合作格局是如何构建的?
12. 简述公共危机管理合作机制的运行。

阅读文献

1. 克罗奇耶. 法令不能改变社会. 上海：上海人民出版社，2008.
2. 格里芬. 后现代精神. 北京：中央编译出版社，2015.
3. 阿尔维森，维尔莫特. 理解管理：一种批判性的导论. 北京：中央编译出版社，2012.
4. 王宏伟. 公共危机管理. 北京：中国人民大学出版社，2012.
5. 李志祥，等. 危机管理专题研究. 北京：国防工业出版社，2014.

第 11 章

公共管理的规范

规范的完善程度是衡量文明水平的基本标志。就规范体系而言，公共管理与以往的社会治理模式之间的本质区别在于伦理特性。公共管理是建立在伦理精神的基础上的，它重视将人类历史发展中所积淀下来的伦理以及道德文明成果运用到社会治理中。本来，伦理以及道德就是人们的社会生活的调节因素，但是，在社会治理过程中，它却很难真正发挥作用。如果说在农业社会依靠权力去开展社会治理时还需要对权力进行道德约束的话，那么，到了工业社会，法律在社会治理过程中的基础性地位排斥了道德，而在后工业化过程中，随着公共管理的出现，伦理精神被引入社会治理体系的建构，成为社会治理活动赖以开展的基础性支持因素。后工业化过程中的社会复杂性和不确定性表明，只有道德的治理才能满足这一社会的要求；同时，公共管理也并不排斥法律，但它要求对法律进行变革，使法律根据公共管理的需要而得到重建，最终使德制统御法制，并在德制的基础上实现德治。

重点问题

- 法治与德治
- 管理伦理与公共管理伦理
- 促进型立法与新行政法
- 公共管理伦理的治理功能
- 道德制度的建构

11.1 治理演进与规范变革

11.1.1 从法治到德治

现代社会是法治的社会，几乎社会生活的一切领域都是根据法治的精神来进行建构的。社会秩序的获得、生产与生活的正常化、交换与交往的可持续性等，都来源于法治。法治是法制的实现方式，法治以法制为前提。所以，近代社会的全部社会运动，都可以看作法制建设的进程。通过法制建设，建构起理想的社会结构，然后根据这个社会结构把一切社会生活的要素安排在合适的位置上，结果就实现了法治。

所谓法治就是依法治理，是指法律制度在社会治理中发挥基础性调节作用的过程。从人类的社会治理模式的发展来看，法治是一种较高形态的模式。与那种片面的以权力为基础的权治相比，法治在社会秩序的获得方面更为有效。因为，法治的社会秩序是一种较为稳定的秩序，它不是把社会矛盾积累起来，而是把各种各样的社会矛盾和冲突化解为具体的、日常的矛盾和冲突。法治甚至基于人类社会矛盾的客观必然性而把矛盾冲突法制化，设定了许许多多法律允许的矛盾冲突途径，即通过合法化的矛盾冲突途径来暴露社会矛盾和化解社会矛盾，以避免任何社会矛盾被积累为造成大规模冲突的因素。

法治的目标追求是把社会生活的一切层面都引上依法规范的轨道，用法律意志的确定性取代权力意志和个人情感因素的不确定性。所以，就法治的本意来看，它是排斥社会治理模式中的权力因素的，法治的本质就在于限权，即对国家的、政府的以及社会中的各种各样的权力加以限制。但是，法治深深地陷入一种悖论之中，法律的贯彻又必须借助于权力因素，正是权力因素使法治成为现实，离开了权力，法律难以实施。所以，在法治的社会治理中，权力与法律又是相互依存的。

从法治生成的历史来看，它是在权力关系体系松动的条件下出现的。在权力关系极其严密的条件下，法治是很难达成的。西方国家之所以能够在近代走进法治的社会，那是因为西方国家在其发展历史中一直没有建立起严密的权力关系体系，它的权力关系总是存在着各种各样的缝隙。特别是在近代社会早期，农村与城市的分离，使城市成了权力关系的空场，这就为法治在这一空场中的出现提供了历史性的机遇。中国的古代社会则不同，它在极早的时期就建立起了以宗法关系为特征的严密的权力关系体系，这个权力关系几乎是没有任何缝隙的，它没有为法律关系的出现提供空间。可见，法治的确立首先意味着权力关系的调整，只有权力关系变得弱化了，变得不是那样完整严密了，法治才有可能成为现实。

在以往的历史进程中，法治的确立是一个政治发展过程，法治一词主要是作为一个政治概念而被人们广泛接受的。但是，在现代社会，法治的精神已经深入社会生活的各个领域，在政治领域之外，人们也努力按照法治的原则去铸造自己的生活方式。

法律的本性在于规范，从逻辑上讲，在现实生活中，法律规范如果能够有着更好的替代形式的话，法律自身是不会加以排斥的。但是，在法治社会的实践中，人们往往把法治神圣化和绝对化，在法律规范的简单可操作性的诱惑下放弃了更高的追求，甚至开始蔑视道德的功能。当一个社会普遍地蔑视道德的时候，实际上其潜意识中已经包含着敌视法律的倾向，并会在一些人身上表现出对法律的挑战。这时，法治也会变得越来越远离其理想的状况。事实上，法治与德治是互助的，法治是德治的可操作化形式，德治是法治的升华。法治只有包含着对德治的追求时，才是健全的；德治只有以法治为前提和手段时，才能得到实现。

法治的含义可以被理解成社会治理的秩序。但是，这种秩序并不是一种僵化了的秩序。法治绝不是要把一切被纳入治理体系中的人变成纯粹的守法机器，它要求人们在遵守法律的同时理性地对待法律，而不是把他们训练成“唯法是从”的奴隶。法律在对权利、义务的规定中所包含的更深层的意蕴是：鼓励人们对权利的尊重、对责任的承当。这也就是人作为人的良知和正义感，因而也就是对道德生活的追求。这样一来，法治的目标就应当是德治了，法治是通向德治的桥梁，在人类社会较为高级的治理方式中，它们之间是有机统一的，任何试图把法治与德治区分开来的做法，都是错误的。

法治就是依靠法律的治理，同样，德治则是依靠道德的治理。“法治”和“德治”，在国家治理的层面体现为“依法治国”和“以德治国”，而在社会治理中体现为依法、以德进行治事、管理。在哲学的层面上，法律与道德这两个概念是有着统一性的，具有许多共同的内涵。但是，在思考现实的社会治理模式的时候，人们并不满足于它们在哲学层面上的统一性，而是依据现实的社会治理来定位法律和道德，以至于通过忽视它们之间的共性而强调差异，使法治与德治相分离甚至是对立了。在整个工业社会中，人们对法治所做出的是一种片面的理解，人们在致力于法治建设时排斥了道德，以至于所建构起来的法治模式排斥了德治的成长空间。所以，法治得到充分发展的形态也就是一种畸形的社会治理，特别是在高度复杂性和高度不确定性的条件下，法治已经无法再承担起有效治理社会的功能了，因而需要用德治来替代它。

道德是人们“内心的法”，尊崇道德的人能够自觉地遵守法律和纪律。无论是在何种社会治理模式中，法律都是一种外在性的规范，它以权利与义务的合理配置来处罚违法者，迫使人们去遵循法律，从而达到预定的目标。所以法律不能调整所有的社会关系，以法律为基础的社会治理具有不完整和不周延的属性，因而需要一种更高级的社会治理模式来取代它。这种新型的社会治理模式就是公共管理，在本质上体现为将法治与德治有机统一的服务型社会治理模式。

11.1.2　公共管理的伦理精神

伦理精神是在人类社会的历史发展中形成的由社会整体所承载的文化心理状态，它对一个社会或一个历史阶段中人们的思想和行为具有指导意义，是一种无形的规范，能够发挥把人的社会生活整合成有机性的和谐整体的作用。或者说，伦理精神是一个社会中人们之间的伦理关系的文化心理形态。伦理关系是人的社会关系的一个最为基本的构成部分，伦理精神则是这种客观的伦理关系的反映。同时，它又反过来作用于人的思想和行为，通过人的思想和行为去改造和形塑人们的社会关系，使人的社会关系或者社会关系的某些方面以伦理关系的形式出现。就伦理精神是一个社会或一个历史阶段中的人们共有的文化心理状态而言，它具有相对于个人的客观性，是不以个人的意志为转移的，是能够发挥对个人的行为的规范作用的，并且会作为一种无形的力量影响人的思维方式和思想内容。

在人的社会生活中，以客观精神的形式出现的除了伦理精神之外，还有权力意志和法的精神。权力意志是人的等级关系的精神形态，在通过人的行为表现出来的时候，是以支配性行为的形式出现的，会导致人身依附的结果。法的精神产生于人的个人生存与利益实现的要求之中，是对个人的生存和利益要求加以普遍性承认的文化心理状态。总的说来，法的精神得以产生的现实根据是人的社会、经济关系和活动：其一，在走向近代社会的过程中，人的迁徙和流动造就了陌生人社会，使熟人社会中的等级关系解体，造成了陌生人之间的形式平等状态；其二，人们在经济交往特别是物品交换的过程中必须是平等的和自由的，只有这样，才能使经济活动得到维系；其三，个人的自我意识的觉醒以及把个人的生存与利益实现作为一项权利而提出，并要求在社会生活中得到普遍承认。所以，法的精神是普遍承认人的自由、平等等基本人权的文化心理状态。

伦理精神从一开始就是产生于人的群体生活的要求的，有着深刻的社会生活根源。因为，人的群体生活以及社会生活需要得到秩序的保障，而这种秩序的精神依据就是伦理精神。也就是说，伦理精神可以在作用于人的行为的过程中去维系和保证一个社会中的秩序。当然，伦理精神具有很强的历史性特征，在人类历史上的不同阶段具有不同的内容和形式，在权力意志发挥主导性作用的历史阶段中，伦理精神既起到辅助权力意志得到贯彻的作用，又在矫正基于权力意志的行为方面起到规范的作用。在法的精神发挥主导性作用的历史阶段中，虽然，法的精神与伦理精神在性质上的冲突致使伦理精神在社会治理过程中受到排斥，但是，在人们的日常生活层面上，即在法的精神无法得到有效贯彻的领域，伦理精神依然发挥着规范人的行为、调节人的社会生活和维持某种自然秩序的作用。

王朝治理是人的等级关系在社会治理过程中的体现。因为，当一个社会是由具有不同等级身份的人所构成的时候，当不同等级构成了一个层层叠叠的金字塔式的体系的时候，自上而下的压迫和统治就是不言自明的了，处在金字塔的最高层级的也理所当然的是王室贵族，而国王则是贵族的代表。等级关系与统治型社会治理模式之间的必然联系可以概括为：第一，只要人被按照等级身份拼成一个体系，在等级之间就会自然而然地生成权力，而权力也自然而然地会转化成权力意志；第二，较高一个等级的生存与利益要求必然要通过较低一个等级去实现，这个实现过程就会表现为权力支配过程，因而出现了统治与压迫；第三，每一个等级间的统治与压迫只不过是系统化的统治与压迫的一个环节，从而要求有一个终极性的统治与压迫机构及其代表去统领这个系统。这就是王朝治理得以产生的逻辑。权力意志具有任性的特征，会在落实到支配行为的时候走向极端，从而摧毁和压垮被统治、被压迫的等级，因此，统治和压迫等级的利益也不可能得到持续性的实现。为了不使权力支配行为走向极端：一方面，需要在等级序列中让更高等级去矫正和约束下一个等级的权力支配行为；另一方面，需要伦理精神对权力意志和权力支配行为做出普遍性的约束。所以，在统治型社会治理过程中，基于伦理精神的道德规范是必要的矫正和约束力量。

经过工业革命和资产阶级革命，人类创设了现代意义上的政府去执行社会治理的任务。在农业社会向工业社会的转变过程中，复杂的等级关系被简化为两大对立的阶级（资产阶级和无产阶级）之间的关系。由于等级关系被打破，统治和压迫结构瓦解了，权力则因在整个社会的层面上失去了等级关系的支撑而无法成为支持统治和压迫的力量，也就是说，权力无法直接地在统治与压迫的意义上表现为支配行为。当然，在一个相当长的时期内，现代政府在很大程度上依然执行着统治职能，这是因为存在着两大对立的阶级，也是由资产阶级的剥削性质所决定的。然而，社会统治结构已经不存在了，资产阶级的统治也只能是一种暂时的统治机制，而且，由于权力支配已经无法作为一种社会性的普遍行为模式而存在，资产阶级在进行统治时，不得不求助于以法律为代表的社会性规则体系。事实上，人们的平等意识、权利观念的生成，也为法律成为普遍性的社会规则体系提供了基础，并使法律成为社会治理的基本工具和基本原则。

随着法律在社会治理过程中所发挥的作用得到不断的增强，这一因素也促进了法的精神的成长，并对统治机制造成了极大的冲击，或者说，使统治主体以及统治对象都变得模糊不清了，政府依据以法律为代表的规则体系而开展的社会治理活动逐渐地蜕去统治的色彩，管理的色彩则相应地得到增强。结果，造就了管理型社会治理模式，而公共行政则反映了这一治理模式的典型特征，那就是执行公意、维护公共利益以及在多元利益诉求之间保持价值中立等。管理型社会治理模式在围绕着法的精神这一价值展开的过程中，所注重的是社会治理过程中的工具理性和科学化、技术化的可操作性，因而，排斥了伦理精神，事实上，它也不需要得到伦理精神的支持。不过，近代以来的社会也是一个组织化的社会，各种各样的组织迅速地生成并成为人们开展社会生活的基本途径，权力在社会的层面上消失之后，却退居到了组织之中。政府是一切社会组织中最大的和发展最完备的组织，所以，权力在政府中也有着最广阔的施展空间。这样一来，组织自身既是一个权力作用体系，又是管理结构和管理机制最为严密的系统，支配行为、科学原则和规则的严肃性这三个本来矛盾的方面却在这里得到了融合，正是这种既矛盾又统一的状况使管理过程在一定程度上表现出对伦理支持的需求。所以，近代以来的社会治理是排斥伦理的，而发生在组织中的管理却需要伦理的支持。存在于组织中的这种伦理需要，对于伦理精神的维系和发展来说，有着积极的意义。此外，在社会治理过程的边缘地带，在人们的日常生活领域中，伦理的规范作用一直在发挥。

20 世纪 80 年代，人类社会的后工业化迹象变得越来越明显，在工业社会中所建立起来的管理型社会治理模式日益显现出不能适应社会治理要求的问题，公共管理就是在这一历史条件下产生的。就公共管理产生的历史背景来看，人们已经不满足于由法律规则体系的普遍性所提供的人们之间的形式平等关系，而是要求深化到实质平等的层面。人的实质平等是可以归结为社会公平、正义和公正等价值的实现的。当然，在法的精神中也是包含着社会公平、正义和公正等价值的，为什么它不能转化为实质平等的结果呢？那是因为，政治层面上的代议制民主以及行政层面上的政府垄断社会治理决定了只有少数人有权诠释社会公平、正义和公正等价值，公众对这些价值却有着不同于政治家以及政府官员的理解和要求，在诠释与要求之间出现冲突的时候，就只能撇开这些价值的实质性内容而保留其形式。所以，法的精神在转化为现实的社会治理活动的时候，就只能造就出形式平等，并且与公众的实质平等要求渐行渐远。在后工业化的过程中，公众的实质平等要求成了社会治理变革的原动力，也是社会变革的基本动因之一，而且，它的实现取决于伦理精神在社会治理过程中得到贯彻的程度。

伦理精神是一种普遍性的社会意识形态，存在于人类社会的每一个历史阶段。但是，伦理精神的内容是历史性的，会因时代的变迁而发生变化。同样，伦理精神发挥作用的状况也是不同的，在以往任何一个历史阶段中，它都是作为一种边缘性的意识形态而存在的，在人们的社会生活特别是社会治理过程中所发挥的作用也是边缘性的，没有成为一种主导性的意识形态。不过，总的说来，权力意志在简单的、确定性的关系中以及在处理简单的、确定性的事务上有着明显的优势，法的精神在具有形式同一性的关系中以及在处理具有普遍性的事务上具有不可替代的作用，而伦理精神天然地是存在于人际关系复杂的形态之中的，能够在复杂性的关系和不确定性的行为中体现出来并发挥作用。后工业化过程中，伦理精神成为一种主导性的意识形态是历史发展的必然，这是由社会复杂性与不确定性的迅速增长决定的。

11.1.3 管理伦理与公共管理伦理

伦理也就是“人伦之理”，是包含在人的社会生活中的一种“条理”，也是人的社会关系中的一种“纹理”，具有人的社会生活中的条理和人的社会关系中的纹理的理想形态的意涵。道德则是要求人的行为甚至思想与伦理相一致的标准和原则，能够通过对人的行为的规范实现对人的社会生活的规范作用。伦理与道德在人类历史发展过程中具有相互促进的作用，道德在伦理的基础上生成，反映了伦理的状况和要求。反过来，道德对人的行为以及社会生活发挥规范作用时，又可以促进伦理的发展。比如，伦理最早可能产生于人的血缘关系之中，是存在于血缘关系中的一种“理路”。在这种伦理基础上形成的道德在维护血缘关系的健全方面发挥了重要作用，特别是各种各样原始道德禁忌，使血缘关系在很大程度上告别了野蛮实现了伦理化、文明化。在社会发展的历史转型时期，伦理与道德之间的关系会变得更为复杂，可能是伦理关系发生了变化而引起道德的变化，也可能是道德有新的观念被提出并转化为道德实践，进而引起了伦理的变化。伦理精神是包含在伦理和道德之中的核心价值要素，可以实现对伦理与道德关系的整合，使它们在互动中相互促进。

人是群体性、社会性的动物，有人群的地方就有伦理，有了伦理就有了维护群体存续以及群体生活健全的要求，也就会形成道德。正是在此意义上，可以说伦理及其道德是普遍存在的。人类社会的发展在形式上一直是群体的扩大和社会空间的拓展，人的活动范围不断地扩大，交往越来越频繁，交往对象越来越复杂，这在本质上对伦理及其道德提出了更加强烈的要求。但是，在近代工业社会，人类在这方面走了一段弯路，随着法的精神的主导地位的确立，伦理及其道德发挥作用的空间被压缩。尽管如此，在一切有人群的地方还是存在着伦理，并可以看到道德所发挥的作用。

公共管理中的伦理和道德可以直接追溯到管理活动中的伦理和道德上来。近代社会发展表现出了组织化特征，即人的社会生活是通过组织的方式展开的，在人与社会之间的每一个方面，都存在着组织这一中介物。组织的运行与发展，是以管理的形式出现的。所以，形成了专门研究如何管理组织的管理科学，它切实地推动了组织管理水平的提高。从整个 20 世纪的情况来看，管理是科学研究的对象，或者说，是在科学化的视角中来加以建构的。但是，毕竟管理直接面对的是人，而且是群体性和社会化的人，所以，伦理以及道德方面的问题也是难以回避的。到了 20 世纪中后期，逐渐发展起了管理伦理学这样一门管理学的分支学科，专门研究管理过程中的伦理和道德问题。显然，管理的性质决定了管理活动中存在着伦理的问题。

首先，管理的本质是协调。管理具有自然属性和社会属性的二重特征，就自然属性而言，协调是指对生产劳动的协调，以提高劳动生产率；就社会属性而言，协调是指调节人与人、人与组织之间的利益关系，把利益矛盾限制在一定的范围内。这些利益矛盾包括个人利益与组织利益之间的矛盾，个人利益与他人利益之间的矛盾，短期利益与长远利益之间的矛盾等。协调就是要对这些利益关系加以调整。正确协调利益关系，恰恰需要从伦理的角度来考虑。

其次，管理的终极目标是促进人的完善和发展。单纯从一次管理活动来看，也许仅仅是完成一个预期的目标和完成一项任务，但是，就总的管理过程而言，则是以管理系统中的人为出发点和工作重心的，是为了促进人的发展。如果在社会的层面上去认识管理活动的话，更是如此。所以，管理活动的根本目标是要促使人的完善和发展，只有在增强管理活动的人性化色彩和协调好人的工作和生活等各个方面的关系的时候，才能使管理活动取得优异的表现。这样的管理活动恰恰是体现了伦理内涵的管理。

最后，管理活动是与环境互动的过程。一切管理都是在一定的社会环境中进行的，环境中的思想、文化理念和行为模式都会对管理活动产生重要的影响，而且，就管理的内容而言，也包含着协调与环境之间的关系的问题。所以，存在于环境中的伦理状况以及人们的道德观念，都是管理活动赖以展开的前提，也是管理活动必须加以处理的内容。也就是说，管理活动的开展必须尊重社会中的伦理现实，必须遵循社会中的道德原则。

事实上，现代管理越来越重视管理活动中的伦理问题，在追求卓越的管理理念中，甚至会要求管理者在利用现有的伦理及道德去开展管理活动的同时，去创造性地为组织建构合乎组织目标实现要求的伦理和道德，以求提高组织的竞争力和对环境的回应力。在 20 世纪后期得到了迅速发展的一些管理学理论，如组织文化理论、团队建设理论等，在这方面做出了一系列具有操作性的规划。管理活动以及管理学的这些新的特征也反映了社会发展的基本趋势，那就是对伦理问题的关注。在这一背景下，要求在伦理精神的基础上去建构公共管理这一新型社会治理模式，这样做也顺应了历史发展的趋势。

在工业社会，社会中的一般性的组织活动都属于微观层面的管理活动，只有政府组织所承担的，对社会进行管理的活动才被看作宏观层面上的治理活动，不过，就政府自身的内部管理而言，依然属于管理的范畴。这样一来，管理与治理这两个概念就有区别了。在治理的意义上，依据法的精神去开展活动，而在管理的意义上则需要考虑伦理问题。然而，在实际的政府管理中，政府内部管理也按照治理的原则被形塑了，所以，出现了官僚制组织的典型形态，完全拒绝了对伦理问题的关注。到了 20 世纪后期，随着私人部门中的管理越来越重视伦理的问题，政府开始认识到政府中的管理甚至由政府所承载的社会治理都需要重视伦理的问题，需要在公平、正义、公正等方面做得更好。在从公共行政向公共管理转型的过程中，伦理的问题甚至成了公共管理活动的基本坐标。公共组织的内部活动和对外活动，都需要经受得住伦理的审视。所以，在谈到公共管理的任何一个方面的内容时，都必须有伦理观察的维度。

如果说，私人部门中的组织为了利润目标的可持续实现，需要在管理过程中关注伦理的问题，那么，公共管理的性质决定了它更应当把伦理的问题放在第一位。

第一，公共管理的根本性目标是为了社会的健全和人的全面发展，这一目标决定了公共管理必须基于伦理精神去开展一切社会治理活动。在制度建设上，需要为公共管理者的公共管理活动留下较为充分的自主性空间，让公共管理者能够根据具体情况，在处理具体问题时按照伦理导向做出道德行为选择；在公共政策的制定与执行中，则需要充分考虑社会公平正义的实现，让公共政策及其执行过程服务于公共利益和社会的可持续性发展，而不是成为某个（些）利益集团实现利益的工具；在与其他公共组织一道开展社会治理活动的时候，要能够平等共事、友好协商、尊重和宽容他人；在组织内部的管理过程中，要把组织成员的生活、事业和人生规划有机地协调起来。

第二，公共管理活动的开展也是公共权力的行使过程，而公共权力的行使需要受道德规范的制约。在统治和压迫结构中，权力的制约是由上一级权力机构或个人进行的，表现为逐级节制权力的行使；在管理结构中，权力制约是通过制度化的分权来加以制约的，即通过法律和规划系统的建立、分工-协作的职能设置、平行的各类权力平衡等而使权力得到相互制约。公共管理也应充分重视权力的外在制约机制，但是，它更重视外在的关于权力行使的规定和规范如何通过掌握权力和行使权力的人而发挥作用，即重视权力的内在制约机制。这就反映在权力的道德约束上了。事实上，从当前存在于政府中的以权谋私和权力被滥用的情况看，仅仅有外在的权力制约机制是不能够实现对权力的有效制约的，还需要得到道德的规范。公共管理会把反映在当前政府中的这一要求进一步强化，以建立起有效制约权力的伦理机制。

第三，公共管理在治理过程中有着明确的服务导向特征，而且，公共管理体系所拥有的就是一种服务结构，它与统治压迫结构和管理结构有着根本性的不同，公共管理的服务结构本身就是伦理精神的体现，而在这种服务结构中，公共管理者服务的主动性和自觉性在很大程度上也来源于公共管理者的伦理精神和道德意识。无论是在统治结构中还是在管理结构中，治理者与被治理者的边界都是明确的，它们的关系也是一种控制与被控制的关系。在公共管理中，治理者与被治理者之间的边界变得模糊，治理活动本身就是一种服务，是在服务的互动中实现合作治理的过程。所以，公共管理的服务性质决定了伦理价值和道德意识在公共管理活动中的基础性地位。

第四，公共管理的个性化特征决定了公共管理者必须拥有伦理精神和道德意识。只有这样，公共管理者在面对所要处理的复杂问题时，才能做出正确的行为选择。公共管理产生于社会的复杂性与不确定性迅速增长的时代，在这一全新的时代，工业社会中的那种具有较高普遍性的社会问题会越来越少。因为，这类普遍性的社会问题被更多的各具特殊性的问题所淹没，这决定了公共管理在社会治理过程中不可能总是运用那些具有普适性的工具、手段去解决社会问题，而是需要具体问题具体分析，从实际出发，因地制宜地解决问题。这也就意味着赋予公共管理者更多的自主解决问题的权力，让其获得根据实际需要去自主创新的空间。结果，普遍性的规则在约束力上显得式微，在开展社会治理活动时可以依据和可资利用的普遍性方式方法也呈现出适应性减弱的情况，突出伦理精神和道德意识的功能。

11.2　公共管理中的法律

11.2.1　促进型立法的兴起

公共管理是一种实现了德治与法治相统一的治理模式。它虽然崇尚德治，却并不排斥法治，而在德治的统领下，公共管理中的法治也获得了新的内容，在许多方面都呈现出了不同于管理型社会治理模式中的法治的特征。在现代社会治理被分为政治与行政两个方面的背景下，法治也包含政治与行政两方面的内容。在政治层面，法治意味着立法活动与立法机关的优先性。在法治模式中，政治意志通过立法机关的立法活动得到表达，其他所有国家机关的治理活动都必须以此为依据。在类型上，这种立法属于“管理型立法”，是服务于国家机构的内部管理以及政府对社会进行管理的需要的。在很大程度上，法治就是依据法律进行管理，立法机构与执法机构、执法机构与执法对象之间所存在的是一种基于法律的管理与被管理的关系，在这里，管理者与被管理者严格区分，而随着公共管理的兴起，多元主体关系出现，管理者与被管理者的对立开始被打破，管理型立法也开始让位于一种“促进型立法”了。根据李艳芳教授的研究，促进型立法与管理型立法主要有以下几点区别①。

第一，从立法模式上看，促进型立法是一种不同于管理型立法的新的立法模式。一般说来，管理型立法通常发生在这类立法所调整的社会关系已发展到一定程度，形成一定的市场规模，甚至出现市场的过度竞争，国家不得不进行干预的情况下，即管理型立法主要解决“需求”问题，在整个社会运行和政府干预的意义上，属于“后置性”的。促进型立法则通常是针对那些社会关系尚未得到良好发育、市场规模并未形成而亟须鼓励形成市场规模的领域，因而促进型立法主要解决“供给”问题，具有积极的和主要的促进导向，对社会的发展具有引导意义。从《反垄断法》和《中小企业促进法》的比较中，可以发现促进型立法与管理型立法的区别。反垄断法作为管理型立法，是在自由竞争达到相当程度即垄断或者限制自由竞争情况下的国家立法；《中小企业促进法》则是通过积极、主动地鼓励竞争来防止垄断的，是积极防止垄断的立法，具有主动健全竞争机制的特征。从管理学的角度来看，可以把《反垄断法》看作“事后控制”，《中小企业促进法》则可被视为“事前控制”。

第二，管理型立法与促进型立法代表了不同的政府履职方式与责任实现机制。就政府履职方式而言，管理型立法符合现代政府管理职能张扬的理念。自以凯恩斯主义为内核的国家干预理论形成以来，政府的有形之手渗透到社会生活的方方面面，管理型立法将政府的这种权力渗透规范化，为政府的干预和参与提供了法制保障。促进型立法则较多强调政府的服务功能，而不是管理功能，所以没有管理的相对人，因而对政府有较多的超越其基本义务的要求。就法律责任的实现方式而言，管理型立法符合传统法律权利义务（责任）

---

① 李艳芳.“促进型立法”研究. 法学评论，2005（3）.

对应的设范模式，强调权利、义务与责任的对应，即权利的享受以承担义务为条件，不履行义务就要承担相应的法律责任。促进型立法虽然也强调政府对国家事务的管理与参与，但不像管理型立法那样强调权利义务与责任的对应，在设范方式上采用大量的任意性规范、授权性规范和鼓励性规范，虽然也有一些义务性规范，但是很少。受这些因素的制约，促进型立法在较多情况下具有内容上更加灵活、可问责性较差等特征，或者说“促进型立法”对相关主体的道德责任与综合素质有较高要求。

第三，促进型立法与管理型立法都是国家宏观调控的手段，但促进型立法是通过“引导”的方法鼓励发展，管理型立法则是通过“规制”的方法让“发展有规则运行”。当通过促进型立法将某一产业或行业扶持发展起来之后，“促进”就会被“管理”所取代，从而使市场规范化运作。在此意义上，促进型立法可以被看作是管理型立法的“前奏”或者“序曲”：一方面，促进型立法在现有管理型立法不及的领域对管理型法律予以补充；另一方面，促进型立法在所促进、所调控的领域走向成熟的时候，再将其所调控的范围让渡给管理型立法。

第四，在立法目的方面，促进型立法通常不使用“调整”“规范”等法律术语，而是采用“促进”和“推动”等带有服务性色彩的字样。例如，《科学技术进步法》第一条规定：“为了促进科学技术进步，在社会主义现代化建设中优先发展科学技术，发挥科学技术第一生产力的作用，推动科学技术为经济建设服务，根据宪法，制定本法。”《农业技术推广法》第一条规定：“为了加强农业技术推广工作，促使农业科研成果和实用技术尽快应用于农业生产，保障农业的发展，实现农业现代化，制定本法。”《清洁生产促进法》第一条规定：“为了促进清洁生产，提高资源利用效率，减少和避免污染物的产生，保护和改善环境，保障人体健康，促进经济与社会的可持续发展，制定本法。”《中小企业促进法》第一条规定：“为了改善中小企业经营环境，促进中小企业健康发展，扩大城乡就业，发挥中小企业在国民经济和社会发展中的重要作用，制定本法。”《可再生能源开发利用促进法》第一条规定：“为了推动可再生资源的开发利用，改善能源结构，保护环境，促进经济和社会的可持续发展，制定本法。”从这些立法目的的表述中可以看出，促进型立法均开宗明义宣示此类立法的政府“促进”与“推动”作用，这与管理型立法中政府作为管理者的身份截然不同，促进型立法实际上强调政府的服务功能。

在表述形式上，促进型立法更多采用促进性的规则文本，而不是强制性的规则文本。与促进型立法近年来才受到人们关注一样，促进性规则也是在欧盟的契约法立法中才开始得到广泛应用和关注的。比如，洛看到，契约法中包含两种不同类型的规则，即促进性规则（facilitative rules）与强制性规则（mandatory rules），其中，“促进性规则可以采取任意性规则（default rules，可以选择退出）或选择性规则（optional rules，可以选择加入）的形式。……强制性规则可以被视为对一种主要具有私人性质的关系的家长式干预。如‘强制’一词所暗示的，这种规则是不可以退出的”①。科尔伯与格伦德曼则认为契约法中包含了三种不同的规则，即强制性实体规则（mandatory substantive rules）、强制性信息

① LOW G. Will Firms Consider a European Optional Instrument in Contract Law?. European Journal of Law and Economics，2005，19（2）.

规则（mandatory information rules）和促进性法律（facilitative law），并认为，“尽管一套强制性信息规则可能是集权式的，但强制性实体规则以及并尤其是促进性法律都应当主要建立在自由选择的基础上”①。事实上，作为一种超国家的立法，欧盟的契约法立法本身就是一种促进型立法，而这种立法在欧洲的超国家公共管理中所发挥的重要作用也充分证明了促进型立法在当今公共管理中的治理潜能。

11.2.2　新行政法的生成

在行政层面，法治意味着政府这一专门的行政机构的所有活动都需要以法律为依据，即都必须遵循行政法的规定。在这个意义上，行政法治也可以被理解为基于行政法的政府治理。所以，传统上，“行政法学本身主要是针对不正当的指控、围绕为行政国家申辩的必要性进行组织的，强调的是让行政机关向选民间接负责的机制，例如立法与执行机关监督以及司法审查”②。而在公共行政模式下，由于政府是唯一的行政主体，所以行政法的规范对象也只是政府，它的建构与适用都体现了一种“国家本位观”，在这种观念中，“正当程序和其他宪法权利适用于国家以及国家代表者，而不适用于私人部门。行政机关被视为国家代表者。并且，那些程序机制，无论是由宪法规定的，还是由一般立法规定的，都仅在一个相对明确的公共部门范围内适用”③。

20 世纪后期以来，在由新公共管理运动所掀起的市场化、私有化的浪潮中，传统公共行政模式受到了颠覆，国家本位的行政法也陷入了责任危机之中。随着“私人主体愈来愈多地履行传统的公共职能却又摆脱了通常与公权力的运用相伴的严格审查，在这种情况下，私人的参与确实会引起对责任性的关注，使不受制约的行政机关裁量权相形见绌”④。有鉴于此，一些行政法学家主张对参与到公共管理中的私人主体进行更严格的限制，“其中最常见的四种机制是：将私方当事人视作‘政府主体’以便施以宪法性的要求；执行禁止授权学说或适用正当程序条款以宣布对私人的授权无效；将程序性的控制扩张到私人主体；最后，向私法注入要求公平与理性决定的公法规范。某些学者还更进一步，主张某些关键性的功能应作为国家的排他性责任加以保留”⑤。总之，学者们对行政法的理解不再局限于政府，不再把它仅仅视为规范政府行动的法律，而是视其为一种具有更广规范效力的新型法律，由此在世界范围内掀起了一场新行政法研究运动。在新行政法的倡导者看来，“‘行政法的外延’（province of administrative law）也应包括私人组织和公、私合作组织（例如联邦公司）的行政。……无论是独立地行使公共权力，还是与国家合作，私人组织都是重要的行政主体和政策的制定者。在全球化经济中，国家需要它们，以解决其中的诸多问题并开展有效竞争；私人部门也能够带来一些技术经验和高效的管理”⑥。

---

① KERBER W，GRUNDMANN S. An Optional European Contract Law Code：Advantages and Disadvantages. European Journal of Law and Economics，2006，21（3）：216.

② 弗里曼．合作治理与新行政法．北京：商务印书馆，2010：316.

③ 阿曼．全球化、民主与新行政法．北大法律评论，2004（1）.

④ 同②142.

⑤ 同②356.

⑥ 同③.

与传统行政法研究不同，中国的新行政法研究应当涵盖如下几方面的内容：（1）行政裁量权及其控制；（2）行政法律规则（包括行政法规、行政规章、行政规定、行政解释）的变迁及制度功能；（3）行政立法中的事实问题即立法性事实问题；（4）行政程序的规则和功能；（5）规制民主和手段，包括契约行政、公共参与和听证；（6）福利国家背景下的新财产权利；（7）管制机关的职权和机制；（8）成本-收益分析方法在行政法中的运用①。行政法研究内容的变化也反映了中国的行政模式从公共行政向公共管理转型的现实。

以现有的研究和实践为基础，姜明安归纳出了当前新行政法的主要特征，它的“新”体现在三个方面：调整范围的新、调整方式的新和法源形式的新②。

第一，调整范围的新。从传统上仅调整公域到既调整公域，也调整私域；从仅规范国家公权力到既规范国家公权力，也规范社会公权力，包括以下八个方面。（1）为解决市场失灵，新行政法通过对经济进行宏观调控，对价格、利率、产业发展结构等进行规制，保证经济的平衡发展，防止经济危机；为解决政府失灵问题，通过对政府调控、规制行为的权限、手段、程序进行规范，保证行政权的正当行使，防止权力滥用。（2）新行政法有限度地进入私域，对私人财产权、经营权、契约权进行适当干预，对就业、企业用工、劳动条件、工资、福利、保险等进行规制。同时，也对公权力干预私域的行为进行规范。（3）新行政法不仅调整人与人的关系，而且越来越多地调整人与自然、人与环境的关系。（4）新行政法有限度地进入“特别权力关系领域”，对于行政机关、高等学校等特别权力主体违反“最低限度正当法律程序”的行为，公务员、大学学生或教员可诉诸司法审查，请求法院裁决内部行政争议。（5）为了防止社会公权力滥用、腐败和对社会共同体成员的权利的侵犯，新行政法开始为社会公权力行使设定界限、程序和责任，调整社会公权力和社会共同体成员的关系。（6）在国内法和国际法领域，新行政法对国家和政府的绝对权力加以适当和必要的限制。（7）新行政法有限度地进入执政党执政行为领域，中共十六大提出依法执政后，政务信息公开法、官员财产申报法、行政程序法等也同时适用于中国共产党的机关和组织。（8）新行政法进入互联网，调整虚拟空间中的社会关系。

第二，调整方式的新。从管制到自治，从命令-服从到协商-参与，从刚性管理到柔性指导，表现为八个方面：（1）行政行为从单方性到广泛公众参与的转变。（2）政府对行政相对人的管理从微观干预到宏观调控。（3）行政命令越来越多地为行政契约所取代。（4）行政强制越来越多地为行政指导所取代。（5）政府越来越多地与社会自治组织合作，通过与社会自治组织的互动达成行政目标。（6）论证会、听证会、网上讨论、辩论和征询民意越来越成为行政决策、行政立法的必经前置程序。（7）公私互动、公私合作与公法私法化在行政管理中有发展的趋势。（8）公权力主体更多地综合运用行政法、民法、商法、经济法、社会法乃至各种软法的手段解决公共治理中的各种复杂问题。多元化成为新行政法调整方式的重要特色之一。

---

① 于立深．概念法学和政府管制背景下的新行政法．法学家，2009（3）．

② 姜明安．全球化时代的新行政法．法学杂志，2009（10）．

第三，法源形式的新。行政法法源从静态到静动态结合，从硬法到硬软法结合，从单一法源到多元法源的转化，表现在三个方面：（1）传统行政法基本上由单一的国家法构成，而新行政法的构成除了国家法以外，还包括社会法、国际法，并且社会法和国际法的比重在新行政法中的比重有逐步增加的趋势。（2）传统行政法主要由硬法构成，而新行政法的构成除了硬法以外，软法在其法律规范中亦占有重要地位。（3）传统行政法通常指立法机关制定的静态的法，而新行政法除了指立法机关制定的静态的法以外，还指社会生活中不断产生和生长的活的法、动态的法。软法就更多体现为动态的法，如公众在公共治理过程中的参与，与行政机关的合作、协作等实践中所体现的法等。

11.2.3　法律功能的变化

在公共行政向公共管理转型的过程中，法律形式的变化体现为促进型立法的兴起与新行政法的生成，与这一变化同时发生的则是法律功能的变化。事实上，作为现代社会治理的基本依据，法律的功能总是随着社会治理方式的演进而不断发生着变化。19 世纪初期的国家被视为“守夜人”，也被称作“警察国家”，其基本职能是通过强制性权力的有限行使来供给和维护社会的秩序。在这一时期，法律的功能就是限制和规范权力的行使，并为社会秩序提供一个正式的形式。反映到公法理论上，就催生了公法中的公共权力理论。然而，“19 世纪中叶以后，行政机关为了回应改善福利水平的社会需求，越来越多地实施与传统的基于公共权力的行政管理行为完全不同的服务行为，这就使得公共权力无法继续成为划分行政机关的公、私行为，划分公法与私法，进而划分行政法院与普通法院管辖范围的判断标准。公务学说应运而生，乘虚而入，取而代之，一举成为法国公法的基本理念和法国公法学的核心范畴”①。公共服务职能的增强不仅是法国的独有现象，也不只影响了法国的公法研究。事实上，到 20 世纪中期，英语文献中开始频繁出现“服务国家”（service state）的概念，充分反映了英语国家中政府公共服务职能的增长，而这种增长必然也会对英语国家的公法系统产生重要的影响，使法律的功能从限制和规范权力转向支持政府公共服务职能的履行。

不过，“20 世纪中叶之后普遍兴起的权力社会化浪潮，推动着公共服务主体的多元化和方式的多样化，致使‘组织’含义的行政机关和‘物质’含义的公共服务之间不再完全重叠。由于公共服务的供给者不再局限于适用公法的行政机关，那些一贯适用私法的获得特许经营权的工商企业也能在特定范围内提供公共服务，这就导致公共服务难以继续胜任划分公、私法的适用范围以及划分行政法院与普遍法院管辖范围的标准，公共服务作为公法基本理念和公法学核心范畴的地位因此危机四伏”②。结果，公共服务的概念开始淡出公法研究，转而成为公共行政研究中的核心范畴。这种变化并不意味着政府公共服务职能的弱化，相反，在任何国家的政府职能体系中，今天，公共服务的重要性都得到了前所未有的凸显。但这种变化也表明，是否提供公共服务已经不再是公共部门与私人部门间的区别，因而不能成为区分公法与私法的标准了。一方面，在向服务型政

①② 袁曙宏. 服务型政府呼唤公法转型：论通过公法变革优化公共服务. 中国法学，2006（3）.

府转型的背景下，政府的公共服务职能将获得进一步的重要性，因而公法与公法研究都仍然需要承担规范和支持政府公共服务职能履行的任务；另一方面，由于政府已经不再垄断公共服务的提供，因而公法与公法研究又都无法再局限于政府及其公共服务活动，而需要把私人主体的公共服务活动也纳入其视野之中。同时，由于私人主体已经从事了公共服务的活动，因而私法及其相关研究也必须对私人主体的这种活动做出规范和支持，甚至也要将与私人主体在公共服务中存在合作关系的公共主体纳入自身的视野。可见，公共服务的社会化实际上意味着公法与私法界限的消失，进一步地说，意味着法律本身的公共服务转型，虽然公法与私法的区分仍然成立，但它们都已变成整个社会公共服务体系的支持性力量了。这一点在促进型立法与新行政法中都得到了印证。

向公共服务的转型使法律本身发生了多方面的变化。第一，立法主体的多元化。法律未必总是由国家制定或者直接认可的，也可以是社会自治组织创制的自治章程，即便是国家立法，也可以存在中央立法与地方立法、议会立法与行政立法等多种形式。第二，法的本质的扩展。由于法律既可能是“国家意志”的体现，也可能反映国家之外的特定共同体的意志，因而法的本质应当从反映“国家意志”扩展为反映包括国家意志在内的“公共意志”。第三，法的实现方式的多样化。既要依靠国家强制力，更要诉诸社会组织自治力，既可以由强制力来保证实施，也可以通过协商、契约等非强制性方式实现。具体来讲，公法体系的建构正在转向“软硬兼施”，其中，硬法主要用来设定强制性公共治理行为方式，如规制、处罚、强制等，并对违法责任进行明确规定，软法则侧重于设定非强制性公共治理行为模式，如建议、指导、协商等，对法律责任规定较为含糊，或者交由当事人约定①。这些变化中最引人注目的软法的兴起，使法律越来越从一种硬性的强制力量变成一种柔性的引导力量。

与传统观念中的硬法相比，软法具有以下几个特征。首先，软法的制定主体一般不是国家正式立法机关，而是非国家的人类共同体（超国家的和次国家的共同体），如联合国、世贸组织、欧盟、东盟等超国家共同体，以及律师协会、高等学校、居民委员会等次国家共同体。硬法通常是国家法，软法则通常是超国家法或次国家法。其次，软法不具有国家强制力，不由国家强制力保障实施，而是由人们的承诺、诚信、舆论或纪律保障实施。最后，软法的争议一般不是由法院裁决，而是由民间调解、仲裁机构处理或争议当事人自行协商解决②。硬法建立在对国家与社会进行公私二分的基础上，软法则侧重于体现社会公共性，关注多元利益诉求，倚重协商民主，推崇认同、共识与合意，反映了社会治理主体多元化的趋势。同时，软法的制定本身就是多元主体互动的结果，它不仅创设出多样化的行为方式，而且其实施也未必依赖国家强制性，在这个意义上，它具有培育社会自治的功能，为社会主体成长为公共管理主体提供了一个必要的自主空间。

---

① 罗豪才，宋功德．公域之治的转型：对公共治理与公法互动关系的一种透视．中国法学，2005（5）．

② 姜明安．软法的兴起与软法之治．中国法学，2006（2）．

11.3　公共管理中的伦理

11.3.1　公共管理中的伦理关系与道德规范

作为一种新型的社会治理模式，公共管理赖以确立的基础是伦理化的服务精神。因此，认识公共管理，需要对它的伦理关系进行分析。其实，在人类社会中，伦理关系是一种极其普遍的社会关系，有了人，也就相应地存在着伦理关系。在伦理关系的基础上实施社会治理，是正在行进中的制度化过程。通过对伦理关系的分析，可以更准确地把握公共管理的性质和特征。

公共管理的伦理关系不同于权力关系、法律关系。公共管理中的权力关系是由公共管理组织结构所决定的领导与被领导、命令与服从的结构性联系。公共管理中的法律关系则是由国家法令和公共管理中的内部章程、规定等所确立的制度性关系。与这些关系不同，公共管理中的伦理关系是建立在一个社会所拥有的普遍人际关系和行为准则基础上的，是体现在公共管理活动中的价值关系。具体地说，公共管理中的伦理关系也可以看作人们在公共管理这一职业活动中建立起来的一种客观联系，公共管理的特征和公共管理组织的群体性特征决定了这种伦理关系的客观内容。

由于公共管理主体具有多元性，所以，公共管理的伦理关系在政府部门和社会公共组织那里的具体表现也会有所不同。对于社会公共组织而言，公共管理的伦理关系是一种正在生成的伦理关系，与公共管理一样，它也是人类历史上的一个新生事物，它既不同于社会公众之间的一般社会伦理关系，也不同于传统的政府部门中以行政权力为轴心的职业联系，而是以伦理精神为主导和以权力、法律为支持力量的新型的伦理关系。对于政府部门来说，这种伦理关系基本上是作为行政伦理关系而存在的，可以在对行政组织的伦理思考中得到把握。但是，随着政府外部职能的公共管理化，伦理关系也会相应地发生某些变化，开始由单纯的行政伦理关系向公共管理伦理关系转化，并与社会公共组织所拥有的伦理关系趋同。

传统的行政体系是以行政权力关系为轴心的，存在于这个体系中的一切行政关系都是在权力关系的轴心上生成和展开的。在某种意义上，行政关系本身就是权力关系，是以权力关系为基本内容的。如果说在这种行政体系中也存在着行政法律关系和伦理关系的话，那么它们也只是作为行政权力关系的调节因素而存在的。在行政体系中，行政权力关系是轴心，行政法律关系则属于较为边缘性的关系，而行政伦理关系则比行政法律关系还要更为边缘。这也就是为什么行政伦理学始终难以得到充分的生长的原因。对于公共管理来说，权力作为一种必要的支持力量依然存在，所以，公共管理的组织结构依然会依据权力关系的需要来加以设置。但就整个公共管理体系而言，权力关系的轴心地位不复存在，法律关系和伦理关系也都不再属于边缘性的关系，权力关系、法律关系和伦理关系是相互支持的平行关系，尽管公共管理活动是以伦理精神和服务原则为主导的。

公共管理伦理关系是由个人承载的，首先是作为公共管理者的个人之间的一种特殊关系，它经由公共管理个人而进一步上升为公共管理主体间以及公共管理主体与客体间的关系。然而，这种存在于公共管理中的伦理关系却是一种客观的联系，道德规范则是这种关系的反映。可是，对于具体的个人来说，公共管理中的伦理关系又与道德规范不同，它是作为一种与他共在而不是先在的关系存在着的。也就是说，道德规范往往是先于具体的个人而存在的，是个人应当遵守的行为规范，是判断个人公共管理行为善恶的标准。在公共管理体系中，伦理关系虽然是一种客观的关系，但对具体的个人而言则是后天的，体现为一种与公共管理者个人共生的关系。只是当一个人选择了公共管理活动作为自己的职业的时候，他才成为公共管理伦理关系的主体，在他退出公共管理活动的时候，他也就自然而然地退出了公共管理的伦理关系。因而，公共管理的道德规范是建立在其伦理关系基础上的，所指的是公共管理中的客观的伦理关系，是抽象意义的伦理关系。对于具体的公共管理者个人来说，在他成为公共管理者的那一刻，这种伦理关系才会成为属于他的关系，他在选择了公共管理这一职业的同时也选择了这一关系。

公共管理伦理关系是公共管理体系中的基本关系，不仅道德规范建立在这种关系基础上，而且法律规范也在很大程度上反映了这种关系。在某种意义上，公共管理活动中的法律关系也可以看作通过法律形式确立起来的伦理关系，或者说是伦理关系的法律制度化。在公共管理活动中，如果能够按照法律关系的规范来做出公共管理行为的选择，也就在一定程度上达到了维护和遵循伦理关系的要求。但是，法律关系毕竟不等同于伦理关系，因而公共管理的制度设置也不能仅仅建立在法律的原则和精神之上，还需要在遵循法律关系的同时更深入地考量伦理关系独特的客观要求。

公共管理伦理关系不是在某种承诺中生成的。无疑，公共管理主体在具体的公共管理活动中向管理客体做出服务承诺并履行这种承诺，有利于伦理关系的健全。但是，这类承诺本身不是伦理关系生成的前提，相反，它是伦理关系在公共管理活动中的反映。承诺本身只是为了达到公共管理活动适应伦理关系客观要求的目的。进一步说，服务承诺并不造就服务型社会治理模式，反而是服务型社会治理模式可能会选择服务承诺的途径作为自我约束和接受监督的方式之一。就服务承诺这种现象来说，是公共管理主客体之间的协议关系或契约关系，在交换关系占主导地位的社会历史时期中，它反映的是一种契约原则，也就是一种法的精神，因而属于法律关系的一种构成方式，它对于伦理关系的影响属于法律关系与伦理关系互动的范畴。当然，承诺得到履行除了需要得到法律的支持外，也需要道德规范发挥作用。但是，一项承诺一旦被公开宣示出来，就已经包含着向法的精神靠拢的倾向，这实际上也是整个近代社会用法的精神诠释人类伦理关系的影响的结果。所以，在服务承诺被宣示出来之后，履行承诺的行为意向是属于遵守协议的法律要求，是法的精神中所包含的义务原则和责任意识。

11.3.2 公共管理伦理的治理功能

公共管理与以往一切社会治理模式的根本不同是由其伦理所决定的。在一切社会治理形态中，人们对善治的追求都将在公共管理中得到实现，而公共管理伦理就是善治理想得到实现的保证。

第一，公共管理伦理是“公意”不受歪曲的保证。根据 18 世纪启蒙思想家的设想，政府应当是公意的代表，是公意的表达和执行机构。如果对这一思想加以提升的话，就应当是：在人的自由平等等基本权利得到了确认之后，整个社会治理体系及其过程就应当反映公意的要求和使这些要求得到实现。然而，近代以来的社会治理体系及其过程总是歪曲公意，代表性设置在逐级代表的过程中使公意走样；利益集团总是为了本集团的利益而扭曲公意；决策机构在进行决策时，总是要把公意中的一切特殊性因素抹平，形成具有普遍适应性的政策；政策执行部门总会选择那些与己方便的政策和途径去加以执行……除此之外，在整个公意的表达和实现过程中，长官意志总是随处可见。所有这些都是对公意的歪曲，尽管近代以来人们一直努力通过法律制度建设去防止歪曲公意的现象出现，但收效甚微，根本原因就在于伦理的缺位。公共管理在本质上也是公意的代表和执行，而且它在代表和执行公意的过程中，应杜绝对公意的歪曲，公共管理伦理就是防止公意受到歪曲的保证。这是因为，公共管理更多地放手让公共管理者根据伦理精神和道德意识做出行为选择，让公共管理者自觉地去领悟和把握公意，特别是公共管理一切岗位和职务上的活动都反映了伦理平等的原则，这在根本上消除了长官意志冲击公意的现象。

第二，公共管理伦理是公共利益实现的保证。公共管理的核心问题是公共利益的实现问题。公共利益既是公共管理活动的基本目标，也是公共管理伦理价值的核心构成部分，只有在伦理基础上开展公共管理活动，才能实现维护和促进公共利益的目标。在农业社会等级制的条件下，是存在共同利益结构的，一个等级会拥有相对于其他等级的共同利益，统治集团会拥有它相对于整个社会的共同利益，一个民族的各等级之所以在抵御外族入侵时同仇敌忾，也是由于共同利益。近代社会的分化使共同利益结构得以消解，在公共领域与私人领域分化的条件下出现了公共利益与私人利益的结构形态，从理论上讲，政府是公共利益的代表。然而，在社会治理实践中，由于存在着自然与社会、人与人、生存与发展等等各种各样的矛盾，公共利益往往只能存在于学者的表述之中，却不存在没有争议的公共利益。所以，近代以来的管理型社会治理模式，虽然被赋予了维护和促进公共利益实现的使命，但它却找不到公共利益的具体目标。公共管理不同，它确立了以人为本的理念，在促进人的全面发展的目标追求中把人的生存与发展协调起来，让公共管理者依据伦理精神和道德意识去开展具体的治理活动，从各种各样具体的、个别的利益之中来认识和领悟公共利益，并促使公共利益得到实现。

第三，公共管理伦理保证了公共管理体系及其活动的开放性和公开性。在农业社会的统治型社会治理中，统治是一种艺术，具有神秘性，所谓“天威难测”就是对这种神秘性的最好表述。统治体系也是封闭的和神秘的，统治者与被统治者的界限是不可逾越的，即使在中国古代兴科举的条件下，作为被统治者的平民要进入统治体系也需要合乎统治者的要求，而且只会被有限制地使用，在身份地位上永远也达不到贵族的程度。近代社会的管理型社会治理，虽然是发生在人的平等理念已经确立的条件下的，但是，社会体系及其过程依然是非常封闭的，特别是在政府中，存在着各种各样的行政秘密，闭门决策、“黑箱操作”等随处可见。即使是在公众参与的理念已经深入人心的条件下，行政秘密依然是不允许触及的。如果对“公共”与“私人”两个概念进行解读的话，可以说，私人的应当是秘密的，是不容窥探、不容觊觎的，而公共的应当是公开的，是公众应当了解和知情的。然而，政府中为什么存在着类似于私人性事务的秘密呢？它为什么不能够按照公共性的标准公开和开放呢？一方面，是由政府垄断社会治理造成的；另一方面，显然其中存在不合乎伦理道德的因素。公共管理作为多元治理主体的合作治理体系和过程，必然具有充分的开放性和公开性。正是这些伦理特性决定了公共管理是唯一能够保证公平、正义和社会公正得到实现的治理方式。

第四，公共管理伦理是公共管理者在合作治理过程中的自主性的保证。为了保证公共权力不受治理者主观因素的干扰，不被滥用和不被用作个人目的，近代社会治理体系建立起了严密的权力制约机制，不仅用权力制约权力，而且用一系列的规则体系对权力的运行做出严格的规定。治理者在行使权力的过程中受到了严格的约束，因而，自主性的空间是很小的。在工业社会低度复杂性和低度不确定性的条件下，治理者行使权力的自主性较低是能够基本满足社会治理的需要的，而且可以在预防腐败、以权谋私以及权力滥用等方面发挥积极的作用。但是，在公共管理得以产生的后工业化背景下，社会的复杂性不确定迅速地增长，人类已经进入一个高度复杂和高度不确定的时代，在这种情况下，社会治理过程中的复杂问题需要治理者拥有充分的自主性去加以处理，面对不确定性的问题需要增强权力行使的灵活性。如果治理者的自主性和行使权力的灵活性受到限制的话，必然会置社会治理体系于危机状态。但是，治理者的自主性以及行使权力的灵活性如果不受约束的话，各种各样的以权谋私和滥用权力的问题就会凸显出来。限制的途径又不能是外在于治理者的规则和制度，而应当是治理者的内在力量。公共管理伦理以及由这种伦理转化而成的道德，就能够发挥约束和限制治理者行使权力的行为。由于这种约束和限制是源于治理者的内在的道德力量，是一种自律的体现，所以，治理者就会表现出既有自主性和行使权力的灵活性，又能够让这种自主性和灵活性发挥积极的作用。

11.3.3 从法制到德制

社会治理是一种制度化的政府行动，而政府与制度都是有历史的，在不同的历史时期，政府及其所依据的治理制度都有着类型上的差异。在农业社会中，社会治理主体是统治型政府，其治理制度则属于“权制”，也就是权力制度；到了工业社会，统治型政府被管理型政府取代，相应地，“权制”让位给了“法制”，即法律制度；在后工业社会，管理型政府转变为服务型政府，政府的制度基础将是“德制”，它会与法制一道规范服务型政府的社会治理活动。

哈佛大学法学教授昂格尔清楚地认识到了法制的历史性。他认为，“像古代中国那样的官僚帝国的法律也可能具有普遍主义和专门化的某些特征，这使得它们从表面上看颇像欧洲封建社会后期产生的法律制度（legal systems）。……但无论如何，官僚法与法律秩序（legal order）之间仍然存在差异，就像它们分别对应的社会类型也存在区别一样"[①]。也就是说，农业社会的中国尽管也有法律（在类型上，昂格尔称其为官僚法），却不存在法制，因为这种社会中的法律不具有普遍的约束效力。事实上，农业社会中的法律完全臣服于统治者的意志和利益，而不是凌驾在统治者的意志和利益之上的，所以，在农业社会中，法律是工具，也仅仅是工具，由于以等级制度为基本内容的权力制度否定了任何普遍性规范的存在，法律根本没有成为基本治理制度的能力。

与权制相比，法制是一种具有普遍性的制度，它将所有社会成员都纳入了同一个规范体系，而不是像在权制中那样分属于不同的规范系统。在"法律面前人人平等"的原则下，在法制的实际运行中，法治向社会提供了一种普遍的正义。但是，法律对普遍正义的供给又存在内在的缺陷："法律制度只能满足于人们关于形式平等方面的要求，在提供实质平等方面，它是无能为力的。"[②] 甚至，在集团政治的现实中，法制对普遍正义的供给越来越多地表现出了力有不逮的情况，特别是在全球化的今天，当一个国家可以通过立法来排斥某一个社会群体或外来移民时，表明法制已经走向了普遍正义的反面，而向现实中的不正义屈服了。因此，单纯以法制为基础和依据来开展社会治理，将不可避免地造成许多悖论性的后果。

法制是一个规则体系，法律就是通过事无巨细的规则来实现对其规制对象行为的控制的。与法律不同，作为一种行为规范，道德通常并不以规则的形式作用于规制对象，不同于规则的外在制约，道德功能的实现依赖于行为主体自身责任意识的觉醒。因而，在传统上，道德与规则被认为是无法兼容的。比如，鲍曼就断言，"'与他人共在'可以被法制化的规则所调整。'为他者而存在'很明显不能被法制化的规则所调整"[③]。也就是说，作为一种"为他者而存在"的绝对命令，道德无法像法制一样得到规则化。在 20 世纪后期各国政府的伦理立法实践中，鲍曼的这一断言得到了反复印证。尽管各国政府都针对公职伦理的问题而进行了大量立法，但这种尝试并未带来一种道德的制度，并未使道德拥有像法律一样的约束效力，也未能阻止政府官员去做不道德的行为，更不用说鼓励政府官员去做合乎道德的行为了。然而，尽管作为一种行为规范，道德无须具有规则化的形式，但要成为一种制度，道德则需要获得某种规则化的特征，从而能够通过规则来表达。

事实上，伦理立法的无效并不意味着道德的不可规则化，相反，它只是说明人们在使道德规则化的目标下走错了方向，即转向利用控制性规则来使道德建制化。也就是说，当前各国政府与各种职业团体积极制定的各种伦理守则，都是以控制性规则的形式出现的，它的作用机制是通过提供一种既定的伦理标准来控制人们在不同情境中的道德判断和道德选择，而这实际上却扼杀了个人独立的道德判断和道德选择。所以，作为一种控制性规则，伦理守则必然无法起到道德规范应有的效果。事实上，对于道德来说，任何控制性规则都是无效的。即使一个人可能在规则的控制下做出道德的行为，但这种控制或者

---

① UNGER R M. Law in Modern Society：Toward a Criticism of Social Theory. New York：The Free Press，1977：67.

② 张康之. 后工业化背景下的"德制"构想. 武汉大学学报（哲学社会科学版），2006（4）.

③ 鲍曼. 后现代伦理学. 南京：江苏人民出版社，2002：70.

说胁迫本身是不道德的，因而，它将不可能激发持续性的道德动力。与法律制度已经开始越来越多地运用促进性规则一样，道德制度的建构也应当以促进性规则为方向，即通过促进性规则来激发官员的道德动力，鼓励他们积极运用自己的道德判断，并在这种自主判断的基础上做出道德的行为选择。只有这样，官员的道德行为才是可持续的，而这种持续性的道德行为又将反过来巩固促进性规则的地位，最终使有利于官员做出道德行为的促进性规则成为政府规则体系的基础，并在这一基础上建立起不同于法律制度的道德制度。另外，促进型立法与促进性规则的广泛运用又标志着法律与道德的融合，虽然二者在规范性来源上仍然有本质区别，但在规范方式上，它们已经呈现出了许多相同的特征。

在探讨道德制度化的问题时，学者们经常被一个问题困扰，这就是道德的自律性。也就是说，由于道德是一种以自律为基本特征的规范，当人们对道德进行了制度化，使它变成了一种客观的规则体系时，服从这种规则还能被视为遵守道德吗？可见，道德的自律性是道德制度化的逻辑障碍。对于这一障碍，分析法学的代表人物哈特的观点是："道德的'内在性'面向，并不意味着道德就不是外在行为的控制形式。"① 那么，道德究竟如何才能既拥有制度化的形式，又保有其作为道德规范的性质呢？对这一问题的回答需要从道德的两个方面，即惩恶与扬善，进行分析。

实际上，道德的自律性是就惩恶而言的，即道德只是在惩恶的问题上才是自律的，而在扬善的问题上，道德则是他律的。因此，道德的制度化并不是在惩恶意义上的制度化，而是在扬善意义上的制度化，道德制度的功能也不在于惩恶，而在于扬善。对于前者，哈特描述道："诉诸良知，提醒人们道德规范的要求，依赖罪恶感和懊悔的作用，是在支持社会道德时最典型且重要的压力形式。"② 读过《罪与罚》的人都知道，这种内在的惩罚是极其严厉的，在某些情况下，它可能比法律的外在惩罚更加深刻。并且，这种内在的惩罚是无法得到规则化的——既无法通过在规则上使某种行为违法来增强某个人的罪恶感，也无法通过在规则上使某种行为合法来消除他的罪恶感。但是，这种内在的惩罚并不具有社会效力，由于在违反道德规范之前个体无法预见他将可能背负怎样的罪恶感，内在的惩罚虽然严厉，却并不能防止恶行的发生。所以，在惩恶方面，自律的道德不如他律的法律有效。由于明确界定了违反何种规定将会受到何种处罚，法律比道德更加能够防止恶行的出现。

对于道德的扬善方面，法理学家博登海默的观点是："对道德观念的历史发展的研究明确表明，道德命令的主要渊源并不能从个人的自律理性中得以发现。伦理体系得以建立，乃是源于有组织的群体希望创造社会生活的起码条件的强烈愿望。"③ 也就是说，在扬善的问题上，道德是一种他律的形式，也是他律的结果，事实上，所谓道德的行为，其实也就是"为他的行为"。而当涉及与他人的关系时，规则的价值就凸显了出来，因为任何外部关系都可以通过规则来规范。因此，与惩恶不同，对于扬善的目标，规则是有价值的，它可以发挥鼓励和引导人们做出道德行为的功能，并且，促进性规则就是一

---

①② 哈特. 法律的概念. 北京：法律出版社，2006：169.

③ 博登海默. 法理学：法律哲学与法律方法. 北京：中国政法大学出版社，1998：373.

种可以鼓励和引导人们做出道德行为的规则类型。促进性规则在使道德得到制度化的同时，可以最大限度地发挥其扬善的功能。如果把扬善的希望完全诉诸自律，显然很难带来普遍的善行。可见，道德的自律性与道德的制度化分属于两个不同的层面，因而并不冲突，道德作为一种惩罚机制所固有的自律性，并不能否定在扬善问题上具有他律性的道德的可制度化性。

总之，道德的制度化是可能的，以促进性规则为手段，可以使道德制度化，进而建立起德制。但是，德制在社会治理中的功能是有局限性的，它有助于扬善，却无力于惩恶。公共管理虽然以德治为目标，但并不寄希望于通过德治来解决所有的社会治理问题。所以，公共管理的制度框架也不仅仅是由德制构成的，而同时包含了德制与法制，其中，德制主要为公共管理中扬善式的治理行为提供制度支持，法制则为公共管理中惩恶式的治理行为提供保障。在未来的社会治理中，由于法制的不断完善，为恶的行为将极大减少，因而法制将逐渐成为一种沉寂的制度，更多地作为一种保障性力量而存在；由于德制的不断进步，为善的行为将极大增多，并反过来增强着德制的活力和有效性。在这种此消彼长中，德制将成长为公共管理制度框架的基础性构成，并为德治的实现提供充分而有力的支持。

本章小结

区别于以往一切社会治理模式，公共管理是建立在伦理精神基础上的。在农业社会的统治型社会治理中，道德只是一种必要的矫正和约束力量；工业社会的管理型社会治理在本质上是基于法的精神展开的，它注重的是社会治理过程中的工具理性和科学化，因而，排斥了道德的作用；在后工业化过程中，随着公共管理的出现，伦理精神被引入社会治理体系的建构中，成为社会治理活动赖以开展的基础性支持因素。

伦理以及道德是具有历史继承性的，但是，这种继承性表现为每一个时代对人类历史发展中的伦理和道德因素做出的选择。在全球化和后工业化的历史条件下，各种文明类型之间的碰撞和融合又使伦理精神容纳了各民族的文明发展成就。因此，公共管理是建立在人类历史发展中作为各民族文化精髓的道德文明成就之上的。公共管理的伦理价值体现在其社会治理过程中，即维护和促进公共利益，保证公共管理过程与体系的开放性与公开性，保证公共管理者行为的自主性。

公共管理是一种实现了法治与德治相统一的治理模式。它虽然崇尚德治，却并不排斥法治，而在德治的统领下，公共管理中的法治也获得了新的内容，在许多方面都呈现出了不同于管理型社会治理模式中的法治的特征。在政治层面，公共管理的生成伴随着促进型立法的兴起，各国政府越来越多地通过促进型立法来培育社会，鼓励社会组织的成长，也就是培育多元社会治理力量。在行政层面，公共管理也催生了一种不同于传统行政法的新行政法，这种新行政法不再把规范对象局限于政府，而是扩展为所有参与了公共管理行动的多元治理力量，因而，它既反映了多元治理力量生成的事实，也通过对多元治理力量活动的规范促进了它们的进一步成长。总之，在公共管理中，法律不再是政府用以控制社会的工具，而是协调和促进政府与非政府等社会治理力量之间合作治理关系的工具。

公共管理建立在德制的基础上，同时也需要得到法制的支持。其中，德制主要为公共管理中扬善式的治理行为提供制度支持，法制则为公共管理中惩恶式的治理行为提供保障。随着社会的发展，由于法制的不断完善，为恶的行为将极大减少，因而法制将逐渐成为一种沉寂的制度，更多地作为一种保障性力量而存在；由于德制的不断进步，为善的行为将极大增多，并反过来增强着德制的活力和有效性。在这种此消彼长中，德制将成长为公共管理制度框架的基础性构成，并为德治的实现提供充分而有力的支持。总之，公共管理事实上是在道德制度的基本框架下，多元社会治理力量为了公共利益的实现而开展的合作治理。在某种意义上，公共管理不仅意味着社会治理体系和过程本身的合作，而且意味着要通过社会治理去造就一个合作的社会。

关键术语

法治　德治　管理伦理　公共管理伦理　权力意志　法的精神　伦理精神　促进型立法　新行政法　硬法　软法　公共管理伦理关系　道德制度

复习思考题

1. 公共管理对伦理精神提出的要求有哪些？
2. 试论公共管理伦理对管理伦理的超越。
3. 简述促进型立法与管理型立法的区别。
4. 简述新行政法的特点。
5. 法律功能是怎样变化的？
6. 简述伦理关系与道德规范的关系。
7. 简述公共管理伦理的治理功能。
8. 简述公共管理中法制与德制的关系。

阅读文献

1. 鲍曼．后现代伦理学．南京：江苏人民出版社，2002.
2. 博登海默．法理学：法律哲学与法律方法．北京：中国政法大学出版社，1998.
3. 弗里曼．合作治理与新行政法．北京：商务印书馆，2010.
4. 哈特．法律的概念．北京：法律出版社，2006.
5. 库珀．行政伦理学：实现行政责任的途径．北京：中国人民大学出版社，2001.
6. 李艳芳．“促进型立法”研究．法学评论，2005（3）.
7. 王伟，鄯爱红．行政伦理学．北京：人民出版社，2005.
8. 张康之．公共管理伦理学．北京：中国人民大学出版社，2007.

9. 张康之. 公共行政中的哲学与伦理. 北京：中国人民大学出版社，2004.
10. 张康之. 行政伦理的观念与视野. 北京：中国人民大学出版社，2008.
11. 张康之. 论合作治理中的制度设计和制度安排. 齐鲁学刊，2004 (1).
12. 张乾友. 促进性规则、道德制度与服务型政府的制度框架. 南京社会科学，2013 (8).

第 12 章

公共管理的实现

“公共管理的实现”贯穿公共管理的始终，是公共管理过程和理论的综合体现，直接反映公共管理各个环节的落实情况及实施效果。因此，从战略、途径和工具三个方面来对“公共管理的实现”做出系统化探析，显得非常必要。在社会生态环境的复杂性和不确定性陡增的形势下，私人部门的战略和战略管理被引入公共部门，使政府引导社会治理以及非政府组织等社会治理力量更好地发挥治理效能。公共管理包括多种实现途径，其中，管理途径、政治途径和政策途径是较为重要的三种，它们在具体的公共管理实践中互相融合、共同发挥作用。20 世纪后期，为了应对日益复杂化的社会治理，一场社会治理工具的创新运动出现了，许多新型的治理工具逐渐被引入公共管理，并且获得了广泛的应用。对于治理工具的选用而言，不仅要从科学使用的角度去展开论证，还有必要首先了解治理工具产生本身及其原初功能，进而立足时代发展的要求去进行创新和运用。

重点问题

- 公共管理的战略
- 公共部门战略管理
- 公共管理的实现途径
- 公共管理的工具箱
- 公共管理工具的选用

12.1 公共管理的战略

12.1.1 战略的引导价值

我们正处在一个从工业社会向后工业社会过渡的历史时期，在这一时期，复杂性和不确定性迅速增长，在一定程度上，复杂性和不确定性就是我们时代的基本特征①。社会治理生态的高度复杂性，给人类社会的治理活动提出了更多的挑战。第一，危机的频繁发生。乌尔里希·贝克从社会风险的角度来描述未来的社会，认为人类社会进入“全球风险社会”，风险和危机将成为人类社会治理所要面对的常规性问题。危机频发是社会治理生态复杂性带来的直接后果，然而，从另一个方面它也向人们宣示了管理型政府在应对风险和治理危机上的不力，既没能防止大量的风险转化为危机，又没有足够的能力去有效地化解危机。第二，社会复杂性要求管理型政府进行类型和职能上的双重转变。管理型政府是工业社会的政府类型，工业社会具有低度复杂性，当人类社会开启迈向后工业社会的进程时，社会复杂性骤增，管理型政府在应对社会治理生态变化方面捉襟见肘，便出现了治理失灵的现象。“管理型政府赖以施展控制的前提是社会还处于一个低度复杂性和低度不确定性的历史状态中。到了 20 世纪后期，随着社会复杂性和不确定性的迅速增长，管理型政府那种‘不变应万变’的控制思路便开始出现了失灵的状况，特别是进入 21 世纪，这种控制失灵的状况变得日益突出。”②

在工业社会，人们总是习惯于通过技术的途径去寻找解决问题的方案，但是，这种做法在全球化和后工业化高度复杂和高度不确定的社会背景下失效了。“在全球化、后工业化进程中，情况发生了变化，虽然我们依然给予技术进步以极高的期望，而事实上，恰恰是技术本身，为我们带来各种各样的问题。”③ 也就是说，曾经在工业社会盛行的技术主义治理路径，在高度复杂的社会现实面前，已经无法有效应对社会治理的挑战了。技术主义的治理路径之所以失效，主要原因在于，它本质上属于控制导向的治理模式。控制导向的治理模式适应于低度复杂的社会形态，所以当社会变得高度复杂和高度不确定时，它不但不能解决社会问题，反而会成为社会危机频发的根源。高度复杂性和高度不确定性条件下的社会治理必然是一种积极的治理，行动目标的前瞻性、响应机制的灵活性、方式和方法的多样性等，都是社会治理的积极特征，然而，最为根本的还是行动者的合作④。因而，社会治理的复杂性要求政府的社会治理抛弃技术主义的路径依赖，进而确立一种复杂性思维，来引导政府社会管理职能由控制到引导的转变，以区别于传统的控制导向型职能⑤。在政府对社会治理的引导中，政府必须具有战略性、长远性和积极主动性的视角，既重视对社会治理的战略认识和规划，又善于动员和组织多元社会力量参与到公共管理中来。

社会的高度复杂性要求政府社会治理模式从“控制导向”转变为“引导导向”。在复杂性条件下，政府引导社会治理“首先关注的是战略而非改革”，政府会在从“执行者”向“规划者”的华丽变身中，将前瞻性的规划应用于社会治理的各个方面，通过对社会治理的战略性谋划来推进社会进步⑥。实际上，战略对于社会治理来说，具有重要的引导价值，体现在：第一，能够促使政府从控制转向服务。当政府主要关注技术性的细节和执迷于对社会治理的控制时，社会治理便容易趋向僵化和失控，这也是

---

①　张康之. 时代特征中的复杂性和不确定性. 学术界，2007 (1).

②　张康之，张皓. 在后工业化背景下思考服务型政府. 四川大学学报（哲学社会科学版），2009 (1).

③④　张康之. 论高度复杂性条件下的社会治理变革. 国家行政学院学报，2014 (4).

⑤⑥　郑家昊. 政府引导社会管理：复杂性条件下的社会治理. 中国人民大学学报，2014 (2).

管理型政府失灵的根本原因。政府在社会治理中专注于战略的引导，从而克服原来社会治理中技术主义和控制导向的弊端，建立起一种服务导向的社会治理模式。第二，能促使政府与其他社会治理力量的合作。在全球化和后工业化的背景下，社会治理的复杂性导致政府垄断治理的失效，政府需要与非政府组织等其他社会力量一道进行合作治理，这样才能实现社会治理的善治。在合作治理中，政府的主要职责是实现对非政府组织等社会力量的战略引导，而不是在“合作”名义下进行一种协作式的控制。第三，能推进政府职能顺利转变。在管理行政中，政府在社会治理中处于主导者的位置，垄断着很多社会治理的职能，即使政府会把一部分公共服务的职能通过外包等形式委托给第三方去承担，但实际上，政府作为控制者的角色没有发生变化。在服务行政中，政府的角色发生了根本的改变，政府不再是社会治理的主导者，政府也不再是社会治理的控制者，政府在社会治理中的角色是服务，从战略上对社会进行指引和引导，政府从原来的公共服务直接供给者转变为制度的供给者和战略的指引者。

12.1.2 战略管理进入公共部门

1. 战略管理的起源与演进

“战略”一词最早出现在军事领域，意指在战争中所要取得的总目标和所使用的总谋略。在军事领域，战略概念的使用往往与战术相对应，后者主要是指在具体战斗中所采用的具体计划或所要达到的具体目的①。大概从19世纪起，西方的军事战略理论逐渐清晰完善，出现了一些代表性的人物及其著作，例如，约米尼的《战争艺术》、克劳塞维茨的《战争论》、利德尔·哈特的《战略论》等②。随着战略理论的不断成熟，战略理论逐渐引起了企业界的兴趣，它在企业界也产生了重要的影响。战略引入工商管理领域的时间大概在二战以后。战略规划产生于20世纪60年代，战略管理产生于20世纪80年代。战略规划被战略管理替代，但并不意味着战略规划的终结，它成为战略管理的核心内容，始终发挥着重要的作用。

海克斯和马吉道夫认为，企业战略管理的演进大致经历了五个阶段：预算与财务控制、长期计划、企业战略规划、公司战略规划和战略管理③。

（1）预算与财务控制阶段。

预算与财务控制是在科学管理理论指导下形成的一种企业控制模式。法约尔和泰勒等管理学家都主张对企业实行内部控制。受他们理论的影响，在20世纪上半叶，一些企业形成了一种以内部财务控制为导向的管理模式。通过编制预算和财务控制，企业能够对生产经营活动进行控制，从而在一定程度上提高运作效率，但是，由于预算与财务控制往往只关注企业近期的目标，无法对企业的远景做出有效的规划，所以，预算与财务控制往往

---

① 休斯．公共管理导论．北京：中国人民大学出版社，2011：154-155.

② 陈振明．公共管理学．北京：中国人民大学出版社，2003：425.

③ HAX A C，MAJLUF N S. The Strategic Management：An Integrative Perspective. Englewood Cliffs：Prentice-Hall. 1984；HAX A C，MAJLUF N S. The Strategy Concept and Process：A Pragmatic Approach. Upper Ssddle River NJ：Prentice-Hall，1996：1-90.

只能产生短视的管理行为①。预算与财务控制作为一种计划形式，它的优点在于，较为简单易行，但是由于它过分关注企业的近期行为，而对企业的长远发展缺乏关注，因此，它必然会被其他形式的计划模式取代。

（2）长期计划阶段。

预算与财务控制无法对企业做出长期的规划，所以，逐渐被长期计划所取代。长期计划是战略管理的初级形态，产生于 20 世纪 50 年代。长期计划既是人们对预算和财务控制系统进行反思的结果，也是第二次世界大战后经济发展造成的。长期计划制订的前提条件或假设是，虽然外界环境在不断变化，但是，这种变化是可以预测的，长期计划就是在预测外界环境的基础上制订的。但是，随着环境复杂性的增加，企业竞争的日益加剧和企业经营方式的日益多样化，也使长期计划所能发挥的效应受到明显的限制。一旦企业面临的环境发生了变化，或者企业面临的竞争加剧，长期计划就无法实现②。

（3）企业战略规划阶段。

企业战略规划是根据任务、环境监测以及明确的目标所确定的规划模式，并且它是与资源配置和绩效测量相结合的计划形式，它是在短期计划和长期计划的基础上发展而来的③。首先，制定企业战略规划要对企业的任务进行分析。任务分析既包括对企业现在所从事的各种生产经营活动进行分析，也包括对企业未来的生产经营活动、产品的种类进行分析判断。这种基于企业任务的分析是企业制定战略规划的基础。其次，制定企业战略规划要进行环境监测。外界环境是不断变化的，这种迅速变化的环境给长期计划的制定带来了很多不确定性，因此，企业战略规划更注重对环境的监测。环境监测既包括对企业内部的优势、弱点、机会、威胁进行分析，也包括对企业外部环境进行理性的分析，分析的具体内容包括市场发展态势、竞争对手的情况以及其他对组织有重大影响的事情④。最后，制定企业战略规划需要进行目标分析。目标实际上是对更高层次战略的细化，制定企业战略规划需要对企业战略不断的细化，使其转变为具体的、具有可操作性的目标。

（4）公司战略规划阶段。

与企业战略规划一样，公司战略规划实际上也包括组织任务分析、对环境进行动态的监测、将组织目标分解细化等一系列工作。公司战略规划是对企业战略规划的进一步发展和完善，它在应对日益增大的竞争和外界环境的变化方面更具有优越性。与企业战略规划相比，公司战略规划具有三个特点：第一，公司战略规划更注重组织的高层；第二，公司战略规划更注重不同部门之间的协调，公司战略规划对企业不同部门之间的协调、责任分配赋予了更多的重要性；第三，公司战略规划更加全面细致⑤。与企业战略规划乃至长期计划相比，公司战略规划显然具有优越性，但是，公司战略规划也因存在一系列的缺陷而饱受批评。批评者认为，公司战略规划与企业战

---

① 陈振明．公共管理学．北京：中国人民大学出版社，2003：425-426.

② 休斯．公共管理导论．北京：中国人民大学出版社，2011：155.

③④⑤ 同②156.

略规划最大的问题在于，它太注重理性的分析和规划，以至于这些规划往往被束之高阁。

（5）战略管理阶段。

企业战略规划和公司战略规划的弊端导致了战略管理的兴起。与战略规划相比，战略管理具有这样三个特点：第一，战略规划更注重战略的制定和决策，而战略管理则更注重结果的产生。战略管理把有效产品的推出、市场的占有、企业规模的扩大等作为关注的焦点。第二，战略规划的制定权仅存在于在组织的决策部门或规划部门，而战略管理则涉及组织的各个层面，它需要组织所有部门的参与。第三，战略规划更注重规划的设计，而忽视战略规划的实施，战略管理则力求达到战略制定与实施的平衡①。

2. 公共部门战略管理的兴起

休斯经研究发现，预算与财务控制在公共部门很早就出现了。从 20 世纪 60 年代开始，公共部门开始借鉴私人部门的长期计划。战略计划在公共部门的运用，是在 20 世纪 80 年代，它落后于私人部门十几年，而战略管理的引入，却是在 20 世纪 80 年代后期，只比私人部门晚了几年。20 世纪 80 年代末 90 年代初，在公共部门管理领域出现了首批论公共部门与第三部门（非营利组织）战略管理的著作或教科书。最早较系统地讨论公共部门战略管理的著作要算加州旧金山市的乔西-巴斯出版社出版的“公共行政系列丛书”中的两本，即波齐曼、斯特劳斯曼的《公共管理战略》（1990 年）和纳特、巴可夫的《公共和第三部门组织的战略管理》（1992 年）。该丛书还收进了一本后来很有影响的论述公共部门战略规划的著作，即布莱森的《公共组织和非营利组织的战略规划》（1988 年）。

概括而言，公共部门战略管理的兴起是由三种原因促成的：第一，私人部门战略管理的示范效应。公共部门历来就有借鉴私人部门管理经验的传统，私人部门战略管理的成功，对公共部门具有极大的示范作用。实际上，公共部门战略管理就是在借鉴、学习私人部门战略管理的基础上发展而来的。第二，全球化和后工业化背景下高度复杂的社会环境。在全球化和后工业化的背景下，社会变得高度复杂和高度不确定，要求公共部门注重战略的引导作用，从战略的高度来进行社会治理。第三，行政改革的诉求。20 世纪后期的全球性行政改革对公共部门战略管理的产生发挥了推动作用。一方面，行政改革促使政府从原来的内部取向转变为重视外部环境和长远目标，从注重预算与计划转变为注重战略管理；另一方面，行政改革打破了政府对公共服务供给的垄断，公共部门为了应对自身的危机，必须进行战略管理。

作为公共部门战略管理的核心内容，公共部门战略规划产生于 20 世纪 80 年代。奥尔森等人认为，公共部门战略规划是在宪法的范围内，为确定政府行为性质和方向的基本决策而进行的专业性的努力。因而，公共部门战略规划的特征是：（1）必须在宪法的范围内进行。虽然私人部门的战略规划也要在宪法的范围内实施，但是，公共部门战略规划必须更加注重宪法所蕴含的价值。（2）战略规划是决定组织性质的根本决策。这意味着公共部

---

① 陈振明．公共管理学．北京：中国人民大学出版社，2003：427．

门战略规划所进行的决策必须是长期的和较为稳定的①。尼古拉斯·亨利认为，公共部门战略规划是公共组织开发、清楚表达、优先安排以及沟通的重要政策目标，并且把这些目标整合于公共组织的管理预算以及绩效测量系统，公共部门战略规划是渐进主义和理性主义相结合的产物，是公共部门在组织内部考量和外部分析的基础上所进行的管理决策②。

公共部门战略规划是一个系统化的过程。奥尔森等人认为，公共部门战略规划包括五个步骤：第一，分析所有任务和进行目标描述；第二，进行环境评价和条件确认；第三，组织内部优势和劣势分析；第四，战略制定与评价；第五，战略计划的实施与控制③。布莱森认为战略规划包括八个步骤：第一，就制定战略规划取得共识；第二，明确组织的权限；第三，阐明组织任务和价值；第四，评估组织所面临的机会与威胁；第五，分析组织自身的优势和不足；第六，明确组织所面临的战略性问题；第七，制定组织的战略；第八，明确组织有效的未来愿景④。概言之，公共部门战略规划的步骤有：第一，公共部门就战略规划取得共识，这是战略规划制定的前提；第二，分析组织任务和确定目标；第三，评估组织所面临的机会与威胁；第四，评估组织自身的优势和不足；第五，战略的制定；第六，战略的实施与控制。

公共部门战略规划对公共部门的发展具有重要的作用，它能够促使公共部门更加关注组织的长远发展，使公共部门更加注重环境影响和战略决策，然而，公共部门战略规划也存在一些问题：战略规划唯一的产物是制定正式的文件，然后这些文件便会被束之高阁，战略规划并没有被真正执行⑤；战略规划存在参谋部门支配整个战略规划过程的问题，战略规划忽视了组织的核心发展能力和组织文化的重要性，缺乏应变性，难以应对组织环境的任何变动⑥。公共部门战略规划轻视执行，使公共部门战略计划的有效性大打折扣，取而代之的是公共部门战略管理。尼古拉斯·亨利认为，公共部门战略管理应该将规划职能与整个管理工作结合在一起，不能把规划作为战略管理的单一组成部分⑦。发展至今，公共部门的战略管理已经具有如下特点：注重战略制定与战略实施的平衡，注重全员参与性的管理；面向未来做全局性的谋略；注重理性分析和非理性分析的有机结合；持续关注外部环境和内部变化趋势。

12.1.3　公共部门战略管理的过程与原则

公共部门战略管理是一个持续性的管理过程，包括战略规划的制定，战略管理实施、评估等一系列环节。具体而言，公共部门战略管理包括这样几个步骤：

第一，就战略规划制定过程达成共识和明确组织权限。公共部门战略管理的第一步就

---

① OLSEN J B，EADIE D C. The Game Plan：Governance with Foresight. Washington DC：Council of State Planning Agencies，1982：4.

② 亨利. 公共行政与公共事务. 北京：中国人民大学出版社，2002：536.

③ 同①19.

④ 同②160-161.

⑤ 休斯. 公共管理导论. 北京：中国人民大学出版社，2011：164.

⑥ 陈振明. 公共管理学. 北京：中国人民大学出版社，2003：435.

⑦ 同②164.

是组织成员要对战略规划制定过程取得共识，它是战略管理成功的基础。在取得共识的基础上，公共组织要明确自己的权限。受组织性质的约束，公共组织的职责权限有其既定的边界。公共组织需要根据设立它的法律来审视和界定自己的权限边界及行动范围，这对公共组织是有益的①。公共组织明确自身的权限，能够更好制定好战略规划和开展战略管理。

第二，明确组织的主要任务和最终目的。对于公共部门来说，明确其组织的主要任务和最终目的并不是一件容易的事情，因为公共组织的目标往往受到多重因素的影响。对此，公共组织可以通过对组织发展历史脉络的分析来确定自身的主要任务和最终目的。任何组织都有其发展的历史背景。通过对发展背景的梳理和分析，公共组织能够更好地明晰本组织的主要任务和组织的最终目标。通过对自身背景的了解和分析，公共组织需要确定组织的最终目的，包括最优目标和最差目标②。

第三，宏观环境分析。公共部门不同于私人部门，它更容易受到政治、经济和社会环境的干扰，所以，公共部门更加需要注重对宏观环境进行分析。宏观环境的分析包括政治、经济、社会和技术等方面信息的收集和分析。政治分析包括政策、法律制度的变迁、政治人物的更替等内容，经济分析主要是指对国际经济环境、国内经济情况、地方经济发展趋势进行分析判断，社会分析则是指对社会环境和文化风俗的分析，技术分析主要是对国内外科学技术发展趋势的分析③。

第四，SWOT 分析。SWOT 分析是公共部门战略管理的重要基础。SWOT 分析就是对组织的优势（strength）、劣势（weakness）、外部环境的机会（opportunity）、外部的挑战与威胁（threat）进行分析。一方面，它能够帮助公共部门认清组织面临的主要问题以及自身的优势；另一方面，它能帮助公共组织更好地把握住外界所提供的机遇，同时也能规避风险。在 SWOT 分析的基础上，公共组织才能选择那些适合本组织和外界环境的战略。

第五，战略拟定和战略选择。战略拟定是在环境分析和 SWOT 分析等环节的基础上所进行的战略方案形成过程。一般而言，战略方案应该尽可能地多样化，战略拟定的过程需要集思广益——战略方案的制订需要集中所有组织成员的智慧，同时也要尽量吸纳外部专家的意见。在方案拟定的基础上，公共组织要对所有的战略方案进行评估。备选方案的评估既包括经济效益评估，也包括利益相关者分析、政治可行性分析和技术可行性分析。需要指出的是，战略拟定和战略选择既要重视理性分析的作用，也要重视经验和直觉等非理性思维的作用。在确定最终战略方案以后，公共组织还要确定战略执行的具体议程。战略执行的议程应该尽可能地细化，要尽量使战略方案具有可操作性。

第六，战略实施。公共部门战略管理不但要重视战略规划的制定，而且应当重视战略的实施和执行。战略实施的具体环节包括凝聚共识、成立执行机构、制订行动计划、资源准备、战略实施、战略的控制与调整等。在战略的制定过程中，总会出现反对的声音，如何在战略执行过程中进一步凝聚战略共识对战略执行尤为重要。因此，战略实施需要重视

---

① 休斯．公共管理导论．北京：中国人民大学出版社，2011：161.

②③ 陈振明．公共部门战略管理途径的特征、过程和作用．厦门大学学报（哲学社会科学版），2004（3）.

团队建设，同时要在组织中凝聚战略共识。成立实施或执行机构是战略管理实施的组织保证。实施机构成员应该具有代表性，既要包括组织高层的管理者，也要包括基层部门的管理人员。行动计划是战略实施的具体计划，与战略方案相比，行动计划更具操作性，也更加具体。行动计划需要明确行动的具体目标和实际行动的具体指标。资源准备包括人力资源、物质资源、信息资源等各种资源的筹集和准备。战略实施是战略计划的全面落实，也是战略行动计划的具体执行。在战略计划的实施过程中，战略实施机构或领导小组需要加强战略实施的监控，以保证战略计划的全面执行。

第七，战略评估与优化。战略评估的主要目的是通过对战略管理实际效果的评估，达到改进战略的目的。战略评估发挥着两种作用：监控战略执行情况和评估战略管理的绩效。公共部门战略评估的主要步骤是：反思和回顾战略基础，包括对环境和战略制定基础进行分析，然后在此基础上把战略管理的结果与预期目标相比较，最后采取纠偏措施。战略评估的结果是战略管理改进的主要依据，公共组织需要根据战略评估中所体现的问题进一步修正、完善战略规划或改进战略实施和执行过程。

公共部门战略管理是一个动态发展的过程，它不但注重战略方案的制订，也重视战略规划的执行；它不但重视理性思维的作用，而且重视非理性思维在战略决策中的重要作用。更为重要的是，公共部门的战略管理还要契合公共部门的公共性，体现和维护公共部门的公共价值。总的来说，公共部门战略管理需要遵循以下几种原则：

第一，服务原则。公共部门战略管理的服务原则包含两个层面的意思：一是以“为人民服务”为最终目的，二是体现服务导向。公共部门的宗旨是为人民服务，所以，公共部门的战略管理要把更好地为人民服务作为最高目标，同时要摒弃管理行政式的控制导向，转而建立服务行政式的服务导向。

第二，战略制定与战略执行相均衡的原则。战略管理既需要重视战略制定，也需要重视战略执行。战略规划由于忽视了战略执行而使战略规划成为纸面上的规划，无法付诸实施发挥实际作用。战略管理在战略制定的基础上，更加注重战略的实施和执行。由于战略管理对战略执行更加重视，所以，战略管理的绩效更高，它更能促进公共组织效率的提升。

第三，全员参与的原则。战略规划低效的另外一个原因是它的制定过程的封闭性和缺乏代表性，战略规划往往成为组织高层和参谋人员的特权。战略规划参与人员的封闭性导致战略规划缺乏认可度和科学性，从而使战略规划难以执行。与战略规划相比，战略管理强调全员参与。全员参与既表现在战略制定的过程中，也体现在战略执行和战略实施的过程中。战略管理的全员参与，既保证了战略决策的科学性和合法性，也有力地保障了组织战略的实现。因此，战略管理既需要组织的高层管理人员和参谋人员的参与，也需要组织中包括中层管理人员、基层管理人员和普通员工的参与。

第四，合作原则。公共部门战略管理的合作原则，既体现在组织成员共同合作进行战略管理，也体现在不同公共部门之间的战略合作。如前所述，组织成员的全员参与是战略管理成功的重要保证。全员参与意味着组织中的所有成员要彼此信任，共同合作。组织中的所有成员的合作是战略管理成功的重要保证。另外，战略管理也需要不同的公共组织之间的合作。20 世纪末以来，政府和非政府组织等多元组织合作提供公共服务，逐渐成为公共领域的新常态。不同组织之间的合作，已成为公共组织应对环境变化的新战略。

第五，与环境相适应的原则。公共部门战略管理需要注重外界环境的动态变化。战略方案的制订要充分考虑到未来环境的变化和突发事件的影响等因素，注重多点预测和加强风险意识。在战略实施的过程中，战略实施者也要充分注意到外界环境所产生的变化，适时地做出战略调整。

12.2　公共管理的实现途径

公共管理的实现途径是多种多样的，蕴含在每一个具体的公共管理环节或方面。但是，概括而言，公共管理的实现途径可以被归结为三类：管理途径、政治途径以及政策途径。这三种途径在传统的公共行政中可以被非常清晰地辨识，因为近代以来的社会治理的专业化追求，往往把这三种途径隔离开来，由不同的机构或部门去重点运用其中的某一种。20 世纪后期，社会治理生态的复杂性骤增，社会治理的公共事务都需要战略性地、前瞻性地和综合性地运用管理的、政治的和政策的途径来处理。

12.2.1　管理途径

在人类社会治理史中，管理活动是一种古老的人类行为活动。因为，有了人类的活动，就必然会发生把一定的人群整合为一个群体的管理活动。最初的管理活动带有原始的色彩，从属于生存和生活的目的，因而具有自然的属性，是一种不自觉的、自然而为的行为。近代以来，技术进步和组织化浪潮突出了对效率的追求，在这种情况下，涌现出一大批管理学家开始将“管理”作为一个议题或者领域来做科学化的研究，管理活动逐渐获得了自觉的属性，这也是人类文明进步的表现。相应地，政府自身的管理活动和政府对社会的管理活动被纳入行政管理的范畴，尤其是当行政管理获得了公共性之后，公共行政作为政府社会管理的面相出现了。在工业社会很长一段时间，公共行政呈现为管理行政的形态，到了 20 世纪后期，社会复杂性增长和多元社会治理力量参与到社会治理中，政府垄断社会治理权的局面终结，公共行政逐渐被公共管理取代，公共行政与社会治理一道成为公共管理的核心议题，只不过在公共行政蜕变为公共管理的问题域的同时，公共行政本身也实现了一次革命——从“管理行政”转为“服务行政”。

自觉化的管理实践活动和管理理论一直是人类社会开展公共管理的重要实践和理论资源。从理论研究的角度来看，对管理、公共行政和公共管理等活动做出专门研究，形成了三门学科，即管理学（或一般管理学）、公共行政学和公共管理学。管理学侧重于阐释管理活动的规律、原则、过程等，公共行政学则注重研究政府的行政实践活动，公共管理学研究一切与公共事务相关的社会治理主体的管理活动。从研究对象来看，管理学关涉一切组织，公共行政学仅仅涉及政府组织及其机构，公共管理学涉及一切参与公共事务管理的组织。因而，在实践和理论的双重维度，存在着这样一种逻辑关系（见图 12-1）：管理（学）的外延是最大的；公共管理（学）包含公共行政（学），且都是管理（学）体系的重要内容。因此，实现公共管理的“管理途径”内含于公共管理实践活动的始终，它的理论养分来自管理学和公共行政学以及当前社会治理的先进理念和思想。如果将公共管理理解为公共行政和社会管理的集合，那么，我们就可以分别从政府行政实践和社会治理活动两个维度来理解公共管理实现的管理途径。

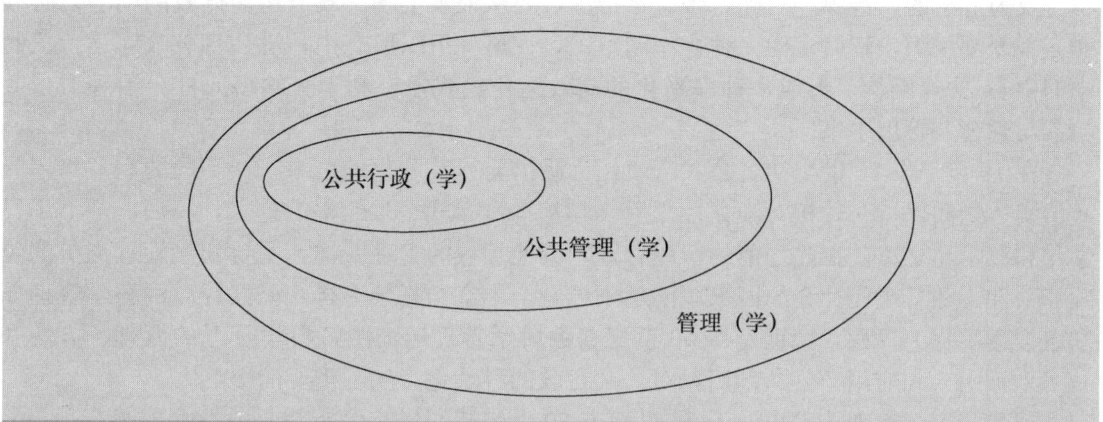

图 12－1　管理（学）、公共行政（学）与公共管理（学）的逻辑关系

1. 政府行政的自觉意识、运行机制和管理技术

现代政府的行政自觉意识肇始于伍德罗·威尔逊和弗兰克·J. 古德诺。因为，威尔逊的《行政学研究》（1887 年）和古德诺的《政治与行政》（1900 年）都阐释了“政治与行政二分”原则，为政府的行政功能从政治功能中分化和独立出来提供了依据。“如果说威尔逊所强调的是行政运行的技术特殊性的话，那么古德诺则对行政的功能作出了明确的定位，即把行政定位在国家意志的执行上，这就为政治与行政二分原则找到了功能依据。”① 行政从政治的母体中分离，使得行政成为独立的领域，可以自由地吸纳来自其他领域的理论和技术，进而实现无拘无束的生长。

现代政府的运行机制可以追溯到马克斯·韦伯的“官僚制”组织（或官僚集权组织）。米勒在《马克斯·韦伯》一书中，称“韦伯是德国的亚当·斯密”。因为，亚当·斯密曾发动一次攻击以摧毁阻碍资本主义发展的英国重商主义政策，而韦伯的贡献在于“对旧传统以及在经济中使用政治控制的抨击”促进了资本主义的发展。雷恩指认，“韦伯看到了为管理大型企业建立合理基础的必要性，经他研究，结果提出了官僚集权组织是理想的组织结构的概念。对于韦伯来说，‘理想’并不是指合乎需要，而讲的是组织的‘纯粹形态’。……理想的官僚集权组织将作为一种标准模式，以便于说明从小规模的企业（‘世袭’）管理过渡到大规模的专业管理的转变过程”②。19 世纪末以来的历史事实证明，官僚制行政组织确实具有重大的历史功用。最为明显的是，它所提倡的“纪律化”“非人格化”“机械化”等管理理念，曾经很大限度地提高了行政效率，使得管理型政府承担起因社会复杂性增强和市场经济发展而离析出来的社会管理职能。不过，官僚制组织已经逐渐爆发出它的天然缺陷，并且走向“反官僚制”的方面——追求行政效率的庞大官僚机构日益成

① 张康之. 对政治与行政二分原则的审查. 国家行政学院学报，2001（1）.

② 雷恩. 管理思想的演变. 北京：中国社会科学出版社，1986：253.

为提振行政效率的最大障碍。在这种情况下，20 世纪后期，全球性行政改革运动迈出了“重塑政府”和“改革政府”的步伐，但这些改革运动根本上是在官僚制的基础上尝试性地做出修补，而且修补的效果并不显著，反而出现了政府难以应对社会治理危机甚至政府本身成为危机的制造源。对此，张康之指出，要从根本上解决政府运转低效的问题，必须摒弃官僚制组织，转而建构一种合作制组织，在这种组织形态中，将会打破政府运行机制中的中心-边缘结构，形成一种扁平化的高效运作模式，有利于吸纳多元社会治理力量共同参与到公共管理中来。

在 19 世纪末 20 世纪初，公共行政作为政治与行政分化的结果，在不同的利益集团等政治实体之间保持一种相对独立性之后，其基本目标就是对效率的追求，因而，走上了科学化和技术化之路。在此之前的行政管理和其他领域的管理一样，主要依靠管理人员的经验和悟性。随着现代社会的国家职能越来越健全丰富和复杂多样，公共行政的科学管理要求也被逐步提上日程，特别是在 20 世纪初的科学管理运动中，科学管理的原理、方法和技术也被引入和应用于公共部门，对公共行政的科学化产生了重要的影响。

现代政府的管理技术根源于 19 世纪末 20 世纪初那场发生在企业中的管理革命。工业革命“使工厂制度取代了家庭生产制度，并且在很多方面提出了许多以前从未遇到过的管理问题。概括地说，这些问题可以分成三类：（1）有效地使技术、材料、组织职能和生产过程结合起来的组织问题和方法问题；（2）为了实现预想目的，如何促进、发展、激励和控制人的行为的人事问题；（3）为了实现目标，如何把上述两方面融合在一起的管理问题”①。在这种情况下，泰勒和法约尔分别提出了科学管理理论、一般管理理论。泰勒从基层做起的，采用一种“自下而上”的视角来解决企业的效率问题，提出了科学管理理论，核心观点包括：工作定额原理、标准化原理、工人和雇主方面的“精神革命”、例外原则。与泰勒不同，担任企业经理的法约尔选用了一种“自上而下”视角，开创了组织研究理论。在他的影响下美国的古典行政管理理论，既是现代组织理论的批判对象，也是现代组织理论的前奏。他最主要的贡献是，提出了管理的五要素说（计划、组织、指挥、协调、控制）和管理的 14 原则（分工、权力、纪律、统一指挥、统一指导、个人利益服从整体利益、报酬、集权、等级链、秩序、平等、人员保持稳定、主动性、团结精神）②。

正如沃尔多所指出的：“科学管理（运动）的目的在于应用科学技术去经济而有效地解决组织与管理问题；这种意图集中地表现在私营工业企业之中，其技术和精神也渗透到政府的行政管理上来，影响那些对于政府改革与改善发生兴趣的人的头脑；科学管理对于‘科学’这样一个日益被人尊敬的名词的使用，它所具有的减少开支和提高效率的希望，以及它那种用知识与协调代替无知与冲突的目标，凡此种种对于公共行政学的奠基人来说都是极其引人入胜的；科学管理也同样通过与此同时发展起来的企业管理这一学科来对公共行政学发生影响。”③ 可以说，科学管理运动赋予公共行政的积极影响是

---

① 雷恩．管理思想的演变．北京：中国社会科学出版社，1986：113-114.

② 泰勒和法约尔的观点阐释，参见雷恩．管理思想的演变．北京：中国社会科学出版社，1986：118-258；丁煌．西方行政学说史．武汉：武汉大学出版社，2004：40-68.

③ 沃尔多．公共行政之研究//斯蒂尔曼．公共行政学：上册．北京：中国社会科学出版社，1988：15.

多方面：既提升了政府自身的运转效率，也提升了政府管理社会的效率。在当代，政府行政面临的对象复杂、内容丰富、范围广泛，要进行有效的管理，就必须实现科学化，即必须采用具有科学知识、科学技术和反映了科学规律的行政方法，必须综合利用多学科的科学理论知识。同时，按照管理行政向服务行政转变的总要求，始终贯彻服务理念，遵循特定的技术规律，充分利用好信息网络技术以及各种人文科学和社会科学的先进成果去创新政府的运行机制，以更好地为人民服务，更好地推进人类社会的良序发展和进步。

2. 从政府垄断社会管理到多元力量合作治理

当人们在组织的意义上使用"管理"一词的时候，就存在管理的主客体问题。在近代以来的很长一段时间，社会被作为政府实行管理的对象而存在，因此社会管理就是政府社会管理，是一个具有被动意义的词。根据人们对社会管理事务理解的不同，政府社会管理具有两重含义：广义的含义是政府对政治、经济、文化、教育、社会等方方面面社会事务的管理，狭义的含义是政府对社会保险、社会福利、社会自治、人口发展、婚姻家庭等社会生活、社会服务方面的管理。在近代很长的一段时间内，政府成为唯一的社会管理主体，全面负责社会管理的各项事宜，涵盖了经济发展、社会进步、文教事业发展、生态环保等方面。

在低度复杂和低度不确定的社会治理环境下，政府垄断社会管理较好地实现了管理的效率，并在某种程度上推进了社会进步。不过，到了 20 世纪后期，全球化、后工业化彻底改变这种局面，政府社会管理遭遇到社会复杂性骤增带来的各种挑战，风险急剧增加，政府已经在社会治理过程中出现了失灵。造成政府社会管理失灵的原因当然是多方面的，一方面，来自政府自身，无论是政府的组织体制、运行技术，还是政府的控制导向的管理手段，都已经不能适应社会发展的要求；另一方面，高度复杂性的社会出现了一些新的社会治理现象：非政府组织勃兴、社会管理呈现出虚拟和现实的双重叠加等。面对非政府组织的勃兴，政府希望固守原有的治理格局，同时吸纳非政府组织有限地参与管理的做法，显得举步维艰。毕竟非政府组织代表的是一种新型的社会治理力量，旨在打破政府垄断治理的"中心-边缘"格局，希望与政府一起平等地开展对社会的治理。信息网络技术的发展，催生了微信、微博等链接的新型网络社区，使得实体的社会逐渐虚拟化，在这种情况下，政府依然采用管理实体社会的方法来管理虚拟社会当然是行不通的。

可以说，20 世纪后期的社会治理发展，提出了变革社会治理格局的要求。新型的社会治理格局是以"合作治理"为前提构建的。"合作是'关系'与'实质'、'过程'与'结果'的统一"①，合作治理的构成要件有：其一，合作治理主体的身份平等化，即合作治理主体之间是一种独立、平行关系，这种关系的获得是建立在治理主体之间高度信任的基础上的。这是实现合作治理的核心要件，因为如果主体缺失平等的身份地位、彼此之间是一种隶属关系，那么在治理主体之间存在信任也只是契约信任而不是合作信任，没有合作信任就没有合作目的的达成、合作行为的发生。其二，合作治理的目的在于维护纯粹的

---

① 张康之. 行政伦理的观念与视野. 北京：中国人民大学出版社，2008：365.

公共利益。合作治理主体在合作中考虑的，首先是合作行动的总体利益，而不是自己通过合作过程所达到的收益状况，并且合作最终将会达到一种“1＋1＞2”的系统整合效应。其三，合作行为是一种自主性行为，是一种真正的自治，区别于必然导向“他治”的协作过程。其四，合作过程表现出道德特征。合作首先要满足道德审查和判断，法律规定也只有在道德判断存在争议的时候发挥辅助的作用。其五，合作治理的客体是社会事务，从学术周延的角度考虑它应该囊括政治、经济和文化等领域中的一切事务。据此，在新型的合作式社会治理格局中，政府需要放下傲慢的姿态，去平等地与非政府组织等社会治理力量合作，以应对社会危机和推进社会进步。政府的角色将会定位为引导者和促进者，政府的职能将是服务型的，政府的管理技术与手段都将体现“合作”“引导”“服务”等价值。

12.2.2 政治途径

1. 利益分化与利益博弈

在公共管理产生的时代，利益分化和利益博弈都达到了无以复加的地步，这决定了公共管理是包含着政治内容的。公共管理在展开社会治理的过程中，是内含着政治途径的，而且，政治途径是最为重要的途径之一。

利益在本质上属于社会关系范畴，是在人们的一定的社会关系中表现出来的或得到实现的需要。社会主体维持自身的生存和发展，只有通过对社会劳动产品的占有和享有才能实现，社会主体与社会劳动产品的这种对立统一关系就是利益。利益可以分为经济利益、政治利益和精神文化利益。其中，经济利益决定和支配着政治利益和精神文化利益。这里所说的利益分化，主要是指经济利益分化，即一国社会成员的经济利益状态、利益关系和利益实现由同质走向异质、由均一走向差异的一种过程和状态。利益分化除了具有一般意义上的差别化和异质化的特征外，也是由社会结构性的变革而引起的一种既定利益关系和利益格局的根本性变化，或者说，它是社会成员的利益关系发生急剧变化的过程。

利益分化往往源于劳动者个体的禀赋、能力和需要的不同，但是，在等级化或阶级分化的社会中，它也是由劳动分工的不同和劳动者对生产资料的占有不平等造成的。在中国改革开放进程中出现的利益分化主要是由五个方面的原因造成的：其一，是市场竞争的直接结果，是竞争机制发挥作用的体现；其二，是农村与城市的二元分化在一定程度上扩大了居民收入差距的结果；其三，是经济改革中的地区不平衡增长模式选择的结果；其四，是客观存在的自然条件和历史文化等方面差异造成的结果；其五，是体制转轨中出现黑色或灰色收入地带所造成的某些人不当地利用资源暴富的结果。

利益分化并不是消极的，对于人类社会的发展而言，合理的利益分化是积极的。但是，所谓合理的利益分化就是指一个社会中的利益分化有一个合理的“量度”，要对社会公正、平等不构成冲击。甚至，在社会发展中还能够有利于社会公正与平等的动态实现。就其表现而言，这种合理的利益分化不会导致民众心理的严重失衡与社会的不稳定，而是有利于效率的提高和社会经济的可持续的和健康的发展。而且，收入差距的适度存在，能够形成多层次的购买力和消费需求结构，进而能够发挥引导企业的生产投向、促进生产结构的升级和优化的作用，对于提高经济增长的速度和质量都是有益的。相反，不合理的利益分化则会给社会造成一定的负面影响，主要表现在：从经济层面上看，会提高国民经济运行的成本；从政治层面上讲，不利于政治稳定和民族团结；就心理层面而言，可能使一定社会阶层的成员产生“被剥夺感”。

利益博弈是各种利益在不同主体之间进行分配的过程，是利益相关方为了自身利益的实现而展开竞争或合作的过程。从利益博弈的主体来说，可分为：(1) 私权之间的博弈，即个人或经济组织出于追求自身利益的最大化而产生的博弈；(2) 公权与私权之间的博弈，即公共利益主体与私人利益主体之间的博弈；(3) 公权内部的博弈，即政府内部不同层级或不同部门之间的利益博弈。从利益博弈的结果来看，利益博弈可能会出现：(1) 利益双方或多方都蒙受损失，没有任何一方获益，这是一种“负和博弈”；(2) 一方获得利益，另一方招致损失，一方的所得正好是另一方的损失，这被称作“零和博弈”；(3) 利益各方在博弈过程中都有所收益，达到了互利共赢，这是一种“正和博弈”，是一种理想的利益运行方式。

在市场经济与利益分化的基础上，利益实现要求的自我性是与利益实现途径的社会性相矛盾的，这种矛盾决定了人们的利益需求只有在利益博弈中才能实现。有着合理规则的利益博弈是市场经济秩序的内涵和表现，因而能够带来现代市场经济运行所需要的效率与活力，但是，缺乏合理规则的利益博弈将会破坏社会公正和影响社会稳定。所以，在利益分化与利益博弈的条件下，公共管理所要承担的使命就是坚持社会公正的原则，促进利益均衡地实现。其中，基础性的工作就是为利益的表达和博弈制定规则，做出制度安排，保证利益博弈能够健康有序地进行，从而促进相对和谐的利益关系和利益格局的形成。

在利益博弈时代，最为重要的是要建立起利益集团博弈的合理规则。这主要体现在建立社会利益协调机制上。目前，从中国社会发展的现实看，建立健全社会利益协调机制应从以下几个方面着手：

第一，建立健全利益引导机制。在经济转型过程中，人们往往会出现利益观念的偏差，出现一些不正确的观念和行为。一些人习惯于传统的平均主义利益格局，对于社会利益的分化认识不足；一些人把正常的个人利益作为个人主义的东西加以批判；还有些人重利轻义，甚至唯利是图。要避免和消除这些现象，首先需要从思想教育入手，加强正确的利益观的宣传和教育，引导人们正确看待当前社会利益分化现象，认识到因主客观能力、条件等不同而出现的利益分配差异的客观性。其次，通过教育宣传，让人们树立合法、合理、公平、公正的利益观念，引导人们正确处理个人利益和集体利益、局部利益和整体利益、当前利益和长远利益的关系。最后，随着社会主义市场经济的发展，出现了不少新的社会阶层和利益群体，人们的利益需求逐渐多元化。这就需要建立起通畅的利益表达渠道。不同利益群体之间往往存在着矛盾，如果各利益主体的利益表达渠道不通畅，沟通、反馈不及时，往往会导致社会利益主体间关系的紧张。因此，通畅的利益表达渠道和完善的沟通反馈机制是较早发现利益矛盾和及时解决利益矛盾并维护社会稳定的前提。

第二，建立健全利益约束机制。法律和道德是利益需求行为的调节器和控制器。人们获得利益的行为应当受到法律和道德的双重约束。法律和道德规范对社会利益的影响在于促使个人或群体形成正确的价值观，从而自觉地协调利益关系和规范利益实现行为。法律作为社会规范的重要形式，发挥了规定人们的行为方式、协调人们的社会关系的作用，从而提供了社会的基本秩序。所以，需要加强法律建设，加强对利益主体的法律约束，创造一个公平公正、合法合理的社会环境，引导人们以合法的手段和方式获取利益，防止在利益获取的过程中出现权钱交易等非法手段，减少利益矛盾和冲突。道德是引导个体确定合理的利益目标，选择适当的利益行为的内在约束力量。近些年来，社会上拜金主义和利己主义使一些人通过各种手段最大限度地获取利益，结果导致社会利益分化加剧，社会不公平现象增多，社会利益矛盾突出，这影响了社会的良性运行和发展。因此，要加强道德建设，约束和规范人们的利益动机和利益行为，引导人们合理选择利益目标，自觉调整利益需求，科学选择利益行为，正确处理利益关系。

第三，建立健全利益调节和补偿机制。随着市场经济的发展，社会利益格局发生了巨大变化，利益群体出现了分化重组，阶层间、行业间、地区间的利益差距逐渐扩大。社会利益差距扩大、分配不公已经成为影响社会稳定和发展的重大问题。因此，建立健全利益调节机制，调节各个利益集团之间的利益关系（如工农关系、城乡关系、社会各阶层关系等），调整、缩小人们之间的利益差距，对于社会的协调发展具有重要意义。在利益调节的基础上，还需要进一步建立健全利益补偿机制，给因经济转型和社会发展而出现利益受损的个人或群体提供一定的补偿，以提高社会公平的程度，促进社会的稳定和发展。

2. 公共管理的政治过程

政治过程可以理解为在特定历史阶段中政治人的政治关系、活动及活动规则的变化与发展过程。无论是作为个体的公民与官员，还是作为群体的阶级、阶层、政党等，作为“政治人”，都有一个生成、存在与消亡的过程。在这一过程中，他们的性质都会发生变化，不仅体现在外在的形态上，而且体现在内在的思想与精神观念的成熟上。在政治人开展政治活动的过程中，必然会伴随着相应的规则，所有的这些活动与规则都有一个变化与发展的过程。政治活动具有非常广泛的内容，其中包括：（1）对政治权力的追逐、行使的过程；（2）政治革命过程、政治改良过程、政治发展或变迁过程；（3）规则的变化、发展过程。在上述所列的各项政治过程中，都包含着立法过程、决策过程、制度变迁等内容，同时，又包含着人们的权利意识的增长、政治观念的变化、政府的地位和功能的变化等内容。在现阶段，公共管理首先是一个政治过程，甚至是全部政治生活得以展开的重要支柱和日常形态。

就公共管理产生的政治环境来看，正是利益政治成为政治生活的基本特征的时代，因而，政治表现为一个从利益表达到利益实现的过程。在这里，利益表达是政治过程的起始阶段，而利益实现则是政治运行的结果。其实，利益表达本身就是人们将自身的需要传达给政治体系的过程，政治体系在接受了相关的利益要求后才经过后续的政治过程来进行利益的分配。利益表达之后是利益综合的过程。所谓利益综合，是指把相同的利益需求集中起来，或者把不同的利益需求协同起来，形成若干政策方案，并把方案提交给决策中心，以期得到承认和采纳的过程。在现代民主国家，利益综合的渠道很多，政治精英人物、利益集团、政府部门与政党等都在利益综合中发挥重要作用。在利益综合之后就进入了政策的制定过程，这意味着民众的利益要求得到了权威机构的认可。随后的政策执行，就是政府以及非政府组织等实施政策达到预期目标的过程。而在政策实施中，又会产生新的问题和新的要求，又进入新一轮的利益表达过程，如此周而复始，形成政治过程的连续系统。

政治过程也表现为政治权力的实现过程，具体体现为政治权力在与经济和意识形态互动中实现对社会进行治理的过程，主要围绕政治权力对社会资源的有效分配这个核心而展开。在现有的政治结构和社会治理结构中，政治权力在表现形式上是多样的，而且往往因政治主体的政治色彩而显示出政治性质的差异，比如，政治权力在政府中，更多地是以行政权力的形式出现的，到了非政府组织那里，则表现为政府的授权，或者表现为一种社会权力，其政治色彩已经被淡化了。但是，在本质上，或者说，在最终的来源上，是政治权力在不同领域中和不同的权力主体那里所表现出来的具体面相。所以，公共管理活动在展现出行使权力的过程时，往往赋予了政治权力管理的色彩，即以管理权力的面相出现。即便如此，公共管理过程在很大程度上还是表现为政治过程。

在利益政治的框架下，政治过程也表现为社会各利益集团、阶层、政党和政府等政治主体之间的互动，同时也是公众舆论的形成、塑造和在选举、立法、行政、司法等政治运作过程中发挥影响作用的过程。这个过程在公共管理中得到完整的体现。不仅政策的制定和执行需要体现出各利益主体的利益诉求，需要平衡各利益主体间的利益，而且，公共管理者的所有构成部分都与政治部门或利益集团有着直接或间接的联系。作为公共管理者的最为重要的构成部分的政府本身就是一个政治机构，虽然在政治与行政二分原则中把政府作为行政机构来看待，但是，政府作为广义的政治机构是从来都没有发生过变化的。同样作为公共管理者的非政府组织，在很多情况下可能就是某个（些）利益的代表。至于以个体的人的形式出现的公共管理者，也是拥有特定的政治理念的和政治倾向的。这就决定了公共管理作为一个政治过程的性质，它必须在既定的政治环境中去开展社会治理活动，必须借助政治的手段去处理各种各样的问题，必须在社会治理活动中贯穿政治理念，必须在实现政治目标方面发挥作用。

如果说 20 世纪的公共行政是政治与行政分化的结果，是要在政治与行政之间划分界限的话，那么，公共管理则是政治与管理的重新融合，公共管理活动不仅要从政治的视角出发，而且，公共管理也会更多地涉及政治的问题，许多社会治理的问题都需要以政治的途径处理。与 20 世纪的公共行政相比，公共管理不再是政府垄断的社会治理，而是多元主体的合作治理，因而，为了合作的目的，社会治理过程也需要更加透明。对于公共管理来说，20 世纪公共行政中的那种行政秘密不再存在，而是完全开放和透明的治理，不仅社会治理主体之间是相互开放的，是透明的，而且是对广泛的社会公众的开放和透明。公共管理也是最能满足公众参与条件的管理，它在一切公共事务的管理中，都充分地接纳公众的参与。事实上，公共管理已经超越了公众参与，因为，在公共管理的多元主体之中，不再有一个占据中心地位的主体，多元主体间的合作决定了它们是平等的，从而使参与者发生了质的变化，即变成了治理者。这样一来，公众参与实际上只是在某个具体的治理过程或相对于治理的对象而言才是一种参与，而对于整个公共管理过程来说，则是无所谓参与的，公共管理主体的平等决定了它们进行的治理是合作治理。显然，参与、民主等都是政治学的概念，是体现在政治过程中的，既然公共管理既是参与治理又是合作治理，就只能说明公共管理是近代以来政治理想的充分实现。政治既是公共管理的途径，也是公共管理的基本特征。

12.2.3 政策途径

众所周知，在20世纪50年代，拉斯韦尔和拉纳合著的《政策科学：范围和方法的新近发展》标志着公共政策成为一个独立的研究领域。虽然这一时期美国现代民主政治体制的确立为公共政策的合法性提供了社会支持，但政策研究作为“政府的婢女”一直处于从属地位，没有获得足够的重视，因此，公共政策的发展长期寓于公共行政的概念发展框架之中。对公共政策科学进行系统化的研究，源于20世纪60年代美国国防部长罗伯特·麦克纳马拉所推行PPBS的行政创制、肯尼迪政府在开拓“新边疆”时将私人部门中的管理技术引入公共部门、约翰逊总统就职之后对PPBS的大力推广以及兰德公司对PPBS的运用都促进公共政策运动发展，同时PPBS监管活动所需的高度专业化的技能也直接促使公共政策研究成为一门学科出现在高校的课程设置中。

当政策科学成为一门独立的学科时，原先公共行政学中的那些政策研究的内容就被剥离了出来，形成了政策科学①。政策科学在产生之初，在逻辑实证主义的影响下是以政策分析为标志的，并且受政策分析思维的主导，政策科学将技术理性置于价值理性之前。20世纪70年代，公共政策执行、公共政策评估、公共政策终结等方面的丰富使公共政策科学研究的视角拓宽，公共政策科学逐步成型。进入20世纪80年代，伴随着全球化的浪潮，人类逐渐步入后工业社会，社会多元价值和伦理开始成为公共政策关注的重点。

公共管理的实现所依赖的政策途径表现出一些新的特征。例如，在公共管理出现之前，传统公共政策的主体以较为单一的官方政策制定者为主，而在20世纪80年代之后，以代议机关、行政机关、司法机关为代表的直接政策主体的地位越来越受到了国家政策行为者（非政府组织、公民、压力集团、政党以及地方政府等）、跨国政策行为者（跨国公司、国家区域联盟等）、全球性政策行为者（全球性政府间组织、全球非政府组织等）的影响②。也就是说，在全球化、后工业化进程中，政策主体日益多元化，非官方政策行动者在公共政策中的影响力也在不断增强。

本质上，政策主体多元化是由20世纪50年代以来人类社会频繁发生的治理失灵所导致的。因为，治理失灵所反映出的是政府职能扩张的有限性与社会复杂性增长的无限性之间的矛盾③。在治理失灵环境下，政府的科学决策和政策执行能力已经很难适应高度复杂的社会治理生态，传统的以较为单一的官方政策制定者为公共政策主体的做法，在回应性、代表性、责任性和可靠性方面都面临重重挑战。在这种情况下，多元社会力量追求社会治理权，带动了政府的公共政策化，促使公共部门公共政策职能和管理职能的分化，政府之外的准自治、半自治和自治组织承担起部分原来政府所垄断的治理权④。由此，政府

---

① 张康之. 公共行政的概念. 北京：中国社会科学出版社，2013：215.

② 宁骚. 公共政策学. 北京：高等教育出版社，2011：186.

③ 郑家昊. 治理失灵及其救赎：兼论两种不同的社会认知观及其行动方案. 学海，2016（3）.

④ 张康之. 论政府的非管理化：关于“新公共管理”的趋势预测. 教学与研究，2000（7）.

必须重视提高非政府组织等在政策制定和执行方面的能力，引导它们参与到公共政策过程中，以积极承担政策制定主体的职责。

需要说明的是，在公共管理的场域中，公共政策途径的广泛应用闪耀着伦理价值的光芒。因为，公共管理是实现法治与德治相统一的社会治理模式。公共管理的根本追求就是实现社会治理从依法治理向以德治理的转变，这需要突出公共伦理的治理功能，体现出为人民服务的价值追求。被赋予伦理价值的公共政策是公共管理的重要组成部分，发挥着重要的社会治理功能。一方面，在全球化、后工业化进程中，多元利益社会逐渐形成并不断发展，政府在社会管理、公共服务以及生态保护等方面的职能将逐渐被多元化的社会治理力量所分担，而这一政府放权、授权的环节，离不开政策的规范约束；另一方面，公共政策的核心要素就是公共利益，特别是它对公共利益的分配具有绝对权威性①。“在当前条件下协调不同利益主体之间的博弈关系，建立促进共同发展愿景上的合作体系，作为社会资源重要分配途径的公共政策影响力必然会增强。”②

12.3 公共管理的工具箱

任何一项社会治理活动的开展，都需要落实到治理工具的运用和选择上。近代以来，尤其是在科学管理等管理理论和思潮的影响之下，社会治理工具在内容上得到了极大丰富，同时，社会治理工具的数量也以几何倍数的速度在增长。虽然说在工具的意义上，治理工具是无价值而言的——人们很容易判断某一治理工具所带来后果的好与坏，但很难单纯地评价某一种治理工具的好与坏。然而，就治理工具的选用而言，不仅要从科学使用的角度去展开论证，还有必要首先了解治理工具产生本身及其原初功能，进而立足时代发展的要求去进行创新和运用。

12.3.1 传统行政中的治理工具

与治理工具相类似的概念还有政府工具、政策工具等，陈振明认为，这些概念虽然在学理上略有区别，但实际运用之中没有明显的界限③。事实上，治理工具本身是具有不同的特点和治理功能的，为了更好地认识和运用这些治理工具，理论研究者和实践工作者依据不同的标准对治理工具进行了归类。需要说明的是，由于政府始终是近代以来推进社会治理的主导力量，因此，关于社会治理工具的研究几乎都以政府为焦点或立场，相关研究集中于政府工具上。例如，就政府工具的分类而言，根据是否具有强制性的特征，可以将政府工具分为强制性工具和非强制性工具；根据是否存在政府支出特性，可以把政府工具分为支出性的工具和非支出性的工具；根据运行机理和作用过程，可以将政府工具分为强制性工具、激励性工具、信息提供工具；等等。

实际上，社会治理中的政府工具与行政的发展过程密切相关。在不同的社会治理阶

①② 黄维民. 公共管理视角下的公共政策. 西北大学学报（哲学社会科学版），2009（3）.

③ 陈振明，和经纬. 政府工具研究的新进展. 东南学术，2006（6）.

段，政府的工具箱里所储备的主要工具是不同的。在传统行政中，政府运用的治理工具主要有直接行政、经济管制、社会管制、政府公司等。传统行政中的治理工具是建立在管理型政府类型上的，管理型政府的职能模式可以划分为放任市场的保护型政府职能模式和控制市场的干预型政府职能模式，社会治理主体相对单一，政府是公共政策的主体，在这样的政府类型下建立起来用以支撑政府运行的治理工具的直接性、强制性都较强。在公共管理中，一些传统的治理工具会得到改造并沿用，同时也涌现出许多创新性的治理工具（如民营化、合同承包、凭单制、放松管制、志愿服务、用者付费、服务承诺制、流程再造等），治理工具的丰富一方面表明社会治理中，外在创始模式、动员模式的政策议程确立影响力增强；另一方面则表明公共管理对多元利益主体具有强大的包容性。以下是五种具有代表性的传统行政中的治理工具：

（1）直接行政。直接行政是指由政府负责提供公共服务或公共物品的供给。在传统行政中，政府担负着公共服务供给的主要职责。直接行政具有这样几个特点：第一，公共服务的资金由政府提供。政府通过税收等手段筹集公共服务的资金，政府成为公共服务资金唯一提供者。第二，政府负责公共服务或公共物品的产出。承担公共服务供给的部门是政府部门或政府部门成立的供给机构。第三，政府提供的公共物品一般是纯公共物品。在传统公共行政中，政府负责教育、医疗保健、环境维护、基础设施建设、社会保障等公共服务的供给。政府是这些公共服务的唯一或主要提供者。

（2）经济管制。在传统行政中，政府对经济领域会采取一些经济管制政策。经济管制就是政府为了更为有效地促进经济的平稳发展而通过行政手段对经济领域所采取的管制行为，经济管制的主要形式包括价格管制、投资限制、进出口配额以及外汇控制等。价格管制是政府为维护社会公平和公共利益，而对那些具有自然垄断性的商品实施价格控制。投资限制是指政府为了保证资源的有效配置，防止投资过热而采取的对投资项目、种类和数量的一些限制措施①。进出口配额是指国家对某一商品或货物的进出口设置一定的进口数量或进口金额。合理地运用经济管制能够有效促进社会的良性发展，但经济管制过度使用则会导致市场的窒息。经济管制的极致是计划经济体制，表现为缺乏准入价格控制、在生产上的严格控制以及国家实行定量配给。计划经济体制在特定时期可以适应社会发展的要求，但长期施行会导致种种不良反应。使用经济管制的治理工具应当注意，要避免出现政府统得过死的情况。

（3）社会管制。社会管制与政府相伴相生，具有悠久的历史，社会管制的发展经历了从以惩罚违规为主到以奖励合规为主的转变，其所具有的高度强制性特征使其属于典型的传统的治理工具。社会管制是指为了防止各种经济活动所产生的负的外部性的消极影响，也为了保护环境和保护劳动者、消费者的安全和权益而采取的各种对社会的限制行为。社会管制主要表现为政府所颁布的一些禁止性规定。与经济管制不同，社会管制通常并不直接指向某一产业，它主要是为了某一个特定的社会目标，而对不同领域或不同行业进行的管制行为。

（4）政府公司。政府公司是政府为了纠正市场失灵或推行中央计划等原因而设立的

---

① 陈振明. 公共管理学：一种不同于传统行政学的研究途径. 北京：中国人民大学出版社，2003：243.

企业。设立政府公司的目的是：第一，纠正市场失灵。政府公司能在一定程度克服自然垄断所导致的资源低效配置，能够在一定程度上缓解市场失灵所带来的负面影响。第二，改变经济领域的支付结构。政府公司能够在一定程度上实现对不同对象的交叉补贴。例如，以政府电力企业为例，政府公司能够以低于成本的价格向偏远地区供电，从而偏远地区的消费者能够受益。如果由私人公司供电，那么结果则是这些偏远地区的消费者由于电价高昂而无法负担。第三，推动中央经济计划。通过政府公司，政府能够使其经济计划得到推行。在一些国家，一些政府公司，例如电力或铁路公司已经成为国家执行经济计划的重要组成部分。第四，促使经济性质的变化。通过政府公司，政府能够把资本主义性质的经济变为社会主义性质的经济。例如，第二次世界大战后，西方国家把很多行业国有化。在一定程度上，政府公司的设立使经济从资本主义向社会主义转变。政府公司分为四种类型：公共事业公司、交通运输和邮政公司、金融服务公司、管制机构①。公共事业公司主要分布在电力、供水与排水、通信等行业。在很多国家，陆上交通运输、各种城市之间或城市内的公共交通仍然由政府公司来提供。在一些国家，有相当一部分银行是政府公司类型，这些政府公司与其他企业一样参与市场竞争，但随着政府私有化进程的推进，这些公司的数量逐渐减少。管制机构也是政府公司的一种类型，强制性收购是管制机构的主要特征，它主要是利用销售商品来实现自身的正常运转，这种类型的政府公司在那些经常运用国家法律权力的国家比较常见②。

（5）补贴。补贴是政府对企业或个人的一种财政补偿行为。政府进行补贴的目的在于促进某一行业的发展，促进社会稳定，维护社会公平等。补贴的类型很多，例如：政府对农业的补贴、对进出口企业的补贴、对公共交通的补贴、对私立教育的补贴、对提供某一类商品或服务的企业给予补贴等。

概括而言，传统行政治理工具的特点体现在三个方面：

第一，传统行政中的治理工具的实施主体主要是政府。在传统治理工具中，政府或政府部门是政府工具的主要实施者。在直接行政中，政府直接提供公共服务，政府成为公共服务的唯一主体。在经济和社会管制中，政府负担起对经济领域的调控和对社会领域的监督角色。政府公司虽然不是由政府来直接指挥运作，但是，政府公司是由政府成立的，政府公司的运行会受到政府政策和各种指令的影响。政府作为治理工具的实施主体具有容易实施、资源充足等特点，但是，政府作为治理工具的实施主体存在的缺陷也不容忽视。政府作为治理工具的主要实施主体体现了社会治理的干预型特征。这种干预型特征容易造成政府失败、社会危机、公私对立等问题。

第二，传统治理工具的强制性色彩和控制导向明显。传统治理工具的强制性在经济管制和社会管制中有较为明显的体现，例如价格管制和投资限制等。传统治理工具的强制性色彩表现了政府在社会治理中的控制导向。这种控制导向的治理工具，在低度复杂性和低度不确定性的社会环境下，尚能有效应对社会治理的挑战，但当社会复杂性和不确定性增

① 休斯．公共管理导论．北京：中国人民大学出版社，2011：112-123.

② 同①114.

加时，便面临着治理失效的风险。

第三，传统治理工具的具体实施方式是行政命令或控制。在传统治理工具中，行政命令或行政控制成为治理工具的主要行使方式。在直接行政中，虽然不存在一些直接的行政命令，但是由于政府提供的是单一的、无法选择的产品，服务对象被迫接受这些服务，强制性和命令性的特征也比较明显。在社会管制和经济管制中，政府主要运用政策、法律规章、行政命令等形式来实现对经济社会的调控。

毫无疑问，传统行政中的治理工具在社会治理中发挥了重要的作用，在一定程度上保持了社会的稳定、经济的平稳发展，维护了社会公平。但是，随着人类社会后工业化进程的开启，传统治理工具面临着治理失效的危机。正是在此背景下，20 世纪七八十年代，兴起了一场全球范围的行政改革，在这一行政改革浪潮中，产生了大量新的治理工具。

12.3.2 新的社会治理工具

20 世纪七八十年代，世界各国掀起了一场行政改革的浪潮。在这场行政改革中，各国政府在推进机构改革和职能转变的同时，也在不断推进治理工具创新和治理工具使用创新。根据胡德的观点，在公共管理视野下，治理工具的选择需要考虑到其他的可替代方案、与工作相匹配、遵循一定的伦理以及以最小代价达到最佳效果①等问题。对伦理的遵循以及对效率的追求都表现出公共管理对新的治理工具的要求。

新的社会治理工具的特征表现为从指挥控制到协商说服、政府管理技能和赋权技能的提升、公私部门从对立走向合作、政府治理手段在不断授权和规范中逐步实现治理现代化。公共管理中，治理工具亦不再局限在政府部门之中，社会治理主体的多元化促进了政府的放权授权，实现了政策主体的多元化。

在公共管理中，如果以政府的直接参与程度来划分治理工具，那么，在西方最为明显的是间接治理工具使用数量明显多于直接治理工具，间接治理工具之所以为西方政府所偏好，不仅源于西方国家在民主化的发展中民众对政府具有天然的不信任，而且源于在公共管理的视阈下间接治理工具可以在公共服务中引入良性的竞争、合理调配人才和资源、更具灵活变通性等优势，能够更有效利用社会资源。正如萨拉蒙所述，使用间接的工具成为政治妥协的基础②。霍莱特和拉梅什对政府工具以强制性进行划分，认为政府工具可以分为强制性工具（compulsory tool）、混合工具（mixed tool）、志愿工具（voluntary tool），在公共行政的实践中，“强制-混合-志愿”的三分法广为接受③。在公共管理的视角下，大多数强制性工具并不属于新的社会治理工具，而受政府、社会、市场相互作用而产生的混合工具、志愿工具则具备更加适应现代社会动态发展的特征。根据陈振明的研究，新的社会治理工具大致分为市场化工具、工商管理技术以及社会化手

---

① HOOD C. The Tools of Government. London：Macmillan，1983：133.

② 萨拉蒙. 政府工具：新治理指南. 北京：北京大学出版社，2016：25.

③ HOWLETT M，RAMESH M. Studying Public Policy：Policy Cycles and Policy Subsystems. Toronto：Oxford University Press，1995.

段等①。

1. 市场化治理工具包括民营化、用者付费、合同外包、凭单制、放松管制等

（1）民营化。萨瓦斯认为，民营化是政府更多地使用民间机构，而不是单纯地依靠自身去生产和供给公共服务（或公共物品）；民营化能够减少政府在公共服务供给中的作用，进而发挥社会机构在服务供给中的作用②。民营化是各国政府为了走出福利国家危机并克服政府机构低效而采取的改革措施。在英国，撒切尔夫人在“下一步行动”计划中，通过使用合同外包、解除管制等手段，将很多原来由政府或政府公司承担的职能转交给私人部门，实行公共事业的民营化，民营化在一定程度上提高了英国政府的效率。在美国，民营化在联邦政府、州政府和地方政府层面得到了广泛的应用。不论是民主党执政，还是共和党当权，民营化都势不可挡，在 20 世纪 90 年代初期，民营化已经在州和地方层面非常盛行，即使那些工会实力比较强大的地方，也是如此③。民营化通过放松管制来消除政府垄断，同时通过民营化引入其他力量参与公共产品的供给，可以达到消除公共产品负外部性的作用。但民营化的运用依然有其局限性，需要政府、市场和社会发展到相对成熟的时期，并且不是所有的公共服务都适合民营化工具。

（2）用者付费。用者付费是一种基于“谁受益，谁付费”的原则来提供公共服务的治理工具。用者付费是在西方国家市场化和民营化改革的背景下产生的，其目的是提高公共服务供给的效率，减轻政府的负担。在用者付费这种治理工具中，服务对象或受益者的付费成为公共部门收入的重要来源。虽然公共部门的收入来源发生了改变，但是采取用者付费机制的公共部门与上级部门的层级节制关系并没有发生改变，它仍然需要接受上级政府命令和指导，因为提供公共服务的机构仍然是公共部门，部门领导人仍然由上级部门任命。但用者付费机制在一定程度上改变了公共部门的外部和内部管理机制。用者付费具有特定的适用范围：一般而言，它并不适用纯公共物品，而只适用于准公共物品。用者付费在带来效率提升和减少财政投入的同时，也存在着一些问题，例如，它对一些低收入家庭存在着不公平现象，会增加低收入家庭的经济负担。另外，公共服务的价格如何确定，也是用者付费这种工具所面临的问题④。

（3）合同外包。在某种意义上，合同外包和民营化是等义的，合同外包总是和民营化联系在一起。合同外包是政府将公共服务的供给权通过签订合同的形式转让给政府以外的主体。合同外包是世界各国在行政改革中广泛使用的一个治理工具。在美国，上至联邦政府，下至市镇政府，都广泛使用合同外包。1987 年，萨瓦斯在对一些中等规模人口的市镇进行研究后指出，几乎所有的政府都在使用合同外包这一工具⑤。在合同外包中，政府的主要职责是提供资金和负责监督合同的执行，公共服务的生产和供给则由承包者供给。合同外包的范围较广，一般认为，大多数政府的业务能够进行合同外包，但对于政府的某些核心职能，例如政策制定、应急服务等职能是否能够外包，还存在着

---

① 陈振明．政府工具导论．北京：北京大学出版社，2009：44.

② 萨瓦斯．民营化与公私部门的伙伴关系．北京：中国人民大学出版社，2002：4.

③ 同②15.

④ 同①141-147.

⑤ 同②117.

较大的争议。合同外包的程序包括外包议程的设立、服务外包的招标与投标、服务外包合同的签订、合同的执行与管理、合同的验收与评估等步骤。设计合同问题时需要考虑到遴选供方的标准、承包商薪酬、主要目标、赋予政府官员的自由裁量权、对承包商的监管、合同形式、绩效类型等问题，以此来制定不同类型的外包合同①。合同外包具有提高政府的效率和帮助政府瘦身等优点，但合同外包也存在一些问题。合同外包中的寻租与腐败严重影响人们对合同外包的信心，合同外包中承包方的机会主义行为对公共服务的质量产生消极的影响，由私人组织来提供公共服务也严重侵蚀了政府的合法性。

（4）凭单制。凭单制是一种通过发放消费券的形式让服务对象自主选择公共服务的一种制度安排和治理工具。凭单制实质上属于补贴，个人是在受限制的范围内购买产品或服务的。在公共服务供给中，政府为了提高公共服务的质量，改变原来服务对象被动接受低质服务的局面，政府给具有资质享受某项公共服务的个体发放消费券，允许他们自由选择服务提供机构。凭单制给予了服务对象“用脚投票”的权利，它能够在一定程度上提高公共服务的质量，增加服务对象的满意度。凭单制包括三个层次的内涵：第一，凭单制是围绕着某种具体服务而对特定群体给予补贴的制度；第二，与补贴存在较大差异，凭单直接补贴的是消费者；第三，凭单不使用现金，而是使用消费券、代金券等凭证②。萨瓦斯认为，凭单制有一个适应范围，凭单制这一治理工具的使用条件包括：人们的服务需求具有多样性；服务提供者充足，服务供应的进入门槛比较低；消费者容易得到服务供给方面的信息，容易识别关于服务质量的信息；人们购买此服务的意愿较高和购买此服务的频率较高③。凭单制工具的运用会在一定程度上促进社会服务的均等化，同时凭单制的运用使政府的资金直接补贴消费者，标志着消费者对资源的控制能够拥有更大的自主权。

（5）放松管制。放松管制是政府基于提高治理绩效而对政治、经济、社会乃至政府自身去除或放松管制的改革措施。为了应对凯恩斯主义带来的负面影响，西方国家采取了放松规制的改革措施。美国政府在 20 世纪 70 年代就已经采取措施放松对经济领域的管制，里根总统就任后，更是全方位地放松了对银行、运输、能源等领域的控制④。20 世纪 90 年代，克林顿政府更是加强对联邦政府进行改革，全面优化政府的规章制度，这种重塑政府运动不但精简了政府的一些管制职能，引入市场竞争，而且放松了对联邦政府及行政人员的管制。在副总统戈尔的《戈尔报告》中，再造者们明确把创造一个更少管制、绩效更高和结果导向的政府作为政府改革的目标。美国放松管制使政府收费水平大幅下降，企业的效益得到了提升，政府的管制方面的成本降低⑤。改革开放以来，中国政府相继取消对农业、工业和社会领域的管制，这些放松管制的措施，极大地提升了国家的经济发展水平。

---

① 萨拉蒙．政府工具：新治理指南．北京：北京大学出版社，2016：244-245.
② 陈振明．政府工具导论．北京：北京大学出版社，2009：157-159.
③ 萨瓦斯．民营化与公私部门的伙伴关系．北京：中国人民大学出版社，2002：83-85.
④ 赵成根．新公共管理视角的政府管制模式转型分析．学海，2006（3）.
⑤ 宋世明．美国行政改革研究．北京：国家行政学院出版社，1999：83-86.

2. 工商管理类治理工具则包括全面质量管理、流程再造、目标管理等

（1）全面质量管理。全面质量管理是一种新的管理技术，这种管理技术发源于美国，后来在世界范围内产生了影响。全面质量管理是以质量为中心，由全体职工及有关部门参与，把专业技术、经营管理、数理统计方法和思想教育相结合，对组织的所有活动进行全过程管理的质量管理体系①。与传统的质量管理体系相比，全面质量管理具有四个特点：第一，全面的质量管理。全面质量管理不仅要对最终产品的质量负责，而且对生产产品的过程给予关注，强调过程质量。第二，全过程的质量管理。产品的生产是一步一步来进行的。全面质量管理是对生产产品的全部过程进行质量管理。全面质量管理通过对生产过程进行全过程的管理，有效提高产品质量，预防次品的产生。第三，全员性的质量管理。全面质量管理不仅需要组织的管理人员参加，而且需要所有的组织成员都参与到质量管理中来。产品质量的好坏，牵涉组织的所有成员，因此，全面质量管理强调质量管理的全员参与，通过全体组织成员的共同努力，实现产品质量的提升。第四，全面质量管理是综合性的质量管理。全面质量管理的综合性主要是指它的管理方法是综合性的。全面质量管理的管理方法是由多种不同管理方法综合而成的②。

（2）流程再造。流程再造理论兴起于工商管理领域，它是为了应对传统工商组织的效率低下而出现的一种管理方法。流程再造在工商管理领域获得了巨大的成功，这对公共部门产生了示范效应。20 世纪 80 年代，为了化解官僚制组织效率低下的弊病，公共部门掀起了一股流程再造的浪潮。政府流程再造以美国最为典型。在克林顿政府重塑政府的流程再造运动中，改革者把建设一个效率更高的、具有顾客导向的、更注重结果的政府作为改革的总目标；改革的主要内容就是精简机构和人员，进行绩效管理等流程再造活动③。

（3）目标管理。目标管理是管理学家德鲁克在《管理实践》中所提出的概念。目标管理是运用行为科学理论，由组织成员共同制定目标，并且每个成员根据目标进行自我管理和自我激励的管理模式。目标管理的具体步骤包括：组织目标的制定、总目标的进一步分解和细化、具体岗位目标的明确、目标达成的监测、目标达成的评定、新的目标的再次确立等。目标管理能够提高组织的效率，有利于提高组织成员的素质和组织成员的积极性。改革开放以来，中国的一些地方政府曾经运用了目标管理，在一定程度上提高了政府的管理与服务效率。

3. 社会化治理工具包括社区治理、公民参与等

（1）社区治理。在新的治理工具中，社区治理是一种非常重要的社会化治理工具，同时也是公共管理在基层实现合作治理的关注点和出发点。社区治理的意义在于，它能够减轻政府的负担，调动社区居民的积极性，同时也能提高社区公共服务供给的绩效。社区治理是与社区统治相对应的一个概念，与社区统治相比，社区治理具有这样几个特点④：第一，社区治理具有非意识形态性。社区统治具有很强的控制性和意识形态性，而社区治理更多地强调治理的有效性。第二，社区治理的非强制色彩。社区治理强调治理的自觉参

① 李晓春，曾瑶．质量管理学．北京：北京邮电大学出版社，2007：14.

② 同①14-16.

③ 陈振明．政府再造：公共部门管理改革的战略和战术．东南学术，2002（5）.

④ 施雪华，孔凡义．美国社区治理及其启示．山西大学学报（社会科学版），2008（4）.

与，它是非强制性的。第三，社区治理权力运行具有多方向性。社区统治的权力运行是单方向的，是自上而下的，社区治理权力的运行则是多方向的，社区治理更多的是社区中的不同主体共同参与的结果。一般而言，社区治理要遵循自治、服务、合作等原则。自治原则是指社会治理要充分促进社区居民自我治理，避免政府行政干预；服务原则是指社区治理各个参与方都要本着服务的理念，投入社区治理，为社区提供各种服务；合作原则是指社区治理的各个参与方要具有合作精神，彼此信任，共同进行合作治理。

（2）公民参与。公民参与实际上是指公众参与，它是公民影响政策制定和公共生活的相关活动。公民参与包含三个要素：参与的主体、参与的领域、参与的渠道①。作为一种社会治理工具，公民参与在社会治理中具有重要意义：第一，维护公民自身的利益，保障公民权利的实现；第二，促进政策制定的优化和更好地维护社会公平；第三，有效地约束权力和防止腐败。伴随着中国经济的发展和人民物质文化水平的提高，公民参与在中国也得到了发展。中国的公民参与主要表现为三个层次：第一个层次是公民在立法层面的参与，这包括各种立法听证以及参与立法的讨论以及建言献策等；第二层次是公民在政策制定层面以及社会治理层面的参与，公民在这一领域内参与的范围最广，基本涵盖环境治理、预算制定、卫生保健等领域；第三个层面主要是公民参与基层治理领域，例如公民参与社区治理、村民或居民进行自治等②。

12.3.3　公共管理工具的选用

作为一种新型的社会治理模式，公共管理的"新"体现在工具的甄选和使用上，主要有两个内涵：一方面，就治理工具本身而言，"新"就是对治理工具的创新，既包括对传统治理工具的改造，又包括对新的治理工具的探索和发现；另一方面，就治理工具的使用而言，在传统的行政管理实践中，很多情况下是采取某一种或者某几种治理工具，很少关注治理工具之间的配合与协同，公共管理将会创新治理工具的组合使用。只不过，这些创新的实现必须充分考量治理工具选择的影响因素和基本原则，立足于时代发展要求，注重发挥治理工具间的协同效应。

1. 治理工具选择的影响因素

在研究政府对治理工具的选择时，彼得斯认为，政府对治理工具的选择受到观念、制度、国际环境、利益等因素的影响③。路易斯和维迪奇则认为国家的政治经济状况、国家结构形式、意识形态、风俗习惯等因素都会影响到政府对治理工具的选择。陈振明认为，治理工具的选择需要考虑目标、治理工具自身的特性、环境组织路径等因素④。由此可见，治理工具的选择是一个复杂的过程，它牵涉很多因素。总体而言，治理工具的选择既要考虑到工具自身的属性，也要考虑到公共问题的特点，它既受政治环境的影响，也受意识形态等因素的影响。

---

① 俞可平. 公民参与的几个理论问题. 学习时报，2006-12-18（5）.

② 蔡定剑. 中国公众参与的问题与前景. 民主与科学，2010（5）.

③ PETERS G. The Politics of Tool Choice//SALAMON L M，ELIOT O. The Tools of Government：A Guide to the New Governance. New York：Oxford University Press，2002：553-559.

④ 陈振明. 政府工具导论. 北京：北京大学出版社，2009：85.

（1）治理工具的性质。治理工具的性质是选择治理工具时首先要考虑的因素。不同的治理工具在强制性、自治性、可操作性等方面具有各自的特点。选择治理工具时需要充分考虑到治理工具自身的优缺点，在此基础上权衡利弊进行选择。例如，对于社会管制等强制类的治理工具，其优点在于这种治理工具使用时较为容易操作，但是它却容易对人们的社会权利造成影响，因而受到人们的抵制。

（2）意识形态的影响。意识形态是影响治理工具选择的重要因素。在一些信奉自由市场经济的国家，政府合同外包等市场化工具能够得到人们的青睐。例如，在美国，政府公共服务合同外包等市场化工具在地方政府、州政府和联邦政府层面都得到了广泛的应用，这些市场化的工具甚至也被应用到类似监狱等部门。但是，在一些意识形态相对保守的国家，市场化工具则受到更多的抵制。

（3）治理问题和治理目标。治理问题和治理目标会影响到治理工具的选择。不同的社会问题特点不同，会极大地影响到治理工具的选择。对于那些政治性很强的公共问题，用市场化工具来进行治理，会面临着更大的阻力；而对于有些社会问题或市场问题，运用强制性的治理工具，则会产生很多负面效应。治理目标对治理工具选择的影响在于，治理目标本身具有一定的价值取向，这会影响到治理工具的选择；另外，治理目标的清晰度和目标替代也会对治理工具的选择产生影响。

（4）制度的影响。制度对政府治理工具的选择会产生较大的影响。制度之所以对治理工具产生影响，主要是因为它能形成使用某种工具的偏好，一旦这种治理工具被政府部门或政府官员熟悉和掌握，往往会形成对这种工具的路径依赖。而且，在特定的制度安排下，治理工具的选择会形成对既定治理工具的偏好，这种偏好一般源于过去的经验、历史背景以及专业训练等①。

（5）政治、经济环境的影响。政治、经济环境也会对治理工具产生比较大的影响。政治因素的波动会影响到治理工具的使用。政治议程的设立、预算的制定、利益集团的影响、目标群体的态度、执政党的政策导向等，都会影响到治理工具选择。经济情况的变化也会影响到治理工具的选用。一般而言，当经济形势不好，政府财政面临危机时，政府更倾向于采用新的治理工具。例如，在 20 世纪末，西方国家的巨额的财政赤字导致了这些国家的行政改革，很多新的治理工具得到了应用。并且，政策工具在政治上并不是中立的，为干预某一政策而选择的政策工具会导致某些政治活动并带来相应的政治后果②，这在西方国家尤为明显。

（6）国际环境。国际环境会影响治理工具的选择，他国的治理实践和成功经验会成为各国效仿的对象。全球化和后工业化使不同国家之间的相互影响越来越大。当一个治理工具在一个国家获得成功之后，这个治理工具便会成为人们争相使用的对象。

2. 治理工具选择的具体原则

（1）服务原则。在公共管理活动中，对治理工具的选择要坚持服务原则。在管理型社会治理模式中，政府行政行为具有控制导向。这种控制导向会导致政府倾向于选择那些管

---

① 陈振明. 政府工具研究的新进展. 东南学术，2006（6）.

② 萨拉蒙. 政府工具：新治理指南. 北京：北京大学出版社，2016：477.

制性很强的治理工具。但是，控制导向下的治理工具极其容易侵犯公众的自由，因此很难取得好的治理效果。公共管理在本质上是一种服务型的社会治理，公共管理主体对治理工具的选择必须遵循服务的原则。在选择社会治理工具时，都必须以社会为中心、以公众为中心、以公共利益为中心，而不是以政府等公共部门的利益为中心。

（2）非强制性原则。在治理工具的选择中，应该尽量选择那些具有非强制性的治理工具。因为，强制性的治理工具（例如社会管制和市场管制的工具），往往会对社会和市场造成伤害。如非特殊情形，政府尽量不要使用强制性的治理工具，而应该多使用那些非强制性的治理工具，引导社会或市场进行自我治理。

（3）民主原则。社会治理工具的选择，会涉及不同群体的利益，因此，治理工具的选择要贯彻民主原则。民主原则要求选择治理工具要考虑利益相关者的利益，倾听公众的意见。在选择治理工具的过程中，政府等公共管理者需要通过协商或听证的形式听取公众和利益相关者的意见，在此基础上，选择和运用相关的治理工具。如果在治理工具运用的过程中，公众或利益相关者反映意见较多，就需要重新考虑治理工具的选择问题。

（4）可行性原则。治理工具的选择是个复杂的系统工程，它往往会涉及很多专业领域。因此，选择治理工具需要听取专家智囊的意见。在选择治理工具时，要进行可行性分析，着重分析治理工具的成本、收益、社会反映、治理绩效等；也要分析治理工具的特性、政府部门及行政人员对治理工具的熟悉程度；还要分析治理工具与政治、文化等因素是否冲突。在以上分析的基础上，公共管理者要选择那些最具有可行性的治理工具。

本章小结

“战略”一词最早出现在军事领域，意指在战争中所要取得的总目标和所使用的总谋略。在军事领域，战略概念的使用往往与战术相对应，后者主要是指在具体战斗中所采用的具体的计划或所要达到的具体目的。大概从 19 世纪起，西方的军事战略理论逐渐清晰完善，出现了一些代表性的人物及其著作。战略引入工商管理领域的时间大概在二战以后。从 20 世纪 60 年代开始，公共部门开始借鉴私人部门的长期计划。战略计划在公共部门的运用，是在 20 世纪 80 年代；战略管理的引入，是在 20 世纪 80 年代后期。20 世纪 80 年代末 90 年代初，在公共部门管理领域出现了首批论公共部门与第三部门（非营利组织）战略管理的著作或教科书。最早较系统地讨论公共部门战略管理的著作有：《公共管理战略》（1990 年）、《公共和第三部门组织的战略管理》（1992 年）和《公共组织和非营利组织的战略规划》（1988 年）。

公共管理的实现途径是多种多样的，蕴含在每一个具体的公共管理环节或方面。概括而言，较为重要的公共管理实现途径可以被归结为三类：管理途径、政治途径以及政策途径。这三种途径在传统的公共行政中可以被清晰地辨识，因为近代以来的社会治理因为专业化追求，往往把这三种途径隔离了开来，由不同的机构或部门去重点运用其中的某一种。20 世纪后期，社会治理生态的复杂性骤增，社会治理的公共事务都需要战略性地、前瞻性地和综合性地运用管理的、政治的和政策的途径来处理。公共管理实现的“管理途径”内含于公共管理实践活动的始终，它的理论养分来自管理学和公共行政学以及当前社会治理的先进理念和思想。如果将公共管理理解为公共行政和社会管理的集合，那么，就可以分别从政府行政实践和社会治理活动两个维度来理解公共管理实现的管理途径。在公共管理产生的时代，利益分化和利益博弈都达到了无以复加的地步，这决定了公共管理是包含着政治内容的。另外，公共管理在展开社会治理的过程中，是包含着政策途径的，而且，政策途径是最为重要的途径之一。

任何一项社会治理活动的开展，都需要落实到治理工具的运用和选择上。近代以来，尤其是在科学管理等管理理论和思潮的影响之下，社会治理工具在内容上得到了极大丰富，同时，社会治理工具的数量也以几何倍数的速度在增长。在传统行政中，政府运用的治理工具主要有直接行政、经济管制、社会管制、政府公司、补贴；在公共管理中，一些传统的治理工具会得到改造后沿用，同时也涌现出许多创新性的治理工具（如民营化、用者付费、合同外包、凭单制、放松管制等）。对于治理工具的选用而言，不仅要从科学使用的角度去展开论证，还有必要在了解治理工具产生本身及其原初功能的基础上立足时代发展的要求去进行创新和运用。

关键术语

战略　战略管理　战略规划　管理途径　政治途径　法律政策途径　治理工具　直接行政　经济管制　社会管制　政府公司　民营化　合同承包　凭单制　放松管制　志愿服务　用者付费　服务承诺制　流程再造　全面质量管理

复习思考题

1. 简述战略的引导价值。
2. 公共部门战略管理兴起的原因是什么？
3. 简述公共部门战略管理的过程。
4. 简述公共部门战略管理的原则。
5. 公共管理实现的途径有几种？
6. 简述公共管理实现的管理途径。
7. 简述公共管理实现的政治途径。
8. 简述传统行政的治理工具及其特点。
9. 简述新的社会治理工具及其特点。
10. 如何选用公共管理工具？

阅读文献

1. 张康之. 为了人的共生共在. 北京：人民出版社，2016.
2. 张康之. 走向合作的社会. 北京：中国人民大学出版社，2015.

3. 郑家昊. “治理失灵”及其救赎：兼论两种不同的社会认知观及其行动方案. 学海，2016（3）.

4. 郑家昊. 论社会治理中的“规划”：兼论中国政府的规划活动及其引导价值. 探索，2016（2）.

5. 陈振明. 政府工具论. 北京：北京大学出版社，2009.

6. 联合课题组. 政府履行职能方式的改革和创新. 中国行政管理，2012（7）.

7. 胡德，等. 监管政府：节俭、优质与廉政体制设置. 北京：生活·读书·新知三联书店，2009.

8. 萨拉蒙. 政府工具：新治理指南. 北京：北京大学出版社，2016.

人大版公共管理类教材

公共管理类专业教材——学科基础课教材

书名	作者
现代管理学原理（第三版）（“十一五”国家级规划教材）	娄成武　魏淑艳
一般管理学原理（第四版）	张康之　周　军
管理学基础（第三版）	方振邦
政治学原理（第三版）	景跃进　张小劲
现代政治学原理（第四版）	石永义　刘玉萼　张　璋
公共管理学（第二版）	陈振明
公共管理学——一种不同于传统行政学的研究途径（第二版）	陈振明
公共管理学（第三版）（数字教材版）（“十二五”国家级规划教材）	蔡立辉　王乐夫
公共管理学（精编版）	王乐夫　蔡立辉
公共管理学（第二版）	张康之　郑家昊
公共管理概论（第二版）	朱立言　谢　明
公共政策导论（第五版）（数字教材版）（全国优秀教材二等奖）	谢　明
公共政策概论（第二版）	谢　明
公共政策学——政策分析的理论、方法和技术（“十一五”国家级规划教材）	陈振明
公共政策学	杨宏山
政策科学——公共政策分析导论（第二版）	陈振明
公共经济学（第三版）（“十二五”国家级规划教材）	高培勇
公共经济学教程	秦立建
政府经济学（第四版）（“十一五”国家级规划教材）	郭小聪
政府经济学（第四版）	潘明星　韩丽华

公共管理类专业教材——方法课教材

书名	作者
公共管理研究方法	何兰萍　张俊艳
行政学研究方法与应用案例	萧鸣政　等
管理定量分析：方法与技术（第三版）	刘兰剑

公共管理类专业教材——行政管理、公共事业管理专业教材

书名	作者
行政法学导论	姜晓萍
公共部门人力资源管理（第四版）	孙柏瑛　祁凡骅
公共部门人力资源开发与管理（第五版）（“十二五”国家级规划教材）	孙柏瑛　祁凡骅
公共部门人力资源管理（第三版）	滕玉成　于　萍
公共部门人力资源管理概论	方振邦
公共部门人力资源管理案例	周均旭
行政管理学（第五版）（数字教材版）	郭小聪
公共行政学（第五版）	彭和平
公共行政学（第二版）	张康之　张乾友
行政学导论（第三版）	齐明山

书名	作者
行政管理学导引与案例	陈季修
管理心理学（第二版）	范逢春
公共组织行为学（第三版）（“十一五”国家级规划教材）	孙　萍　张　平
公共组织学（第三版）	李传军
行政组织学（第二版）	张　昕　李　泉
公共组织理论	陆明远　冯　楠
公共事业管理概论（第三版）	朱仁显
公共组织财务管理（第三版）（“十一五”国家级规划教材）	王为民
国家公务员制度（第五版）（数字教材版）（“十二五”国家级规划教材）	舒　放　贾自欣
国家公务员制度概论（第二版）	刘碧强　郗永勤
公务员制度概论	李如海
当代国家公务员制度：理论与实践	胡春艳
行政领导学（第三版）	朱立言　李国梁
领导学（第五版）	邱霈恩
领导学	孙　健
现代市政学（第五版）（数字教材版）	王佃利
市政管理学（第五版）（“十一五”国家级规划教材）	杨宏山
社区管理（第四版）	汪大海　魏　娜　郇建立
社区管理原理与案例	魏　娜
电子政务教程（第三版）（“十一五”国家级规划教材）	赵国俊
电子政府与电子政务（第二版）（“十一五”国家级规划教材）	张锐昕
行政伦理学教程（第四版）（“十二五”国家级规划教材）	张康之　李传军
公共危机管理概论（第二版）	王宏伟
公共危机管理	唐　钧
当代中国政府与政治	景跃进　陈明明　肖　滨
当代中国政府与行政（第三版）	魏　娜　吴爱明
地方政府学概论（第二版）	方　雷
地方政府管理（第二版）	陈瑞莲　张紧跟
管理秘书实务（第三版）	赵锁龙
行政秘书学	唐　钧
公文写作与处理	赵国俊
机关管理的原理与方法（第三版）	赵国俊　陈幽泓
公共部门绩效管理	方振邦
政府绩效管理（第二版）	方振邦　唐　健
政府绩效评估	蔡立辉
政府公共关系（第二版）（“十一五”国家级规划教材）	廖为建　张　宁
西方行政学理论概要（第二版）（“十一五”国家级规划教材）	丁　煌
公共行政学史（第二版）	何艳玲
西方公共管理名著导读	汪大海
文化管理学（第三版）（“十二五”国家级规划教材）	孙　萍
文化创意产业导论	魏鹏举
卫生事业管理（第二版）（“十一五”国家级规划教材）	李　鲁
现代公用事业管理	崔运武

公共管理类专业教材——劳动与社会保障专业教材

书名	作者
社会保障概论（第七版）	孙光德　董克用
劳动经济学（“十一五”国家级规划教材）	董克用　刘　昕
劳动法与社会保障法	黎建飞
社会保险学（第三版）	孙树菡　朱丽敏
社会保障基金管理	李春根
社会保障国际比较	仇雨临

公共管理类专业教材——土地资源管理专业教材

书名	作者
土地经济学（第八版）（“十一五”国家级规划教材）	毕宝德
土地法学（中国人民大学“十三五”规划教材）	严金明
土地资源学	张正峰　赵文武
土地资源管理学（第二版）	张正峰
国土空间规划学	张占录　张正峰
不动产估价（第二版）（“十一五”国家级规划教材）	叶剑平　曲卫东
土地信息系统	曲卫东　韩　琼
地籍管理（第五版）（“十一五”国家级规划教材）	谭　峻　林增杰

公共管理类专业教材——城市管理专业教材

书名	作者
城市管理学（第三版）	杨宏山
城市管理学：公共视角	陆　军 等
城市管理法	王丛虎
城市总体规划原理	郐艳丽　田　莉

公共管理硕士（MPA）教材——核心课教材

书名	作者
全国公共管理硕士（MPA）核心课程教学指导纲要	全国公共管理专业学位 研究生教育指导委员会
社会主义建设理论与实践（第三版）	李景治　蒲国良
公共管理英语（修订版）	顾建光
学术规范和论文写作	胡宏伟
公共管理学（第三版）（全国优秀教材二等奖）	张成福　党秀云
公共管理学原理（修订版）	陈振明
公共管理导论	竺乾威　朱春奎　李瑞昌
公共政策分析	陈振明
公共政策分析导论	陈振明
公共政策分析概论（修订版）	谢　明

书名	作者
公共部门经济学（第三版）	高培勇　崔　军
公共经济学	唐任伍
行政法学（修订版）	皮纯协　张成福
行政法学概论（第三版）	胡锦光
非营利组织管理概论（修订版）	王　名
非营利组织管理	王　名　王　超
公共管理伦理学（修订版）	张康之
社会研究方法	陈振明
电子政务理论与方法（第五版）	金江军
公文写作概论	高永贵

公共管理硕士（MPA）教材——专业方向必修课、选修课教材

书名	作者
公务员制度教程（第六版）	舒　放　王克良
比较政府与政治（修订版）	卓　越
当代中国政府与政治（第三版）	吴爱明　朱国斌　林　震
公共部门人力资源管理及案例教程（第三版）	陈天祥
公共部门绩效评估（修订版）	卓　越
公共部门危机管理（第三版）	张小明
公共部门战略管理（修订版）	陈振明
MPA 学位论文写作指南	汪大海

图书在版编目（CIP）数据

公共管理学/张康之，郑家昊主编．—2 版．—北京：中国人民大学出版社，2019.4
新编 21 世纪公共管理系列教材
ISBN 978-7-300-26607-7

Ⅰ．①公… Ⅱ．①张…②郑… Ⅲ．①公共管理-高等学校-教材 Ⅳ．①D035-0

中国版本图书馆 CIP 数据核字（2019）第 003180 号

新编 21 世纪公共管理系列教材・学科基础课与方法课系列
公共管理学（第二版）
张康之　郑家昊　主编
Gonggong Guanlixue

出版发行	中国人民大学出版社		
社　址	北京中关村大街 31 号	邮政编码	100080
电　话	010－62511242（总编室）		010－62511770（质管部）
	010－82501766（邮购部）		010－62514148（门市部）
	010－62515195（发行公司）		010－62515275（盗版举报）
网　址	http://www.crup.com.cn		
经　销	新华书店		
印　刷	北京七色印务有限公司	版　次	2010 年 3 月第 1 版
开　本	787 mm×1092 mm　1/16		2019 年 4 月第 2 版
印　张	20.75	印　次	2023 年 11 月第 6 次印刷
字　数	473 000	定　价	48.00 元

中国人民大学出版社　管理分社

教师教学服务说明

中国人民大学出版社管理分社以出版工商管理和公共管理类精品图书为宗旨。为更好地服务一线教师，我们着力建设了一批数字化、立体化的网络教学资源。教师可以通过以下方式获得免费下载教学资源的权限：

- 在中国人民大学出版社网站 www.crup.com.cn 进行注册，注册后进入“会员中心”，在左侧点击“我的教师认证”，填写相关信息，提交后等待审核。我们将在一个工作日内为您开通相关资源的下载权限。

- 如您急需教学资源或需要其他帮助，请加入教师 QQ 群或在工作时间与我们联络。

中国人民大学出版社　管理分社

教师 QQ 群： 648333426（工商管理）　114970332（财会）　648117133（公共管理）
教师群仅限教师加入，入群请备注（学校+姓名）

联系电话： 010-62515735，62515987，62515782，82501048，62514760

电子邮箱： glcbfs@crup.com.cn

通讯地址： 北京市海淀区中关村大街甲 59 号文化大厦 1501 室（100872）

管理书社　　人大社财会　　公共管理与政治学悦读坊